法学求是前沿书系

牛忠志 姜春成 等◎著

破坏社会主义金融市场法律秩序罪研究

本成果受教育部全国教育大会精神研究专项、燕赵文化学科群建设经费和河北省高校人文社科重点研究基地"国家治理法治化研究中心"资助

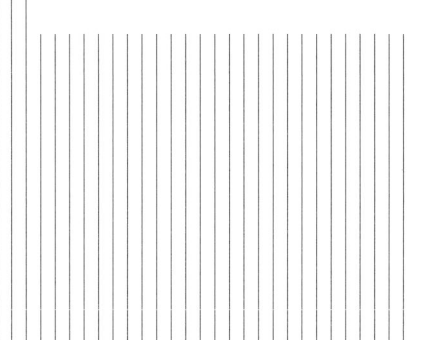

知识产权出版社
全国百佳图书出版单位
——北京——

图书在版编目（CIP）数据

破坏社会主义金融市场法律秩序罪研究/牛忠志等著.—北京：知识产权出版社，2024.12.—（法学求是前沿书系/孟庆瑜主编）.—ISBN 978-7-5130-9611-9

Ⅰ.D924.334

中国国家版本馆CIP数据核字第2024Z8K499号

责任编辑：韩婷婷　　　　　　责任校对：谷　洋
封面设计：杨杨工作室·张冀　　责任印制：孙婷婷

破坏社会主义金融市场法律秩序罪研究

牛忠志　姜春成　等著

出版发行：知识产权出版社有限责任公司		网　　址：http://www.ipph.cn	
社　　址：北京市海淀区气象路50号院		邮　　编：100081	
责编电话：010-82000860转8359		责编邮箱：176245578@qq.com	
发行电话：010-82000860转8101/8102		发行传真：010-82000893/82005070/82000270	
印　　刷：三河市国英印务有限公司		经　　销：新华书店、各大网上书店及相关专业书店	
开　　本：720mm×1000mm　1/16		印　　张：21.5	
版　　次：2024年12月第1版		印　　次：2024年12月第1次印刷	
字　　数：360千字		定　　价：98.00元	

ISBN 978-7-5130-9611-9

出版权专有　侵权必究

如有印装质量问题，本社负责调换。

"法学求是前沿书系"编委会

编委会主任　孟庆瑜

编委会成员（按姓氏笔画排序）

苏永生　何秉群　宋慧献　陈玉忠
周　英　郑尚元　赵树堂　袁　刚
甄树清　阚　珂

本书撰稿人

牛忠志　姜春成　张德军　徐永伟

"法学求是前沿书系"

总序

习近平总书记反复强调:"历史是最好的老师。经验和教训使我们党深刻认识到,法治是治国理政不可或缺的重要手段。法治兴则国家兴,法治衰则国家乱。什么时候重视法治、法治昌明,什么时候就国泰民安;什么时候忽视法治、法治松弛,什么时候就国乱民怨。"但是,在中国搞社会主义法治建设,是一件前无古人的伟大创举,没有现成的道路可走,没有现成的模式可以借鉴,没有现成的理论可以遵循,其困难之大,超出想象。因此,我们只能坚持从中国实际出发,围绕中国特色社会主义法治建设中的理论和实践问题,把法治建设的普遍规律与中国的国情相结合,不断探索并形成中国特色社会主义法治道路、制度和理论。这就要求我们在全面推进依法治国的进程中,必须践行实事求是的思想路线,认清中国法治之真国情,探究中国法治之真理论,探索中国法治之真道路,构建中国法治之真制度,解决中国法治之真问题。唯有如此,我们才能穷中国法治之理、探中国法治之道。这也正是将本套丛书命名为"法学求是前沿书系"的目的和意义所在。同时,本套丛书的名称也暗合了河北大学"实事求是"的校训传统,体现了河北大学"博学、求真、惟恒、创新"的校风精神。

本套丛书以法治中国为目标图景,坚持建设性立场,聚焦法治中国建设中的理论与实践问题,探寻法治建设的中国之道,主要着眼于以下几个方面问题。

第一,中国法治之真国情。实践证明,任何国家的法治建设都必须立足本国国情,坚持从本国实际出发,而不能从主观愿望和想当然出发,不能从本本和概念出发,更不能照搬照抄外国的东西。在中国进行法治建设,必须要深刻揭示和正确认识中国的基本国情,并将之作为中国法治建设的出发点和落脚点。同时,中国的国情比较复杂,异于西方国家。因此,我们对中国国情的研究,必须要从多维度入手,既要研究地理意义上的中国,也要研究政治意义上的中国,更要研究文化意义上的中国。

第二,中国法治之真理论。中国的法治建设需要法治理论的支撑与指导。如果我们不能够从理论上将中国法治建设的性质、方向、道路、总目标、指导思想、基本原则、主要任务等阐释清楚,中国的法治建设就无从开展,也必然无法成功。为此,我们必须清楚地认识到,与中国法治建设的要求相比,我国远未形成与之相对应的中国特色社会主义法治理论。现有的西方法治理论既不能真正满足中国法治建设对法治理论的需求,难以引领中国法治的科学发展,也不能真正与中国的优秀文化传统相融合,难以实现传统与现代、本土与外来、国内与国际的有机统一。这就需要我们在中国法治建设的实践中,在借鉴西方法治理论的基础上,不断推进中国法治理论的探索和创新,并努力形成立足中国基本国情、总结中国法治经验、适应中国法治需求、体现中国法治规律、解决中国法治问题、彰显中国法治特色的中国特色社会主义法治理论,以为中国法治建设提供理论指导和学理支撑。

第三,中国法治之真道路。道路关乎前途和命运。法治道路是法治建设成就和经验的集中体现,是建设法治国家的根本遵循。中国法治建设之所以要坚持走中国特色社会主义法治道路,而不能照搬照抄别的国家的法治道路,是由法治与法治模式的不同决定的,也是由我国的基本国情决定的。尽管法治如同民主、人权一样具有普遍共识,但不同国家的基本国情决定了各国的法治模式不同,也决定了各国的法治建设道路不同。因而,努力探索并找到一条既不同于欧美资本主义国家又不同于其他社会主义国家,既遵循法治建设普遍原理又具有鲜明中国特色的社会主义法治道路,自然就成为中国法治建设的重要选择和任务。

第四,中国法治之真制度。法治制度既是法治建设的制度基础,也是法治建设的制度保障,集中体现了一国法治建设的特点与优势。中国的法治建设之所以要以中国特色社会主义法治制度为依托,是因为照抄照搬他国的法治制度行不通,会水土不服,会出现"橘生淮南则为橘,生于淮北则为枳"的尴尬局面。各国国情不同,每个国家的法治制度都是独特的,都是由这个国家的内生性因素决定的。只有扎根本国土壤、汲取充沛养分的法治制度，才最可靠，也最管用。因而，在中国的法治建设实践中，构建中国特色社会主义法治制度，既要坚持从国情出发、从实际出发，也要注重借鉴国外法治建设的有益成果；既要把握中国长期形成的历史传承，也要把握当前中国特色社会主义事业建设的现实需求，以实现历史和现实、理论和实践、形式和内容的有机统一。

  此外，这里还须说明的是，本套丛书的作者大多为中青年学者，囿于理论基础与实践能力，难以对中国特色社会主义法治建设中的重大理论与实践问题展开深入系统研究，故此，我们只能选取中国特色社会主义法治建设中的若干具体理论与实践问题展开研究，以求"积跬步，至千里"，"积小流，成江海"。同时，鉴于能力和水平有限，本套丛书中定然存在不足甚至错误之处，恳请学界同人批评指正！

"法学求是前沿书系"编委会
2019 年 10 月

前言 preface

一、选题依据和时代背景

2024年9月9日至10日,全国教育大会在北京召开,习近平总书记强调:"坚持和运用系统观念,正确处理支撑国家战略和满足民生需求、知识学习和全面发展、培养人才和满足社会需要、规范有序和激发活力、扎根中国大地和借鉴国际经验等重大关系。"在此背景下,本书围绕破坏社会主义金融市场法律秩序罪展开研究,对新时期破坏社会主义金融市场法律秩序罪的各个具体罪名进行教义学分析,进一步提出如何完善刑法维护社会主义金融市场的法律秩序,以适应新时期中国金融市场发展的实际需求。这一理论创新不仅能够丰富我国关于金融犯罪的刑法理论研究,而且有助于提升中国金融市场法治化水平。

本书围绕新时代我国金融市场法律秩序的刑法保护展开研究,研究对象涉及由刑法分则第三章"破坏社会主义市场经济秩序罪"的第四节"破坏金融管理秩序罪"和第五节"金融诈骗罪"所组成的"破坏社会主义金融市场法律秩序罪"总共38个具体罪名。研究框架包括"破坏社会主义金融市场法律秩序罪的法教义学解释"与相应各罪的"立法完善论要"两大部分。

新时代金融安全在国家安全体系中居于十分重要的地位。党的十八大以来,习近平总书记高度重视金融工作,在多个重要场合就金融发展问题发表重要讲话,对做好金融工作作出重要指示。习近平总书记关于金融发展的重要论述内涵丰富、思想深刻,是习近平新时代中国特色社会主义经济思想的重要组成部分,为做好新时代金融工作、推动中国金融高质量发展奠定了坚实的理论基础、提供了根本遵循。2017年10月18日,习近平总书记在党的十九大报告中作出重大判断:"经过长期努力,中国特色社会主义进入了新时代,这是我国发展新的历史方位。"党的二十大报告指出,深化金融体制改革,建设现代中央银行制度,加强和完善现代金融监管,强化金融稳定保障体系,依法将各类金融活动全部纳入监管,守住不发生系统性风险底线。党的二十届三中全会站在党和国家事业发展全局的高度,把维护国家安全放到更加突出位置,将坚持全面依法治国作为进一步全面深化改革的一项基本原则,对金融法治工作作出全面系统部署。当前,中华民族伟大复兴的战略全局与世界百年未有之大变局交互作用,正在推动世界发生深刻改变,中华民族面临前所未有的历史性机遇,同时也面临前所未有的历史性挑战。金融是现代经济的核心,金融安全是国家安全的重要组成部分。金融犯罪是严重危害我国金融安全的重要因素,作为社会主义市场经济的重要组成部分,金融市场的安全稳定发展将直接影响到社会主义市场经济的稳定和繁荣。了解中国特色社会主义的新时代特征,结合当下国家的金融政策,分析金融犯罪的新形势、新特点,研究惩治和预防破坏社会主义金融市场法律秩序罪,具有十分重要的理论价值和实践意义。

二、选题的创新性

第一,研究方法的创新。

本书在刑法教义学对破坏社会主义金融市场法律秩序罪全面分析和解读的基础上,兼用传统的立法建议导向的研究范式,提出了立法完善建议。刑法教义学秉持刑法规范适正性信念,运用系统解释、实质解释、目的解释等具体解释方法以增强刑法规范的社会适应性。但是,教义学解释只能就法律的"小的瑕疵"加以弥补,对于立法滞后、立法不足等问题却无能为力,必须借助传统的以提出立法完善建议为目标的研究范式。在教义学研究的基础上归纳出我国金融刑法立法的不足,然后有针对性地提出立法完善建议,是十分必要的。而且,只有以扎实的教义学分析为基底所提出的立法建议,才是科学合理的。

在具体方法的运用上:一是运用规范分析法,对我国现行刑法规范的分析研究是教义学研究的核心任务;二是运用系统解释法,系统解释是指对法律规范的理解不是断章取义、就事论事的望文生义,而应当结合某一法律规范的前后法条,以及该规范在整个章节的关联情况,探讨其实质含义;三是运用实质解释法，实质解释是"形式解释"的对称，当形式解释不能解决问题时，则需要实质解释，在不超出一般国民预测可能性的范围内，对刑法规范用语以立法目的为归宿，从处罚的必要性、合理性和适度性等方面进行解释；四是运用目的解释法，目的解释指根据法律的立法目的来确定法律规范的含义，当不同的实质解释者得出不同的结论时，以目的解释为准，正确把握具体犯罪的立法目的是教义学研究的出发点和归宿；五是运用案例分析法，结合典型案例，以案释法，增强理论观点的说服力和可接受性。

第二，刑法基本理论知识的革新。

关于犯罪构成理论。当前，我国的犯罪论体系之争是传统的犯罪构成四要件体系与德日的阶层体系之争。考虑到"不可能有十全十美的犯罪论体系"，加上德日刑法理论适用于德日刑法关于犯罪的规定只定性不定量的特点，忽视犯罪主体人格属性的滞后性，对犯罪成立元素的过分分割，以及"为了体系而体系"的过于理想化等缺陷，故不采用德日阶层体系。考虑到"犯罪构成四要件理论体系"在我国仍有巨大的市场潜力，故以犯罪构成四要件理论为解析工具，按照犯罪客体要件、犯罪客观要件、犯罪主体要件和犯罪主观要件的理论模型和逻辑思路分析破坏社会主义金融市场法律秩序罪的犯罪成立条件。当然，这里对犯罪构成四要件理论的坚持和运用，不是僵化的抱残守缺，而是适应我国《刑法》第13条但书的规定对四要件的每一个要件都进行可操性的、可计量性的改良，形成立体化的犯罪构成体系。

关于刑法知识的革新。一是本书秉持"犯罪的内涵包括主观恶性、客观危害、行为人的社会危险性三方面内容"的基本认知开展研究。刑事古典学派认为，犯罪的内涵仅仅包括客观危害和主观恶性，但该观点已经严重滞后。当代刑法理论和刑事立法在坚持古典形式学派基本立场的同时，主张犯罪的内涵应该在客观危害和主观恶性上加上行为人的危险人格要素。本课题支持这一立场，因为只有这样，才能解释我国刑法规定的"多次行为"入罪或者提高法定刑配置的立法状况。二是坚持革新犯罪本质理论和犯罪构成理论。为适应中国刑法对犯罪规定的既定性又定量的特点，改良德日的法益说为"四维法益说"，同时，也对传统的犯罪构成四要件理论进行立体化的修正，包括在原四要件的基础上增加一个"行为人危险品格"要件，并且对其各个要件从形式和内容、质和量、静态与动态、纵向和横向等多个维度"加宽、加厚、加高，向前延伸"。这些见解弥补了传统犯罪构成理论的诸多不足，而为本课题研究所采纳。三是区分犯罪客体与犯罪客体要件、犯罪的客观方面与犯罪客观要件、犯罪主体与犯罪主体要件、犯罪主观方面与犯罪主观要件，清晰地认识到这几组概念的区别和联系，提升课题研究的精确度。从上述认识出发，犯罪的客体要件不是单纯地对法益的侵害，而是危害了国家的整体法律秩序（刑法法益由国家整体法律秩序所承载）；危害行为的解读需要有量度的限定；犯罪主体要件即具有刑事责任能力，表述为某种资格；作为主观要件核心内容的罪过是心理状态，认识因素与意志因素的描述尽可能地结合罪状准确表述。

本书运用上述革新的刑法理论对破坏社会主义金融市场法律秩序罪的各个具体罪名进行教义学分析，并据其要点提出立法完善建议。体例上分四部分：××××罪概念和犯罪构成；××××罪法律适用中的疑难问题；××××罪刑事责任和立法完善论要。本研究不采用多数教科书的体例：××××罪的认定和××××罪的处罚。当前的许多专著、教材采用了"××××罪的认定"的提法，词不达意，容易对读者产生误导。因为"××××罪的认定"是一个司法活动：用规范标准来裁量具体的案件事实，但这部分其实是分析认定中可能存在的疑难问题或注意事项。所以，直接用"××××罪法律适用中的疑难问题"的称谓，简单明了，不会产生歧义。不采用多数教科书的表述："××××罪的处罚"，因为追究刑事责任的制裁方式除了刑罚之外还包括治安处分，刑罚是刑事责任概念，故与犯罪不对等。

第三，研究内容新。

内容上紧跟我国的刑法最新立法，吸收最新的司法解释和典型案例。与自然犯罪相比，经济犯罪属于行政犯罪，受社会发展变化的影响最为明显。1997年《刑法》修订以来国家最高立法机关颁布的单行刑法和十二个刑法修正案大部分内容是关于经济犯罪的修改，尤其是2020年12月通过的《刑法修正案（十一）》，其内容有47个条文，修改涉及面广，本书紧跟《刑法》和刑法修正案的最新规定展开研究。再如，2022年颁布了最新的《最高人民检察院、公安部关于公安机关管辖的刑事案件立案追诉标准的规定（二）》，以下简称《2022年关于公安机关管辖的刑事案件立案追诉标准的规定（二）》。本书的典型案例共涉及破坏社会主义金融市场法律秩序罪的38个具体罪名，大部分选取近五年的经典案例进行分析。同时还结合全国人大常委会有关的立法工作简报、最高人民法院、最高人民检察院的司法解释和发布的典型案例,并将其运用到研究中,确保本书立场和观点的正确性和准确性。

第四,研究观点的创新。

除了前述的分析工具和贯穿刑法基本理论知识的创新之外,在微观层面,本课题也有很多创新观点。

(1)关于犯罪客体要件的认识深化。如主张高利转贷罪的客体要件是国家关于信贷基金管理的法律秩序,信贷资金只是信贷基金管理的法律秩序的有机组成部分,故没有独立的地位;又如,《刑法》规定的8个金融诈骗罪,它们的犯罪客体要件都是国家对关于金融市场诚信管理的法律秩序,纳入刑法保护的这些款项是金融市场诚信管理法律秩序的有机组成部分,没有独立的地位,故不应表述为:财产所有权和国家金融管理秩序;再如,洗钱罪的客体要件的揭示要分清实然与应然,按照现行刑法的解读,洗钱罪的主客体要件是国家金融法律秩序,次客体要件是国家司法秩序,应然的解读则是,洗钱罪的主客体要件是国家司法秩序,次客体要件才是国家金融法律秩序。

(2)对一些犯罪的主观要件的解读,具有独创性。例如,根据《刑法》规定的违法发放贷款罪(即银行或者其他金融机构的工作人员违反国家规定发放贷款,数额巨大或者造成重大损失的行为)主张本罪既存在行为犯,又存在结果犯,因此,其罪过可表述为:行为人明知其违反国家规定发放贷款具有社会危害性,而希望或者放任这种违规贷款行为实施的心理态度,或者行为人明知其违反国家规定发放贷款的行为会造成财产的重大损失,而希望或者放任这种危害结果发生的心理态度。这种理解既符合刑法规定,实事求是,也能够化解理论纷争。

(3)目前以人工智能、大数据、云计算、生物识别等为代表的新科技、新技术与金融行业深度融合发展,传统金融风险与金融业信息科技风险的叠加使得金融市场面临的风险具有传染性和破坏性。新时代新科技、新技术在金融市场的运用催生了金融犯罪新类型。在破坏货币管理秩序罪中,数字货币的出现,使得刑法中以纸币作为国家法定货币建构起来的货币犯罪体系面临着冲击和挑战。刑法未来应当扩大"货币"的范围,将"数字货币"纳入刑法规定的"货币"之中,有效应对数字货币的出现带来的冲击和挑战。

(4)数额罚金往往因社会发展物价上涨而过时。如果刑法设置无限罚金,再通过具体的司法解释将罚金刑进一步细化,虽然有助于保持刑法典的稳定,也能使罚金刑保持与时俱进的动态调整(因为司法解释的修订程序简单,可以适时修订），但无限罚金制不符合罪刑法定原则。而且，司法解释将罚金刑具体化，不符合立法法的规定，有越权越位之嫌，故也不足采。既要保证立法的适应性（不至于因物价上涨使数额罚金过时），又要贯彻罪刑法定原则的明确性要求，倍比罚金将是更好的选择。具体而言，应该以实行行为的对象数额或者违法所得数额为计量依据，处以实行行为的对象数额或者违法所得数额的二倍或者三倍罚金。之所以是二倍或者是三倍而不是其他，是考虑到民法规定的惩罚性赔偿多为侵权数额或者非法所得的二倍，刑事责任不应低于民事责任，因而处以实行行为的对象数额或者违法所得数额的二倍或者三倍罚金具有合理性。

（5）建议增设对单位犯罪的限期整改、职业限制和刑事破产等刑事制裁方式（作为附加刑）。所谓单位犯罪的限期整改，即对于犯罪单位除了给予罚金之外，还同时科处限期进行合规整改，期限届满经验收完成整改目标的，继续营业；期限届满仍然未完成整改目标的，进入刑事破产程序。单位犯罪的职业禁止，即对利用单位行业资质进行犯罪的单位，为了避免日后再犯此罪，科处剥夺其从事本行业以及相近行业经营的资格刑。所谓刑事破产，即剥夺犯罪单位的市场主体资格，进行破产清算，相当于对自然人犯罪主体的死刑。

（6）将犯罪对象与行为对象加以区分。犯罪对象是刑法保护的而为犯罪行为所侵害的社会关系的载体。行为对象，即犯罪实行行为所直接指向的人或者物。二者有时是同一的（盗窃罪中的他人之财物），有时是交叉的（破坏交通设施罪中的桥梁），有时是背反的（伪造货币罪中的真币与假币）。

（7）主张对单位犯罪入罪门槛的设定和直接责任人员刑事责任的设定应与自然人犯罪的入罪门槛和责任设定持平。

第五，参考文献选取尽可能全面。

只有博览全书、博采众家之长，才能有所创建乃至最后登顶泰山。在研究过程中，我们尽可能参考目前国内外相关的研究成果，包括教科书、专著、期刊报纸论文、硕博学位论文、外文资料等。选取近几年国内最新的研究成果，汲取国外研究成果，与权威学者的观点商榷有助于确保本研究的参考资料的权威性、学术观点的适应性和科学合理性。

三、本书的价值

（1）可以为法院、检察院、律师等从事司法实践的人员提供参考资料，为促进公正司法、正确司法尽微薄之力。因为经济犯罪的立法、解释、司法认定等是刑法十分重要的难题和热点问题。

（2）可以为刑法学的硕士和博士研究生，以及教师同行提供学习交流资料。

（3）可以为立法机关就破坏社会主义市场经济秩序罪立法的进一步科学化提供参考资料。

四、撰稿分工

本书的撰写分工如下：

牛忠志：第一章　破坏社会主义金融市场法律秩序罪概述；第二章　破坏货币管理秩序罪的法教义学解读和立法完善论要。

姜春成：第三章　破坏金融机构设立、存贷管理秩序罪的法教义学解读和立法完善论要；第四章　破坏金融票证、有价证券管理秩序罪的法教义学解读和立法完善论要；第五章　破坏证券、期货管理秩序罪的法教义学解读和立法完善论要。

张德军：第六章　破坏客户、公众资金管理秩序罪的法教义学解读和立法完善论要；第七章　破坏外汇管理秩序罪和洗钱罪的法教义学解读和立法完善论要。

徐永伟：第八章　诈骗特殊款项之金融诈骗罪的法教义学解读和立法完善论要；第九章　运用金融工具之金融诈骗罪的法教义学解读和立法完善论要。

牛忠志

2024 年 5 月 22 日

于河北大学新区法学院办公楼

目录 contents

第一章 破坏社会主义金融市场法律秩序罪概述 / 001

 第一节 破坏社会主义金融市场法律秩序罪的内涵与外延 / 001

  一、破坏社会主义金融市场法律秩序罪的内涵 / 001

  二、破坏社会主义金融市场法律秩序罪的外延 / 003

 第二节 破坏社会主义金融市场法律秩序罪的犯罪构成 / 004

  一、破坏社会主义金融市场法律秩序罪的客体要件 / 004

  二、破坏社会主义金融法律秩序罪的客观要件 / 010

  三、破坏社会主义金融市场法律秩序罪的主体要件 / 028

  四、破坏社会主义金融法律秩序罪的主观要件 / 039

 第三节 破坏社会主义金融市场法律秩序罪刑事责任配置的现状、不足与完善建议 / 062

  一、刑事责任概述 / 063

  二、破坏社会主义金融法律秩序罪刑事责任配置的现状 / 066

  三、破坏社会主义金融法律秩序罪刑事责任配置的完善建议 / 075

第二章 破坏货币管理秩序罪的法教义学解读和立法完善论要 / 078

 第一节 伪造货币罪 / 079

  一、伪造货币罪的概念和犯罪构成 / 079

  二、伪造货币罪法律适用中的疑难问题 / 082

  三、伪造货币罪的刑事责任 / 083

 第二节 出售、购买、运输假币罪 / 084

  一、出售、购买、运输假币罪的概念和犯罪构成 / 084

二、出售、购买、运输假币罪法律适用中的疑难问题／086

三、出售、购买、运输假币罪的刑事责任／088

第三节 金融工作人员购买假币、以假币换取货币罪／089

一、金融工作人员购买假币、以假币换取货币罪的
概念和犯罪构成／089

二、金融工作人员购买假币、以假币换取货币罪法律
适用中的疑难问题／091

三、金融工作人员购买假币、以假币换取货币罪的刑事责任／093

第四节 持有、使用假币罪／094

一、持有、使用假币罪的概念和犯罪构成／094

二、持有、使用假币罪法律适用中的疑难问题／095

三、持有、使用假币罪的刑事责任／098

第五节 变造货币罪／099

一、变造货币罪的概念和犯罪构成／099

二、变造货币罪法律适用中的疑难问题／101

三、变造货币罪的刑事责任／102

第六节 本章之罪的立法完善论要／103

一、共性问题的完善建议／103

二、具体个罪的立法完善要点／104

第三章 破坏金融机构设立、存贷管理秩序罪的法教义学解读和立法完善论要／106

第一节 擅自设立金融机构罪／107

一、擅自设立金融机构罪的概念和犯罪构成／107

二、擅自设立金融机构罪法律适用中的疑难问题／109

三、擅自设立金融机构罪的刑事责任／112

第二节 伪造、变造、转让金融机构经营许可证、批准文件罪／112

一、伪造、变造、转让金融机构经营许可证、批准文件罪的
概念和犯罪构成／112

二、伪造、变造、转让金融机构经营许可证、批准文件罪法律
适用中的疑难问题／115

三、伪造、变造、转让金融机构经营许可证、批准文件罪的
刑事责任 / 116

第三节 高利转贷罪 / 117
一、高利转贷罪的概念和犯罪构成 / 117
二、高利转贷罪法律适用中的疑难问题 / 119
三、高利转贷罪的刑事责任 / 120

第四节 违法发放贷款罪 / 121
一、违法发放贷款罪的概念和犯罪构成 / 121
二、违法发放贷款罪法律适用中的疑难问题 / 123
三、违法发放贷款罪的刑事责任 / 124

第五节 吸收客户资金不入账罪 / 126
一、吸收客户资金不入账罪的概念和犯罪构成 / 126
二、吸收客户资金不入账罪法律适用中的疑难问题 / 128
三、吸收客户资金不入账罪的刑事责任 / 130

第六节 非法吸收公众存款罪 / 130
一、非法吸收公众存款罪的概念和犯罪构成 / 130
二、非法吸收公众存款罪法律适用中的疑难问题 / 135
三、非法吸收公众存款罪的刑事责任 / 140

第七节 骗取贷款、票据承兑、金融票证罪 / 143
一、骗取贷款、票据承兑、金融票证罪的概念和犯罪构成 / 143
二、骗取贷款、票据承兑、金融票证罪法律适用中的
疑难问题 / 144
三、骗取贷款、票据承兑、金融票证罪的刑事责任 / 148

第八节 本章之罪的立法完善论要 / 149
一、共性问题的完善建议 / 149
二、具体个罪的立法完善要点 / 150

第四章 破坏金融票证、有价证券管理秩序罪的法教义学解读和
立法完善论要 / 153
第一节 伪造、变造金融票证罪 / 154

一、伪造、变造金融票证罪的概念和犯罪构成 / 154

二、伪造、变造金融票证罪法律适用中的疑难问题 / 156

三、伪造、变造金融票证罪的刑事责任 / 157

第二节 妨害信用卡管理罪 / 158

一、妨害信用卡管理罪的概念和犯罪构成 / 158

二、妨害信用卡管理罪法律适用中的疑难问题 / 161

三、妨害信用卡管理罪的刑事责任 / 162

第三节 窃取、收买、非法提供信用卡信息罪 / 162

一、窃取、收买、非法提供信用卡信息罪的概念和犯罪构成 / 162

二、窃取、收买、非法提供信用卡信息罪法律适用中的疑难问题 / 164

三、窃取、收买、非法提供信用卡信息罪的刑事责任 / 165

第四节 伪造、变造国家有价证券罪 / 166

一、伪造、变造国家有价证券罪的概念和犯罪构成 / 166

二、伪造、变造国家有价证券罪法律适用中的疑难问题 / 167

三、伪造、变造国家有价证券罪的刑事责任 / 168

第五节 违规出具金融票证罪 / 169

一、违规出具金融票证罪的概念和犯罪构成 / 169

二、违规出具金融票证罪法律适用中的疑难问题 / 172

三、违规出具金融票证罪的刑事责任 / 173

第六节 对违法票据承兑、付款、保证罪 / 174

一、对违法票据承兑、付款、保证罪的概念和犯罪构成 / 174

二、对违法票据承兑、付款、保证罪法律适用中的疑难问题 / 175

三、对违法票据承兑、付款、保证罪的刑事责任 / 177

第七节 本章之罪的立法完善论要 / 177

一、共性问题的完善建议 / 177

二、具体个罪的立法完善要点 / 179

第五章 破坏证券、期货管理秩序罪的法教义学解读和立法完善论要 / 181

第一节 伪造、变造股票、公司、企业债券罪 / 182

一、伪造、变造股票、公司、企业债券罪的概念和犯罪构成 / 182

二、伪造、变造股票、公司、企业债券罪法律适用中的
疑难问题 / 183

三、伪造、变造股票、公司、企业债券罪的刑事责任 / 185

第二节 擅自发行股票、公司、企业债券罪 / 185
一、擅自发行股票、公司、企业债券罪的概念和犯罪构成 / 185
二、擅自发行股票、公司、企业债券罪法律适用中的
疑难问题 / 187
三、擅自发行股票、公司、企业债券罪的刑事责任 / 189

第三节 内幕交易、泄露内幕信息罪 / 189
一、内幕交易、泄露内幕信息罪的概念和犯罪构成 / 189
二、内幕交易、泄露内幕信息罪法律适用中的疑难问题 / 194
三、内幕交易、泄露内幕信息罪的刑事责任 / 197

第四节 利用未公开信息交易罪 / 198
一、利用未公开信息交易罪的概念和犯罪构成 / 198
二、利用未公开信息交易罪法律适用中的疑难问题 / 201
三、利用未公开信息交易罪的刑事责任 / 202

第五节 编造并传播证券、期货交易虚假信息罪 / 203
一、编造并传播证券、期货交易虚假信息罪的概念和
犯罪构成 / 203
二、编造并传播证券、期货交易虚假信息罪法律适用中的
疑难问题 / 206
三、编造并传播证券、期货交易虚假信息罪的刑事责任 / 207

第六节 诱骗投资者买卖证券、期货合约罪 / 207
一、诱骗投资者买卖证券、期货合约罪的概念和犯罪构成 / 207
二、诱骗投资者买卖证券、期货合约罪法律适用中的
疑难问题 / 209
三、诱骗投资者买卖证券、期货合约罪的刑事责任 / 210

第七节 操纵证券、期货市场罪 / 211
一、操纵证券、期货市场罪的概念和犯罪构成 / 211
二、操纵证券、期货市场罪法律适用中的疑难问题 / 215
三、操纵证券、期货市场罪的刑事责任 / 217

第八节　本章之罪的立法完善论要 / 218
　　一、共性问题的完善建议 / 218
　　二、具体个罪的立法完善要点 / 221

第六章　破坏客户、公众资金管理秩序罪的法教义学解读和
　　　　立法完善论要 / 223
　第一节　背信运用受托财产罪 / 223
　　一、背信运用受托财产罪的概念和犯罪构成 / 223
　　二、背信运用受托财产罪法律适用中的疑难问题 / 226
　　三、背信运用受托财产罪的刑事责任 / 227
　第二节　违法运用资金罪 / 228
　　一、违法运用资金罪的概念和犯罪构成 / 228
　　二、违法运用资金罪法律适用中的疑难问题 / 230
　　三、违法运用资金罪的刑事责任 / 232
　第三节　本章之罪的立法完善论要 / 233
　　一、共性问题的完善建议 / 233
　　二、具体个罪的立法完善要点 / 234

第七章　破坏外汇管理秩序犯罪和洗钱犯罪的法教义学解读和
　　　　立法完善论要 / 236
　第一节　逃汇罪 / 237
　　一、逃汇罪的概念和犯罪构成 / 237
　　二、逃汇罪法律适用中的疑难问题 / 239
　　三、逃汇罪的刑事责任 / 241
　第二节　骗购外汇罪 / 241
　　一、骗购外汇罪的概念和犯罪构成 / 241
　　二、骗购外汇罪法律适用中的疑难问题 / 243
　　三、骗购外汇罪的刑事责任 / 245
　第三节　洗钱罪 / 246
　　一、洗钱罪的概念和犯罪构成 / 246
　　二、洗钱罪法律适用中的疑难问题 / 251

三、洗钱罪的刑事责任 / 253

第四节 本章之罪的立法完善论要 / 254
　　一、共性问题的完善建议 / 254
　　二、具体个罪的立法完善要点 / 256

第八章 诈骗特殊款项之金融诈骗罪的法教义学解读和立法完善论要 / 258
　第一节 集资诈骗罪 / 259
　　一、集资诈骗罪的概念和犯罪构成 / 259
　　二、集资诈骗罪法律适用中的疑难问题 / 260
　　三、集资诈骗罪的刑事责任 / 263
　第二节 贷款诈骗罪 / 264
　　一、贷款诈骗罪的概念和犯罪构成 / 264
　　二、贷款诈骗罪法律适用中的疑难问题 / 266
　　三、贷款诈骗罪的刑事责任 / 268
　第三节 保险诈骗罪 / 269
　　一、保险诈骗罪的概念和犯罪构成 / 269
　　二、保险诈骗罪法律适用中的疑难问题 / 273
　　三、保险诈骗罪的刑事责任 / 275
　第四节 本章之罪的立法完善论要 / 276
　　一、共性问题的完善建议 / 276
　　二、具体个罪的立法完善要点 / 277

第九章 运用金融工具之金融诈骗罪的法教义学解读和立法完善论要 / 280
　第一节 票据诈骗罪 / 281
　　一、票据诈骗罪的概念和犯罪构成 / 281
　　二、票据诈骗罪法律适用中的疑难问题 / 283
　　三、票据诈骗罪的刑事责任 / 284
　第二节 金融凭证诈骗罪 / 286
　　一、金融凭证诈骗罪的概念和犯罪构成 / 286
　　二、金融凭证诈骗罪法律适用中的疑难问题 / 288
　　三、金融凭证诈骗罪的刑事责任 / 290

第三节　信用证诈骗罪 / 291
　　一、信用证诈骗罪的概念和犯罪构成 / 291
　　二、信用证诈骗罪法律适用中的疑难问题 / 294
　　三、信用证诈骗罪的刑事责任 / 295

第四节　信用卡诈骗罪 / 296
　　一、信用卡诈骗罪的概念和犯罪构成 / 296
　　二、信用卡诈骗罪法律适用中的疑难问题 / 299
　　三、信用卡诈骗罪的刑事责任 / 301

第五节　有价证券诈骗罪 / 302
　　一、有价证券诈骗罪的概念和犯罪构成 / 302
　　二、有价证券诈骗罪法律适用中的疑难问题 / 304
　　三、有价证券诈骗罪的刑事责任 / 305

第六节　本章之罪的立法完善论要 / 306
　　一、共性问题的完善建议 / 306
　　二、具体个罪的立法完善要点 / 308

主要参考文献 / 310

第一章
破坏社会主义金融市场法律秩序罪概述

本章对破坏社会主义金融市场法律秩序罪的内涵与外延、犯罪成立条件和刑事责任加以解析,本章作为本书的总论,为后面的章节研究提供基础。

第一节 破坏社会主义金融市场法律秩序罪的内涵与外延

一、破坏社会主义金融市场法律秩序罪的内涵

《刑法》分则第三章第四节"破坏金融管理秩序罪"、第五节"金融诈骗罪"从第170条至第200条规定了本书所称的破坏社会主义金融市场法律秩序罪,共计38个罪名。根据《刑法》的规定,这里把破坏社会主义金融市场法律秩序罪定义为:自然人或者单位违反国家市场经济关于金融管理的法律法规,严重破坏社会主义金融市场法律秩序,触犯刑法,应受刑罚处罚的行为。从上述定义出发,一方面,这一类犯罪具有犯罪的一般特征:严重的社会危害性、刑事违法性和应受刑罚处罚性;另一方面,它们又具备其他犯罪所没有的个性:发生在金融市场经济运行过程中,因金融市场的变动而滋生,以违反相关的金融管理法律法规为前提等。

破坏社会主义金融市场法律秩序罪属于经济刑法调整的范围。中外刑法学界对经济刑法有不同意义的不同理解。如,我国台湾地区的林山田学者持最广义的经济刑法说,认为经济刑法是指与经济活动和经济利益有关的刑法

规范的总称。❶ 这是早期的概括，现在已经没有市场了。理论上，有学者主张中国刑法持狭义经济刑法概念，即我国刑法分则第三章的罪刑规范的总称。❷ 这种理解过于狭窄，也不利于发挥经济刑法的功能。广义的经济刑法概念，如法国学者将经济领域的普通犯罪、商业公司领域中的经济犯罪以及若干与经济生活相关的犯罪都纳入经济刑法调整的范围。❸ 有学者认为，所谓经济刑法，是指我国刑事法律根据维护社会主义市场经济秩序、保护公共财产所有权、加强廉政建设的需要，规定什么行为是经济犯罪和如何追究其刑事责任的刑法规范的总和。上述两种广义的概念将侵犯公私财产所有权（一些传统的财产犯罪）、破坏环境资源犯罪、破坏廉政建设犯罪（贪污贿赂犯罪）都作为经济刑法所规范的内容，因而使经济刑法丧失了其独有的特性。❹ 本书也不赞成这种广义的经济刑法概念。我国有的学者持中间意义的经济刑法概念，认为经济刑法是有关违反经济法律，侵犯商品的生产、交换、分配所形成的市场经济关系，破坏社会主义市场经济秩序的犯罪及其刑事责任的法律规范的总称；在外延上，除了破坏社会主义市场经济秩序罪之外，破坏环境资源保护罪和贪污贿赂罪也被纳入经济刑法的调整范围。❺ 笔者认为，经济刑法的外延宽窄取决于经济刑法的立法目的和功能定位。经济刑法的立法目的在于用刑事制裁的手段保护经济法律的有效性，保障国家整体市场经济法律秩序之安定性及公正性。所以，相对而言，中间意义的经济刑法概念较可取。破坏社会主义金融市场法律秩序罪是在市场经济领域中发生的、以违反相应的金融法律为前提、违法行为达到了情节严重而应当依法受刑罚处罚的行为，故破坏社会主义金融市场法律秩序罪是经济刑法的核心内容之一。

将破坏社会主义金融市场法律秩序罪定位为经济刑法的主要内容，不仅有利于保障我们研究方向的不迷失，而且还可以将相关经济刑法和经济犯罪知识运用于本课题的研究之中。

---

❶ 林山田. 经济犯罪与经济刑法 [M]. 台北：台北三民书局，1981：87.
❷ 李永升，朱建华. 经济犯罪学 [M]. 北京：法律出版社，2012：18-19.
❸ 米歇尔·维隆. 法国经济刑法 [M]. 陈萍，译. 北京：法律出版社，2022：13.
❹ 王海桥. 经济刑法基本理论 [M]. 北京：中国政法大学出版社，2021：9.
❺ 楼柏坤. 经济刑法学 [M]. 杭州：浙江大学出版社，2017：43，95.

二、破坏社会主义金融市场法律秩序罪的外延

本书中的破坏社会主义金融市场法律秩序罪包括《刑法》分则第三章第四节"破坏金融管理秩序罪"和第五节"金融诈骗罪",笔者将其分成了8类犯罪,分别是:破坏货币管理秩序犯罪(5个);破坏金融机构设立、存贷管理秩序犯罪(7个);破坏金融票证、有价证券管理秩序犯罪(6个);破坏证券、期货管理秩序犯罪(7个);破坏客户、公众资金管理秩序犯罪(2个);破坏外汇管理秩序犯罪和洗钱犯罪(3个);诈骗特殊款项之金融诈骗罪(3个);运用金融工具之金融诈骗罪(5个)。总计有38个犯罪。由此,廓清了本书的研究界域。

(1)破坏货币管理秩序犯罪。包括伪造货币罪;出售、购买、运输假币罪;金融工作人员购买假币、以假币换取货币罪;持有、使用假币罪;变造货币罪5个具体罪名。

(2)破坏金融机构设立、存贷管理秩序犯罪。包括擅自设立金融机构罪;伪造、变造、转让金融机构经营许可证、批准文件罪;高利转贷罪;违法发放贷款罪;吸收客户资金不入账罪;非法吸收公众存款罪;骗取贷款、票据承兑、金融票证罪7个具体罪名。

(3)破坏金融票证、有价证券管理秩序犯罪。包括伪造、变造金融票证罪;妨害信用卡管理罪;窃取、收买、非法提供信用卡信息罪;伪造、变造国家有价证券;违规出具金融票证罪;对违法票据承兑、付款、保证罪6个具体罪名。

(4)破坏证券、期货管理秩序犯罪。伪造、变造股票、公司、企业债券罪;擅自发行股票、公司、企业债券罪;内幕交易、泄露内幕信息罪;利用未公开信息交易罪;编造并传播证券、期货交易虚假信息罪;诱骗投资者买卖证券、期货合约罪;操纵证券、期货市场罪7个具体罪名。

(5)破坏客户、公众资金管理秩序犯罪。包括背信运用受托财产罪;违法运用资金罪2个具体罪名。

(6)破坏外汇管理秩序犯罪和洗钱犯罪。包括逃汇罪;骗购外汇罪;洗钱罪3个具体罪名。

(7)诈骗特殊款项之金融诈骗罪。包括集资诈骗罪;贷款诈骗罪;保险诈骗罪3个具体罪名。

(8) 运用金融工具之金融诈骗罪。包括票据诈骗罪；金融凭证诈骗罪；信用证诈骗罪；信用卡诈骗罪；有价证券诈骗罪5个具体罪名。

第二节 破坏社会主义金融市场法律秩序罪的犯罪构成

一、破坏社会主义金融市场法律秩序罪的客体要件

（一）犯罪客体要件的内涵与外延

1. 犯罪客体要件的立体化修正

在我国，犯罪客体是犯罪构成四要件理论中的第一要件。传统的刑法理论主张，犯罪客体是指为刑法所保护而为犯罪行为所侵害的社会关系。犯罪客体是犯罪行为具有社会危害性的集中体现，是犯罪构成的要件。任何一种行为，如果没有或者根本不可能侵害刑法所保护的社会关系，就不能构成犯罪。因此，任何一种犯罪，都必然要侵害一定的客体，不侵害客体的行为就不具备社会危害性，就当然不构成犯罪。并且，某种具体的犯罪客体在社会中越重要，则侵害该客体犯罪行为的社会危害性就越严重，该犯罪行为就相对越构成重罪，处罚就相对越重。因此，犯罪客体是决定犯罪的社会危害性及其社会危害性严重程度的重要标准。对犯罪客体要件的研究有助于合理地划分犯罪类型，建立科学的刑法分则体系，有助于区分罪与非罪、此罪与彼罪，有助于正确地量刑等。

但是，上述作为犯罪客体理论通说的社会关系说有其致命的缺陷：把犯罪客体归结为"社会关系"，而同时把社会关系的载体——犯罪对象作为可有可无的东西。由此，这样的犯罪客体不仅变得比较抽象，难以把握，而且由于缺乏犯罪对象这一形式侧面的限定，传统的犯罪客体要件没有定量的测算功能。国内部分学者正是看到了传统的犯罪客体理论的上述缺陷，又基于简单移植德日犯罪论体系关于犯罪客体是"构成要件"解释的目标而不是构成要件要素的见解，果断地（或者说武断地）将犯罪客体逐出"犯罪成立条件"之外。

我们必须正视传统犯罪客体理论的致命不足，同时也不能草率地将其直

接抛弃。具体分析如下：

（1）不能混淆"构成要件"和犯罪的"成立条件"。尽管德日犯罪论体系中犯罪客体不是"构成要件要素"，但不能因此就认为"犯罪客体"不是"犯罪成立条件要素"。因为德日阶层体系下犯罪的成立条件是构成要件符合性、违法性和有责性三个部分。犯罪客体"存在于"违法性判断环节。

（2）在中国，根据《刑法》第13条"但书"的要求，对具体犯罪的犯罪构成必须坚持实质解释，形式解释几乎没有存在的余地。所以，犯罪客体要件更是必不可少的要素，不能把犯罪客体要件驱逐出犯罪构成体系。而且，犯罪客体既然是犯罪的社会危害性的分析工具，就应该同时具有对犯罪的社会危害性的定性与定量分析功能，所以，坚持犯罪客体要件的"社会关系说"时必须改变传统理论中"将犯罪对象与其所承担的社会关系离析出来并视为可有可无的东西"之错误认识，应主张"改良的犯罪客体社会关系说＝抽象的社会关系＋犯罪对象"，即"立体的犯罪客体社会关系说"。❶

（3）犯罪客体理论在德日国家与其犯罪本质理论纠缠在一起。我国应当反对这种不科学的纠缠，更不能简单地移植德日的犯罪本质法益说。首先，中国的犯罪本质，即严重的社会危害性是对犯罪四方面要素综合考量的结果，而德日的法益侵害只是单纯的客观危害，因此犯罪本质（严重的社会危害性）与法益侵害根本"不对称"。其次，在中国违法与犯罪二元分离的立法框架下，德日的法益理论（作为主流的是违法一元论的法益理论）难以担当揭示犯罪本质的重任。德日国家主流的刑法理论上不区分刑法法益与其他部门法的法益❷。所以，直接移植德日的法益理论并不科学。

可行的进路是应该改良法益说，切切实实地把普通法益限定为刑法法益，并以"刑法法益"置换"社会关系"：把犯罪客体的内容解释为纳入国家整体法秩序的法益（此即刑法法益）。也即应该用国家整体法律秩序来限定法益说，即犯罪的本质是侵害了纳入国家整体法律秩序的法益，或者说，刑法法益是纳入国家整体法律秩序的法益：既不是简单的、"裸的"法益侵害，也不是可以撇开法益保护、没有以法益为内容的单纯的义务违反。

总括以上，犯罪的本质是侵害了纳入国家整体法律秩序的法益，而这种

---

❶ 牛忠志，曲伶俐. 犯罪构成四要件的"立体化"修正［J］. 政法论丛，2019（1）：52.
❷ 可罚的违法理论肇始于德国，但在德国一直没有引起足够的重视。日本学者引入并倡导之，但至今仍然没有被普遍接受。

刑法法益是刑法保护的整体国家法律秩序的实质内容。因此,"立体的犯罪客体社会关系说"与包含着刑法法益的"国家整体法律秩序说"是统一的。

2. 犯罪客体要件外延的厘清

(1) 根据犯罪客体抽象程度的不同进行分类。

我国刑法理论通说认为,对于犯罪客体,按其抽象的程度可以分为直接客体、同类客体和一般客体三种。三者之间是一般与特殊、共性与特性的关系。同类客体是对直接客体的抽象和概括;一般客体是对所有犯罪客体的高度抽象和概括。总体上应该肯定这一理论,但美中不足的是:其混淆了犯罪客体与客体要件这两个属种概念。犯罪客体是属概念;客体要件是种概念,是犯罪客体范畴中"不可缺少的那一部分"。以故意杀人罪为例,行为人非法剥夺一个自然人的生命,被害人死亡,不仅生命权消灭,其健康权也不存在了,而且基于被害人身份而产生的社会关系几乎全部消灭(如婚姻关系、公务员职务职责关系等),以上所涉及的为刑法保护而为杀人行为所侵害的,都是"杀人罪的犯罪客体"。但是,只有生命权才是成立杀人罪不可或缺的要素,即"杀人罪的犯罪客体要件"。可见,宜严格区分犯罪客体和犯罪客体要件。

第一,犯罪的一般客体要件。

犯罪的一般客体要件是指一切犯罪行为所共同侵害的客体要件,也即我国刑法所保护的而为犯罪行为所侵害的社会关系的整体。一般客体要件是从社会关系的整体视角来揭示全部犯罪的共同本质的。因为尽管现实中的犯罪多种多样,千差万别,每一个具体的犯罪行为所侵害的具体的社会关系也不一样,但是,从社会关系的整体意义来考量,所有的犯罪都侵害了我国刑法所保护的社会关系整体,都具有严重的社会危害性。我国《刑法》第 1 条对刑法目的的描述,以及第 2 条和第 13 条对刑法所保护的各类社会关系的规定即为犯罪一般客体要件的内容。

犯罪的一般客体要件是刑法所保护的客体要件的最高层次,反映了一切犯罪客体要件的共性,是研究其他层次犯罪客体要件的基础。研究犯罪的一般客体要件,就是揭示一切犯罪的共同属性——犯罪不仅仅是犯罪人与被害人之间的矛盾,也主要是犯罪人与整个社会(国家)的冲突,进而阐明国家代表被害人严厉惩罚罪犯的理由,明确国家同犯罪作斗争的社会、政治意义。

第二,犯罪的同类客体要件。

犯罪的同类客体要件是指某一类犯罪行为共同侵害的我国刑法所保护的社会关系的某一部分。每一类犯罪虽然都侵害社会关系，不同的犯罪侵害了不同的社会关系，但是，这些社会关系可能会出现相同或相似的内容。如犯罪人在实施杀人、伤害、强奸、侮辱、诽谤等犯罪行为时，虽然侵犯的是人的生命权、健康权、妇女的性权利、人格权、名誉权等社会关系，但是，这些受侵害的社会关系都与人身具有不可分割的直接联系，属于人身权的范畴。因此，这一类犯罪都侵害了一个共同的犯罪客体要件，即被害人的人身权。犯罪的同类客体要件就是根据某一类犯罪所侵害的社会关系具有的相同或相似性而进行的分类，是表明某一类犯罪所侵害的社会关系的共同属性。因此，作为这些犯罪的同类客体要件所包含的社会关系，都具有相同或相似的性质。

我国《刑法》分则正是根据同类客体要件，将犯罪分为十类，这十类犯罪行为所侵害的社会关系就代表了这十类同类客体要件，形成了《刑法》分则中"章"的排列。因此，研究犯罪的同类客体要件，能为现有的刑法分则体系的进一步科学化提供理论根据；同时，也有助于人们尤其是司法工作者科学地区分犯罪的性质及其危害程度，从而准确地定罪量刑。依据我国刑法的规定，犯罪的同类客体要件共有十类。

第三，犯罪的直接客体要件。

犯罪的直接客体要件，是指某一种犯罪行为所直接侵害的某种具体的社会关系。直接客体要件揭示的是某一犯罪行为所侵害的具体社会关系。任何一类犯罪都是具体侵害了某一种或一种以上的社会关系，从而揭示该犯罪的具体性质。如故意杀人罪直接侵害的是人的生命权，故意伤害罪直接侵害的是人的健康权。犯罪的直接客体要件揭示了具体犯罪所侵害的社会关系的性质以及该犯罪的社会危害性的程度。研究犯罪的直接客体要件，对于区分各种具体犯罪，决定刑罚的轻重都具有重要意义。但是，了解了犯罪的直接客体要件，并不等于就能把所有犯罪的界限都区分开来。有些犯罪之间的界限并不是以犯罪直接客体要件就能够进行区分的。如盗窃罪、诈骗罪、抢夺罪等之间的区分，其犯罪直接客体要件是相同的，只是行为的方式和手段不同。

任何一种犯罪都同时具备犯罪的一般客体要件、同类客体要件和直接客体要件。所以，我们在分析某一行为是否构成犯罪行为时，首先，要分析该行为是否侵害了犯罪的一般客体要件（不侵犯一般客体要件的行为，肯定不是犯罪）；其次，如果行为侵害了一般客体要件，再进一步分析其侵害了哪一类客体要件，这就是确定犯罪同类客体要件的过程；最后，还要分析行为人的行为侵害了哪一种直接客体要件，再根据犯罪的直接客体要件去确定具体的罪名和应科处的刑罚。

（2）对"基于德日法益说对犯罪客体要件分类"的商榷。

德日国家刑法理论一般把犯罪所侵害的法益分为国家法益、社会法益和个人法益。不过，也有的学者为了凸显民权刑法而改变顺序，把分类表述为：个人法益、社会法益和国家法益。在我国，这两种见解都有学者直接移植之。

但是，德日的法益说不区分刑法法益与其他部门法的法益，因而其上述理论见解从根本上看是不科学的。刑法是公法，公法以保护"公"的利益为宗旨、本位，由此，即使是刑法规定的侵害个人法益之犯罪也不是以"直接"保护公民个人的法益为立法旨趣。刑法的使命在于保护其他法律的效力，防止类似的严重破坏法律秩序行为的再次发生，以达到维护国家整体法律秩序的立法目的。道理很简单：刑法规定故意杀人罪的立法目的不是对被害人生命权受到侵害之后的权利救济（赔偿、补偿），而是通过严惩犯罪人来告诫世人：杀人这种严重侵害他人法益、破坏社会法律秩序的行为是严重的错误的行为，不得效仿！在这个问题上，德国罗克辛教授关于"刑法对法益的保护是间接的"的观点是正确的。

正因为"裸的"法益，无论是国家利益、社会利益，还是个人利益，都不是刑法直接保护的目标。只有危害行为对这些利益造成严重侵害，以至于"不用刑罚来惩治就可能动摇国家整体法律秩序"的时候，刑法才能介入社会生活，对社会关系进行调整。所以，把刑法法益分为国家法益、社会法益和个人法益，无论次序如何排列、调换，都不可取，故不宜提倡。

当然，如果非要借鉴德日的法益分类，考虑到法益理论对犯罪圈合理性的检定功能，那么，可将法益作为识别国家整体法律秩序是否"优良"的一个表征，由此，犯罪客体要件分为：以个人法益为权利内容的国家整体法律秩序、以社会法益为权利内容的国家整体法律秩序和以国家法益为权利内容的国家整体法律秩序。由此，犯罪可分为侵害以个人法益为内容的国家整体法律秩序之犯罪、侵害以社会法益为内容的国家整体法律秩序之犯罪和侵害以国家法益为内容的国家整体法律秩序之犯罪。

(二) 破坏社会主义金融市场法律秩序罪客体要件的内涵与外延

1. 破坏社会主义金融市场法律秩序罪客体要件的内涵

破坏社会主义金融市场法律秩序罪的客体要件可表述为：经由严重侵害社会主义金融市场主体的利益进而破坏社会主义金融市场"整体法律秩序"。

(1) 目前很多教科书把破坏社会主义市场经济秩序罪的客体要件表述为"国家的市场经济'法律制度'"，但这一认识不如表述为"国家的市场经济'法律秩序'"更可取。行为人违反制度，其结局是破坏法律秩序。有鉴于此，使用"国家金融市场法律秩序"的术语更准确，也更加契合现代刑法的谦抑品格。

还有一部分教材表述为"国家的市场经济'管理活动'"。这种表述不精确。因为"管理活动"内涵十分丰富，犯罪行为究竟侵害了这一活动的哪些具体内容？还需要进一步具体化。

(2)《刑法》分则第三章章名明示了"破坏社会主义市场经济秩序罪"法定术语，采用"国家金融市场法律秩序"的表述更加符合罪刑法定原则。

(3) 严格意义上，还应当由"社会主义金融市场法律秩序"进一步升华为"社会主义金融市场'整体法律秩序'"。"社会主义金融市场法律秩序"的形成先是市场主体依据市场管理法规在特定的主体之间形成"特定的金融方面的权利义务关系"；接下来，诸多不同的"金融市场的权利义务关系"构成国家的"社会主义金融市场法律秩序"。对这些金融市场经济法律关系的破坏，在情节"不严重"的场合，交由市场经济管理法律来调整和救济；当对破坏"社会主义金融市场法律秩序"之行为的综合衡量达到了"情节严重"的程度：如果不用刑罚来惩治这些严重的破坏社会主义金融市场法律秩序的行为，国家的金融市场整体法律秩序就会坍塌时，那么，这种违法行为就升级为犯罪行为。由此，纳入刑法保护的是"我国社会主义金融市场的'整体法律秩序'"。

2. 破坏社会主义金融市场法律秩序罪客体要件的外延

概念的外延可以通过对其分类研究加以把握。对客体要件可以按照不同的标准进行分类研究。这里只讨论破坏社会主义金融市场法律秩序罪的一般客体要件、同类客体要件和直接客体要件。

(1) 关于一般客体要件。

因为任何犯罪,包括破坏社会主义金融市场法律秩序罪,都是对国家整体法律秩序的破坏,因此,"国家整体法律秩序"作为一个整体,包含着"社会主义市场经济'整体法律秩序'"这部分内容。也就是说,破坏社会主义金融市场法律秩序罪与其他犯罪一样,其一般客体要件都是"国家整体法律秩序"。

(2) 关于同类客体要件和次同类客体要件。

根据《刑法》分则第三章第四节和第五节关于破坏社会主义金融市场法律秩序罪的规定,"社会主义市场经济'整体法律秩序'"是其同类客体要件。

在此基础上,还要分析次同类客体要件。破坏社会主义金融市场法律秩序罪包括第四节和第五节规定的破坏金融管理秩序罪和金融诈骗罪。由此,破坏社会主义金融市场法律秩序罪的次同类客体要件是关于金融市场管理的国家整体法律秩序和金融市场诚信管理的国家整体法律秩序。

(3) 关于直接客体要件。

破坏社会主义金融市场法律秩序罪的直接客体就是某一具体的破坏社会主义金融市场秩序罪所直接侵害的作为国家整体法秩序系统的某一(几个)方面的具体法律秩序。如,出售、购买、运输假币罪,其直接犯罪客体可以描述为:以国家对货币的管理秩序为实质内容之国家金融市场整体法律秩序。犯罪的直接客体地位至关重要,具体犯罪的直接客体要件是决定该犯罪成立与否的首要条件,也是对具体的破坏社会主义金融市场法律秩序罪进行分则体系定位的主要依据。

二、破坏社会主义金融法律秩序罪的客观要件

犯罪的客观要件是指危害行为构成刑法规定的犯罪所具有的各种客观外在的事实特征的要件。犯罪客观要件是犯罪构成的必备要件之一。犯罪的客观要件对于确定行为是否构成犯罪、构成何罪,以及具体犯罪的刑事责任,都具有重要的意义。

(一) 犯罪客观要件理论的修正

1. 危害行为理论的修正

我国刑法理论通说认为,刑法上的危害行为是指由行为人心理活动所支

配的、危害社会的一系列身体动静。❶这一表述大致界定了危害行为，但存在一些缺陷：一是对于危害行为的强度没有量的限定。由于犯罪与一般违法严格区分，所以，在刑法学领域中，必须对危害行为加以量的限定。二是科技发展到今天，赤手空拳的犯罪是少见的，利用犯罪工具实施犯罪是常态，因此在危害行为定义中加入"利用犯罪工具"因素，是必要的、合理的。

鉴于此，刑法上的危害行为是指由行为人在其意识和意志支配下利用犯罪工具实施的，具有一定强度的危害社会的一系列身体动静。其有以下五个要点：

（1）危害行为主体的特定性。刑法中危害行为的实施主体是人。这里的"人"，是刑法意义上的人，除了自然人之外，还包括具有法律拟制人格的法人等组织，我国刑法使用了"单位"一词对其加以概括。所以，作为犯罪客观构成要件之一的危害行为，是由自然人或者单位实施的行为。

（2）危害行为的有意性。危害行为是受行为人的认识和意志支配的人体举动。人的身体举动与人的主观心理意识和意志具有表里关系，只有受行为人的认识和意志支配的人体举动才具有刑法意义。那些不反映行为人主观意识或者意志的人体的无意识举动、意外事件或者不可抗力，都不属于犯罪客观构成要件中的危害行为。

（3）危害行为的有体性。即危害行为是行为人利用工具实施的身体的动作或静止。人体的动作包括人肢体的活动，甚至语言、表情和眼神等；在一定条件下，人身体的相对静止也可以构成刑法意义的行为。在科技发达的今天，犯罪工具的使用往往是行为的重要内容之一，有必要在危害行为的定义中彰显犯罪工具。强调犯罪工具，也有助于正确认识和区分目前刑法学理论中所并存的犯罪对象与行为对象、犯罪工具等术语。

（4）危害行为的有度性。即有量的限定，包括单一动静所呈现出的"严重的"社会危害性的强度限定，由身体的"一系列"动静所体现出的严重的社会危害性。首先，危害行为是对社会有害的行为，其具有的是社会危害性，不是对某一个主体而言的危害性，也就是说，这里的危害性不是局限于某一个法律主体，即不仅仅是对权利主体而言具有危害性。只有有害于社会的行

---

❶ 马克昌. 犯罪通论［M］. 武汉：武汉大学出版社，1991：156. 另见：赵秉志. 刑法新教程［M］. 4版. 北京：中国人民大学出版社，2012：109.

为，才可能属于刑法调整的范围。其次，根据我国《刑法》第13条"但书"规定，刑法上的危害行为必须有特定的量的要求，换言之，这种社会危害性不包括"显著轻微危害不大"的情形。如果是"显著轻微危害不大"的，则不是这里所说的危害行为，而是其他部门法上的"一般违法行为"。比如，刑法上的伤害行为是轻伤以上的伤害行为；轻微的伤害行为，诸如不具有导致轻伤以上的殴打行为等暴行，不属于刑法意义上的伤害行为。这一点不同于德日国家，比如日本刑法规定了暴行罪，其实行行为就是一般的殴打行为。最后，身体动静的"一系列性"。刑法上的危害行为，与日常意义的身体活动不同，其具有立法者的价值选择属性。比如，行为人拿刀向被害人砍去，第一刀因为被害人的躲避，没有砍到；第二刀因为被害人用手挡而将其手砍掉（构成重伤结果）；第三刀才将被害人的头砍掉（致其死亡）。对此，日常意义是行为人砍了三刀，但在刑法意义上却必须将这三刀一体地评价为"一个"杀人行为。

（5）危害行为的触犯刑法规范性。这里的危害行为是指违反刑法规范的行为。在众多的有害行为中，只有那些具有严重社会危害性、触犯刑法规范的行为才可能成为犯罪客观要件的危害行为。"触犯刑法规范"，包括违反禁止性规范和命令性规范两种，前者如《刑法》第398条规定的故意泄露国家秘密罪和过失泄露国家秘密罪；后者如《刑法》第201条确立的应当依法纳税的刑法规范。

关于危害行为的分类。现实生活中，危害行为的具体表现形式多种多样。刑法理论上依据不同的标准，可以有不同的分类，最重要的是把危害行为划分为作为与不作为这两种基本形式。此外，还有"持有"的问题。

（1）作为。所谓作为就是行为人积极地利用身体动作（含犯罪工具）去实施刑法所禁止的危害社会的行为。司法实践中绝大多数的犯罪是以作为的方式实施的，如抢劫、强奸等。作为是行为人积极的动作，由一系列（含利用犯罪工具）的举动组合完成。人的身体的静止不可能构成作为型犯罪。作为是典型的危害行为，能够直观地、全面地体现危害行为的基本特性。

（2）不作为。不作为是指行为人负有积极实施某种行为的义务，从当时的情况来看能够履行该义务而不履行该特定作为义务，从而导致严重后果的危害行为。不作为从行为的形态上来说是指行为人没有在法律指引的方向上积极行动（包含利用劳动工具），不去做法律要求的积极举动，表现为"法律意义上的静止"。不作为的这一特征导致了认识上的争议。刑法意义上的危害行为，不是纯自然意义的行为（存在论的行为），而是规范论意义上的行为。从危害行为具有触犯刑法规范的特征分析，如果说作为犯罪是不应为而为之，那么，不作为犯罪就是应为、能为而不为，所以，在规范论的意义上，不作为与作为同样具有行为的等价性。

构成刑法上的不作为，必须具备三个条件：

第一，行为人负有实施某种积极行为的特定义务，这是不作为成立的前提条件。如果行为人不负有实施某种积极行为的特定义务，即使行为人不去实施该"作为"，即使现实发生了客观的损害后果，也不能追究行为人的刑事责任。例如，有人意外落水，路人见死不救，不能认定路人见死不救的行为构成不作为。

关于义务的来源，一般认为有四种：一是法律明确规定的义务。这种义务不仅要求有其他部门法规定，同时还要求刑法规范加以认可并保障该规范的有效性。如税收管理法规定公民和单位有依法纳税的义务，刑法也确立纳税人或者扣缴义务人有依法纳税的义务的命令式规范，行为人就不得违反。如果违反了这种法定义务，就有可能构成不作为犯罪。二是行为人职务上或业务上要求的义务。行为人具有某种职务身份或正在从事某种业务，其职务或业务的性质决定了行为人必须履行某种特定的义务，如果行为人不履行这一义务，造成严重后果的，即构成不作为。如医生有救助病人的义务，消防队员有灭火的义务，如果医生、消防队员拒绝履行义务，当时情况下又能够履行该义务，却未履行该义务，造成严重后果的，就构成不作为。三是法律行为引起的义务。法律行为是指能够在法律上产生一定权利义务的行为。如保姆与雇主签订了合同，保姆不履行认真看护婴儿的工作职责，造成了婴儿的意外伤害结果，保姆就要承担刑事责任。法律行为引起的义务，在司法实务中大多数情况下是由合同行为引起的，这既包括书面合同，也包括口头合同。四是先行行为引起的义务。若行为人的行为使刑法所保护的法益处于某种危险状态之中，则此时行为人负有采取积极措施避免这种危险状态转化为实害结果的义务。

第二，行为人有履行特定义务的可能性。负有特定积极作为的义务人必须具有履行特定义务的实际可能性，才有可能构成不作为。如果行为人虽然具有履行某种行为的义务，但是由于客观原因不具有履行积极作为义务的可能性，即使最终出现了法定的危害结果，行为人也不构成不作为。刑法理论中有句格言就是"法不强人所难"。例如，消防队员在前去救火的途中被山石造成的塌方阻隔，不能抵达火场，消防队员虽负有救火的义务，但客观上不具有履行救火义务的可能性，因而不构成不作为。

第三，构成刑法上的不作为还要求行为人不履行特定义务，从而导致了严重后果。行为人有履行特定作为义务的可能而不履行该义务时，必须有法定的危害结果或者危险状态的出现，才能构成不作为。如果没有出现法定的危害结果或者危险状态的，则不成立不作为行为。如保姆在工作期间擅离职守、不履行看护职责，但是婴儿一直在熟睡，没有发生危害结果，这时认定保姆的行为构成刑法上的不作为，便没有意义。

还应该指出的，一些教材把不作为和不作为犯这两个概念混淆。不作为犯是犯罪的一类，包括纯正的不作为犯和不纯正的不作为犯。

（3）刑法上的持有。近年来持有的地位问题一直是探讨热点。最早将持有问题从英美法系引入我国的是北京大学的储槐植教授。之后，国内学者开始逐渐关注并深入研究"持有"问题。有学者认为，所谓持有是指对某种物品的实际控制状态。它通常始于作为，如取得、收受等，以不作为维持其存在状态，具有作为与不作为的交融性。❶ 有的学者认为，持有应当归属于作为，因为对于持有型犯罪，法律所责难的重点仍是取得这些物品，至于取得后的状态，则与盗窃财物后仍持有财物的状态一样，属于犯罪的自然延续，不构成不作为犯。❷ 现在越来越多的学者倾向认为持有独立于作为与不作为，应为第三种行为形式。

笔者认为，"持有"应该属于不作为。从我国《刑法》规定的持有型犯罪来看，法律所禁止持有的对象都是违禁品或者限制流通物。既然法律将持有界定为犯罪，那就意味着法律禁止这种状态的存在，而这种禁止暗含着当这种状态出现的时候，法律命令持有人将特定物品上缴给有权管理的部门以消灭这种持有状态，故持有该物品的人就有上缴的义务；如果违反这种义务，不主动上缴该物品而继续持有，就构成不作为犯罪。从行为构成上看，"持有"应以该"作为"为前提，这恰恰也是构成不作为的义务前提。这里的

---

❶ 陈忠林. 刑法学（总论）[M]. 北京：中国人民大学出版社，2003：120.

❷ 熊选国. 刑法中行为论[M]. 北京：人民法院出版社，1992：125.

"作为"没有独立意义，持有型犯罪都是没有通过实施一定的行为来改变目前的非法占有状态。因此，"持有"应该归属于"不作为"。基于这一认识，如果将其视为与作为和不作为相并列的"基本行为方式"，则是违背逻辑规则的。我们可以说持有是一类新型的行为方式，但不可以说"持有是与作为和不作为相并列的第三种基本行为方式"。

2. 危害结果理论的澄清

（1）危害结果的概念。

对于危害结果的界定，有广义和狭义之分。狭义的危害结果是指刑法条文明确规定了定罪或者量刑意义的危害结果，即法律规定的危害结果。我国《刑法》对狭义的危害结果作了如下三种规定：一是在过失犯罪中，以是否发生了严重的物质性危害结果作为判定罪与非罪的标准；二是以对直接客体造成某种有形的、物质性危害结果，或者以发生某种特定的现实危险状态（趋势），作为某些故意犯罪的既遂标准。三是以造成严重的危害结果，作为加重处罚的依据。前两者是定罪意义的法定结果，后一种是量刑意义的危害结果。

从广义上来说，刑法中的危害结果，是指危害行为对刑法所保护的社会关系造成的损害事实或危险状态。广义的危害结果是指一切由危害行为所引起的损害事实，包括直接后果和间接后果，也包括法定结果和非法定结果。例如甲杀死了乙，乙的妻子因悲伤过度也不幸过世。其中乙的死亡后果是甲故意杀人的直接损害结果，属于狭义的危害结果；而乙的妻子的死亡后果是甲故意杀人的间接结果，属于广义的危害结果。

（2）刑法上的危害结果具有以下特征。

一是危害结果的客观性。危害结果属于犯罪客观方面的一个选择性的构成要件，是不以人的主观意志为转移的客观事实。危害结果与行为人主观上希望通过危害行为达到的犯罪目的，是两个不同的范畴：前者属于客观范畴，后者属于主观范畴。二是危害结果的因果性。只有危害行为引起的结果才是刑法意义上的危害结果。虽有损害事实的存在，但并不是由危害行为造成的，则不具有刑法上的意义。诸如自然力、动物引起的损害，以及人的非意志支配下的行为等所引起的损害事实，都不应归属于刑法意义上的危害结果之范畴。三是危害结果的多样性。危害结果是危害行为对刑法所保护的社会关系的损害事实，刑法所保护的社会关系的复杂性和多样性决定了危害结果的多样性，加之危害行为、犯罪对象的不同，使得具体案件中危害结果更是千姿百态。从大的方面可以把危害结果分为实害结果和危险结果两种情况：实害结果是指危害行为已经直接对犯罪客体造成了实际损害，如被害人的财产已经受损，被害人的生命健康已经受损等；危险结果是指刑法所保护的社会关系已经处于刑法所规定的危险状态。如《刑法》第117条规定的破坏交通设施罪，如果行为人对轨道、桥梁、隧道、公路、机场、航道、灯塔、标志等交通设施进行的破坏活动"足以使火车、汽车、电车、船只、航空器发生倾覆、毁坏危险"的，即属于这种情况。四是狭义的危害结果具有法定要素的属性。危害行为对犯罪客体造成的损害结果是多种多样的，但只有刑法规定的危害结果，才是具有犯罪构成要件的危害结果或者属于结果加重的条件。例如，在故意杀人罪中，行为人可能造成被害人轻伤，也可能造成被害人重伤，以及死亡的结果，但按照刑法的规定，只有死亡的结果才是故意杀人罪犯罪构成要素的危害结果。又如，《刑法》第236条第1款规定："以暴力、胁迫或者其他手段强奸妇女的，处三年以上十年以下有期徒刑。"第3款规定，强奸妇女、奸淫幼女致使被害人重伤、死亡或者造成其他严重后果的，处十年以上有期徒刑、无期徒刑或者死刑。其中的"被害人重伤、死亡或者造成其他严重后果"，就是加重结果。

（3）对广义危害结果的分类以及相应分类的意义。为深入理解研究对象，有必要对其进行分类研究。这里对危害结果做如下分类：

一是法定结果与非法定结果。这是以是否把危害结果作为犯罪的犯罪构成要素为标准进行的分类。法定结果包括基本法定结果和其他法定结果。首先，基本法定结果是指属于犯罪基本构成要件的危害结果。由于危害结果是危害行为对犯罪客体所造成的损害事实，所以，危害结果与所侵犯的犯罪客体密切相关。所谓基本法定结果是某些基本犯罪成立的条件或者犯罪既遂所必须满足的危害结果。按照《刑法》第15条关于过失犯罪的规定，过失犯罪的成立以发生特定的危害结果为成立与否的要件；结合间接故意犯罪的特征，间接故意犯罪的成立也要以特定的危害结果的发生为构成要件。所以，如果没有特定的危害结果的出现，则不能成立过失犯罪和间接故意犯罪。对直接故意犯罪而言，基本法定结果是犯罪的既遂形态标准。其次，其他法定结果，常见的是加重结果，是法律明文规定成立某种犯罪加重类型所必须具备的结果。以《刑法》第264条规定的盗窃罪为例，盗窃金额巨大或者特别巨大的，就是加重结果；再就是某些犯罪中存在的随机结果，即危害行为侵害随机客体而形成的法定结果,如非法拘禁罪中的致人死亡结果等。

所谓非法定结果,是指法定结果之外的其他危害结果,这类结果仅具有量刑意义。如,存在于未遂犯或中止犯的中间结果,是指在某些直接故意犯罪中,行为人着手实行行为后,虽未产生法定结果,却可能产生法定结果之外的结果。又如,故意杀人未遂,却导致被害人重伤,重伤就是这种中间结果。再如,在行为犯、举动犯场合,危害结果轻重会影响量刑。

二是物质性结果与非物质性结果。物质性结果与非物质性结果,是依据危害结果的现象形态所作的划分。物质性结果是指危害结果的现象形态表现为物质性变化的危害结果。如侵害人身权利犯罪中对被害人的致伤、致死;在侵犯财产犯罪中对犯罪对象的毁坏、权利人控制的变化等。物质性结果的特征有二:一是有形性,以对物质性犯罪对象的作用记录犯罪;二是具体可测性,对物质性结果的认定可以进行具体的、量化的描述。

非物质性结果是指危害结果的现象形态表现为非物质性变化的危害结果。非物质性结果是无形的,往往也是不可测量的。对个人而言,主要是犯罪行为对个人的心理造成影响、留下心理伤痕,如对人格、名誉的损害;对社会组织而言,则是使其正常的状态、名誉、信誉受到影响。

物质性结果和非物质性结果既可能属于法定结果,也可能属于非法定结果。对物质性结果与非物质性结果的划分,有助于更全面地认识危害结果,进行更深入的理论研究。司法实务中,我们不仅要重视物质性结果的认定,也要重视非物质性结果的认定。

三是直接结果与间接结果。这是依据危害行为与危害结果的联系形式而作的划分。直接结果是由危害行为直接对侵害对象造成的侵害事实,它与危害行为之间不存在独立的第三者为中介,如甲开枪将乙打死,乙的死亡即属于直接结果。间接结果是指由危害行为间接造成的侵害事实,这种危害结果与危害行为之间存在一个具有独立性的第三者为中介,如甲盗窃了乙给儿子治病的钱,致使乙的儿子因得不到及时的救治而死亡,乙的儿子之死便是盗窃行为的间接结果。

直接结果影响定罪,当然也应影响量刑。间接结果"一般"不具有定罪意义,只影响量刑。这里对间接结果的定罪之意义稍加展开。首先,在特殊情况下,即有法律规定的情况下,间接结果出现与否也是某些犯罪罪与非罪的界限,如许多渎职罪的情况便是如此。其次,在有法律规定的情况下,间接结果还可以成为加重犯的加重法定结果，以强奸罪为例，行为人实施强奸行为，被害人因羞愧而自杀，被害人的死亡之于行为人的强奸行为是间接结果，而按照刑法对强奸罪的规定，该结果是强奸罪结果加重犯的加重法定结果。

四是实害结果与危险结果。这是以危害行为对犯罪客体的侵害程度为标准所作的划分。实害结果是指危害行为对犯罪客体造成的现实侵害结果，即危害行为使犯罪客体发生了现实性改变。危险结果是指危害行为对犯罪客体造成现实危险的事实，也就是说，与实害结果相比，危险结果没有使犯罪客体发生现实性的改变，但是具有了使犯罪客体发生这种改变的明显趋势。实害结果与危险结果既可以是法定结果，也可以是非法定结果。

(4) 危害结果的地位和作用。

对于危害结果是犯罪客观方面的必备要件，还是选择性要件，理论界存有争议。否定说认为，危害结果不是每个犯罪的必备要件，因为有的犯罪构成并不要求具备危害结果，因而其只是可选择性要件。肯定说认为，危害结果是一切犯罪构成的必备要件，只要有犯罪存在，就必然有危害结果发生，只不过在不同的犯罪中，危害结果的表现形式不同而已。可见，争议的原因是论者对危害结果的界定不同。

笔者认为，首先，从狭义的角度理解危害结果，其就是可选择性要件，而非必备要件。行为犯和举动犯的成立与既遂，都无须危害结果作为成立要件。在以结果为既遂标志的故意犯罪中，即使法定的危害结果没有出现，仍然可以成立预备犯、中止犯或未遂犯。所以，狭义的危害结果并非一切犯罪成立都必须具备的构成要件。其次，如果从广义上理解危害结果，实际上就是将危害结果等同于犯罪的社会危害性，从而丧失了危害结果应有的特殊个性价值。

3. 刑法上因果关系理论的修正

要想把某一危害结果归咎于某一行为，从客观上看，该危害结果必须是行为人实施行为的结果，由此，危害结果认定标准的实质就是确定某危害行为与某危害结果之间是否具有刑法上的因果关系。

(1) 刑法上的因果关系的概念和特点。

刑法上的因果关系（或者称之为犯罪的因果关系，也称之为危害行为与危害结果之间的因果关系），是指危害行为与危害结果之间的引起与被引起的关系。按照现代刑法责任自负原则，行为人只能对自己的行为所造成的危害结果承担刑事责任。鉴于此，司法实务中要把某一危害结果归咎于行为人，追究其刑事责任，首先必须解决的问题就是，他的危害行为与特定危害结果之间是否存在刑法上的因果关系。这对于准确打击犯罪、保护无辜者不受法律追究，具有重要意义。

原因与结果是哲学上的一对范畴。辩证唯物主义认为，引起一定现象发生的现象是原因，被一定现象引起的现象是结果；这种现象与现象之间引起与被引起的关系，就是因果关系。在刑法上的因果关系中，危害行为属于原因范畴，危害结果属于结果范畴。因此，哲学上因果关系的一般观点和规律，对刑法上的因果关系具有指导意义，二者是一般与特殊、共性与个性的关系。但是，刑法学毕竟不同于哲学，故不能将哲学上的因果关系完全等同于刑法上的因果关系。

刑法上的因果关系与哲学上的因果关系所共有的特性是：①客观性。因果关系是现象之间的客观联系，是不以人的主观意志为转移的。②因果关系时间上的序列性。因果关系是引起与被引起的关系，所以在时间上应当是先有原因，后有结果。刑法上的因果关系也遵循这一规律，即危害行为引起危害结果，危害行为出现在先，危害结果产生于后。所以，在刑事案件的处理中，要从危害结果发生前的危害行为中寻找原因。③因果关系的复杂性。多因一果、一因多果、多因多果等情况，在犯罪认定时经常出现。

刑法上因果关系的特殊性有：一是范围的特定性。在哲学上，凡是引起结果发生的现象，都是原因。但在刑法上，只有引起犯罪结果发生的犯罪行为才是原因。人的行为之外的其他现象，从哲学上看也可能是引起危害结果的原因，但在刑法上却不是引起危害结果的原因；只有行为所引起的危害结果才是结果。二是作用的单向性。哲学上，在无限发展的链条中，每一现象的发展过程往往互为因果，原因作用于结果，结果又反作用于原因，使自己成为原因，成为原来的原因的原因，使原来的原因又成为结果。犯罪现象也存在这种情况。例如，行为人实施某种犯罪行为，造成一定的危害结果，得到心理上的畸形满足；这种结果又反作用于行为人，强化其犯罪心理，促使其继续或再次实施类似的犯罪行为。但是，这种结果的反作用是犯罪学研究的内容，而不是刑法上的因果关系的研究内容，其只研究行为对危害结果的单向作用。三是内容的法定性。刑法上的因果关系不是一种纯粹的自然意义的东西,而是法律规定的特定发展过程,不是一种简单的引起与被引起的关系,而是立法者所选定的客观因果联系。由于刑法所要解决的是行为人对自己行为产生的危害结果是否承担刑事责任的问题,所以,刑法上的因果关系就要求我们解决行为人实施的危害行为与危害结果之间的因果关系,而将其他因果关系排除在研究领域之外。例如,敲诈勒索罪是由于行为人的恐吓行为,使被害人产生畏惧心理,从而作出有瑕疵的财产处分,向行为人交付财物。如果行为人虽然实施了恐吓行为,但被害人并没有因此产生畏惧心理,只是基于怜悯之心提供财物时,则恐吓行为与被害人提供财物之间不具有刑法上的因果关系,只成立敲诈勒索罪的未遂。又如,甲家庭贫寒无力求学,为筹集学费铤而走险持刀抢劫。在这一系列事件中,甲的家庭贫寒、求学等是犯罪行为产生的原因,而与危害结果的产生没有刑法上的因果关系,贫寒、求学,在本案中只具有道德层面的评价意义。四是价值选择性。刑法上的因果关系是立法者基于其维护自身利益的需要,从大量的社会现实事件中遴选出来的因果关系。由于人类认识的局限性,刑法上的因果关系在立法上得到肯定和司法活动中的具体判定,并非一个数学运算问题,而是一个价值判断过程。

(2) 刑法上因果关系的判定标准。

如何认定刑法上的因果关系,在国外存在"条件说""相当因果关系说"与"原因说"的争论,以及新近的罗克辛教授创立的客观归责理论。在我国历史上存在过必然因果关系和偶然因果关系的争论。目前主要是对德日理论的借鉴。

第一,"必然因果关系说"和"偶然因果关系说"。

"必然因果关系说"认为,当危害行为中包含着危害结果产生的根据,并合乎规律地产生了危害结果时,危害行为与危害结果之间就是必然因果关系;只有这种内在的必然性联系(即必然因果关系)才是刑法上的因果关系;必然因果关系以外有联系的事实只能是条件,而不是刑法上的因果关系。但是,"必然因果关系说"缩小了刑事责任的范围。因为在科学发展的今天,一些人会通过制造条件的方式达到犯罪目的,但"必然因果关系说"却不自觉地为这种行为开脱了罪责。而且,从众多的事实因果关系中,选出一个或者一组作为刑法上的因果关系,是由立法者的主观意志所决定的,许多偶然的因果关系也被纳入刑法上的因果关系范畴,例如,监督过失的情况下,追究监督者的刑事责任,实际上就是肯定了这一点。

"偶然因果关系说"认为刑法上的因果关系除了必然因果关系之外,还包括一些偶然因果关系。其中必然因果关系是基本形式,是大量的、主要的;偶然因果关系是补充形式,是少量的、次要的。

我们认为,"必然因果关系说"和"偶然因果关系说"的理论前提是错误的。因为它将必然性等同于必然因果关系,将偶然性等同于偶然因果关系。必然性与偶然性的辩证关系是既对立、又统一的。在事物发展过程中,必然性和偶然性并不是截然分开、绝对对立的。换言之,在事物发展过程中,即使存在某种必然的发展趋势,那么在这种趋势成为现实之前,也还一直存在着不能转化为现实的偶然可能性。某种事物本身一旦存有特定的必然性的发展趋势,便会将这种趋势等同于现实化,从而否定了该种趋势偶然不现实化的情况(实际上等于说,只要具有必然性,则都100%地转化为现实性,或者干脆说必然性就是现实性),这样做同样没有将必然性和偶然性的辩证关系贯彻到底。既然事物的发展趋势由内因与外因同时决定,或者说,事物的发展趋势是必然性与偶然性的统一,也是内因(根据)与外因(条件)的统一。既然如此,偶然因果关系就是条件与结果之间的关系。所以,立法者完全可以从实际需要出发把一些偶然因果关系也纳入刑法上的因果关系的范畴。"偶然因果关系说"一度替代了"必然因果关系说",成为我国刑法理论的主流学说。

第二,"条件说"。

"条件说"认为,行为与结果之间存在着"没有前者就没有后者"的条件关系时,前者就是后者的原因;在数个行为导致一个结果的情况下,如果除去一个行为,结果将发生,除去全部行为结果将不发生,则全部行为都是结果发生的原因。条件说是德国刑法理论的通说,德国、日本等国的审判实践均采取"条件说"。

"条件说"的基本公式是:没有前者行为就没有后者结果时,前者就是后者的原因,这便于司法机关认定因果关系。"偶然因果关系说"所指的必然因果关系和偶然因果关系,实际上都可以是条件关系。

"条件说"最大的不足是不区分各个条件的重要性,而把所有条件都视为等值的,故又称为"等值条件说"。于是,"原因说"闪亮登场。

第三,"原因说"。

"原因说"在前述条件说的基础上,区分原因与条件。哲学上的凡是引起结果发生的条件，皆为原因，但是刑法应当在引起结果发生的诸条件中，区分原因条件与单纯条件，即在引起犯罪结果的多个条件行为中选择一两个因素作为刑法中的原因，其他行为为单纯条件，单纯条件行为对结果无原因力。原因说的初衷是正确的，既有合理性（各种因素对犯罪的促动力是有差别的），又有必要性（刑法上的定罪量刑都是价值衡量的结果，所以也必须对各种因素加衡量、加以区分）。

因此，"原因说"的关键在于，以什么样的标准来区分条件和原因。其发展沿革上存在过"必生原因说""直接原因说""最重原因说""最终原因说""相当因果关系说"❶等。"必生原因说"认为，在多数条件行为中，必然引起结果发生者，为刑法中的原因，其余的为单纯条件。"直接原因说"认为，同引起结果的发生有直接关系的条件行为为刑法中的原因；有间接关系的条件行为为单纯条件。"最重原因说"认为，对于产生结果最有效的条件行为为刑法中的原因，其余的条件行为为单纯条件。"最终原因说"认为，最终引起结果发生的条件行为为刑法中的原因，其余的条件行为为单纯条件。"相当因果关系说"影响广泛，该学说认为刑法中的因果关系应当以一般人的常识和经验来确定其是否存在。在引起某种结果发生的诸种条件行为中，按一般人的常识和经验认为是相当的条件行为，即有此条件存在，则能引起这种结果发生的，是刑法中的原因；对于发生结果，以一般人的常识和经验认为是偶然的条件行为，虽然从哲学上来说是原因，但在刑法中无引起结果之原因力，不能认为是刑法中的原因，此种条件行为是单纯条件。

对相当性的判断有三种学说："客观说"主张以行为时的一切客观事实作为基础进行判断；"主观说"主张以行为人认识到或可能认识到的事实为基础进行判断；"折中说"主张以一般人能认识到的以及行为人特别认识到的事实为基础进行判断。例如，甲轻伤乙，但乙是血友病患者，因流血不止而死亡。"客观说"认为，虽然行为时乙患有血友病，但不管甲是否知道这一事实，甲的行为与乙的死亡之间具有因果关系。"主观说"认为，如果甲知道或者应当知道这一事实，则甲的行为与乙的死亡之间具有因果关系，否则不具有因果

---

❶ 一些教材把"相当因果关系说"作为与"原因说"相并列的因果关系理论。但严格从逻辑上讲，"相当因果关系说"是"原因说"的一种，可以认为是对各种"原因说"的综合。这一点，与客观归责理论不同，客观归责理论较"相当因果关系说"更具可操作性，解决了"相当因果关系说"的"相当性"之"模糊标准"，因而有实质进步。

关系。"折中说"认为如果行为时一般人能知道乙是血友病患者或者甲特别知道乙是血友病患者,则甲的行为与乙的死亡之间具有因果关系,否则,不具有因果关系。

笔者认为,关于相当性有无的判断对象即事实基础,鉴于行为人是否认识以及是否具有意志,只属于主观责任的范畴,因此不宜掺加到因果关系的判断环节。所以,"客观说"是正确的。但是,也不能否认刑法因果关系判断(或者说危害结果的认定)的价值评价属性。因为,刑法是包含着价值衡量的,而不是"中性""无色"纯客观的行为规范;定罪判刑是对规范的运用,刑法上的因果关系的判断服务于定罪判刑,因此,不能将刑法因果关系的相当性判断简化为纯粹的数学运算。所以,从判断标准来看,是包含着立法者的意志(价值取向)的。从这种意义上说,刑法上的危害行为与危害结果之间的因果关系,不仅仅是存在论问题,也是价值论问题。简言之,刑法上的因果关系的判断属于一种规范评价,而不单纯是事实判断。

第四,客观归责理论。

刑法的因果关系不仅仅是存在意义上的条件关系,而且需要以刑法规范这一价值标准来进行价值论的判断。德国的客观归责理论正是沿用这一认识对于判断因果关系的"相当性"所提供的具有操作性的标准。其实,不仅德日国家,重视经验法则的英美国家"先归因,后归责"的判断思路也是遵循这一规则的:先进行存在论的判断(即考察条件关系是否存在),后进行价值判断(即进行相当性的判断)。限于篇幅,这里仅对客观归责理论加以简述。

德国的罗克辛教授创立了客观归责之新理论,是以"条件说"为基础对相当性的判断提出了可供操作的标准:若行为人的行为在其因果条件历程中,已造成一项法律为了保护行为客体而禁止之危险,而此种危险本身足以实现构成要件之结果的话,则该行为与结果具有客观归责性。客观归责需要同时满足三个条件:第一,行为人制造了法所不容许的风险,即存在一个"危害"行为;第二,实现了不被容许的风险,即考查危险行为是否与结果的发生有常态上的关联性(实际还是相当性判断);第三,该结果属于该罪的构成要件范围。据此,没有制造风险,或者降低风险,或者制造被容许的风险的行为,不能在刑法上归责(欠缺第一个条件);未实现风险的行为,同意他人实施的危害等场合,都不能对该行为人归责。

在德国,客观归责理论作为德国目的理性体系的有机内容,也是德国进入当代机能主义刑法时代的三大理论标志。一些热衷移植德日刑法理论的学者大力推荐和崇尚客观归责理论，但是，在笔者看来，客观归责理论就是对"相当因果关系说"的进一步细化，虽有创新，但也不必对其过于神化。

第五，间接因果关系的地位和价值。

"直接结果是指危害行为直接引起的损害结果。……构成要件结果只能是直接结果。""间接结果指由直接结果进一步引起的危害结果。……间接结果对量刑有意义。"❶ 笔者认为，该观点有待商榷。

直接因果关系所表明的内容是，危害行为没有介入其他中间环节而直接产生危害结果；间接因果关系所表明的内容是，危害行为通过介入其他中间环节而间接产生危害结果。无论是直接因果关系还是间接因果关系，都具有定罪和量刑的意义。笔者的这一判断有很多理由，但其中至为重要的是：从刑法规定上看，刑法对间接造成危害结果的行为人在很多情况下也规定了追究相应的刑事责任。刑法第257条（暴力干涉婚姻自由致人死亡情形）、第260条（虐待罪致人死亡情形）的规定就说明了这一点，在间接教唆场合、渎职罪的情况下亦然。从司法实践上看，定罪量刑时都考虑了间接结果的因素，如，消防管理责任事故罪，有的企业中主管安全工作的领导人，长期不抓安全，不消除事故隐患，导致工人忽视安全造成火灾。工人的行为是危害结果的直接原因，主管领导的长期不抓安全、不消除事故隐患与重大事故之间是间接因果关系。又如，因虐待导致被害人自杀、因被骗导致被害人自杀，被害人的死亡结果在量刑时无疑都是要考虑的因素。有学者不承认间接结果的犯罪构成要素地位，"如果将间接结果纳入危害结果之中，就会导致危害结果的外延无限扩张，使许多不当罚的行为受到刑事制裁，有违刑法的谦抑性"。❷ 这一结论也没有考虑到犯罪是规范论的产物，而不是存在论的产物，而且与现行刑法的立法规定相矛盾。以玩忽职守罪为例，国家机关工作人员滥用职权或者玩忽职守，导致公共财产、国家和人民利益遭受重大损失的，由于国家工作人员不处于生产的第一线，所以，玩忽职守行为与这一结果是间接的因果关系。

总之，犯罪客观要件具体要素包括危害行为、危害结果、行为方式、时

---

❶ 贾宇．刑法学（上册总论）[M]．北京：高等教育出版社，2019：124.
❷ 李晓明．刑法学总论[M]．北京：北京大学出版社，2017：23.

间地点、因果关系等。其中，危害行为是客体要件的必要要素；危害结果、行为方式、时间地点，以及刑法上的因果关系等是选择要素。

（二）破坏社会主义金融市场法律秩序罪客观要件的分析

1. 本类犯罪客观要件的一般性描述

破坏社会主义金融市场法律秩序罪的客观要件是指违反国家金融市场管理法律法规，破坏社会主义金融市场整体法律秩序，情节严重的行为。这类犯罪的客观要件之要点有三：

（1）破坏行为违反有关国家金融市场管理的法律法规。该类犯罪具有法定犯的特点。为了调整和保护金融市场经营活动，国家颁布了一系列法律法规，如《中华人民共和国中国人民银行法》（以下简称《中国人民银行法》）、《中华人民共和国银行业监督管理法》（以下简称《银行业监督管理法》）、《中华人民共和国商业银行法》（以下简称《商业银行法》）、《中华人民共和国证券法》（以下简称《证券法》）、《中华人民共和国保险法》（以下简称《保险法》）、《中华人民共和国票据法》（以下简称《票据法》）、《中华人民共和国反洗钱法》（以下简称《反洗钱法》）以及《中华人民共和国人民币管理条例》（以下简称《人民币管理条例》）和《中华人民共和国外汇管理条例》（以下简称《外汇管理条例》）等，构成本类犯罪，必须首先违反了有关金融市场管理的法律法规或者国家规定。

（2）行为人实施了破坏社会主义金融市场法律秩序的一定强度行为。首先，行为人的破坏社会主义金融市场法律秩序的行为，必须发生在市场经济活动这一动态活动过程之中。市场经济活动包括市场经济运行或者市场管理活动，所以，该类犯罪发生在市场经济之市场主体之间动态金融经济流转和国家对金融市场经济管理的活动中。这一点是区别于刑法分则第五章侵犯财产犯罪的显著特点之一（侵犯财产犯罪以保护静态的所有权关系为主旨）。其次，破坏金融市场法律秩序的行为为金融市场经济管理法律法规所禁止。犯罪是严重危害社会的行为，所以，破坏金融市场法律秩序的行为都是非法行为，如伪造货币、利用未公开信息交易、背信运用受托财产的行为。最后，刑法意义的破坏社会主义金融市场法律秩序的行为还应该具有一定强度，这是《刑法》第13条"但书"所要求的。也正是由于刑法意义的危害行为必须有一定的强度，所以，才更符合逻辑地造成严重的危害结果或者具有其他的严重情节。

（3）对社会主义市场经济秩序的破坏，达到了"情节严重"的程度，这是现代经济刑法的谦抑性品格。一个违反金融市场法律法规的行为对国家金融市场法律秩序的破坏，如果不能达到情节严重，则只能是行政违法行为或者经济违法行为，而不是犯罪行为。这是市场经济违法行为与破坏社会主义市场经济秩序罪的重要区分标准之一。"情节严重"可以体现为"非法持有数额较大""造成严重后果"或者非法获利数额较大，以及其他"情节严重"的情形。

2. 本类犯罪客观要件中的两个问题

（1）关于本类犯罪的危害结果。

刑法中广义的危害结果，是指危害行为对刑法所保护的社会关系造成的损害事实或危险状态。如果从刑法法益危害的角度来考察危害结果，那么，这里的危害结果便是危害行为侵害刑法法益所产生的直接结果和附随结果。

一是广义的危害结果和狭义的危害结果。广义的危害结果是指一切由破坏社会主义金融市场法律秩序的危害行为所引起的损害事实。例如甲伪造了乙的信用卡并使用，给持卡人乙造成直接经济损失五十万元以上，乙因悲伤过度也不幸过世。在这里，除了"给持卡人乙造成直接经济损失五十万元以上"外，乙的死亡也是甲伪造信用卡的间接结果，属广义的危害结果之范畴。狭义的危害结果，是破坏社会主义金融市场法律秩序的危害行为侵害犯罪客体而产生的直接结果或者可以被类型化的、密切关联的间接危害结果。如上例当中"给持卡人乙造成直接经济损失五十万元以上"，属于狭义的危害结果。从刑法上的因果关系而言，危害行为与狭义的危害结果是刑法选定的因果关系（包括通常的直接因果关系和特殊情况下的间接因果关系），即刑法上的危害行为与狭义的危害结果之间的因果关系，虽然许多是直接的因果关系，但是，并不一定都局限于直接的因果关系。狭义的危害结果是定罪的重要依据。而广义的危害结果中，如"乙因悲伤不幸过世"，只能在对甲量刑时作为酌定情节来考虑，有的甚至没有刑法意义。

二是本类犯罪的实害结果和危险结果。所谓实害结果，是指危害行为对社会造成了已然的损害事实；所谓危险结果，是指危害行为对社会造成现实危险的法定趋势。如《刑法》第186条规定的违法发放贷款罪中的"造成重大损失的"是实害结果；破坏社会主义金融市场法律秩序罪中所有犯罪均为实害结果。关于危险结果，如《刑法》第143条规定的生产、销售不符合安全标准的食品罪中的"足以造成严重食物中毒事故或者其他严重食源性疾病"，就是危险结果。

三是本类犯罪的法定构成结果和非构成结果。所谓法定构成结果，即定罪结果，是指成立该罪或者该罪的既遂必须具有的结果，主要是直接结果和一些间接结果。刑法上，以危害结果作为罪与非罪的界限，或者以特定的危害结果作为既遂的犯罪，叫作结果犯。结果犯中的结果，是构成结果。所谓非构成结果，即量刑结果，是指该结果与犯罪的成立、犯罪的既遂无关，只影响量刑。例如，根据2022年《最高人民检察院、公安部关于公安机关管辖的刑事案件立案追诉标准的规定（二）》第23条的规定："非法吸收公众存款或者变相吸收公众存款，扰乱金融秩序，涉嫌下列情形之一的，应予立案追诉：（一）非法吸收或者变相吸收公众存款数额在一百万元以上的；（二）非法吸收或者变相吸收公众存款对象一百五十人以上的；（三）非法吸收或者变相吸收公众存款，给集资参与人造成直接经济损失数额在五十万元以上的；非法吸收或者变相吸收公众存款数额在五十万元以上或者给集资参与人造成直接经济损失数额在二十五万元以上，同时涉嫌下列情形之一的，应予立案追诉：（一）因非法集资受过刑事追究的；（二）二年内因非法集资受过行政处罚的；（三）造成恶劣社会影响或者其他严重后果的。"在这一司法解释中，"给集资参与人造成直接经济损失数额在五十万元以上的；非法吸收或者变相吸收公众存款数额在五十万元以上或者给集资参与人造成直接经济损失数额在二十五万元以上"都是法定的危害结果。在合同诈骗罪的场合，行为人的诈骗行为导致的合同标的财产转移的经济损失，是法定结果；被害人因被骗心情郁闷大病一场，住院花去大量的医疗费，这一损失是非构成结果。

（2）本类犯罪的时间、地点、方式（方法）、行为频次等客观要素。

刑法规范将特定的时间、地点和犯罪工具规定为某些犯罪成立的必备要件的，只有在特定的时间、地点，使用特定的方法实施的，才会构成犯罪。此时犯罪实施的时间、地点、方式方法及犯罪工具对定罪就具有了决定意义。刑法对于某些破坏社会主义市场经济秩序犯罪对危害行为的发生（持续存在）的时间、地点、方式（方法）在是否构成犯罪上有特殊的要求。如，关于对危害行为的时间、地点限制。例如，内幕交易罪要求行为发生在"在涉及证券的发行，证券、期货交易或者其他对证券、期货交易价格有重大影响的信息尚未公开前"等。关于多次行为的入罪规定，例如，非法吸收公众存款罪，根据2022年《非法集资案件解释》第3条的规定："非法吸收或者变相吸收公众存款，具有下列情形之一的，应当依法追究刑事责任：（一）非法吸收或者变相吸收公众存款数额在100万元以上的；（二）非法吸收或者变相吸收公众存款对象150人以上的；（三）非法吸收或者变相吸收公众存款，给存款人造成直接经济损失数额在50万元以上的。非法吸收或者变相吸收公众存款数额在50万元以上或者给存款人造成直接经济损失数额在25万元以上，同时具有下列情节之一的，应当依法追究刑事责任：（一）曾因非法集资受过刑事追究的；（二）二年内曾因非法集资受过行政处罚的；（三）造成恶劣社会影响或者其他严重后果的。""二年内曾因非法集资受过行政处罚的"是影响定罪的多次行为。

除了具有犯罪成立与否的意义之外，破坏社会主义金融市场法律秩序罪客观要件中的时间、地点、方式（方法）和行为频次等也对量刑具有意义。有的罪名直接将时间、地点、行为方式方法规定为法定的量刑情节之一（即法定情节）；有的罪名没有把时间、地点、行为方式方法规定为法定量刑情节，但在司法实务中也会对量刑产生影响（即酌定的量刑情节）。酌定量刑情节，简称酌定情节，它虽然不是刑法明文规定的情节，但对量刑仍然起着重要作用。应该注意的是，不要误认为酌定量刑情节，是可有可无的情节，它是量刑时必须考虑的情节，只是因为这些情节在具体的犯罪里没有规律性，很难由法律作出统一的规定，故对它的考量应交由法官来进行。作为客观要素的酌定情节，常见的有犯罪的手段、犯罪的时间、地点及环境条件、犯罪的对象、犯罪造成的危害结果等。

三、破坏社会主义金融市场法律秩序罪的主体要件

（一）"犯罪主体"与"犯罪主体要件"不宜混用

犯罪主体是指实施严重的危害社会行为，依法应当负刑事责任的自然人或者单位。简言之，犯罪主体是实施了犯罪行为的自然人或单位。任何犯罪都实施了一定的行为，犯罪主体就是犯罪行为的实施者。具体的犯罪总是与特定的犯罪主体相联系的，未实施危害行为者，就不是犯罪主体。

犯罪主体要件是成为犯罪主体的资格，是犯罪主体必须具备的条件。犯

罪行为是在罪过心理支配下实施的，犯罪主体要件是行为人具有罪过的前提条件。具备这一前提条件的，则表明行为人可能具有对其行为的辨认和控制能力，才可能具有罪过心理，因而才可能实施犯罪行为；反之，则表明行为人不具有对其行为的辨认和控制能力，不可能具有罪过心理，因而也不可能实施犯罪行为。所以，犯罪主体要件是成立犯罪必不可少的要件。在犯罪形成四要件模式中，犯罪主体要件是独立的第三个要件，是刑法规定的。

我国刑法总则规定了犯罪主体的共同要件，如《刑法》第17条对自然人犯罪主体的年龄条件作了规定；《刑法》第18条对自然人犯罪主体的辨认与控制能力条件作了规定；刑法总则对犯罪主体的共同要件作了明确规定。所以，当具体犯罪的成立对犯罪主体没有特别要求时，刑法分则便没有，也没有必要对主体要件再作规定。在这种情况下，并非不需要具备主体要件，而是只要具备总则规定的一般犯罪主体要件即可（如《刑法》第170条伪造货币罪）。如果具体犯罪的成立，还要求具备某种特殊要件（《刑法》第171条第2款金融机构工作人员购买假币、以假币换取货币罪），那么，刑法分则的相应条文就对这种特殊要件作出规定。简言之，我们可以把犯罪主体要件划分为犯罪主体的一般条件和犯罪主体的特殊条件：犯罪主体的一般条件是任何犯罪的主体都必须具有的，而犯罪主体的特殊条件只是某些犯罪主体必须具有的。犯罪主体要件除了对于定罪的意义外，对于量刑也具有重要意义。

总之，犯罪主体和犯罪主体要件是两个既密切关联又有明显不同的概念。对刑法理论通说不严格区分这两个概念❶的做法需要予以纠正。

在我国，1979年《刑法》只规定了自然人一元犯罪主体；1987年《中华人民共和国海关法》（以下简称《海关法》）首次确立了单位犯罪主体，1997年修订的《刑法》吸收了《海关法》等特别刑法的立法例，确立了自然人与单位二元犯罪主体。

同理，破坏社会主义金融市场法律秩序罪的主体要件与其犯罪主体也是两个既相互区别又密切关联的概念，不能混淆。犯罪主体要件的实质是刑事责任能力的有无。

---

❶ 高铭暄，马克昌. 刑法学［M］. 7版. 北京：北京大学出版社、高等教育出版社，2016：51.

(二) 自然人犯罪主体要件的内容

1. 自然人犯罪主体要件的实质即刑事责任能力

自然人犯罪的一般犯罪主体要件的内容，即行为人刑事责任能力有无的问题，可以表述为：自然人犯罪主体要件是指行为人因达到刑事责任年龄且精神正常因而具有的相应刑事责任能力。刑事责任能力，包括辨认能力和控制能力。从犯罪发生的过程来看，是指行为人对自己行为的辨认能力与控制能力，即犯罪能力；从犯罪的结局来看，是指行为人具有刑罚的适应性，即刑罚适应能力。在我国，刑事责任能力是犯罪能力和刑罚适应能力的统一。

但是，在德日国家，刑事责任能力仅指行为人的刑罚适应能力，不包含行为人的犯罪能力。这是违反内在逻辑规律的：在犯罪环节，说一个精神病人或者未成年人有犯罪能力，能够实施犯罪；在刑罚科处环节，又说这些人没有刑罚能力，这显然是前后逻辑矛盾！

刑事责任能力，包括辨认能力与控制能力。辨认能力，是指行为人具有认识自己行为的性质、后果与社会意义的能力，也可称为认识能力。能够认识自己行为的性质、后果与社会意义的，就是具有辨认能力；反之，则没有辨认能力。控制能力，是指行为人支配自己实施或者不实施特定行为的能力。在自由意志条件下，行为人实施犯罪行为时，处于既可以实施，也可以不实施的状态，行为人在认识到特定行为的性质、后果与社会意义后，能够控制自己实施或者不实施该行为的，即有控制能力；反之，则没有控制能力。控制能力实质是刑法学意义上的意志能力。

辨认能力与控制能力联系密切。辨认能力是控制能力的基础与前提，没有辨认能力就谈不上有控制能力。控制能力奠基于人的辨认能力之上，有控制能力就表明行为人具有辨认能力。刑法要求行为人同时具备辨认能力与控制能力才具有犯罪能力，才可构成犯罪。没有辨认能力，就不可能有控制能力。但是，在某些情况下，行为人有辨认能力却由于某种原因而丧失了控制能力（如某消防队员被歹徒捆绑起来而不能赴火灾现场履行救火义务），这种情况中行为人就不具有实施犯罪的能力（即不具有刑事责任能力）。

2. 影响辨认、控制能力的因素

辨认、控制能力是自然人犯罪的主体条件，它有质和量两方面的规定。

辨认、控制能力不仅存在有和无的问题，还存在程度问题。

影响一个人辨认、控制能力的因素，首先是生理年龄，其次是精神状况、器官功能是否正常、是否具有特殊身份等，因此，一个人辨认、控制能力的有无、程度的强弱会直接影响到行为人刑事责任能力的有无或强弱。可见，"本罪的主体是一般主体，即已满十六周岁，具有刑事责任能力的自然人，都可以成为本罪的主体……"❶ 之表述并不恰当。应该表述为，"……即已满十六周岁且精神正常因而具有刑事责任能力的自然人……"。

（1）刑法关于生理年龄对刑事责任能力影响的规定。

《刑法》第17条第1款规定："已满十六周岁的人犯罪，应当负刑事责任。"据此，已满16周岁的人具备触犯非身份犯的所有罪名的资格。这一时期为完全负刑事责任时期。因为已满16周岁的人，已接受了较多教育，身心发育比较成熟，对什么行为是国家和社会提倡的、什么行为是国家和社会反对的都有比较明确的认识，也能够控制自己实施或者不实施某个行为，也即具有辨认、控制能力，故应对一切危害行为承担法律责任，原则上具备触犯任何罪名的资格。

《刑法》第17条第2款规定："已满十四周岁不满十六周岁的人，犯故意杀人、故意伤害致人重伤或者死亡、强奸、抢劫、贩卖毒品、放火、爆炸、投放危险物质罪的，应当负刑事责任。"鉴于当前社会现实中时常发生的"已满十二周岁不满十四周岁的人"实施严重犯罪的恶性事件，作为对现实的回应，《刑法修正案（十一）》降低了刑事责任年龄的起点（作为第17条第3款）："已满十二周岁不满十四周岁的人，犯故意杀人、故意伤害罪，致人死亡或者以特别残忍手段致人重伤造成严重残疾，情节恶劣，经最高人民检察院核准追诉的，应当负刑事责任。"这一款的司法适用十分严格：不仅在犯罪性质、结果、情节上严格要求，而且程序法上也严格控制。

根据第2款和第3款，已满12周岁不满16周岁这一时期为相对负刑事责任时期。之所以这样规定，是因为已满12周岁不满16周岁的人，已经具有一定的辨认和控制能力，对大是大非有认识和判断能力。所以，对严重犯罪行为已具有辨认和控制能力。

根据《刑法》的以上规定，不满12周岁的人，一律不负刑事责任。即不

---

❶ 贾宇. 刑法学（上册总论）[M]. 北京：高等教育出版社，2019：149.

满12周岁的人，其实施的任何行为都不构成犯罪。此时期为绝对无刑事责任时期或完全无刑事责任时期，也可称为完全无犯罪能力时期。之所以如此规定，是因为不满12周岁的人，还处于幼年时期，身心发育不成熟，法律规定他们对自己行为的性质、后果与意义，还不能有明确的认识，又很难控制自己的行为。因此，即使他们实施了有害于社会的行为，也绝对不作为犯罪处理。

刑法关于刑事责任年龄的规定是严格的、绝对的立法推定，司法机关必须遵守，不允许超出规定的范围追究行为人的刑事责任。即使差一天、一小时，也不能突破刑法的规定，不允许以行为人发育早、具有辨认、控制能力为由，将不满12周岁的人的行为以犯罪论处。

《刑法》第17条第4款规定："对依照前三款规定追究刑事责任的不满十八周岁的人，应当从轻或者减轻处罚。"此为减轻刑事责任时期。这样规定，一方面，因为这些人还属于未成年人，身心发育不十分成熟，辨认控制能力比成年人要差一些，故其犯罪的社会危害程度比成年人犯罪的社会危害程度小一些。另一方面，未成年人的可塑性较大，比较容易接受改造。基于我国一直关怀青少年的成长，重视对青少年教育的政策，按照罪刑相适应原则与刑罚目的的要求，对未成年人罪犯应当从轻或者减轻处罚。

对未成年人的保安措施。《刑法》第17条第5款规定："因不满十六周岁不予刑事处罚的，责令他的家长或者监护人加以管教；在必要的时候，依法进行专门矫治教育。"据此，未达到法定年龄的人，如果实施了有害于社会的行为，虽不构成犯罪，不对其科处刑罚处罚，但也不是姑息放纵，而应加强教育和看管，甚至由政府收容教养。这些都是预防他们将来再次走上犯罪道路的必要措施，此即"对人的保安措施"。

《刑法》第17条之一规定："已满七十五周岁的人故意犯罪的，可以从轻或者减轻处罚；过失犯罪的，应当从轻或者减轻处罚。"这一款是《刑法修正案（八）》所增加的。一方面，现实社会中已满75周岁的人犯罪的通常是"情有可原"，另一方面，这一年龄段人的智力和体力等活动能力都已经明显下降，中华法律文化自古就有矜老恤幼的传统，本条立法颇具"温情"。

（2）刑法关于精神病因素及其规定。

除了年龄因素外，行为人的精神状态也会影响他的辨认和控制能力。例如，行为人虽然达到法定年龄，但由于精神疾病而完全丧失辨认、控制能力；行为人患有间歇性精神病，精神状态时好时坏；精神病影响到了行为人的辨认、控制能力，但又不致使行为人"完全丧失辨认、控制能力"，而只是一定程度上"减弱了他的辨认、控制能力"。对此，《刑法》第18条作了规定。

《刑法》第18条第1款规定："精神病人在不能辨认或者不能控制自己行为的时候造成危害结果，经法定程序鉴定确认的，不负刑事责任，但是应当责令他的家属或者监护人严加看管和医疗；在必要的时候，由政府强制医疗。"这也属于完全无辨认、控制能力的情形。

《刑法》第18条第3款规定："尚未完全丧失辨认或者控制自己行为能力的精神病人犯罪的，应当负刑事责任，但是可以从轻或者减轻处罚。""尚未完全丧失辨认或者控制自己行为能力的精神病人"就是限制辨认、控制能力的人。首先，这里的"可以"是一个授权性规定，鉴于精神病的程度问题是一个区间，而不是一个点，况且案件情况十分复杂，因此立法规定将从轻还是减轻的问题，交由法官结合具体的案件自由地裁量。其次，按照辨认能力与控制能力的逻辑关系，鉴于没有辨认能力就不可能有控制能力，即使有辨认能力也可能没有控制能力，本款的表述可以简化为"尚未完全丧失控制自己行为能力的精神病人犯罪的，应当负刑事责任，但是可以从轻或者减轻处罚。"❶

《刑法》第18条第2款规定："间歇性精神病人在正常的时候犯罪，应当负刑事责任。"据此，间歇性精神病人实施行为的时候，如果精神正常、具有辨认、控制能力，当然应对自己的行为承担刑事责任，即使实施行为后精神不正常了，也应承担刑事责任；反之，实施行为的时候，如果精神不正常、不具有辨认、控制能力，该行为便不成立犯罪，因而不负刑事责任，即使实施行为后精神正常了，也不应承担刑事责任。由此可见，间歇性精神病人的行为是否成立犯罪，应以其实施行为时是否精神正常、是否具有辨认、控制能力为标准，而不是以侦查、起诉、审判时是否精神正常为标准。

3. 自然人特殊犯罪主体要件的内容

自然人特殊犯罪主体要件，即特殊身份❷。所谓特殊身份，是指行为人在

---

❶ 牛忠志，张丽平. 漫谈刑法典第18条 [J]. 山西高等学校社会科学学报，2003（8）：85.
❷ "身份"与"身分"的含义是相同的，人们多使用"身份"一词。

身份上的特殊资格,以及其他与一定的犯罪行为有关的,行为人在社会关系上的特殊地位或者状态。如男女性别、亲属关系、中国人外国人的区别、国家工作人员、司法工作人员、证人等。这种特殊身份不是自然人主体的一般要件,只是某种犯罪的自然人主体必须具备的要件。

刑法规定不以特殊身份作为要件的犯罪主体,称为一般主体;以特殊身份作为要件的犯罪主体,称为特殊主体。以特殊身份作为主体要件或者刑罚加减根据的犯罪,称为身份犯,也即身份犯包括真正身份犯与不真正身份犯。真正身份犯,是指以特殊身份作为主体要件的犯罪。在这种情况下,如果行为人不具有特殊身份,就不构成本罪。例如,刑讯逼供罪的主体必须是司法工作人员,所以,如果不是司法工作人员,其行为就不可能成立刑讯逼供罪。这种特殊身份,也称为构成身份。不真正身份犯,是指特殊身份不影响定罪但影响量刑的犯罪。在这种情况下,如果行为人不具有特殊身份,犯罪也成立;如果具有这种身份构成犯罪的,则从重处罚或者从宽处罚。例如,诬告陷害的实施者既可以是一般主体,也可以是国家机关工作人员。也即是否具有特殊身份并不影响本罪的成立,但刑法规定国家机关工作人员犯诬告陷害罪的从重处罚。国家机关工作人员这一身份,虽然不是诬告陷害罪的主体要件,却是从重处罚的依据。这种特殊身份,也可称为加减身份。

特殊身份必须是在行为人开始实施犯罪行为时就已经具有的特殊资格或已经形成的特殊地位或者状态。因此,行为人在实施犯罪后才形成的特殊地位,不属于本罪的特殊身份。在犯罪集团中起组织、策划、指挥作用的首要分子,这里的"首要分子"之地位不属于特殊身份。特殊身份是行为人在人身方面的特殊资格、地位或状态,因此,特定犯罪目的与动机等心理状态,就不是特殊身份。特殊身份总是与一定的犯罪行为密切联系的,与犯罪行为没有联系的资格等情况,不是特殊身份,例如,在强奸罪中,性别与犯罪行为有密切联系,属于特殊身份;但在故意杀人罪中,性别与犯罪行为没有密切联系,因而不属于特殊身份。

作为犯罪主体要件的特殊身份,只是针对该犯罪的实行犯而言的,至于教唆犯与帮助犯,则不受特殊身份的限制。例如,贪污罪的主体必须是国家工作人员或者受国家机关、国有公司、企业、事业单位、人民团体委托管理、经营国有财产的人员。不具有上述特殊身份的人教唆或者帮助具有上述特殊身份的人犯贪污罪的,成立共犯。

刑法将特殊身份规定为某些犯罪的主体要件，一方面是因为有些犯罪只有具有特殊身份的人才能实施，其他人不可能实施，如《刑法》第166条为亲友非法牟利罪规定仅限于"国有公司、企业、事业单位的工作人员"的身份；另一方面是因为有些行为只有具有特殊身份的人实施，其社会危害性才能达到犯罪程度，一般公民实施时其社会危害性没有达到犯罪程度。例如，《刑法》第166条规定的签订、履行合同失职被骗罪的主体条件仅限于具有"国有公司、企业、事业单位直接负责的主管人员"的身份。

《刑法》第177条之一规定的妨害信用卡管理罪的成立对主体条件没有特殊要求，但是，"银行或者其他金融机构的工作人员利用职务上的便利，犯第二款罪的，从重处罚"。所以，本罪是不真正的身份犯。

（三）单位犯罪主体要件

破坏社会主义金融市场法律秩序罪中，单位犯罪占了很大的比例，因此，需要加强对单位主体条件的研究。

1. 单位犯罪的概念及其特点

单位犯罪，是指公司、企业、事业单位、机关、团体为本单位谋取非法利益，由单位直接责任人员以单位名义实施的体现单位意志的犯罪。据此，单位犯罪具有以下特点：

（1）单位犯罪的主体是单位。刑法规定的"单位"，必须是依法成立、拥有一定财产或者经费、能以自己的名义承担责任的公司、企业、事业单位、机关、团体。

（2）单位犯罪是在单位的意志支配下，由直接责任人员实施的犯罪。单位意志不是单位内部某个成员的意志，也不是各个成员意志的简单相加，而是单位内部成员在相互联系、相互作用、协调一致的条件下形成的意志，即单位的整体意志。其特点是：从形式上说，这种整体意志是由单位权力机构决定的；从内容上说，这种整体意志以及作为意志前提的意识共同构成单位的罪过。单位整体意志形成后，便由直接责任人员具体实施。

（3）单位犯罪是基于单位非法利益立场，没有例外。为单位谋取合法利益的行为，不可能成立任何犯罪；仅仅为单位个别成员谋取非法利益的行为，是自然人犯罪而不成立单位犯罪。在单位犯罪情况下，因犯罪而获得的非法利益归属于单位。

应注意的是，现行刑法规定的少数单位犯罪不是为本单位谋取非法利益，例如私分罚没财物罪，它是打着单位的旗号，干着损公肥私的勾当。如果按单位犯罪惩处，则往往会轻纵始作俑者。笔者认为，这是立法技术问题，将来应该将其逐出单位犯罪之列，还单位犯罪之本来面目。

（4）单位犯罪是以单位名义实施的。任何单位犯罪都必须以单位名义实施，没有例外。这里的关键问题是如何理解"以单位名义实施"？以单位名义实施，是指实施犯罪的自然人都不自觉地认为"他的所作所为，或者与他相联系的同向其他人的所作所为，都是在履行本单位赋予的职责，而不是在为自己干私活"（注：不要求犯罪行为的"对向当事人"也认为行为人代表单位而实施行为）。切记不可将"以单位名义实施"理解为行为人在犯罪过程中必须对外宣称是以单位名义实施某些危害行为的。1999年6月18日最高人民法院《关于审理单位犯罪案件具体应用法律有关问题的解释》也规定，"盗用单位名义实施犯罪，违法所得由实施犯罪的个人私分的，依照有关自然人犯罪的规定处罚"。

2. 单位犯罪主体的一般要件

单位要成为犯罪主体，必须是依法成立、拥有一定财产或者经费、能以自己的名义承担责任的公司、企业、事业单位、机关、团体。

（1）关于对公司、企业、事业单位、机关、团体的界定。公司是以营利为目的的从事生产和经营活动的经济组织。《中华人民共和国公司法》（以下简称《公司法》）规定，我国的公司包括有限责任公司与股份有限公司，前者是指全体股东以各自的出资额为限对公司债务承担清偿责任的公司；后者是指由一定人数的股东发起设立的，全部资本划分为股份，股东以所购的股份承担财产责任的公司。企业，是指以从事生产、流通、科技等活动为内容，以获取盈利和增加积累、创造社会财富为目的的一种营利性的社会经济组织。在这里公司与企业并列出现，所以，这里的企业是指公司以外的企业。除法律有特别规定的以外，公司、企业的所有制性质，不影响其作为单位犯罪主体。事业单位，是指依法成立的从事各种社会公益活动的组织，包括国家事业单位与集体事业单位。机关，是指履行党和国家的领导、管理职能和保卫国家安全职能的机构，包括立法机关、行政机关、司法机关、党务机关、军事机关。团体，包括社会团体和人民团体，是指各种群众性组织，如工会、共青团、妇联、学会、协会、基金会等。

从应然角度,"国家机关"要不要列入犯罪主体范围?对此,我国刑法学界一直存在争论。笔者赞同否定说。❶

(2)单位犯罪的主体,必须是依法成立,拥有一定财产或者经费,能以自己的名义承担责任的公司、企业、事业单位、机关、团体。其要点有:一是单位犯罪的主体通常是依法成立的组织,非法成立的组织犯罪的,属于共同犯罪(主要是集团共同犯罪),不是单位犯罪。依法成立意味着单位成立的目的与宗旨合法,而且履行了一定的登记、报批手续。二是单位犯罪是为本单位谋取非法利益,对单位犯罪一般实行双罚制,包括判处罚金,这就意味着单位犯罪的主体必须拥有一定的财产或者经费,否则,不能成为单位犯罪的主体。这里的财产或者经费,是单位本身所有的财产或者经费。三是单位犯罪的主体必须能以自己的名义承担责任,这意味着单位必须有自己的名称、机构与场所,意味着单位能以自己独立的资产对外承担责任。四是单位犯罪的主体,必须是相对独立的公司、企业、事业单位、机关、团体。单位是一个外延很广的概念,其范围大致相当于民法上的法人和非法人组织。是不是刑法上的单位,重要的是看其有无独立的财产与经费,有无独立的行为能力,能否以自己的名义承担责任。

《最高人民法院关于审理单位犯罪案件具体应用法律有关问题的解释》第2条规定:"个人为进行违法犯罪活动而设立的公司、企业、事业单位实施犯罪的,或者公司、企业、事业单位设立后,以实施犯罪为主要活动的,不以单位犯罪论处。"另外,《全国法院审理金融犯罪案件工作座谈会纪要》指出,以单位的分支机构或者内设机构、部门的名义实施犯罪,违法所得亦归分支机构或内设机构、部门所有的,应认定为单位犯罪。不能因为该分支机构或内设机构、部门没有可供执行的财产,就不将其认定为单位犯罪,而按个人犯罪处理。

(3)单位犯罪,是单位整体犯罪,而不是指单位中的各个成员共同犯罪。单位依赖于其中的成员而存在,如果没有成员,单位就不可能存在;反之,单位的任何成员,如果脱离了单位,就不具有其在单位中的地位与性质,不再作为单位的成员起作用,而只是孤立的个人。单位成员之间是按照单位的统一要求和一定秩序,相互联系、相互作用、协调一致,共同形成单位整

---

❶ 马克昌."机关"不宜规定为单位犯罪的主体[J].人民检察,2007(21):5-6.

体的。

不过，单位犯罪离不开单位决策机构的决定，以及将此决定付诸实施者。因此，单位构成犯罪时，所有的刑事责任都只能站在单位整体角度来考察和处置。

3. 单位犯罪主体的特殊条件

某些单位犯罪除了要求单位具备一般要件外，还必须具备特殊条件。从刑法单位犯罪的规定来看，单位犯罪主体的特殊要件主要有以下三种情况：

（1）要求单位具有特定的资质。刑法分则对某些单位犯罪的成立要求单位具有特定的所有制性质。如《刑法》第169条之一中的"背信损害上市公司利益罪"的犯罪主体既可以是自然人也可以是单位，即"上市公司的控股股东或者实际控制人是单位"的情形。

（2）要求单位具有特定的职能。刑法分则规定有些单位犯罪要求单位具有特定的职能。《刑法》第229条规定，提供虚假证明文件罪的主体限定为承担资产评估、验资、验证、会计、审计、法律服务等职责的中介组织的人员或者单位。

（3）要求单位具有特定的义务。刑法分则的有些条文规定具有特定义务的单位才可以成为该犯罪的主体。例如，《刑法》第211条关于单位犯危害税收征管罪的规定，只有负有纳税义务或者扣缴义务的单位，才能成为单位犯罪的主体，没有这种义务的单位不能成为本罪主体。

4. 单位犯罪认定的关键

目前，由于立法技术问题，一些单位犯罪的入罪门槛和法定刑设置明显低于自然人犯罪，因此，一些本来是单位领导和有关人员的自然人犯罪的案例，却"经过辩护一方的努力"最终被认定为单位犯罪。同样的犯罪，被认定为自然人犯罪还是单位犯罪，其实对社会的影响有很大的差别。目前，世界范围内如火如荼地开展的企业刑事合规实践就要求合理界分单位犯罪与自然人犯罪，切割单位与单位成员的法律责任。就中国的合规实践而言，在现行立法框架之下，最为重要的是严格设定单位犯罪主观条件，不要把有关单位成员的意志直接简单地等同于单位的整体意志。

四、破坏社会主义金融法律秩序罪的主观要件

（一）犯罪主观要件概述

1. 犯罪主观方面与犯罪主观要件，是既相互区别，又密切联系的两个概念

犯罪主观方面是连接犯罪主体与犯罪客体的精神中介，如行为人的认识、意志、情绪、动机、目的等。在犯罪主观方面之中，一些要素是犯罪成立所不可缺少的，称为犯罪主观要件。缺少了犯罪主观要件，就不可能组成犯罪构成这个具有特定社会危害性的有机整体。

犯罪主观要件是指犯罪主体对自己的行为本身或者行为与其危害社会结果的因果关系所抱的心理态度。它包括罪过（即犯罪故意或者犯罪过失）以及犯罪目的和犯罪动机这几个因素。其中，犯罪故意和犯罪过失，合称罪过，是任何犯罪成立都不可缺少的要件，称为必要要件；犯罪目的、犯罪动机是一些犯罪成立所需要的条件，属于选择要件。

从罪过形式的角度看，刑法中的犯罪大致可以分为两种类型：一是只能由犯罪故意构成的犯罪，这样的犯罪很多，如危害国家安全的犯罪、破坏社会主义市场经济秩序的犯罪、侵犯财产的犯罪、妨害婚姻家庭的犯罪、侵犯公民民主权利的犯罪，以及一些侵犯公民人身权利的犯罪等，都属此类；二是只能由犯罪过失构成的犯罪，如交通肇事罪、重大责任事故罪、重大劳动安全事故罪、消防责任事故罪等。犯罪主观要件体现了行为人行为当时心理状态的重要指标，也是衡量行为人主观恶性的重要参考。犯罪故意还是犯罪过失，反映了犯罪人主观恶性的不同，并进而直接影响到犯罪社会危害性的大小和刑罚目的的实现之难易，因而刑法对故意犯罪和过失犯罪规定了轻重大不相同的刑罚。

2. 犯罪主观要件的特点

（1）犯罪主观要件的内容是特定的心理态度。

这里的"主观"是指支配行为人外在活动的主观意识。它由认识因素与意志因素构成，是犯罪主体对自己实施行为本身或者行为与其危害社会结果的因果关系所持的心理态度。罪过是犯罪主观要件的核心内容，它与犯罪客观要件联系密切：罪过是对危害行为与危害结果的故意与过失；罪过必须表

现在一定的危害行为中；罪过只能是行为时的心理态度，罪过的有无以及罪过的形式与内容都应以行为时为准，而不能以行为前或行为后为准，"罪过与行为同时存在"是现代刑法理论公认的一个命题。

（2）犯罪主观要件是刑法明文规定的心理状态。

我国《刑法》总则第14条和第15条明文规定了犯罪故意与犯罪过失两种心理态度；刑法分则通过多种方式规定了具体犯罪的主观要件，如有的条文明确规定某种犯罪由犯罪故意或犯罪过失构成，有的条文通过规定"故意……""意图""以……为目的"及对行为的具体描述表明某种犯罪只能由犯罪故意构成。

（3）犯罪主观罪过是一切犯罪都必须具备的要件；犯罪目的、犯罪动机则是一些犯罪的选择要件。

犯罪具有社会危害性，而这种社会危害性是由行为的主客观方面相统一所决定的。若不是在罪过心理支配下实施行为所造成的客观损害，如自然灾害、自然事故所造成的损害，就不具有刑法意义上的社会危害性。只有在罪过心理支配下实施的危害行为，才具有刑法意义上的社会危害性。犯罪构成是犯罪社会危害性的法律标志，主客观相统一的社会危害性，决定了犯罪构成的主客观统一性，决定了犯罪必须具备的主观要件。从刑法规定上看，我国刑法坚持主客观相统一的原则，《刑法》第16条明文规定，没有犯罪故意与犯罪过失的不成立犯罪，这便肯定了犯罪故意与犯罪过失是成立犯罪的主观要件。

罪过是刑事责任的主观依据的原因在于：首先，任何正常人均有相对的意识和意志自由，在现实社会中，都有实施或不实施危害行为的选择自由，在其意识和意志支配下实施的危害社会的行为，表明了行为人的主观上的可谴责性。其次，基于生活常识、职业习惯和业务规章的要求，一个正常的行为人在实施一定行为时，应当履行注意义务，避免危害结果的发生，多数人能够注意的场合，少数人怠于注意或疏于防范，以致产生危害的结果，说明行为人主观上具有犯罪过失的罪过，不能宽宥。所以，国家通过对行为人追究刑事责任，使之认识到自己行为的社会危害性，改过自新，不至于今后再做出危害社会之举。同时，通过惩罚犯罪人警醒世人：既要克制主观恶性，又要勤于"注意"，避免重蹈覆辙。犯罪主观要件是区分罪与非罪、此罪与彼罪的标准之一，对于区分一罪与数罪、重罪与轻罪也有着重要作用。

犯罪目的、犯罪动机只是一些犯罪成立所需要的条件，属于选择要件。因为对一些危害行为而言，只有出于特定的犯罪目的或者犯罪动机，该类危害行为的社会危害性的质和量才能达到犯罪的社会危害性，才在刑法上具有可谴责性。

（4）犯罪主观要件是人身危险性的直接流露，是衡量行为人主观恶性的主要指标之一。

主观恶性是犯罪社会危害性的重要组成部分，犯罪主观要件的内容说明行为人对合法权益的保护持背反态度，实际是行为人人格内容的征标。犯罪故意表明行为人对合法权益持一种敌视、蔑视态度；犯罪过失表明行为人对合法权益持一种漠视或者忽视态度。因此，犯罪故意与犯罪过失是一种应当受到谴责的心理态度。

对作为必要要件的罪过（即犯罪故意和犯罪过失），因其是所有犯罪的成立条件，所以必须展开详细讨论。同时，鉴于经济犯罪的非法营利和非法占有的目的，以及犯罪目的与犯罪动机的密切关联性，故本书也会对犯罪目的和犯罪动机加以阐述。

（二）犯罪故意

1. 犯罪故意的概念

我国《刑法》第 14 条规定："明知自己的行为会发生危害社会的结果，并且希望或者放任这种结果发生，因而构成犯罪的，是故意犯罪。"这是关于故意犯罪的概念。据此，所谓犯罪故意，就是指行为人明知自己的行为会发生危害社会的结果，并且希望或者放任这种结果发生的一种主观心理态度。

犯罪故意包含两项内容：一是行为人明知自己的行为会发生危害社会的结果，这种"明知"属于心理学上所讲的认识方面的因素，亦称意识方面的因素；二是行为人希望或者放任这种危害结果的发生，这种"希望"或"放任"的心理属于心理学上意志方面的因素。实施危害行为的行为人在主观上必须同时具备这两个方面的因素，才能认定其具有犯罪故意。

2. 犯罪故意的内涵分析

（1）认识因素。

在认识因素上，行为人必须"明知自己的行为会发生危害社会的结果"。

所谓认识因素，又叫意识因素，是指行为人对自己的行为性质、意义乃至后果的辨认。行为人明知自己的行为会发生危害社会的结果，这是构成犯罪故意的认识因素，是一切故意犯罪在主观认识方面必须具备的。如果一个人的行为虽然在客观上会发生甚至已经发生了危害社会的结果，但他本人在实施行为时并不知道自己的行为会发生这种结果，那就不构成犯罪故意。关于犯罪故意的认识因素，应明确以下三点：

第一，如何理解明知的内容？

"明知"是犯罪故意认识因素的前提和标志，表明行为人在决意实施某种行为之前，已经比较明确地意识到了自己实施这种行为将会对社会利益构成的危害。根据犯罪主观要件与犯罪客观、客体要件的联系，明知的内容应当包括法律所规定的构成某种故意犯罪所不可缺少的危害事实，亦即作为犯罪构成要件的客观事实。具体说来包括三项内容：一是对行为本身的认识，即对刑法规定的危害社会行为的内容及其性质的认识。二是对行为结果的认识，仔细分析刑法的规定，我们认为，这里的"明知"是"明知刑法上的因果关系"，即对行为产生或将要产生的危害社会的结果的内容与性质的认识。一个人只有认识到自己所要实施或正在实施的行为危害社会的性质和内容，并且认识到行为与结果的客观联系，才能谈得上进一步认识行为之结果的问题。例如，故意杀人罪的行为人认识到自己的行为会发生导致他人死亡的结果，盗窃罪的行为人认识到自己的行为会发生公私财物被非法占有的结果。由于具体犯罪中危害结果就是对直接客体要件的损害，因而这种对危害结果的明确认识，也包含了对犯罪直接客体要件的认识。三是对危害行为和危害结果相联系的其他犯罪构成要件事实的认识。在分则条文中，有的要求行为人对法定的犯罪对象有认识，如盗窃枪支罪，要求行为人明知自己盗窃的对象是枪支；有的要求行为人对犯罪的内容有认识，如走私、贩卖、运输、制造毒品，要求行为人明知的内容是毒品；有的要求行为人对法定的犯罪手段有认识，如抢劫罪，要求行为人明知自己非法占有财物的行为是以暴力、威胁或其他强制性方法为特定手段；有的要求行为人对法定的犯罪时间、地点有认识，如非法捕捞水产品罪、非法狩猎罪，要求行为人明知自己是在特定的时期采用特定的方法来实施捕捞或狩猎行为。

当然，理解"明知"的含义，应当注意两点：一是这种认识不一定是准确的，它可以是明确断定，也包括"可能是"。这种明知是立法推定的。如

《刑法》第219条第2款❶也使用了"应知"一词,这是立法推定的犯罪故意。司法解释也一般持此观点。例如,最高人民检察院《关于构成嫖宿幼女罪主观上是否需要具备明知要件的解释》(高检法释字〔2001〕3号)规定:"行为人知道被害人是或者可能是不满14周岁幼女而嫖宿的,适用《刑法》第306条第2款的规定,以嫖宿幼女罪追究刑事责任。"在这里,"知道是"即对事实的断定;"知道可能是"即对事实的猜测。前者如断定自己开枪的行为会杀死对方,发现某种品牌有市场而假冒其注册商标;后者如帮别人带东西,怀疑该东西是毒品或其他违禁品而仍然帮别人运输或携带,这就是司法解释的"应当知道"的情形。二是这种认识不一定是正确的,比如误以为某种物质可以置人于死地而往被害人的食物中投放该物质,但结果该物质于人体无害。这属于认识错误问题,具体处理参见本书相应部分的内容。

第二,犯罪故意内容是否要求包含违法性认识?

这与对违法性的理解有关。如果将违法性作实质的理解,即主张实质的违法性,那么,实质的违法性就是社会危害性的同义语,则要求行为人必须认识到;如果将违法性作形式意义的理解,即主张形式的违法性,是否必须要求行为人认识到自己行为的违法性,对此,理论界的见解不一,主要有"违法性必要说""违法性不必要说"以及"自然犯和法定犯区别对待说"。

我国的触犯刑法的"违法性"与西方的"违法性"内涵不同,我们必须从实质与形式相统一的角度理解我国的刑事违法性。至于对自己行为的刑法意义的认识,一般只要认识到其具有社会危害性就够了,所以,"自然犯和法定犯区别对待说"是可取的。

第三,如何理解明知自己的行为"会发生"危害社会的结果?

所谓"会发生",包括两种情况:一种是明知自己的行为必然要发生某种特定的危害结果。如行为人甲将公民乙从十几层的高楼上猛力推下,甲明知自己的行为必定致乙死亡。另一种是明知自己的行为可能要发生某种特定的

---

❶ 《刑法》第219条规定:"有下列侵犯商业秘密行为之一,情节严重的,处三年以下有期徒刑,并处或者单处罚金;情节特别严重的,处三年以上十年以下有期徒刑,并处罚金:(一)以盗窃、贿赂、欺诈、胁迫、电子入侵或者其他不正当手段获取权利人的商业秘密的;(二)披露、使用或者允许他人使用以前项手段获取的权利人的商业秘密的;(三)违反保密义务或者违反权利人有关保守商业秘密的要求,披露、使用或者允许他人使用其所掌握的商业秘密的。明知前款所列行为,获取、使用或者披露他人的商业秘密的,以侵犯商业秘密论。本条所称权利人,是指商业秘密的所有人和经商业秘密所有人许可的商业秘密使用人。"

危害结果。如行为人甲欲枪杀公民乙，但枪法不准，又没办法接近乙，只好在远距离开枪射杀，在这种情况下，甲所明知的"会发生"，就是一种可能性，即开枪可能打死乙，也可能打不死乙。

（2）意志因素。

在意志因素上，必须对危害社会的结果持"希望"或"放任"态度。所谓意志，是行为人控制自己行为的心理态度。这种意志因素，从对于危害结果发生的心理态度来看，可以分为"希望"（追求）和"放任"（不追求也不反对）两种。所谓希望危害结果的发生，是指行为人对危害结果抱着积极追求的心理态度，该危害结果的发生，正是行为人通过一系列犯罪活动所意欲达到的犯罪目的；所谓放任危害结果的发生，是指行为人虽然不希望、不积极追求危害结果的发生，但也不反对，也不设法阻止这种结果的发生，而是对结果是否发生持听之任之的心理态度。放任是一种中间意识形态，属于"不希望"意志，但不是"希望危害结果不发生"，或者说，这时行为人"放任了危害结果的发生"，而不是"放任了危害结果的不发生"。由此可见，"放任"也是有价值取向的，而不是"价值中立"。

（3）认识因素与意志因素的关系。

认识因素和意志因素是成立犯罪故意的两方面的心理因素，它们彼此联系、互相促进形成完整的犯罪故意。一方面，认识因素是意志因素存在的前提和基础，行为人对结果发生持希望和放任的心理态度，是建立在对行为及其结果的危害性质明确认识的基础上的，唯有有了这种明确的认识，才谈得上对危害结果的发生是持希望还是放任的心理态度，才会有在这种意志支配下的进一步的危害行为。另一方面，意志因素又是认识因素的发展，是犯罪故意的关键因素。如果仅有认识因素而没有意志因素，即主观上不是希望也不是放任危害结果的发生，也就不存在犯罪故意，不会有故意犯罪的行为。总之，认识因素是意志因素存在的前提，也是犯罪故意成立的基础；意志因素是认识因素的发展和犯罪故意形成的推动力，其对行为人将犯罪故意变成犯罪行为起着决定性作用，也决定着行为方式的选择与修正。

3. 犯罪故意的类型

犯罪故意依据不同的分类标准可以进行多种类的划分，如根据故意内容的明确性程度，可分为确定的故意和不确定的故意；根据故意形成是否经过深思熟虑，可分为预谋的故意和突然的故意等。而我国刑法是根据行为人对危害行为所具有的心理状态的不同,将其划分为直接故意和间接故意两类。笔者将按照犯罪故意的法定分类来讨论。

(1) 直接故意。

犯罪的直接故意是指行为人明知自己的行为必然或可能发生危害社会的结果,并且希望这种结果发生的心理态度。按照认识因素的不同内容,可以把犯罪的直接故意区分为两种表现形式:

第一,行为人明知自己的行为必然发生危害社会的结果,并且希望这种结果发生的心理态度。即"必然发生+希望发生"。例如,某甲想杀死某乙,便用枪顶在某乙的脑袋上射击,他明知这种行为必然导致某乙死亡而仍决意为之,某甲的心理态度即为此种直接故意。

第二,行为人明知自己的行为可能发生危害社会的结果,并且希望这种结果发生的心理态度。即"可能发生+希望发生"。例如,某丙想杀死某丁,但只能于晚上趁某丁返家途中隔小河射击,由于光线不好,距离较远,某丙的射击技术又不甚好,因而他对能否射杀某丁没有把握,但他不愿放过这个机会,希望能打死某丁,并在这种心理的支配下实施了射杀行为。某丙的心理态度即属于此种直接故意。

可见,直接故意的意志因素,是以希望危害结果的发生为必要特征的。

(2) 间接故意。

犯罪的间接故意是指行为人明知自己的行为可能发生危害社会的结果,并且放任这种结果发生的心理态度,即"可能发生+放任发生"。

在认识因素上,间接故意表现为行为人认识到自己的行为"可能"发生危害社会结果的心理态度。即行为人根据其对自身犯罪能力、犯罪对象情况、犯罪工具情况,或者犯罪的时间、地点、环境等情况的了解,认识到行为导致危害结果的发生只具有或然性(可能性),而不具有必然性。这种对可能发生危害结果的认识,为间接故意的意志因素即放任心理的存在提供了前提和基础。

在意志因素上,间接故意表现为行为人放任危害结果发生的心理态度。所谓"放任",当然不是希望,不是积极地追求,而是行为人在明知自己的行为可能发生特定危害结果的情况下,为了达到自己的既定目的,仍然决意实施这种行为,对危害结果发生的障碍不去排除,也不设法阻止危害结果的发生,而是听任危害结果的发生。

在司法实践中，犯罪的间接故意大致有以下三种情形：

第一，行为人为了追求某一种犯罪的危害结果，而放任了另一种危害结果的发生。例如，甲欲毒杀妻子乙，就趁妻子去厨房盛饭时往其碗内投下了剧毒药。甲还明知道其妻有可能喂饭给孩子吃而祸及孩子，但他杀妻心切，就抱着听任孩子也被毒死的心理态度。事实上妻子乙在吃饭时也确实喂了孩子几口，结果母子均中毒死亡。此案中，甲明知投毒后其妻必然吃饭中毒身亡并积极追求这种结果的发生，其杀妻行为构成杀人罪的直接故意无疑；但甲对其孩子死亡结果的发生并不是希望，而是为了达到杀妻的结果而有意识地放任，这完全符合间接故意的条件。

第二，行为人追求一个非犯罪目的而放任某种危害结果的发生。例如，某甲在林中打猎时，发现一个酣睡的猎物，同时又发现猎物附近有一个孩子在玩耍，根据自己的枪法和离猎物的距离，甲明知自己开枪不一定打中猎物，而有可能打中小孩。但某甲打猎心切，不愿放过这一机会，遂放任可能打死小孩这种危害结果的发生，仍然向猎物开枪，结果子弹打偏，打死了附近的小孩。此例中，某甲明知自己的开枪打猎行为可能打中小孩使其毙命，但为追求打到猎物的目的，仍然开枪打猎，任由打死小孩这种危害结果发生，具备了间接故意的认识因素和特定的意志因素，因而构成犯罪的间接故意。

第三，行为人为了追求伤害结果，放任死亡结果的发生。例如，生活中，一些青少年临时起意，动辄行凶，不计后果，朝对方乱捅一两刀即扬长而去，并致人死亡的案件就属于这种情况。在这类案件中，行为人用刀扎人显然是追求伤害结果，"动辄行凶，不计后果，朝对方乱捅一两刀即扬长而去"显然是放任死亡结果的发生。如果出现死亡结果，行为人就构成故意杀人罪（间接故意）。

（3）直接故意与间接故意的区别。

第一，就二者的认识因素而言，直接故意既包含行为人对危害结果必然发生的明知，也包含行为人对危害结果可能发生的明知；而间接故意只能是对危害结果可能发生的明知。❶ 有学者认为，认识因素上，直接故意与间接故意没有区别。笔者反对这种见解，主张当行为人认识到自己的行为"必然发

---

❶ 马克昌. 犯罪通论[M]. 武汉：武汉大学出版社，1998：48.

生"危害社会的结果时，就不会再存在"放任"意志了。

第二，从意志因素上看，二者对危害结果发生的心理态度显著不同。直接故意是希望即积极追求危害结果的发生。在这种心理支配下，行为人就会想方设法，创造条件，克服困难，排除障碍，积极地甚至顽强地达到犯罪目的，造成犯罪结果。间接故意对危害结果的发生则不是持希望的心理态度，而是持放任的心理态度。"放任"就是对结果的发生与否采取听之任之、满不在乎、无所谓的态度，不发生结果他不懊悔，发生结果也不违背他的本意。在放任心理的支配下，行为人就不会想方设法，排除障碍，去积极追求犯罪结果的发生，或防止结果的发生。意志因素的不同，或者有无犯罪目的，是两种故意区别的关键所在。

第三，就二者的成立条件而言，直接故意的成立不以特定的有形危害结果的发生为条件，即只要行为人主观上有犯罪的直接故意，客观上有相应的行为，即构成特定的故意犯罪，特定的有形危害结果的发生与否不影响定罪，而只是在那些以结果为既遂要件的犯罪里是区分既遂与未遂形态的标志。对间接故意而言，在没有发生危害结果的情况下，行为人的心理状态就不构成犯罪故意。即特定结果的发生与否，决定了间接故意犯罪的成立与否。因为在间接故意中，特定的危害结果可能发生，也可能不发生，结果发生与否都不违背其意志，都包含在其本意中，因而要根据主客观相统一的原则，仅有行为而无特定的有形危害结果时，尚不能认定构成特定的犯罪（包括其未遂形态），只有发生了特定危害结果才能认定构成特定的犯罪。例如，在开枪打猎而放任杀伤附近小孩的情况下，未射中小孩不构成犯罪，打死小孩构成间接故意的杀人罪，打伤小孩构成间接故意的伤害罪。

第四，只有直接故意犯罪才能进行犯罪停止形态的划分，而间接故意犯罪在犯罪构成所要求的危害结果出现前，人们无法判断行为的停止形态。❶

（三）犯罪过失

根据《刑法》第15条关于过失犯罪的规定，所谓犯罪的过失，就是指行为人应当预见自己的行为可能发生危害社会的结果，因为疏忽大意而没有预见，或者已经预见而轻信能够避免的一种心理态度。

---

❶ 曾粤兴. 犯罪未遂比较研究［J］. 法学家，2002（4）：36.

过失犯罪与犯罪的过失是两个不同的概念。犯罪过失只是过失犯罪的主观心理态度。过失犯罪则是主客观的统一，是行为人负刑事责任的客观基础，是其行为对社会造成的严重危害结果。行为人的过失心理态度，就是让他负刑事责任的主观根据。

1. 犯罪过失的特征

（1）认识因素的特征。

在认识因素上，必须对危害社会的结果"应当预见"或者"已经预见"。构成过失犯罪的行为人，他们对自己的行为所具有的社会危害性的性质都是有可能预见的，但行为人的实际认识与认识能力不一致，有的行为人没有预见，有的行为人已经预见到了这种危害行为发生的可能性，只不过对避免危害结果发生的可行性作出了错误的判断。如果事实表明，某种损害结果确实是由行为人造成的，但他却缺乏预见能力，不可能对此有所预见，则不成立过失犯罪。同理，如果行为人对严重损害结果的发生虽然有能力预见，但他没有预见义务，也不构成过失犯罪。需要注意的是，"应当"或"应知"是犯罪过失以及过失犯罪的标志性用语。

（2）意志因素的特征。

在犯罪过失场合，在意志因素上，行为人根本不希望自己的行为发生危害结果，或者说行为人希望自己的行为不发生危害结果。但这种愿望与客观效果发生了背反，"事与愿违"。与这种愿望相联系的行为表现和意志态度是"疏忽大意"或者"轻信避免"。

在犯罪过失的意志因素上，"疏忽大意"的"无意志"表现为在缺乏法定的认识内容的情况下的草率行事，显示出严重不负责任、根本不发挥主观能动性的行为倾向。而"轻信避免"则是一种有认识前提下"反对危害结果发生"的意志形式。由于"轻信"的前提是行为人对可能发生的危害结果已经有所预见，但是没有充分发挥其主观能动性，因而行为人当时综合各方面的情况所得出的判断结论是错误的。当然，如果在没有赖以自信的主观和客观依据的情况下，则不应认定为过于自信的过失，而应认定为间接故意。

2. 犯罪过失与犯罪故意的联系与区别

犯罪过失与犯罪故意是两个既有联系又有区别的概念：

（1）其相同之处在于，过失与故意均统一于罪过的概念之下，即犯罪过失与犯罪故意都是认识因素与意志因素的统一,都说明行为人对合法权益的保护所持的背反态度。

(2) 其区别在于,过失与故意是两种不同的罪过形式,各自的认识因素与意志因素的具体内容不同。从认识因素上看,犯罪故意表现为行为人明知行为必然或者可能发生危害结果的心理态度;而犯罪过失表现为行为人对危害结果的发生虽然应当预见到但实际上并未预见到,或者虽然预见到但在他看来并不具有现实发生的可能性。从意志因素上看,犯罪故意的内容是希望或者放任危害结果发生的心理态度,而犯罪过失则对危害结果的发生既不是希望也不是放任,而是不存在意志,或者持排斥、反对的心理态度。简言之,犯罪故意是明知故犯的心理态度,犯罪过失则是由于缺乏必要的谨慎导致危害社会结果发生的心理态度。因而,犯罪故意所表现出的行为人的主观恶性,明显大于犯罪过失。所以,刑法对过失犯罪的规定不同于故意犯罪。首先,过失犯罪均以发生特定的有形危害结果为要件;而故意犯罪并非一概要求发生特定的有形危害结果。其次,刑法规定,"过失犯罪,法律有规定的才负刑事责任","故意犯罪,应当负刑事责任",这体现了刑法以处罚故意犯罪为原则、以处罚过失犯罪为特殊的精神,也即刑法分则没有明文规定罪过形式的,一般是故意犯罪。最后,刑法对过失犯罪规定了较故意犯罪轻得多的法定刑。

3. 犯罪过失的类型

按照犯罪过失心理态度的不同内容,中国刑法理论上把犯罪过失区分为过于自信的过失与疏忽大意的过失两种类型。

(1) 过于自信的过失。

过于自信的过失,是指行为人已经预见到自己的行为可能发生危害社会的结果,但轻信能够避免,以致发生这种结果的心理态度。在行为人已经预见到自己的行为可能发生危害社会的结果时,"已经预见"是当时客观的认识状态,轻信"自己能够避免"是其判定结论。

第一,在认识因素上,行为人已经预见到自己的行为可能发生危害社会的结果。如果行为人根本没有预见到自己的行为会导致危害结果的发生,则不属于过于自信的过失,而有可能属于疏忽大意的过失或意外事件。如果行为人预见到自己的行为必然发生而不是可能发生危害社会的结果,则属于犯罪直接故意的心理态度,而不是过于自信的过失。

第二,在意志因素上,行为人之所以实施行为,是基于"能够避免危害结果的发生",只不过这是一个错误的判断而已(即"轻信")。有人认为过于自信的犯罪过失没有意志因素,理由是人的意志因素应当表现为肯定性质的因素。我们认为,在否定性质的因素上,也可以形成意志。"能够避免危害结果的发生",就是"不希望",也是一种意志。所谓"轻信",即行为人过高地估计了可以避免危害结果发生的主观和客观的有利因素,而过低地估计了行为会导致危害结果发生的可能程度。正是这种"轻信能够避免危害结果的发生"的"不希望"的心理,支配着行为人实施了错误的行为而发生了危害结果;也正是这种"轻信能够避免危害结果的发生"的"不希望",使过于自信的过失得以成立并区别于其他罪过形式。

第三,过于自信的过失与间接故意的区别。犯罪的过于自信的过失心理与间接故意的心理在认识因素上都预见到了行为可能发生危害社会的结果,在意志因素上都不是希望危害结果的发生,因而二者容易混淆。但是,它们是性质截然不同的两种罪过形式,在认识因素和意志因素上有着重要的区别:一是认识因素上有所不同。二者虽然都预见到了行为发生危害结果的可能性,但它们对这种可能性是否会转化为现实性即实际上发生危害结果的主观估计是不同的。间接故意的心理对可能性转化为现实性并未发生错误的认识和估计,并不是认为这种可能性不会转化为现实性,因而在可能性转化为现实性即发生危害结果的情况下,行为人的主观认识与客观结果之间并未产生错误认识,主观与客观是一致的。而过于自信的过失心理则不同,具有这种心理者虽然也预见到危害结果发生的可能性,但在主观上认为,由于他的自身能力、技术、经验和某些外部条件,他实施行为时,危害结果发生的可能性不会转化为现实性,即他对可能性转化为现实性的客观事实发生了错误认识,在危害结果发生的情况下,其主观与客观是不一致的。二是意志因素上有重要区别。二者虽然都不希望危害结果的发生,但它们对危害结果的态度仍是不同的。间接故意的行为人虽不希望结果发生,但也并不反对、不排斥危害结果的发生,因而也就不会凭借什么条件、采取什么措施去防止危害结果的发生,而是听之任之,有意放任危害结果的发生。过于自信的过失的行为人不仅不希望危害结果的发生,同时也不放任危害结果的发生,而是希望避免危害结果的发生,即排斥、反对危害结果的发生。关于过于自信的过失与间接故意的区分,应考察客观上是否存在行为人"自信"的依据,不能偏听行为人的辩解。有的案件表面上看起来似乎是行为人轻信能够避免危害结果的发生,但这种所谓"轻信"没有实际根据,行为人所指望的避免结果发生的那种情况根本不会存在,或者虽然存在,但对防止结果的发生毫无意义或意义极小,在这种情况下,如果发生危害结果,不是过于自信的过失,而是间接故意犯罪。例如:司机某甲在夜晚行车时,因疏忽大意将乙撞成重伤,甲为了不让后面的来车很快发现肇事以争取时间顺利逃脱,即将伤口流血不止并处于昏迷中的乙拖入路边小树林中,后乙因出血过多而死亡了。甲在案发后交代说,他虽然当时已经预见到这样乙可能会因出血过多死亡,但他想乙也可能醒来呼救从而获救,或者恰巧有人从林中小路行走时发现乙而将其救护,因而不一定死亡。问题:甲对乙的死亡,主观上是过于自信的过失,还是间接故意?过于自信的过失之"轻信"危害结果不会发生,是有其凭借的实际根据和条件的;而间接故意因为是放任危害结果的发生,因而不需要也不会有实际根据和条件来防止危害结果的发生。本案中,甲对乙的死亡,似乎也是凭借某种条件来加以防止,但这种防止没有任何实际根据,他全是抱着侥幸、碰运气的心理,他所指望的避免结果发生的情况根本不存在,或者即使存在亦对防止结果的发生毫无意义或意义极小,他实际上是有意听任乙死亡之发生。因而甲这种心理不是过于自信的过失,而是间接故意。

(2)疏忽大意的过失。

疏忽大意的过失,是指行为人应当预见到自己的行为可能发生危害社会的结果,却因为疏忽大意而没有预见到,以致发生这种结果的心理态度。没有预见到的原因并非行为人不能预见,而是在应当预见到的前提下由于疏忽大意才没有预见到;如果行为人小心谨慎、认真负责,就会预见到进而避免危害结果的发生。应当预见到是前提,没有预见到是事实,疏忽大意是原因。

第一,行为人应当预见到自己的行为可能发生危害社会的结果。所谓"应当预见",是指行为人在行为时负有预见到自己的行为可能发生危害结果的义务。"应当预见"是预见义务与预见能力的统一,所以判断是否"应当预见",既不能只考虑行为人的主观内容,也不能只看重客观因素。预见义务从客观上提供"应当预见"的法律依据;而预见能力则从主观意义上提供"应当预见"的本体依据。

疏忽大意的过失中的预见义务,来源于法律规定,职务、业务的要求,或是公共生活准则的要求。

对于预见能力,其衡量标准如何?理论界见解不一,主要的见解有:一为"客观标准说",即主张以社会上一般人(同类人)的认识水平为标准来衡量。二为"主观标准说",即在当时的具体条件下以行为人本身的认识能力和水平来衡量(在笔者看来,这一标准实际是"主客观综合判断说")。三为"折中说",主张当行为人本身的认识能力和水平高于社会上一般人的认识能力和水平时,应以社会上一般人的认识水平为标准,当行为人本身的认识能力和水平低于社会上一般人的认识能力和水平时,应以行为人的认识能力和水平来衡量。

我们认为,现代国家惩罚犯罪的根据在于行为人基于罪过的心理实施了危害社会的行为,动用刑罚的目的在于报应与功利的结合,因此,判断行为人是否应当预见的标准,不能脱离行为人本身的认识能力和当时的环境条件。"客观标准说"完全以理想化、抽象化的"社会上一般人(同类人)的认识能力"为标准,显然不当,罪过毕竟是行为人的认识和意志。如果不考察具体的行为环境,而仅仅以抽象的"行为人个人的认识能力"为标准,也不正确。所以,可行并且合理的方案是:首先,对于行为时是否存在预见能力,判断的基础资料是综合的。既要考虑行为人的年龄、知识、智力、工作条件以及担任的职务等本身的素质,又要考虑到行为当时的具体环境和条件。应当把行为人的主观认识能力同客观存在的认识条件、外部环境结合起来,进行综合分析。其次,对判断结果要分情况区别对待。如果客观上存在着足够的相当的预见条件,同时主观上具有能够预见的能力,则要求行为人"应当预见";如果主观上具有预见能力,但客观上不具备预见的相当足够的条件,或在客观上虽具备预见的相当足够的条件,主观上却不具有预见能力,则法律上就不要求行为人"应当预见"。

第二,疏忽大意的过失的认识因素和意志因素。

行为人由于疏忽大意,而没有预见到自己的行为可能发生危害社会的结果。所谓没有预见到,是指行为人在行为当时没有想到自己的行为可能发生危害社会的结果。"应当预见"是一种认识的可能性,"没有预见"是一种实际的"没有认识"的状态。

疏忽大意的过失的意志因素是"无意志"的。不过,若从整体考量的话,则是"反对危害结果发生或希望危害结果不发生,至少可以说是既不希望也不放任危害结果发生"的。因为行为人没有预见到危害结果,因此其实施行为时不可能希望或放任危害结果的发生。需要说明的是,疏忽大意的过失的意志因素属于消极因素,司法机关不需要证明这一点,即使没有证据表明行为人希望或放任危害结果发生,只要证明了疏忽大意的认识因素,就可以确定为疏忽大意的过失。

法律规定惩罚这种过失犯罪,从客观方面看,是因为行为给社会造成了实际危害后果;从主观方面看,就是要惩罚和警诫这种行为人懒惰而不发挥能动性,对社会利益严重不负责任的疏忽大意的心理态度,以促使行为人和其他人努力发挥主观能动性,避免疏忽大意的过失犯罪的发生。

第三,过于自信的过失与疏忽大意的过失的区别。

作为犯罪过失的两种类型,二者在认识因素和意志因素上都有所不同。在认识因素上,对危害结果的可能发生,过于自信的过失已经有所预见,而疏忽大意的过失根本没有预见;在意志因素上,对危害结果的可能发生,二者虽然都持排斥态度,但过于自信的过失是轻信能够避免,而疏忽大意的过失是疏忽,因而没有意志。

(四)犯罪目的与犯罪动机

破坏社会主义市场经济秩序罪中的金融诈骗罪、集资诈骗罪、贷款诈骗罪、票据诈骗罪、金融凭证诈骗罪、信用证诈骗罪、信用卡诈骗罪、有价证券诈骗罪和保险诈骗罪,都需要有非法占有的目的;《刑法》第152条规定的走私淫秽物品罪则要求以牟利或者传播为目的。同时,鉴于犯罪目的与犯罪动机的密切相关性,故对犯罪目的和犯罪动机一并加以讨论。

1. 犯罪目的

(1)犯罪目的的概念。

犯罪目的,是行为人希望通过实施犯罪行为达到某种危害结果的心理状态。例如,某人在实施盗窃行为时,有非法占有公私财物的目的;实施故意杀人行为时,有非法剥夺他人生命的目的;实施诬告陷害行为时,有使受诬陷者受到错误的刑事追究的目的。直接故意犯罪的主观方面包含着犯罪目的的内容。犯罪直接故意表现为行为人决意去实施犯罪行为并且希望通过犯罪行为达到某种犯罪结果的心理态度。其中,对发生犯罪结果的希望、追求的心理态度,就是犯罪目的的内容。由于直接故意犯罪主观方面就包含犯罪目的的内容,因而法律对犯罪目的一般不作明文规定,分析这些犯罪的构成要件便可弄清其犯罪目的。但是,对于某些犯罪,刑法条文中又特别载明了犯罪目的，如生产、销售假药罪，赌博罪，引诱、容留妇女卖淫罪，要求以营利为目的；走私淫秽物品罪要求以牟利或者传播为目的；破坏生产经营罪要求以泄愤或者其他个人目的为要件。这种规定的意义在于，说明这些犯罪不仅是直接故意犯罪，而且另外还具有特定的目的。

(2) 犯罪目的的分类。

犯罪目的的内容指向危害结果，但犯罪目的不等于危害结果。犯罪目的实际上分为两类：一是指直接故意中的意志因素，即行为人对自己的行为直接造成危害结果的希望（第一种意义的目的）。如直接故意杀人，行为人明知自己的行为会造成他人死亡的结果，并且希望他人死亡。希望他人死亡，就是行为人的犯罪目的。二是指在故意犯罪中，行为人通过实现行为的直接危害结果后，所进一步追求的某种非法利益或结果（第二种意义的目的）。如刑法分则所规定的非法占有目的、牟利目的等。显然，后一种意义的目的是比前一种目的更为复杂、深远的心理态度，其内容也不一定是观念上的危害结果。因此，在刑法分则条文中将特定的犯罪目的规定为某种犯罪的构成要件时，查明行为人是否有此特定目的，是正确认定该罪的关键。

犯罪目的仅存在于直接故意中，间接故意与过失不可能存在犯罪目的。对于间接故意中是否存在犯罪目的，有少数论著持肯定观点。我们认为，犯罪目的是行为人希望通过实施危害行为达到某种危害结果的心理态度，它必然要有为实现达到某种危害结果的积极追求行为；而间接故意犯罪从主观特征上看是对危害结果可能发生的放任心理，它不具备犯罪目的所追求的行为的鲜明的目标性，在这种心理的支配下，行为人也不会以积极的行动去追求危害结果的发生，因此间接故意犯罪的行为人根本不可能存在以希望、追求一定的危害结果发生为特征的犯罪目的。

(3) 犯罪目的的意义。

犯罪目的显著影响着直接故意犯罪的定罪问题。这主要表现为两种情况：

一是在法律标明特定的犯罪目的的犯罪中，特定的犯罪目的是犯罪构成的必备要件。刑法标明犯罪目的的条文大致有两类：一类是营利性目的，如高利转贷罪"以转贷牟利为目的"，赌博罪"以营利为目的"；一类是非营利性目的，如破坏生产经营罪要求以泄愤报复或者其他个人目的为要件。个别犯罪规定了择一的目的，如走私淫秽物品罪"以牟利或者传播为目的"。特定犯罪目的的作用或是作为区分罪与非罪的标准，或是作为区分此罪与彼罪的标准。

二是对法律未标明犯罪目的的直接故意犯罪来说,犯罪目的也是其犯罪直接故意中必然存在的一个重要内容,而且每种直接故意犯罪都有其特定的犯罪目的。因而在剖析具体犯罪构成的主观要件时,明确其犯罪目的的内涵并予以查明,无疑对定罪具有重大作用。例如,故意毁坏财物罪,是以毁损破坏公私财物为目的;抢劫、盗窃、诈骗、抢夺、侵占、贪污、敲诈勒索犯罪,是以非法占有公私财物为目的。行为人虽有客观上相应的行为,但如果不具有这些特定的目的,就不构成犯罪或者不构成此种犯罪。可见,查清这些直接故意犯罪的犯罪目的,也有助于正确区分罪与非罪、此罪与彼罪。

2. 犯罪动机

(1) 犯罪动机的概念。

犯罪动机是指纳入刑法调整范围的,刺激犯罪人实施犯罪行为并促使犯罪行为朝着犯罪目的进行的内心冲动或起因。它回答了犯罪人基于何种心理原因实施犯罪行为,故动机的作用是发动犯罪行为,说明实施犯罪行为对行为人的心理愿望具有什么意义。行为人某种犯罪目的的确定,绝不是无缘无故的,而是始终以一定的犯罪动机做指引的。例如,对直接故意杀人罪来讲,非法剥夺他人生命是其犯罪目的,而促使行为人确定这种犯罪目的的内心起因即犯罪动机,可以是贪财、奸情、仇恨、报复或者极端的嫉妒心理等。因此,如果不弄清犯罪的动机,就不能真正了解犯罪人为何追求某种犯罪目的。有的犯罪法律条文中的"目的",实际上是犯罪动机,如破坏生产经营罪。

犯罪动机与一般行为动机的显著区别在于其负价值性、立法意志选择性以及与犯罪行为、犯罪结果的关联性。产生犯罪动机需具备两个条件:一是行为人内在的需要和愿望;二是外界的诱因与刺激。

(2) 犯罪动机的分类。

犯罪动机的内容与"内心欲求"或者说"需要"往往具有一致性,因此,根据内心欲求的内容可以把犯罪动机大致分为以下七类:

一是基于权力欲求的动机。这类动机可能刺激行为人实施与权力的取得及运行有关的犯罪,如背叛国家罪、分裂国家罪、颠覆国家政权罪、黑社会性质组织的犯罪、故意杀人罪、故意伤害罪(如雇凶杀死、杀伤竞争对手)、刑讯逼供罪、滥用职权罪、暴力取证罪、非法经营同类营业罪、为亲友非法牟利罪、职务侵占罪、贪污罪、受贿罪、挪用公款罪、私分国有资产罪、打击报复证人罪、徇私枉法罪、枉法裁判罪、私放在押人员罪等。

二是基于占有欲求的动机。这类动机可能刺激行为人实施经济犯罪、财产犯罪、职务犯罪以及其他与经济利益有关的犯罪，如走私犯罪，侵犯著作权罪，假冒商标罪，假冒专利罪，走私、贩卖、运输、制造毒品罪，拐卖妇女儿童罪，绑架罪，抢劫罪，抢夺罪，盗窃罪，诈骗罪，侵占罪，倒卖文物罪，盗掘古文化遗址、古墓葬罪，挪用资金罪，敲诈勒索罪，赌博罪等。

三是基于性的欲求的动机。这类动机可能刺激行为人实施性犯罪、暴力犯罪以及相关犯罪，如强奸罪，猥亵儿童罪，强制猥亵、侮辱妇女罪，重婚罪，破坏军婚罪，聚众淫乱罪，盗窃、侮辱尸体罪（如变态人格的犯罪），传播性病罪，嫖宿幼女罪，传播淫秽物品罪等。

四是基于表现欲求的动机。这类动机可能刺激行为人实施教唆性质的犯罪和妨害社会管理秩序的犯罪，如寻衅滋事罪、传授犯罪方法罪、聚众扰乱公共场所秩序、交通秩序罪等。

五是基于征服欲求的动机。这类动机可能刺激行为人实施暴力性犯罪以及相关犯罪，如聚众斗殴罪、强迫交易罪、强迫他人吸毒罪、强迫职工劳动罪、虐待被监管人罪等。

六是基于反抗欲求的动机。这类动机可能刺激行为人实施暴力犯罪以及其他反社会的犯罪，如妨害公务罪，拒不执行判决、裁定罪，扰乱法庭秩序罪，聚众冲击国家机关罪，帮助犯罪分子逃避处罚罪，煽动民族仇恨、民族歧视罪，战时违抗命令罪等。

七是基于平衡心理的欲求的动机。这类动机可能刺激行为人实施暴力性犯罪、经济犯罪、财产犯罪以及其他反社会的犯罪，如诽谤罪、侮辱罪、故意毁坏财物罪、爆炸罪、投毒罪、放火罪、贪污罪、受贿罪、诬告陷害罪等。

（3）犯罪动机的存在范围。

关于犯罪动机存在的范围，理论上还有争议。有人认为，间接故意犯罪本身并不存在犯罪动机。因为犯罪动机与犯罪目的是密切联系而存在的，犯罪动机如果离开了犯罪目的就没有具体指向和表现，犯罪目的如果没有犯罪动机的内在推动力，就失去了其本身的含义；行为人基于某种需要而形成犯罪动机，在犯罪动机的指引和推动下又确定犯罪目的，如果说间接故意犯罪具有犯罪动机而不具有犯罪目的，就违背了犯罪动机与犯罪目的事实上的辩证关系。也有人认为，除了疏忽大意的不作为犯罪以外，其他犯罪都有犯罪动机。

我们认为，犯罪动机只存在于直接故意犯罪之中；间接故意犯罪和过失犯罪不存在犯罪动机。因为，第一，疏忽大意的过失是一种没有认识的过失。这时，行为人的犯罪需要或者不存在，或者没被激活，主观上也没有认识到外界诱因。因此，犯罪动机形成的基本因素全部缺失，犯罪动机根本无法产生。第二，过于自信的过失不存在犯罪动机。过于自信的过失本属于行为人认识错误的一种。行为人虽然已经预见到自己的行为可能发生危害社会的结果，但同时也认识到现实存在阻却该结果产生的一些主、客观条件，并据此作出判断：在他看来危害结果不会发生。而实际上这是错误的判断，危害结果最终还是发生了。在这一过程中，行为人没有犯罪需要，其意志因素不仅是"不希望"危害结果的发生，而且是"希望不"发生。可见，认识因素和意志因素对该过失犯罪的发生都是排斥的。尤其是因为行为人缺少犯罪需要，就缺少犯罪动机形成的基本因素（内在诱因），从而使犯罪动机无从产生。第三，间接故意犯罪也没有犯罪动机。实践中，间接故意犯罪通常发生在下列三种场合：一是行为人追求某一犯罪目的而放任另一危害结果的发生；二是行为人为追求一个非犯罪的目的，但在行为过程中放任了某种危害结果的发生；三是在突发的故意犯罪中，行为人不计后果，放任了严重结果的发生。如行为人以伤害为目的，放任死亡结果等。在这些情况下，"'明知自己的行为会发生'是指在行为人看来，如果以其行为为中心的客观方面按照自己的认识内容去发展，便确信一定发生或至少具有现实发生的可能性；'放任'是一个动态辩证的发展过程，它既不是'希望'，也不是'不希望'，而是由'不希望'衍化而生的，带有主观价值判断色彩的特殊的'中间'意识形态，即行为人有目的、有意识地控制自己的行为按自己的预定目标发展，同时纵容这一'主行为'目标之外的、作为该间接故意的危害结果发生"。简言之，间接故意犯罪是行为人认识到可能会发生危害社会结果的前提下，行为人追求的"特定目的行为"所派生的，而不是"行为人有目的、有意识地控制自己的行为导致该危害结果而造成的"。

从以上分析出发，主张间接故意犯罪没有犯罪动机的理由有：首先，间接故意时，导致"主行为"的"内在起因（需要或欲求）"不等同于实施追求作为间接故意犯罪之危害结果的行为之"内在起因（需要或欲求）"。其次，在相应犯罪需要与相应犯罪诱因借助于主体的自我意识调节作用取得独立的协调和关联之场合，行为人才会基于犯罪需要形成相应的犯罪动机，并在犯罪动机的指引和推动下确定犯罪目的。在间接故意场合，虽然行为人主观上存在一定意识，也存在着刺激主行为的内在需要和外在诱因，"放任"也是带有主观倾向的价值判断，但是，这时行为人的意识调节环节仍然没有在作为间接故意之危害结果产生的方向上建立起具有独立意义的、相应的犯罪需要与外在诱因的联结和协调关系。最后，这一结论也是必须区分行为动机与犯罪动机，强调犯罪动机的负价值性和立法意志选择性的观点的逻辑必然。

（4）犯罪动机的意义。

一是犯罪动机对直接故意犯罪的定罪量刑也具有一定的意义。犯罪动机被法律选择作为某些犯罪的构成要件时，犯罪动机的存在与否，就成为区分罪与非罪、此罪与彼罪的界限。

二是犯罪动机侧重影响量刑。犯罪动机是犯罪的重要情节之一，而根据立法规定和司法经验，量刑要考虑犯罪的各个情节，因此犯罪动机对于量刑具有重要意义。在法律对犯罪的不同情节规定了不同刑罚的情况下，它作为犯罪的一个重要情节可能影响到不同量刑幅度的选择；在直接故意犯罪的一切情况下，它作为犯罪的重要情节之一，可能影响到同一量刑幅度内轻重刑罚的选择确定。

3. 犯罪目的与犯罪动机的联系与区别

犯罪目的与犯罪动机既密切联系又相互区别。

（1）犯罪目的与犯罪动机的密切联系：一是二者都是犯罪人实施犯罪行为过程中存在的主观心理活动，它们的形成和作用都反映了行为人的主观恶性程度及行为的社会危害性程度。二是犯罪目的以犯罪动机为前提和基础，犯罪目的来源于犯罪动机，犯罪动机促使犯罪目的的形成。三是二者有时表现为直接的联系，即他们所反映的需要是一致的，如出于贪利动机实施以非法占有为目的的侵犯财产犯罪。

（2）犯罪目的与犯罪动机的相互区别：一是二者形成的时间先后顺序不同。即动机产生在前，目的产生于后。二是二者所包含的内容不同。动机揭示行为人产生犯罪的主观原因；目的揭示其希望达到的结果。一种犯罪的犯罪目的相同，除复杂客体犯罪以外，一般是一罪一犯罪目的；同种犯罪的动机则往往因人、因具体情况而异，一罪可以有不同的犯罪动机。如故意杀人罪，可能既有嫉妒动机，又有报复动机。三是二者的作用不同。犯罪动机是表明行为人为什么要犯罪的内心起因,比较抽象,是更为内在的发动犯罪的动力,起的是推动犯罪实施的作用;犯罪目的则是实施犯罪行为所追求的客观危害结果在主观上的反映,起的是为犯罪定向、校正实行行为、确定目标和侵害程度的引导、指挥作用,它比较具体,已经指向外在的具体犯罪对象和客体。所以说,动机决定目的的产生,目的支配行为的实施;有目的必有动机,有动机不一定有目的;二者都随着行为的发展而发展变化,但动机对行为起的是推动作用,目的起的是导向、指挥作用。四是对定罪量刑的意义不同。在故意犯罪的定罪量刑中,许多情况下犯罪目的可以起到划分罪与非罪、此罪与彼罪界限的作用,因此其作用偏重于定罪;而多数情况下,犯罪动机不具有定罪意义,但可反映主观恶性程度,因此,犯罪动机的作用偏重于量刑。动机不同,体现出行为人善恶程度的不同,也决定了改造的难易程度的不同。如同为盗窃,"饥寒起盗心"之盗窃同"饱暖思淫欲"之盗窃相比,社会的道德评价就不同,而刑罚效果若不同社会效果保持一致,就难以产生和实现预防犯罪的功能,这是单纯从动机角度分析。若更进一步,结合行为客观方面分析,动机不同,则行为造成的后果也不同,如出于义愤杀人一般置人于死地即罢手,而报复杀人往往会出现碎尸、戮尸等后果。这也反映出行为人主观恶性的差异。

(五)关于客观的超过要素

我国的罪过的认识因素和意志因素,对于结果犯(危险犯和实害犯)是以行为人对危害行为所产生的危害结果(具体危险结果)之认识因素和意志因素的内容为标准的;对于行为犯,是以行为人对危害行为本身的认识和意志内容为标准的。因此,客观的超过要素在我国刑法理论体系中就不具有存在的合理性。

我国刑法学者张明楷教授提出了"客观的超过要素"概念。他认为,以危害结果为内容的"客观的超过要素",是为了解决我国刑法分则中有些条文所规定的犯罪的罪过形式这一现实问题。例如,丢失枪支不报罪、滥用职权罪、违法发放贷款罪等罪的罪过形式到底应是故意还是过失,在理论界确实存在很大争议,而用"客观的超过要素"理论可以圆满回答这一问题。为此,张教授指出:(1)在犯罪客观要件中,有些要素属于故意的认识与意志内容,要求行为人对之具有认识与放任或希望的态度;有些要素则超出了故意的认识与意志内容，不要求行为人对之具有认识与放任或希望的态度。如《刑法》第129条规定的丢失枪支不报罪中，"造成严重后果"虽然是构成要件，但不需要行为人对严重后果具有认识与希望或放任态度。"造成严重后果"便成为超出故意内容的客观要素，属于"客观的超过要素"。（2）"客观的超过要素"的主要特点，是不需要行为人对之具有认识与放任或希望的态度，但当"客观的超过要素"的内容是危害结果以及影响行为的社会危害性的其他客观因素时，行为人至少应该对之具有预见可能性。（3）"客观的超过要素"的存在范围：内容为危害结果的"客观超过要素"只应存在于"双重危害结果"的犯罪中，除了可以将部分危害结果视为"客观的超过要素"外，其他内容的"客观的超过要素"，如关于行为程度、次数的要素等并不罕见。（4）"客观的超过要素"的概念是从解释论上提出的，只能就法定刑较轻的故意犯罪承认内容为危害结果的"客观的超过要素"，对于法定刑较重的故意犯罪，不能将危害结果作为"客观的超过要素"。也就是说，该客观要素具有限制处罚范围的性质，而不是法定刑升格等加重处罚的条件。

笔者认为：（1）我国刑法理论体系中不存在类似其他大陆法系国家"客观处罚条件"的犯罪成立条件，即行为构成犯罪后，法律规定必须出现一定客观状况才对行为人施加刑罚的情况。因此，受大陆法系国家"客观处罚条件"的启发所阐发的"客观的超过要素"置身于犯罪构成要件之外，不属于犯罪构成要素，当然就没有办法决定犯罪与否。（2）"客观的超过要素"概念内涵与我国刑法理论界以危害结果作为认定故意与过失的标准相矛盾。（3）"客观的超过要素"概念的内容有自相矛盾之处。论者一方面主张"有些要素则超出了故意的认识与意志内容，不要求行为人对之具有认识与放任或希望的态度"，另一方面要求"行为人对于作为客观的超过要素的危害结果至少应具有预见可能性"。既然要求行为人对之"有预见的可能性"，就不是"超出故意的认识与意志内容。"总之，我国刑法理论体系无法存在"客观的超过要素"。

鉴于此，应当坚持我国对于结果犯（危险犯和实害犯）罪过确定的实行行为会产生危害结果的标准，将上述丢失枪支不报罪、滥用职权罪、违法发放贷款罪等罪的主观要件确定为犯罪过失。至于"处罚较轻"，或者是刑事政策的选择，或者是立法的技术有问题，对于后者，如果明显违反罪责刑相适应原则，明显无法满足实践需要的情况，可考虑修改法定刑。

（六）意外事件和不可抗力事件（无罪过事件）

我国《刑法》第16条规定："行为在客观上虽然造成了损害结果，但是不是出于故意或者过失，而是由于不能抗拒或者不能预见的原因所引起的，不是犯罪。"对此，刑法教科书一般是将该条作为意外事件纳入主观要件中论述，并认为意外事件包括"不能抗拒的原因"和"不能预见的原因"两类。近年来刑法教科书逐渐认为上述论述是不科学的，认为只有不能预见的原因引起危害社会结果的情况才是意外事件，而因为不能抗拒的原因引起危害社会结果的情况应该称为不可抗力。意外事件同不可抗力两种情况统称为无罪过事件。

1. 意外事件

意外事件，是指行为虽然在客观上造成了危害社会的结果，但不是出于行为人的故意或者过失，而是由于不能预见的原因所引起的情况。"不能预见"是意外事件最本质的特征，也是其与罪过相区别的根本标志。所谓不能预见，是指行为人对其行为发生危害社会的结果未预见到，也不可能预见到，即不应当预见，实际也未预见。意外事件容易与疏忽大意的过失相混淆。

2. 不可抗力事件

不可抗力事件，是指行为虽然在客观上造成了危害社会的结果，但不是出于行为人的故意或者过失，而是由于不能抗拒的原因所引起的。"不能抗拒"是不可抗力事件最本质的特征，也是其与罪过相区别的根本标志。所谓不能抗拒，是指行为人在行为发展过程中可能认识到了某行为可能发生的后果，但是根据行为人自身的能力及行为当时的客观条件，无论怎么努力，也无法避免危害结果的发生。不可抗力事件容易与过于自信过失相混淆。二者区别在于：（1）过于自信的过失行为人在行为之前即预见到自己的行为可能发生危害社会的结果；而不可抗力事件中的行为人的危害结果的发生只是在行为开始后、危害结果发生前的行为过程中才可能认识到，而在行为之前则无法认识到。（2）过于自信的过失行为人完全有能力基于对危害结果可能发生的预见，而采取有效的措施避免危害结果的发生；而不可抗力事件中行为人则不可能采取有效措施以避免危害结果的发生。

3. 意外事件与疏忽大意的过失的异同

由"不能预见的原因"所致的意外事件，与疏忽大意的过失有相同之处：二者都是行为人对有害结果的发生没有预见，并因此而发生了这种结果。二者的区别在于：根据行为人的实际认识能力和当时的情况，意外事件中行为人对损害结果的发生不可能预见、不应当预见而没有预见，主观上没有罪过；疏忽大意的过失则是行为人对行为发生危害结果的可能性能够预见、应当预见，只是由于疏忽大意的心理而导致未能实际预见，主观上有罪过。因此，根据行为人的实际能力和当时的情况，结合法律、职业等的要求来认真考察其没有预见的原因，对于区分意外事件与疏忽大意的过失至关重要，这也是罪与非罪的原则区分。例如，李某（男，25 岁，拖拉机手）于某年 1 月 9 日下午 5 时许，为换油桶而将内盛冻油的油桶在自家院内用火烤，火烤 5 分钟后油桶爆炸起火，旁边另一油桶也被引爆，当场将邻院 1 人炸死、1 人炸成重伤，并造成附近其他 7 人不同程度的烧伤。问题：李某的行为是过失犯罪还是意外事件？本案的关键在于区分疏忽大意的过失犯罪与意外事件，即行为人对危害结果的可能发生应否预见、能否预见。李某是知识和智力正常的成年人，且是拖拉机手，根据其职业和知识等个人情况，他应当预见也能够预见在寒冬用火烤冻油桶是很危险的，有可能引起爆炸，但却因疏忽大意而没有预见，从而导致了严重后果的发生。因而该案不是由于不能预见的原因所致的意外事件，而是由疏忽大意的心理造成的过失爆炸犯罪。

第三节　破坏社会主义金融市场法律秩序罪刑事责任配置的现状、不足与完善建议

作为本书研究对象的"破坏社会主义金融市场法律秩序罪"是指《刑法》分则第三章"破坏社会主义市场经济秩序罪"的"第四节 破坏金融管理秩序罪"的 8 个犯罪和"第五节 金融诈骗罪"所规定的 30 个纯正的破坏社会主义金融市场法律秩序犯罪（不包括这两节中规定的贪污罪、职务侵占罪、挪用资金罪、挪用公款罪等非纯正的破坏社会主义金融市场法律秩序犯罪），总计 38 个具体罪名。之所以将这两节犯罪放在一起研究，是因为这 38 个罪有着共同的犯罪客体即国家管理社会主义市场所形成的法律秩序——社会主

义金融市场法律秩序❶。

一、刑事责任概述

(一) 刑事责任的概念、特点和地位

1. 刑事责任的概念

以刑事责任的承担者身份为基准,刑事责任是犯罪人的犯罪行为的法律后果。❷ 这种理解固然不错,任何法律责任都是法律后果,而且是否定性的法律后果,但终究没有进一步揭示作为刑事责任的法律后果的特殊性。本书主张责难说,即刑事责任是指犯罪人因实施犯罪行为而应当承担的国家司法机关依照刑事法律对犯罪行为的否定性评价及对罪犯本人的谴责。

2. 刑事责任的特点

现代意义的刑事责任,与民事责任、行政责任等法律责任相比具有以下特点:

(1) 严厉性。刑事责任的这一特征最为明显的表达是刑法制裁手段的严厉程度。作为刑罚方法,其不仅可以通过国家强制力量对公民的财产进行剥夺,对于公民参与社会事务的某些资格予以剥夺,对于公民的人身自由予以剥夺,甚至可以剥夺公民的生命权利。这些都是其他的法律责任所不具有的。

(2) 强烈的国家性。刑法作为司法法、禁止性规范,其强烈的国家属性是极为明显的,表现出国家权力与个人利益之间的分配和对抗。尤其是在立法确定以后,刑罚的适用过程实质上就是对"孤立的个人反对整个统治阶级的斗争"的反映。主要表现在两个方面:首先,刑事责任的追究是以强大的国家机器作为后盾的,主要是以国家的名义求刑、量刑、行刑;其次,刑事责任的价值取向是以国家的价值取向为基础的,而不完全是以人民的社会价值观念为基础的,因此相较于其他部门法,刑事责任更为直接地反映了国家的意志。

(3) 准据性,即刑事责任是因犯罪行为的存在而产生的法律责任,行为是责任的基础,只有实施了犯罪行为,刑事责任才有存在的基础和合理性。

---

❶ 牛忠志,曲伶俐. 犯罪构成四要件的"立体化"修正 [J]. 政法论丛,2019,(1):57.
❷ 张明楷. 刑法学 [M]. 6版. 北京:法律出版社,2021:660.

（4）专属性，即刑事责任是一种严格的个体法律责任，罪责自负、反对株连。

3. 刑事责任的地位

犯罪产生刑事责任，刑罚是刑事责任的主要内容，除刑罚之外，保安处分也是承担刑事责任的重要方式。由此，刑事责任与刑罚不是并列关系而是种属关系。基于这样的认识，刑法是关于犯罪和刑事责任（主要是刑罚制裁）的表述，不但能够揭示刑法的特殊性，也更符合逻辑。

（二）刑事责任的制裁方式

刑事责任的制裁方式，包括刑罚和保安处分。刑罚种类包括主刑和附加刑；保安处分包括对人的保安处分和对物的保安处分。

1. 刑罚种类

就刑罚而言，我国的主刑包括管制、拘役、有期徒刑、无期徒刑和死刑；附加刑，包括剥夺政治权利、罚金、没收财产刑。对于犯罪的外国人，可以独立适用或者附加适用驱逐出境。

2. 保安处分种类

（1）我国刑法规定的对物的保安处分。

一是特别没收和追缴。《刑法》第64条规定，犯罪分子违法所得的一切财物，应当予以追缴或者责令退赔；对被害人的合法财产，应当及时返还；违禁品和供犯罪所用的本人财物，应当予以没收。没收的财物和罚金，一律上缴国库，不得挪用和自行处理。

二是关于非法种植罂粟、大麻等毒品原植物的，一律强制铲除。《刑法》第351条第1款规定，非法种植罂粟、大麻等毒品原植物的，一律强制铲除。

（2）我国刑法规定的对人的保安处分。

一是对没有达到刑事责任年龄的人的严加管教和必要时的专门矫治教育。《刑法》第17条第5款规定，因不满16周岁不予刑事处罚的，责令其父母或者其他监护人加以管教；在必要的时候，依法进行专门矫治教育。

二是对精神病人严加看管和医疗，以及必要时政府强制治疗。刑法第17条第5款规定，因不满16周岁不予刑事处罚的，责令其父母或者其他监护人加以管教；在必要的时候，依法进行专门矫治教育。

三是职业禁止。❶《刑法》第37条之一规定,因利用职业便利实施犯罪,或者实施违背职业要求的特定义务的犯罪被判处刑罚的,人民法院可以根据犯罪情况和预防再犯罪的需要,禁止其自刑罚执行完毕之日或者假释之日起从事相关职业,期限为三年至五年。被禁止从事相关职业的人违反人民法院依照前款规定作出的决定的,由公安机关依法给予处罚;情节严重的,依照本法第313条的规定定罪处罚。其他法律、行政法规对其从事相关职业另有禁止或者限制性规定的,从其规定。

四是对判处管制的罪犯的禁制令。《刑法》第38条规定,判处管制,可以根据犯罪情况,同时禁止犯罪分子在执行期间从事特定活动,进入特定区域、场所,接触特定的人。

(三) 刑事责任的实现、消灭和解决

行为人在实施了犯罪行为之后,应当要求其承担相应的刑事责任。但是应当追究犯罪者的刑事责任并不是百分之百地都追究犯罪者的刑事责任。对犯罪刑事责任的实际追究,叫作刑事责任的实现,此外,还可因具备其他事由而使刑事责任不复存在。

1. 刑事责任的解决

除了刑事责任的实现导致刑事责任解决之外,还包括刑事责任的消灭、对外交特权犯罪的转移处理。

2. 刑事责任的实现

在我国刑法中刑事责任的实现包含以下两种方式:(1) 判处刑罚并科保安处分。(2) 仅判处刑罚,没有并科保安处分。(3) 宣告有罪,不判处刑罚但科以保安处分。(4) 单纯地宣告有罪,既不予以刑罚处罚,也不予以保安处分,仅仅将行为宣告为犯罪,从而对行为进行刑法上的谴责与评价。需要注意的是,通说认为,对犯罪人进行非刑罚处罚(训诫或者责令具结悔过、赔礼道歉、赔偿损失或者由主管部门予以行政处罚或行政处分)也是刑事责

---

❶ 职业禁止的性质,在理论上存在争议,有的认为是它属于附加刑,有的认为它属于保安处分,有的将其归结为非刑罚处理方法,与判处赔偿损失、训诫、行政处罚(行政处分)相并列。笔者赞成"保安处分说"。

任的一种实现方式。❶ 笔者不赞成这种观点。

3. 刑事责任的消灭

除了因实现而终结，刑事责任还可通过下述途径而不复存在，这被称为刑事责任消灭：（1）法定告诉才处理的犯罪，被害人不提出告诉或者撤回告诉；（2）犯罪已过追诉时效；（3）犯罪分子被特赦的；（4）尚未追究刑事责任时，犯罪分子死亡；（5）战时缓刑的犯罪分子符合法定条件被判缓刑并且不以犯罪论处的。

4. 转移处理

《刑法》第 11 条规定，享有外交特权和豁免权的外国人的刑事责任，通过外交途径解决。此条规定了外交代表的刑事管辖豁免。

二、破坏社会主义金融法律秩序罪刑事责任配置的现状

（一）关于主刑的配置情况评析

1. 现行刑法对破坏社会主义金融法律秩序罪没有配置死刑

在 2015 年颁布的《刑法修正案（九）》出台前，伪造货币罪和集资诈骗罪配置有死刑。2013 年 11 月召开的十八届三中全会提出，"逐步减少适用死刑罪名"。2014 年中央关于深化司法体制和社会体制改革的任务中也要求，完善死刑法律规定，逐步减少适用死刑罪名。为了落实上述要求，经广泛征求有关方面的意见，反复研究论证，慎重评估，考虑到党的十八大以来这两个犯罪很少适用过死刑，因此，在《刑法修正案（九）》中正式取消对这两个犯罪适用死刑。

死刑是剥夺犯罪人生命的刑罚方法，包括立即执行与缓期二年执行两种情况。由于死刑的内容是剥夺罪犯的生命，故被称生命刑，是刑罚体系中最为严厉的刑罚方法，也被称为极刑。刑法曾为"伪造货币罪"和"集资诈骗罪"配置死刑，是在改革开放初期，国家还不富裕的背景下，这两个犯罪的发生往往对社会主义金融市场法律秩序造成严重侵害的后果，因而配置死刑符合报应刑罚观和功利主义刑罚观。

---

❶ 高铭暄，马克昌. 刑法学 [M]. 10 版. 北京：北京大学出版社、高等教育出版社，2022：214.

不过，人的生命是十分珍贵的。经济犯罪的显著特征是贪利性，经济犯罪在于非法获取经济利益，其造成的经济损失无论多大，都无法与至高无上的生命价值相提并论。也正因为如此，《公民权利和政治权利国际公约》第6条第2款规定，"在未废除死刑的国家，判处死刑只能是作为对最严重的罪行的惩罚"。联合国经济与社会理事会《关于保护死刑犯权利的保障措施》进一步明确："最严重的罪行之范围不应超出具有致命的或者其他极其严重之结果的故意犯罪"，据此，如果不是"具有致命的或者其他极其严重之结果的故意犯罪"则不宜配置死刑。经济犯罪所侵害的国家的经济秩序、经济利益显然低于人的生命，对经济犯罪配置死刑的规定，是将经济犯罪等同于杀人等侵害生命的犯罪，在已经进入小康社会的今天，这种价值衡量是不可取的。

2. 有11个罪名配置了无期徒刑，占38个罪名的28.9%

诸如第171条规定的伪造货币、第177条规定的伪造、变造金融票证罪、第192条规定的集资诈骗罪等。

无期徒刑是剥夺犯罪人终身自由，实行强迫劳动改造的刑罚方法。我国无期徒刑的特点如下：（1）无期徒刑是自由刑中最严厉的刑罚方法，所以，我国刑法只是对非常严重的犯罪，才规定无期徒刑。其规定的方式主要表现为两种情况：一是对于规定了死刑的犯罪，一般同时规定将无期徒刑作为选择法定刑；二是将无期徒刑规定为某一犯罪的最高法定刑（在这种情况下同时规定将较长的有期徒刑作为选择法定刑）。（2）无期徒刑的基本内容是剥夺罪犯人身自由、对其进行劳动改造。根据《刑法》第46条的规定，被判处徒刑的犯罪分子，在监狱或者其他执行场所执行；凡具有劳动能力的，应当参加劳动，接受教育和改造。

现行刑法对破坏社会主义市场经济秩序罪中的严重犯罪配置了无期徒刑的最高刑，是符合报应刑罚观的。因为集资诈骗罪、贷款诈骗罪、票据诈骗罪、信用证诈骗罪、信用卡诈骗罪等都是严重的犯罪；同时，金融诈骗罪是特殊的诈骗罪，因而其法定性配置应当与《刑法》第266条规定的普通诈骗罪持平，都配置了无期徒刑作为最高法定刑。

伪造货币罪严重侵害了国家的货币发行权，全国人民代表大会常务委员会于1995年6月30日发布的《关于惩治破坏金融秩序犯罪的决定》为本罪配置了死刑，1997年修订刑法时继承了这一立法。直至2015年颁布的《刑法修正案（九）》才废除了伪造货币罪的死刑，其最高法刑定降为无期徒刑。金融工作人员购买假币、以假币换取货币罪，出售、购买、运输假币罪和伪造、变造金融票证罪这三个罪的最高法定刑配置自 1997 年刑法修订以来没有变化。

另外，出于改造罪犯、预防再犯的功利主义目的，我国刑法规定了减刑和假释制度。据此，即使罪犯被判处无期徒刑，也可以根据其改造的情况，通过减刑或者假释提前出狱而获得自由。《刑法》第 78 条规定，"被判处管制、拘役、有期徒刑、无期徒刑的犯罪分子，在执行期间，如果认真遵守监规，接受教育改造，确有悔改表现的，或者有立功表现的，可以减刑；有重大立功表现之一的，应当减刑。……减刑以后实际执行的刑期不能少于下列期限：（1）判处管制、拘役、有期徒刑的，不能少于原判刑期的二分之一；（2）判处无期徒刑的，不能少于十三年；（3）人民法院依照本法第五十条第二款规定限制减刑的死刑缓期执行的犯罪分子，缓期执行期满后依法减为无期徒刑的，不能少于二十五年，缓期执行期满后依法减为二十五年有期徒刑的，不能少于二十年"。

《刑法》第 81 条规定："被判处有期徒刑的犯罪分子，执行原判刑期二分之一以上，被判处无期徒刑的犯罪分子，实际执行十三年以上，如果认真遵守监规，接受教育改造，确有悔改表现，没有再犯罪的危险的，可以假释。如果有特殊情况，经最高人民法院核准，可以不受上述执行刑期的限制。对累犯以及因故意杀人、强奸、抢劫、绑架、放火、爆炸、投放危险物质或者有组织的暴力性犯罪被判处十年以上有期徒刑、无期徒刑的犯罪分子，不得假释。对犯罪分子决定假释时，应当考虑其假释后对所居住社区的影响。"

3. 全部 38 个罪名都配置了有期徒刑

《刑法》对破坏社会主义金融市场法律秩序罪全部配置了有期徒刑。有的犯罪之最高法定刑为三年以上七年以下有期徒刑，如第 175 条之一规定的骗取贷款罪；有的犯罪之最高档次的法定刑为三年以上十年以下有期徒刑，如第 177 条之一规定的妨害信用卡管理罪；有的犯罪之最高档次的法定刑为五年以下有期徒刑或者拘役，如第 179 条规定的擅自发行股票、公司、企业债券罪；有的犯罪之最高档次的法定刑为五年以上有期徒刑，如第 188 条规定的违规出具金融票证罪；有的犯罪之最高档次的法定刑为五年以上十年以下有期徒刑，如第 182 条规定的操纵证券、期货市场罪；有的犯罪之最高档次的法定刑为十年以上有期徒刑，如第198条规定的保险诈骗罪。

有期徒刑是剥夺犯罪人一定期限的自由，实行强迫劳动改造的刑罚方法。在所有的刑罚方法中，有期徒刑的适用范围最广。其特点如下：（1）有期徒刑剥夺犯罪人的自由。主要表现在将犯罪人拘押于监狱或其他执行场所。这是有期徒刑区别于生命刑、财产刑、资格刑以及管制刑的基本特点。（2）有期徒刑具有一定期限。（3）有期徒刑的基本内容是对犯罪人实行劳动改造。

现行刑法给全部的破坏社会主义金融市场法律秩序罪都配置了有期徒刑，这符合本类犯罪的现实情况，也符合折中主义的刑罚观。对于判处有期徒刑的犯罪分子，视其改造的情况依法予以减刑和假释。

考虑到罪犯的社会危险性和是否需要监禁改造，刑法对于判处三年以下的罪犯还规定"依法缓刑"。《刑法》第72条规定，对于被判处拘役、三年以下有期徒刑的犯罪分子，同时符合下列条件的，可以宣告缓刑，对其中不满十八周岁的人、怀孕的妇女和已满七十五周岁的人，应当宣告缓刑：（1）犯罪情节较轻；（2）有悔罪表现；（3）没有再犯罪的危险；（4）宣告缓刑对所居住社区没有重大不良影响。宣告缓刑，可以根据犯罪情况，同时禁止犯罪分子在缓刑考验期限内从事特定活动，进入特定区域、场所，接触特定的人。被宣告缓刑的犯罪分子，如果被判处附加刑，附加刑仍须执行。《刑法》第73条规定，有期徒刑的缓刑考验期限为原判刑期以上五年以下，但是不能少于一年。

4. 有27个罪名配置了拘役，占38个罪名的71%

诸如《刑法》第193条规定的贷款诈骗罪、第194条规定的票据诈骗罪、第195条规定的信用证诈骗罪、第196条规定的信用卡诈骗罪、第197条规定的有价证券诈骗罪、第198条规定的保险诈骗罪等。

拘役是短期剥夺犯罪人自由，由公安机关就近实行劳动改造的刑罚方法。其具有以下特点：（1）拘役是剥夺自由的刑罚方法。首先，由于拘役剥夺犯罪人的自由，所以与管制具有明显区别；其次，由于拘役是刑罚方法，所以它与行政拘留、刑事拘留、司法拘留在法律属性、适用对象、适用机关、适用依据、适用程序、适用期限上都有明显区别。（2）拘役是短期剥夺自由的刑罚方法。根据《刑法》第42条与第44条的规定，拘役的期限为1个月以上6个月以下，数罪并罚时不得超过1年，故拘役属于短期自由刑。拘役的刑期从判决执行之日起计算，判决执行以前先羁押的，羁押1日折抵刑期1

日。(3) 拘役是公安机关就近执行的刑罚方法。由公安机关在就近的拘役所、看守所或者其他监督场所执行；在执行期间，受刑人每月可以回家一天至两天；参加劳动的，可以酌量发给报酬。

拘役作为短期自由刑有其弊端，即在短期内难以使犯罪人得到教育、改善；由于期限短而没有威慑力；受刑人大多是初犯，容易受其他罪犯影响，沾染恶习，使其人身危险性增大；过多地占用行刑设施，给行刑实务造成过大负担等。因此，在整个世界范围内都有废除短期自由刑的呼声，我国也有不少人主张废除拘役。然而，这种建议没有被立法所采纳。因为拘役作为一种轻刑，有利于贯彻罪刑相适应原则，有利于避免刑罚的不公平，有利于提高监狱等机关的利用率，也有利于实现刑罚的一般预防。❶ 当然，对于拘役的执行，最为重要的是注重采取有效措施防止行刑期间的恶习交叉感染。

5. 本类罪名未配置有管制

管制是我国特有的一种轻刑，是对罪犯不予关押，但限制其一定自由，实行社区矫正的刑罚方法。它具有以下特点：(1) 不予关押即不剥夺犯罪人的人身自由。这种不剥夺自由性与执行的开放性，可以避免短期自由刑的固有弊端。(2) 限制犯罪人的一定自由，故管制不同于免予刑罚处罚。《刑法》第39条规定，限制自由的内容是："遵守法律、行政法规，服从监督；未经执行机关批准，不得行使言论、出版、集会、结社、游行、示威自由的权利；按照执行机关规定报告自己的活动情况；遵守执法机关关于会客的规定；离开所居住的市、县或者迁居，应当报经执行机关批准。"对于被判处管制的犯罪分子，在劳动中应当同工同酬。(3) 具有一定期限，即不得对犯罪人进行无限期的管制。根据《刑法》第38条、第40条与第41条的规定，管制的期限为三个月以上二年以下，数罪并罚时不超过三年。管制的刑限从判决执行之日起计算；判决执行时先行羁押的，羁押一日折抵刑期二日。如果管制期满，执行机关应向本人和其所在单位或者居住地的群众宣布解除管制。

在我国市场经济条件下，人们的职业和业务上的流动程度不断增大，以致司法实践中很少适用管制，其实践效果并不理想。鉴于此，一些学者主张取消管制这一刑种。然而，立法者并没有采纳这种观点。因为一方面，管制具有很多优点，符合世界轻刑化、行刑社会化的刑罚发展方向；另一方面，

---

❶ 张明楷. 刑法学 [M]. 6版. 北京：法律出版社，2021：691.

管制刑在执行过程中出现的问题不能归结于管制刑本身。2019年12月28日颁布（2020年7月1日生效）的《中华人民共和国社区矫正法》（以下简称《社区矫正法》）对管制的内容进一步细化、丰富，加强管制执行工作的规范管理和监督，管制作为我国专门机关与群众相结合的司法路线实践经验的创造性产物，今后将显示出其科学性与优越性。

本类犯罪没有配置管制刑，不无遗憾。

（二）关于附加刑的配置情况评析

1. 关于剥夺政治权利

刑法分则对破坏社会主义金融市场法律秩序罪没有配置独立的"剥夺政治权利"的附加刑。

不过，《刑法》总则第56条和第57条规定了对严重的犯罪可以或者应当剥夺政治权利的情形。剥夺政治权利附加适用于严重犯罪的，由刑法总则规定。具体分为两种情况：（1）应当附加剥夺政治权利。在这种情况下，人民法院没有裁量的余地，必须依法附加剥夺政治权利。根据《刑法》第56条第1款与第57条的规定，对下列两类犯罪人应当附加剥夺政治权利：一是对于危害国家安全的犯罪分子应当附加剥夺政治权利。这是从犯罪性质上确定剥夺政治权利的适用对象，而不考虑对其判处的主刑种类。但是，刑法分则对危害国家安全罪中一些情节较轻的犯罪规定了可以单处剥夺政治权利，如果人民法院独立适用了剥夺政治权利的，就不要再附加剥夺政治权利。二是对于被判处死刑、无期徒刑的犯罪分子，应当剥夺政治权利终身。这是从主刑种类上确定剥夺政治权利的适用对象。（2）可以附加剥夺政治权利。在这种情况下，是否附加剥夺政治权利，由人民法院具体裁量。《刑法》第56条第2款规定："对于故意杀人、强奸、放火、爆炸、投毒、抢劫等严重破坏社会秩序的犯罪分子，可以附加剥夺政治权利。"在这里，"可以"表现了立法机关的倾向性意见，即在通常情况下可以附加剥夺政治权利；除了对该条明示所列举的几种犯罪人以外，对其他严重破坏社会秩序的犯罪人，也可以附加剥夺政治权利。

剥夺政治权利，是指剥夺犯罪人参加管理国家和政治活动的权利的刑罚方法。根据《刑法》第54条的规定，剥夺政治权利是剥夺下列权利：一是选举权与被选举权；二是言论、出版、集会、结社、游行、示威自由的权利；

三是担任国家机关职务的权利；四是担任国有公司、企业、事业单位和人民团体领导职务的权利。剥夺政治权利不是只剥夺上述权利的一部分，而是同时剥夺上述四方面的权利。被剥夺政治权利的犯罪人，在执行期间，应当遵守法律、行政法规和国务院公安部门有关监督管理的规定，服从监督，不得行使上述四方面的权利。

剥夺政治权利既可适用于危害国家安全的犯罪，也可适用于普通刑事犯罪；既可适用于重罪，也可适用于轻罪。在适用方式上，剥夺政治权利既可以附加适用（《刑法》总则规定），也可以独立适用（《刑法》总则规定）。由于《刑法》分则对破坏社会主义市场经济秩序罪没有配置独立的"剥夺政治权利"的附加刑，故对破坏社会主义金融市场法律秩序罪只能是可以附加适用剥夺政治权利刑。除了对于其中被判处无期徒刑的经济犯罪应当剥夺其政治权利，"可以附加适用"，就是说在一般情况下，不给予剥夺政治权利的处罚，但对于破坏社会主义金融市场法律秩序罪的严重犯罪者，可以判处附加政治权利。

2. 关于罚金刑

立法现状是：（1）全部的38个罪中有36个犯罪，无论是单位犯罪还是自然人犯罪都配置了罚金刑。同时，另外的2个罪，对自然人犯罪主体没有配置，而对单位犯罪主体配置了"罚金"附加刑。这两个罪是：违规出具金融票证罪（《刑法》第188条）和对违法票据承兑、付款、保证罪（第189条）。（2）38个罪中规定了罚金与没收财产选科的，有13个罪；仅规定罚金的有25个罪。

罚金是人民法院判处犯罪分子向国家缴纳一定数额金钱的刑罚方法。罚金属于财产刑的一种，它在性质、适用对象、适用程序、适用主体、适用依据等方面，与行政罚款、赔偿损失等措施具有严格区别。罚金的优点相当明显。其对于经济犯罪最具有针对性，既可以剥夺犯罪的物质基础，还可以抑制犯罪人的逐利动机；不剥夺犯罪人的人身自由，犯罪人不被关押，从而避免了狱中的交叉感染；罚金使犯罪人仍然过着正常的社会生活，避免因入狱而与社会隔离导致对社会不适应，也不影响犯罪人的家庭生活；罚金的执行不仅不需要费用，而且可以增加国库收入；罚金的易于量化的特点，能适应犯罪的社会危害程度以及犯罪人的收入、性格、家庭状况等情况，具有一定的特殊预防作用；罚金既给基于营利目的的犯罪人以迎头痛击，还剥夺了他们继续实施经济犯罪的资本,从客观上防止了他们重新犯罪;罚金误判后容易纠正;罚金还可以适用于单位犯罪。正因如此,不少国家刑法将罚金刑规定为主刑。

当然,罚金也有缺陷。罚金的效果因贫富之差而完全不同,同样数目的罚金,对富者来说是轻微负担,而对于穷者可能是沉重痛苦,这就导致明显的不公正性;罚金是针对与受刑人的人格没有关系的财产进行适用的,而且其执行往往是一时的,犯罪人在罚金缴纳完毕后就不再有受刑的观念,故同生命刑、自由刑相比,其作为刑罚的效果差、作用小;罚金可以由本人以外的人支付,即犯罪人的亲友可以代替其缴纳罚金,因而容易违背刑罚的人身专属性的本质;营利性犯罪人可能把罚金当作税金或其他必要开支,而继续从事该犯罪活动。所以,不能过分强调罚金的优点而忽视其缺陷。

经济犯罪的最大特点,便是其逐利动机、贪婪性。对于贪利性犯罪的惩治无论是根据报应刑观还是预防犯罪的功利主义刑罚观,都应该有针对性地配置罚金。几乎所有的破坏社会主义市场经济秩序罪都是在非法营利,对于本章大多数犯罪配置罚金刑,是适当的;而没有配置罚金刑的,则属于立法的不足。

3. 关于没收财产刑

刑法分则这一部分犯罪中有13个罪配置了没收财产刑,这些没收财产刑是作为罚金刑的替代措施而安排的,即法律规定"罚金或者没收财产"选处。如伪造货币罪、集资诈骗罪、贷款诈骗罪、票据诈骗罪、信用证诈骗罪以及信用卡诈骗罪等。

没收财产是将犯罪人所有财产的一部分或者全部强制无偿地收归国有的刑罚方法。没收财产与特别没收(没收犯罪物品)具有性质上的区别。《刑法》第64条规定:"犯罪分子违法所得的一切财物,应当予以追缴或者责令退赔;对被害人的合法财产,应当及时返还;违禁品和供犯罪所用的本人财物,应当予以没收。没收的财物和罚金,一律上缴国库,不得挪用和自行处理。"据此,追缴犯罪所得的财物,不属于没收财产刑;没收违禁品和供犯罪所用的本人财物,也不属于没收财产刑。可见,没收财产刑事实上是没收犯罪人合法所有并且没有用于犯罪的财产;不得以追缴犯罪所得、没收违禁品与犯罪人所用的本人财物来代替或折抵没收财产刑。

从刑法规定看，没收财产刑只能附加适用，而没有独立适用，它主要适用于危害国家安全罪、破坏社会主义市场经济秩序罪、侵犯财产罪、贪污贿赂罪等。根据《刑法》第59条的规定，判处没收财产时，既可以判处没收犯罪人所有的全部财产，也可以判处没收犯罪人所有的部分财产。至于是没收全部财产还是部分财产，要根据犯罪的社会危害性与犯罪人的社会危险性来确定。但是，"没收全部财产的，应当对犯罪分子个人及其扶养的家属保留必要的生活费用"，"在判处没收财产的时候，不得没收属于犯罪分子家属所有或者应有的财产"。这有利于维护社会秩序的安定和贯彻罪责自负原则。根据《刑法》第60条的规定，没收财产以前犯罪人所负的正当债务，需要以没收的财产偿还的，经债权人请求，应当偿还。这被认为是"民事赔偿责任优先原则"。

有不少学者主张我国的没收财产刑应该取消。❶ 本书不赞成简单地废止没收财产的观点：首先，因为没收财产刑的功能有二，一是对罪犯经济基础（物质条件）的彻底摧毁功能，二是对贪利性犯罪的经济剥夺和对犯罪动机的抑制功能。前一个功能可以为罚金刑所取代；后一个功能难以为罚金刑所取代。❷ 其次，出于便捷考虑，赋予司法人员没收财产刑和罚金刑的因案而异的自由裁量，也是妥当的。没收财产刑直接控制被没收的对象物，有助于解决执行难的问题。

总之，没收财产刑在附加刑中具有"重刑"的性质，现行刑法仅对一部分破坏社会主义金融市场法律秩序罪配置了没收财产刑，是适当的。

4. 关于驱逐出境刑

刑法分则对于破坏社会主义金融市场法律秩序罪没有配置驱逐出境附加刑。

当今，世界经济一体化趋势越发明显，具有涉外因素的跨国经济犯罪正在日益严重地危害着各国经济的良性发展和有效合作。因此，在中国犯罪的外国人和无国籍人也随着我国改革开放程度的不断加深而日益增多。虽然刑法分则对破坏社会主义金融市场法律秩序罪没有配置驱逐出境附加刑，但

---

❶ 万志鹏. 没收财产刑废止论：从历史考察到现实分析［J］. 安徽大学学报（哲学社会科学版），2008（5）：67-73.
❷ 牛忠志. 我国没收财产刑的立法完善研究［J］. 刑法论丛，2010（4）：179.

《刑法》第101条的规定:"本法总则适用于其他有刑罚规定的法律,但是其他法律有特别规定的除外。"对于犯罪的外国人和无国籍人,法官可以结合具体的案情自由斟酌附加适用驱逐出境的惩罚。

(三) 关于保安处分的配置情况评析

刑法分则对于破坏社会主义金融市场法律秩序罪没有配置特别的保安处分制度。

《刑法》第101条规定:"本法总则适用于其他有刑罚规定的法律,但是其他法律有特别规定的除外。"缘此,我国《刑法》规定的对物的保安处分(即特别没收和追缴),以及对人的保安处分即《刑法》第17条第5款规定的"管教",在必要的时候专门矫治教育;对精神病人严加看管和医疗,以及必要时政府强制治疗(第18条第1款);职业禁止(第37条之一);对判处管制的罪犯的禁制令(第38条第2款);等等,对破坏社会主义金融市场法律秩序罪都可以根据案情依法适用。

三、破坏社会主义金融法律秩序罪刑事责任配置的完善建议

(一) 增加财产刑的配置

纯正的破坏社会主义金融法律秩序的犯罪都是经济犯罪,都是出于获取非法利益的动机而实施的。针对经济犯罪对其贪婪的心态予以配置财产刑,具有很强的惩罚性,同时剥夺其经济基础,使其丧失实施经济犯罪的本钱,能够很好地预防其再次犯罪。因此,首先,对于违规出具金融票证罪和对违法票据承兑、付款、保证罪的自然人犯罪场合,也配置财产刑。其次,考虑到没收财产刑与罚金一样具有剥夺罪犯经济条件的功能,建议将第188条修改为:"银行或者其他金融机构的工作人员违反规定,为他人出具信用证或者其他保函、票据、存单、资信证明,情节严重的,处五年以下有期徒刑或者拘役,并处罚金;情节特别严重的,处五年以上有期徒刑并处罚金或者没收财产。"可以把第189条修改为:"银行或者其他金融机构的工作人员在票据业务中,对违反票据法规定的票据予以承兑、付款或者保证,造成重大损失的,处五年以下有期徒刑或者拘役,并处罚金;造成特别重大损失的,处五

年以上有期徒刑，并处罚金或者没收财产。"

(二) 增设职业禁止的刚性规定

《刑法》第37条之一规定："因利用职业便利实施犯罪，或者实施违背职业要求的特定义务的犯罪被判处刑罚的，人民法院可以根据犯罪情况和预防再犯罪的需要，禁止其自刑罚执行完毕之日或者假释之日起从事相关职业，期限为三年至五年。被禁止从事相关职业的人违反人民法院依照前款规定作出的决定的，由公安机关依法给予处罚；情节严重的，依照本法第313条的规定定罪处罚。其他法律、行政法规对其从事相关职业另有禁止或者限制性规定的，从其规定。"考虑到破坏社会主义金融市场法律秩序罪是需要相应的业务知识而非任何寻常百姓即可实施的犯罪，因此，对此类犯罪增加规定："犯破坏社会主义金融市场法律秩序罪的，人民法院应当根据犯罪情况和预防再犯罪的需要，禁止其自刑罚执行完毕之日或者假释之日起从事相关职业，期限为三年至五年。"这里职业禁止的规定是"应当"而不是"可以"，以体现对职业犯罪的严厉打击。

(三) 拘役与罚金的互相易科

1. 罚金折算自由刑制度

实务中，罚金刑的执行工作困难重重，导致其实际执结率较低，裁判"虚化"，严重损害了罚金刑的法律价值。以河南省滑县人民法院为例，2019年以来共立案执行罚金类案件153件，实际执结49件，实际执结率为32.03%，相较于整体案件的实际执结率，低出了13个百分点。❶ 执行率低，不但使罚金刑难以发挥其惩罚功能，而且也严重损害了法院判决的权威，必须对之加以克服。

国外刑法规定了犯罪人不能缴纳罚金的，允许以自由行替代的制度。鉴于此，建议我国刑法规定："在犯罪人不能缴纳罚金的情况下，法院可以将罚金折算为一定期限的自由刑（具体办法由司法解释规定）。"

---

❶ 齐孝东. 浅析罚金刑执行困境及解决对策 [EB/OL]. (2020-03-31) [2023-12-18]. 中国法院网. https：//www.chinacourt.org/article/detail/2020/03/id/4875839.shtml.

2. 拘役刑折算罚金制度

考虑到拘役的期限较短,为避免交叉感染,可以将拘役刑折算为罚金刑。建议我国刑法规定:"为避免监禁条件下的交叉感染,如果被判刑人同意,可以将其拘役刑折算为罚金刑(具体办法由司法解释规定)。"

第二章
破坏货币管理秩序罪的法教义学解读和立法完善论要

货币作为一般等价物，在市场经济中发挥着价值尺度、流通手段、贮藏手段、支付手段和世界货币五大职能。破坏货币管理秩序犯罪，是指违反国家对金融市场监督、管理的法律法规，破坏货币管理法律秩序，数额较大或者情节严重的行为。本章对伪造货币罪，出售、购买、运输假币罪，金融工作人员购买假币、以假币换取货币罪，持有、使用假币罪和变造货币罪六个具体罪名的法教义学进行解读，并提出立法完善建议，以期为司法实践和理论研究发挥参考作用。

为了正确适用法律，严惩破坏货币管理秩序的犯罪，最高司法机关自2000年以来先后出台了三部司法解释：（1）2000年《最高人民法院关于审理伪造货币等案件具体应用法律若干问题的解释》，以下简称《2000年关于审理伪造货币等案件具体应用法律若干问题的解释》。（2）2010年《最高人民法院关于审理伪造货币等案件具体应用法律若干问题的解释（二）》，以下简称《2010年关于审理伪造货币等案件具体应用法律若干问题的解释（二）》。（3）2022年《最高人民检察院、公安部关于公安机关管辖的刑事案件立案追诉标准的规定（二）》，以下简称《2022年关于公安机关管辖的刑事案件立案追诉标准的规定（二）》。

第一节 伪造货币罪

一、伪造货币罪的概念和犯罪构成

本罪在 2015 年《刑法修正案（九）》中作出了修改：其一，取消了死刑的规定。这是因为伪造货币罪属于牟利性犯罪，近年来已经很少适用死刑，适用无期徒刑完全可以达到打击犯罪的实际需要，因此《刑法修正案（九）》取消了本罪的死刑。其二，修改了罚金刑的规定，即由原来的具体数额规定为无限额罚金制。这主要是为了便于司法机关根据不同案件的具体情况判处罚金，从而更好地实现罪刑均衡。由此，根据《刑法》第 170 条的规定，伪造货币罪，是指仿照人民币或者外币的图案、色彩、形状等，非法制造外观上足以使一般人误认为是真币的行为。

本罪的犯罪构成：

（一）客体要件

本罪的客体要件是国家对货币发行管理的法律秩序，犯罪对象是真币。国家享有专有的货币发行、流通权利，这是金融秩序有序性的重要保证。从根本上说，伪造货币的行为，会使国民对货币的真实性产生怀疑，"实质上就是侵犯了货币作为流通工具而必须具备的公共信用，这一信用是以国家强制力作为后盾的，对经济交易的正常运行和交易秩序的稳定具有重要意义"[1]。因此，本罪所保护的法益即货币公共信用，是国家货币管理秩序的实质内容。

（二）客观要件

本罪的客观要件表现为行为人仿照人民币或者外币的图案、色彩、形状等，非法制造外观上足以使一般人误认为是真币的行为。本罪的客观要件具体由下面三部分组成：

---

[1] 马克昌. 百罪通论（上）[M]. 北京：北京大学出版社，2014：239.

1. 犯罪对象为"货币"

根据《2000年关于审理伪造货币等案件具体应用法律若干问题的解释》第7条的规定,"货币"是指可在国内市场流通或者兑换的人民币和境外货币。有以下六点注意事项:(1)人民币和境外货币的种类包括纸币、硬币、普通纪念币、贵金属纪念币等。(2)已经退出流通的人民币不再属于本罪的犯罪对象,但有可能构成诈骗罪。(3)根据《2010年关于审理伪造货币等案件具体应用法律若干问题的解释(二)》第3条,以正在流通的境外货币为对象的假币犯罪,依照刑法第170条至第173条的规定定罪处罚。在此,司法解释只是强调了境外货币的流通性,换言之,即便境外货币没有在我国流通或者兑换,依然属于本罪的犯罪对象。(4)本罪的"货币"既包括人民币,也包括外币,这里的外币既可以是我国港、澳、台地区的货币,也可以是美元、欧元、英镑等正在境外流通的货币。(5)国库券属于本罪的"货币",因为国库券作为国家发行的债券,可以进行流通、消费、交易和储蓄,具有与本国货币同等的价值和功能。(6)不具有流通性质的金条、银圆等贵金属则不属于本罪的"货币"。

2. 行为方式是"伪造",行为对象是假币

根据《2010年关于审理伪造货币等案件具体应用法律若干问题的解释(二)》第1条的规定,仿照真货币的图案、形状、色彩等特征非法制造假币,冒充真币的行为,应当认定为刑法第170条规定的"伪造货币"。有以下四点注意事项:

(1)"伪造"行为应达到"在外观上足以使一般人误认为是货币"的程度。如果行为人制造出来的货币不可能使一般人误认为货币,则不可能成立伪造货币罪。当然,这并不要求伪造的货币要与真币达到完全相同的程度,只要能使一般人误认为真币即可。(2)"伪造"行为包括制造货币版样的行为。根据《2000年关于审理伪造货币等案件具体应用法律若干问题的解释》第1条第3款的规定,行为人制造货币版样或者与他人事前通谋,为他人伪造货币提供版样的,依照伪造货币罪定罪处罚;(3)"伪造"行为是否要"以真币为样板制作假币"?有观点认为,只能按照真币的式样制作假币以冒充真币的行为缩小了伪造货币的范围。[1]比如行为人自行设计了一套面额为

---

[1] 马克昌. 百罪通论(上)[M]. 北京:北京大学出版社,2014:241.

500元的人民币,在此,并不存在与假货币相对应的真货币。持同意论的观点认为,即使是无对应真币的伪造行为,也必须仿照真货币的图案、形状色彩等特征,否则,不可能使一般人误认为是货币。[1]持否定论的观点认为,只有仿照真货币进行伪造才可能对货币管理秩序造成损害。本书认为,应当返回到"伪造"行为的程度要求中进行判断,换言之,只要伪造的货币会使一般人误认为是真币,就会侵犯到货币的公共信用,就构成本罪。反之,如果一般人不会将其视为真币,就不属于"伪造"行为,行为人利用这一伪造的货币骗取他人财物的,则可能构成诈骗罪;(4)同时采用伪造与变造手段时的处理。根据《2010年关于审理伪造货币等案件具体应用法律若干问题的解释(二)》第2条的规定,同时采用伪造和变造手段,制造真伪拼凑货币的行为,以伪造货币罪定罪处罚。

3. 伪造货币行为情节严重

尽管法律规范中没有明确对犯罪数额的要求,但关于伪造货币行为情节严重的界定,根据《2022年关于公安机关管辖的刑事案件立案追诉标准的规定(二)》第14条的规定:"伪造货币,涉嫌下列情形之一的,应予立案追诉:(1)总面额在二千元以上或者币量在二百张(枚)以上的;(2)总面额在一千元以上或者币量在一百张(枚)以上,二年内因伪造货币受过行政处罚,又伪造货币的;(3)制造货币版样或者为他人伪造货币提供版样的;(4)其他伪造货币应予追究刑事责任的情形。"由此确定伪造货币行为情节严重。

对于货币金额的计算,需要注意的是:(1)货币面额,应以人民币计算;(2)根据《2010年关于审理伪造货币等案件具体应用法律若干问题的解释(二)》第3条的规定,假境外货币犯罪的数额,按照案发当日中国外汇交易中心或者中国人民银行授权机构公布的人民币对该货币的中间价折合成人民币计算。中国外汇交易中心或者中国人民银行授权机构未公布汇率中间价的境外货币,按照案发当日境内银行人民币对该货币的中间价折算成人民币,或者该货币在境内银行、国际外汇市场对美元汇率,与人民币对美元汇率中间价进行套算。(3)根据《2010年关于审理伪造货币等案件具体应用法律若干问题的解释(二)》第4条的规定,假普通纪念币犯罪的数额,以面额计

---

[1] 张明楷. 刑法学 [M]. 6版. 北京:法律出版社, 2021:983.

算；假贵金属纪念币犯罪的数额，以贵金属纪念币的初始发售价格计算。

（三）主体要件

本罪的主体要件是一般主体，即已满16周岁、具有刑事责任能力的自然人。

（四）主观要件

本罪的主观要件是犯罪故意。罪过的基准应根据行为犯与结果犯的不同而加以区别。行为犯是以对行为本身的认识和意志为对象；结果犯（包括实害犯和危险犯两种情形）则以行为人对"特定的危害行为会产生特定的结果"这一因果关系的认识和意志为对象来确定。❶ 本罪属于行为犯，因而，本罪的主观要件是指行为人明知自己实施伪造货币的行为会发生损害国家对货币发行管理的法律秩序的危害结果，仍然希望或者放任这种危害结果的发生的心理态度。

二、伪造货币罪法律适用中的疑难问题

（一）罪与非罪的界限问题

伪造货币行为必须达到法律规定的量度，否则不构成犯罪。

例如，在"位×伪造货币案"❷中，经查明，2017年春节过后，被告人位×准备伪造货币，向其堂弟位××提出共同实施，位××表示同意。同年四五月份，位×将其购买的彩色打印机、扫描仪、纸张等伪造货币设备及原料搬运到××市××镇××村位××的住宅内，同年5月开始伪造货币。位×负责印假钱、裁假钱的工序，并安排位××负责烫金线、印头像、印数字、印水印等工序，位×根据伪造数量向位××支付工钱。2018年8月7日上午，××县公安局侦查人员分别在位×、位××的家中将二人抓获，在位××的住宅内搜查到彩色打印机、扫描仪及券面为100元人民币等物品，在位×和位××的五爹住宅内搜查到券面为100元人民币5000张。经鉴定，券面为

---

❶ 牛忠志. 当前妨害传染病防治罪之法教义学解析［J］. 江西社会科学，2021，41（10）：142.
❷ 参见（2019）豫刑终396号。

100元的29668张人民币均为假币。最终位×、位××因犯伪造货币罪分别被判处有期徒刑15年，并处罚金人民币40万元；有期徒刑12年，并处罚金人民币20万元。

裁判要旨：上述案例中，被告人位×明知其行为是伪造货币的行为，且伪造货币数额特别巨大，其行为已严重损害国家对货币发行管理的法律秩序；因此，构成伪造货币罪。

（二）既遂和未遂形态问题

根据2001年1月21日最高人民法院《全国法院审理金融犯罪案件工作座谈会纪要》（法〔2001〕8号）的规定，伪造货币的，只要实施了伪造行为，不论是否完成全部印刷工序，即构成伪造货币罪。在此，对这一规定应作如下理解：

一是行为人只要实施了伪造货币的行为，达到足以使一般人误认为是假币的行为，就具备了本罪的构成要件，达到了犯罪既遂。

二是如果在伪造过程中，由于行为人意志以外的原因不能继续伪造，或者由于行为人意志以外如技术、材料等方面的原因，制造出来的假币不足以使一般人误认为是真货币的，则属于本罪的犯罪未遂。

（三）罪数形态问题

在本罪中，行为人实施了伪造货币的行为，又出售或者运输自己伪造的货币的，属于刑法里的吸收犯，以伪造货币罪定罪处罚。同时，出售或者运输假币的行为又成为从重处罚的情节要件，因而应当以伪造货币罪从重处罚。如果行为人既实施了伪造货币的行为，又出售或者运输了他人伪造的货币，则应当以伪造货币罪和出售、运输假币罪实行数罪并罚。

三、伪造货币罪的刑事责任

根据《刑法》第170条的规定，伪造货币的，处三年以上十年以下有期徒刑，并处五万元以上五十万元以下罚金；有下列情形之一的，处十年以上有期徒刑、无期徒刑，并处罚金或者没收财产：（1）伪造货币集团的首要分子；（2）伪造货币数额特别巨大的；（3）有其他特别严重情节的。

伪造货币规定了两档法定刑，具体包括：

1. 基础法定刑

三年以上十年以下有期徒刑，并处五万元以上五十万元以下罚金。

2. 加重法定刑

十年以上有期徒刑、无期徒刑，并处罚金或者没收财产。

具体情形包括：（1）伪造货币集团的首要分子。即指在伪造货币集团中起组织、策划、指挥作用的犯罪分子。之所以对伪造货币集团的首要分子进行法定刑升格，主要是因为首要分子对整个犯罪集体进行了组织和领导，对其所实施的犯罪作出的贡献较大。（2）伪造货币数额特别巨大的。❶（3）有其他特别严重情节的。这里的"其他特别严重情节"，按照系统解释的方法，是指前两者情况以外其他导致犯罪的社会危害性飞跃的情节，主要包括以伪造货币为常业的，伪造货币技术特别先进、规模特别巨大等情况。

第二节 出售、购买、运输假币罪

一、出售、购买、运输假币罪的概念和犯罪构成

根据《刑法》第171条第1款的规定，出售、购买、运输假币罪指出售、购买伪造的货币，或者明知是伪造的货币而运输，数额较大的行为。

本罪的犯罪构成：

（一）客体要件

本罪的客体要件是国家对货币发行和流通管理的法律秩序。犯罪对象是伪造的货币，不包括变造的货币。

---

❶ 根据《2000年关于审理伪造货币等案件具体应用法律若干问题的解释》第1条的规定，伪造货币的总面额在三万元以上的，属于"伪造货币数额特别巨大"。之所以对伪造货币数额特别巨大的情形进行法定刑升格，主要是因为犯罪的客观危害加大导致了犯罪的社会危害性的升高。

(二) 客观要件

本罪的客观要件表现为出售、购买伪造的货币，或者明知是伪造的货币而运输，数额较大的行为。行为对象是假币。本罪的客观要件，具体由以下四部分构成：

1. 出售假币的行为，是指有偿转让、有偿交付伪造货币的行为

"人民币并非普通的商品，不能出售，更不允许存在用低于某种货币面值的价格出售该种货币的情况，只有在所持有的是假币，不具有票面所标明价值的情况下，才可能出现某些不法分子为牟取不义之财进行出售的情况。"❶ 通常情况下，行为人是将其伪造的货币以低于实际面值的价格出售。

2. 购买假币

行为人购买假币往往是为了使用假币或者二次售卖假币，因此通常情况下，行为人购买假币的价格往往低于假币实际标明的价格。

3. 运输假币

运输假币行为，是指通过随身携带、委托他人或者以邮寄等方法运送假币的行为。需要注意的是，如果行为人是跨境运输假币的，则属于走私假币的行为，可能构成走私假币罪。如果承运人因为受到蒙骗等原因不知道其运输的是假币，则不能当作本罪处理。

4. 出售、购买、运输假币数额较大

本罪成立的量度要求，是对《刑法》第13条"但书"规定的照应。根据《2022年关于公安机关管辖的刑事案件立案追诉标准的规定（二）》第15条的规定："出售、购买伪造的货币或者明知是伪造的货币而运输，涉嫌下列情形之一的，应予立案追诉：（一）总面额在四千元以上或者币量在四百张（枚）以上的；（二）总面额在二千元以上或者币量在二百张（枚）以上，二年内因出售、购买、运输假币受过行政处罚，又出售、购买、运输假币的；（三）其他出售、购买、运输假币应予追究刑事责任的情形。在出售假币时被抓获的，除现场查获的假币应认定为出售假币的数额外，现场之外在行为人住所或者其他藏匿地查获的假币，也应认定为出售假币的数额。"由此确定出

---

❶ 王爱立. 中华人民共和国刑法释义［M］. 北京：法律出版社，2021：331.

售、购买、运输假币数额较大。

（三）主体要件

本罪的主体要件是一般主体，即已满 16 周岁、具有刑事责任能力的自然人。

（四）主观要件

本罪的主观要件是犯罪故意，即行为人明知出售、购买、运输伪造货币的行为会发生损害国家对货币发行和流通管理的法律秩序的危害结果，仍然希望或者放任这种危害结果发生的心理态度。

《刑法》第 171 条规定的"明知是伪造的货币而运输"，并不意味着出售、购买假币的行为在主观要件上不要求"明知"，而是出售、购买假币必然是明知假币而出售或购买，但是运输假币的情况就相对复杂，因而才采用注意规定的模式提醒司法工作人员注意查明行为人是否"明知"。实践中，经常出现承运人受蒙骗而不知运输货物是假币的情况。在此，行为人并不具有犯罪故意，不应认定为运输假币罪。当然，对于"明知"的认定，不能依靠被告人的口供，而是应根据案件的全部情况，特别是案发时行为人的表现进行综合判定。只要案件情况表明行为人知道或者应当知道（即能够合理推定行为人知道）运输物品为假币，就可以认定为"明知"。

二、出售、购买、运输假币罪法律适用中的疑难问题

（一）关于罪与非罪的界限问题

出售、购买、运输假币行为必须达到法律规定的量度，否则不构成犯罪。例如，在"卓××、吴××、李××出售、购买、运输假币案"❶ 中，经查明，2016 年 9 月份，被告人吴××、卓××密谋买卖假币事宜。2016 年 10 月中旬，被告人卓××通过手机联系被告人吴××购买伪造人民币 400 万元，被告人吴××接到电话后，驾驶三轮摩托车前往××市××县××镇××管区附近，以每百元假币 5.5 元的价格向阿江×购买了伪造的第五套 2005

---

❶ 参见（2017）粤刑终 1609 号。

版面额100元的人民币2箱（面额总计400万元），然后运输至××市××镇被告人卓××指定的陆丰市××路××华附近××园，以每百元5.8元的价格转手出售给卓××，被告人卓××再通过被告人李××将假币运输到××市××镇，以每百元6元的价格转卖给他人进行非法获利。同年10月24日，被告人吴××通过同样的手段将购买的数额400万元的假币，运输至××市××镇，准备将假币出售给被告人卓××，在××市甲子车站路被公安机关查获，现场从其驾驶的三轮车尾箱上缴获伪造第五套2005版100元面额人民币2箱，共计39784张，数额3978400元。同时，被告人卓××在××市××镇××派出所附近路段被抓获，等待交易的被告人李××收到消息后逃离现场，于2017年1月11日被公安机关抓获。最终，被告人吴××犯出售、购买、运输假币罪，判处有期徒刑15年，并处罚金人民币20万元；被告人卓××犯出售、购买、运输假币罪，判处有期徒刑15年，并处罚金人民币20万元；被告人李××犯运输假币罪，判处有期徒刑11年，并处罚金人民币10万元。

裁判要旨： 上述案例中，卓××、吴××出售、购买、运输假币的行为，在数额上均已达到特别巨大的标准，其行为严重损害国家对货币发行和流通管理的法律秩序；因此，构成出售、购买、运输假币罪。

（二）罪数形态的问题

1. 出售、购买、运输假币罪是选择性罪名

在犯罪对象是同一批次的情况下，行为人无论是实施了上述一种行为或者几种行为，都只以其实施的行为确定罪名，而不是构成数罪给予并罚（当然，行为人在案件中所具体实施的几种行为方式，在量刑中应予考虑）。如行为人今天因运输美国假币被查获，又查明其以前还有购买和出售韩国假币的行为，则应该构成运输假币罪、购买和出售假币罪，数罪并罚。

2. 关于伪造货币并出售或者运输伪造的货币的情形

根据《刑法》第171条第3款的规定，伪造货币并出售或者运输伪造的货币的，依照伪造货币罪的规定从重处罚。此项要求：行为人伪造和出售、运输的假币必须是同一对象。如果行为人伪造并出售20万元的人民币，在运输环节除了这20万元的假人民币外，还运输了10万元的假美元，那么，应当认定为伪造货币罪（20万元假人民币）和运输假币罪（10万元假美元），数罪并罚。

3. 关于行为人购买假币后使用的情形

根据《2000年关于审理伪造货币等案件具体应用法律若干问题的解释》第2条第1款的规定,行为人购买假币后使用,构成犯罪的,以购买假币罪定罪,从重处罚。这在刑法理论上属于牵连犯,从一重罪处罚。

4. 关于行为人出售、运输假币构成犯罪,同时有使用假币行为的情形

根据《2000年关于审理伪造货币等案件具体应用法律若干问题的解释》第2条第2款的规定,行为人出售、运输假币构成犯罪,同时有使用假币行为的,依照出售、运输假币罪和使用假币罪的规定,实行数罪并罚。这是考虑到出售、运输假币行为,并不是为了自己使用假币。因此,其后来使用假币的行为是另起犯意的一个独立的犯罪行为。

三、出售、购买、运输假币罪的刑事责任

根据《刑法》第171条第1款的规定,出售、购买伪造的货币或者明知是伪造的货币而运输,数额较大的,处三年以下有期徒刑或者拘役,并处二万元以上二十万元以下罚金;数额巨大的,处三年以上十年以下有期徒刑,并处五万元以上五十万元以下罚金;数额特别巨大的,处十年以上有期徒刑或者无期徒刑,并处五万元以上五十万元以下罚金或者没收财产。

出售、购买、运输假币罪按照数额规定了三档法定刑,基础法定刑一档,加重法定刑两档,具体包括:

1. 基础法定刑

数额较大的,处三年以下有期徒刑或者拘役,并处二万元以上二十万元以下罚金。

2. 加重法定刑

(1)数额巨大的,处三年以上十年以下有期徒刑,并处五万元以上五十万元以下罚金;(2)数额特别巨大的,处十年以上有期徒刑或者无期徒刑,并处五万元以上五十万元以下罚金或者没收财产。❶

---

❶ 根据《2000年关于审理伪造货币等案件具体应用法律若干问题的解释》第3条的规定,具体的适用要求为:(1)数额较大,指总面额在四千元以上不满五万元的;(2)数额巨大,指总面额在五万元以上不满二十万元的;(3)数额特别巨大,指总面额在二十万元以上的。

第三节　金融工作人员购买假币、以假币换取货币罪

一、金融工作人员购买假币、以假币换取货币罪的概念和犯罪构成

根据《刑法》第171条第2款的规定，金融工作人员购买假币、以假币换取货币罪，是指银行或者其他金融机构的工作人员购买伪造的货币或者利用职务上的便利，以伪造的货币换取货币的行为。

本罪的犯罪构成：

（一）客体要件

本罪的客体要件是国家对货币流通管理的法律秩序。

（二）客观要件

本罪的客观要件表现为金融机构的工作人员购买伪造的货币，或者利用职务上的便利，以伪造的货币换取真币的行为。行为对象是假币。本罪的客观要件，具体由以下三部分构成：

1. 购买伪造的货币

本罪这种行为方式与《刑法》第171条第1款的购买假币罪是特别法条与一般法条的关系，即对金融机构工作人员购买假币的行为独立成罪。

2. 利用职务上的便利，以伪造的货币换取真币

在这里，需要特别注意区分"利用职务上的便利"与"工作便利"。"利用职务上的便利"，主要指利用自己直接经手、管理货币的便利条件，也包括利用与职权有关的便利条件。如果行为人没有利用职务上的便利，而是在私人场合用自己所持有的假币，向别人换取货币，则不构成本罪。❶"工作便利"，指利用工作的便利条件，包括利用从事某种工作的时机、对工作环境的熟悉、在工作单位的人际关系、在工作单位偶然获得的某种信息等非职务性

---

❶ 鲁正清. 金融工作人员常见犯罪及防范策略［M］. 昆明：云南人民出版社，2012：55.

便利条件，还包括利用执行职务行为过程中建立的权力制约作用这种与职权有关的便利条件。比如行为人利用了其他从事管理、出纳等工作人员的不注意，趁机将伪造的货币换成真币。关于这种"偷换"行为，学界有"盗窃罪说"和"以普通人员货币犯罪定性说"两种观点。"盗窃罪说"认为，从这种犯罪行为的特征看，客观方面近似于盗窃罪或诈骗罪，但又不是单纯的财产性犯罪。因为从客体上看，这种行为除了侵犯银行的财产所有权外，还侵犯了国家的货币管理制度，也具有使用伪造货币罪的某些特征。但是，如定"使用伪造的货币罪"，在处罚上显然太轻，罚不抵罪。因此，定盗窃罪为宜，应把使用伪造货币行为作为从重处罚情节在量刑时予以考虑。"以普通人员货币犯罪定性说"认为，如果银行员工不是利用职务上的便利，而是在其他场合以自己所持有的假币换取真币，则不能构成该罪，只能以普通人员实施的假币犯罪论处。本书不赞成上述两种观点，本罪与《刑法》第171条第1款中的购买假币罪是特别法条与一般法条的关系，之所以对金融机构工作人员购买假币的行为独立成罪，主要考虑到金融机构工作人员特殊的工作性质，在其所处的工作环境下比普通人更容易购买假币、以假币换取货币，其对货币流通管理的法律秩序的危害性更加现实和直接，上述无论是"盗窃罪说"还是"以普通人员货币犯罪定性说"都不足以准确定性。因此这种"偷换"行为只能是一种基于"利用职务上的便利"而做出的，在本罪中脱离了"利用职务上的便利"去谈这种"偷换"行为将失去本罪的立法原意。

3. 购买假币、以假币换取货币数量较大

《刑法》第171条第2款虽然没有规定本罪的起刑点，但并不意味着没有数额要求。根据《2022年关于公安机关管辖的刑事案件立案追诉标准的规定（二）》第16条的规定："银行或者其他金融机构的工作人员购买伪造的货币或者利用职务上的便利，以伪造的货币换取货币，总面额在二千元以上或者币量在二百张（枚）以上的，应予立案追诉。"由此确定购买假币、以假币换取货币"数额较大"。

（三）主体要件

本罪的主体要件是特殊主体，即具有银行和其他金融机构的工作人员身份。所谓金融机构，是指专门从事各种金融活动的组织。我国已形成以中央银行即中国人民银行为核心，以商业银行为主体的多种金融机构并存的体系。

其中商业银行主要有各种全国性的商业银行以及各种地方性商业银行等。其他金融机构是指银行以外的城乡信用合作社、融资租赁机构、信托投资公司、保险公司、邮政储蓄机构、证券机构等具有货币资金融通职能的机构；金融机构工作人员即在上述机构中从事公务的人员。如果不是在上述金融机构而是在其他机构中工作的人员或者虽然在上述金融机构中工作，但不是从事公务而是从事劳务的人员，则不能构成本罪主体。

（四）主观要件

本罪的主观要件是犯罪故意，即行为人明知是伪造的货币而购买，或者明知是伪造的货币而调换的行为会发生损害国家对货币流通管理的法律秩序的危害结果，仍然希望或者放任这种危害结果发生的心理态度。需要注意的是，如果是在业务往来中，银行和其他金融机构的工作人员因过失发生"伪造的货币换取真币"行为的，不构成本罪。

二、金融工作人员购买假币、以假币换取货币罪法律适用中的疑难问题

（一）关于罪与非罪的界限问题

金融工作人员购买假币、以假币换取货币行为必须达到"数额较大"，否则不构成犯罪。

例如，在"张×购买假币、以假币换取货币案"[1]中，经查明，张×是××省××县农村信用合作联社的职工，张×通过吕×从一陌生男子处以1万元人民币购得5万元假币。回单位后，张×利用其任信用社出纳员的工作便利，在该社资金入库时，将5万元假币中的4.93万元分三次混在入库资金中而存入该社现金库房，套出相同数额的人民币供自己使用。该信用社柜台工作人员在为客户办理取现业务时，发现了夹杂其中的假币。随后，张×利用职务之便购买假币、以假币换取货币的问题线索被举报到相关部门。最终，张×犯金融工作人员购买假币、以假币换取货币罪被判处有期徒刑8年，并处罚金人民币5万元。

---

[1] 搜狐网. 101个罪名解读：金融工作人员购买假币、以假币换取货币罪 [EB/OL]. (2023-10-13) [2023-12-19]. https://www.sohu.com/a/728074794_121106908.

裁判要旨： 在上述案例中，张×身为金融工作人员，利用职务便利购买假币、以假币换取货币，数额较大，其行为严重损害国家对货币流通管理的法律秩序。因此，构成金融工作人员购买假币、以假币换取货币罪。

（二）此罪与彼罪的区别

关于此罪与彼罪的区别问题，主要指本罪与购买假币罪、贪污罪、职务侵占罪的区别。就本罪与购买假币罪的区别而言，主要体现在：（1）行为方式不同，前者的行为方式既包括购买假币的行为，也包括以假币换取真币的行为，后者的行为方式只能是购买假币的行为；（2）犯罪主体要件不同，前者的犯罪主体是特殊主体，必须是银行或其他金融机构的工作人员，而后者的犯罪主体是一般主体。本罪与贪污罪、职务侵占罪：金融机构工作人员利用职务上的便利，以假币换取货币的行为同时触犯本罪与贪污罪、职务侵占罪的，应作为想象竞合，从一重罪处罚。

（三）本罪的共同犯罪问题

对于金融工作人员与非金融工作人员共同实施购买假币、以假币换取货币行为的定性问题，应当基于共同犯罪的基本原理，区别对待：

一是对于金融工作人员与非金融工作人员共同实施购买假币的行为，应当根据实施购买行为的一方定罪。如果金融工作人员教唆、帮助非金融工作人员购买假币，在这一共同犯罪中，由于行为主要是非金融工作人员实施的，因此，对金融工作人员和非金融工作人员均应按购买假币罪定罪。反之，如果是非金融工作人员教唆、帮助金融工作人员购买假币，由于行为主要是金融工作人员实施的，因此金融工作人员和非金融工作人员购买假币的行为均应以金融工作人员购买假币罪定罪。

二是金融工作人员与非金融工作人员共同实施以假币换取货币的行为，应当看金融工作人员是否利用职务便利，区别定罪。如果整个共同犯罪行为是金融工作人员利用职务便利实施的，则对于金融工作人员和非金融工作人员均应以金融工作人员以假币换取货币罪定罪（金融工作人员的身份只是量刑的酌定从重情节）。如果在整个共同犯罪行为中，没有利用金融工作人员职务上的便利，那么对于金融工作人员和非金融工作人员应当分别定罪，对金融工作人员定非法使用假币罪。

三、金融工作人员购买假币、以假币换取货币罪的刑事责任

根据《刑法》第 171 条第 2 款的规定，银行或者其他金融机构的工作人员购买伪造的货币或者利用职务上的便利，以伪造的货币换取货币的，处三年以上十年以下有期徒刑，并处二万元以上二十万元以下罚金；数额巨大或者有其他严重情节的，处十年以上有期徒刑或者无期徒刑，并处二万元以上二十万元以下罚金或者没收财产；情节较轻的，处三年以下有期徒刑或者拘役，并处或者单处一万元以上十万元以下罚金。

金融工作人员购买假币、以假币换取货币罪规定了三档法定刑，具体包括：

1. 基础法定刑

三年以上十年以下有期徒刑，并处二万元以上二十万元以下罚金。

2. 加重法定刑

数额巨大或者有其他严重情节的，处十年以上有期徒刑或者无期徒刑，并处二万元以上二十万元以下罚金或者没收财产。

3. 减轻法定刑

情节较轻的，处三年以下有期徒刑或者拘役，并处或者单处一万元以上十万元以下罚金。❶

需要指出的是，同样是购买伪造货币的行为，银行或者其他金融机构的工作人员利用职务之便购买伪造的货币或者以伪造的货币换取真币的行为，较一般自然人犯罪而言，往往涉及金额巨大，不仅给国家和社会造成巨大的经济损失，影响银行和其他金融机构的声誉，而且严重扰乱了国家对货币流通管理的法律秩序，具有更严重的社会危害性，因此刑法规定了比一般公民犯罪更为严厉的刑罚。

---

❶ 根据《2000 年关于审理伪造货币等案件具体应用法律若干问题的解释》第 4 条的规定，银行或者其他金融机构的工作人员购买假币或者利用职务上的便利，以假币换取货币，总面额在四千元以上不满五万元或者币量在四百张（枚）以上不足五千张（枚）的，处三年以上十年以下有期徒刑，并处二万元以上二十万元以下罚金；总面额在五万元以上或者币量在五千张（枚）以上或者有其他严重情节的，处十年以上有期徒刑或者无期徒刑，并处二万元以上二十万元以下罚金或者没收财产；总面额不满人民币四千元或者币量不足四百张（枚）或者具有其他情节较轻情形的，处三年以下有期徒刑或者拘役，并处或者单处一万元以上十万元以下罚金。需要指出的是，这种先"基础法定刑"再"加重法定刑"最后是"减轻法定刑"的排序，是按照司法实践中所发生的本罪案件概率来设计的，也即大部分案件是适用"基础法定刑"或者说作为常态，大部分案件不属于"适用'减轻法定刑'"。

第四节 持有、使用假币罪

一、持有、使用假币罪的概念和犯罪构成

根据《刑法》第 172 条的规定，持有、使用假币罪指明知是伪造的货币而持有、使用，数额较大的行为。

本罪的犯罪构成：

（一）客体要件

本罪的客体要件是国家对货币流通管理的法律秩序。犯罪对象是真币。

（二）客观要件

本罪的客观要件表现为持有、使用假币，数额较大的行为。行为对象是假币。本罪的客观要件，具体由以下三部分构成：

1. 持有假币的行为

在此，"持有"的概念是广义的，指行为人将伪造的货币实际置于自己支配和控制之下的一种持续性状态的行为，一般表现为携带在身边或者藏身于某处或者委托他人保管。刑法之所以将持有假币的行为规定为犯罪，主要是因为持有伪造货币的行为不仅可能源自或导致伪造、运输、出售、走私、购买伪造货币等犯罪，而且这种行为本身对国家正常的金融秩序也有一定的侵害性。"本罪的持有不同于伪造货币罪和出售、购买、运输假币罪等刑法另外规定的涉假币犯罪中行为人对伪造的货币的持有，即只有在无法证明伪造的货币的真实来源和去向时的持有伪造货币的行为，才属于本罪中的持有。"❶

2. 使用假币的行为

"使用"即将假币当作真币使用，此处强调的是行为人将货币用于流通，比如使用假币购买商品、将假币存入银行、用假币偿还债务、使用假币接受

---

❶ 高铭暄，马克昌. 刑法学 [M]. 10 版. 北京：北京大学出版社、高等教育出版社，2021：402.

服务等。刑法之所以将持有假币的行为规定为犯罪，主要是因为考虑到使用伪造货币的行为为伪造货币的继续流通、泛滥提供了条件，严重扰乱了国家的金融秩序，影响了群众的正常经营和生活。此外，行为人使用的目的并不影响本罪的定性，无论是使用假币用于合法目的还是非法目的（如购买毒品），均属于使用假币的行为。

3. 持有、使用假币数额较大

关于"数额较大"，根据《2022年关于公安机关管辖的刑事案件立案追诉标准的规定（二）》第17条的规定："明知是伪造的货币而持有、使用，涉嫌下列情形之一的，应予立案追诉：（1）总面额在四千元以上或者币量在四百张（枚）以上的；（2）总面额在二千元以上或者币量在二百张（枚）以上，二年内因持有、使用假币受过行政处罚，又持有、使用假币的；（3）其他持有、使用假币应予追究刑事责任的情形。"由此确定持有、使用假币数额较大。

(三) 主体要件

本罪的主体要件是一般主体，即已满16周岁、具有刑事责任能力的自然人。

(四) 主观要件

本罪的主观要件是犯罪故意，即行为人明知持有、使用假币的行为会发生损害国家对货币流通管理的法律秩序的危害结果，仍然希望或者放任这种危害结果发生的心理态度。如果行为人不知道是假币而持有或使用的，不构成本罪。对持有假币罪的主观要件而言，并不以要求以使用为目的，易言之，单纯以收藏为目的而持有假币的行为，只要行为人明知是假币的，依然构成持有假币罪。

二、持有、使用假币罪法律适用中的疑难问题

(一) 关于罪与非罪的界限问题

持有、使用假币行为必须达到"数额较大"，否则不构成犯罪。

例如，在"毛××持有、使用假币案"❶中，经查明，2020年11月6日晚上，经阙×介绍，被告人毛××和葛×均欲购买假币。当晚，被告人毛××携带装有39捆人民币的手提包与携带人民币22万元的葛×在阙×安排下到××市××区××街道××酒店旁的巷子里进行交易。因币商只有价值人民币35万元的假币，被告人毛××称其有人民币39万元，遂点出35捆钱给币商，将葛×原本给币商的人民币22万元装入其手提包内。交易完成后币商离开。阙×驾车载被告人毛××和葛×离开，途中接到币商质问35捆钱均是假币的电话，被告人毛××听闻后立即抓起手提包（内装有葛×的人民币22万元和被告人毛××所剩余的4捆人民币）打开车门、跳下小车欲逃离现场，被追上来的葛×抢回手提包。后阙×联系币商并带领民警取回币商放在××市××区××街道××庙附近砖石堆后面的35捆人民币。经公安人员清点，上述39捆人民币共计3656张（每张面值一百元）。另公安人员在被告人毛××使用的手机壳内查获面值100元的人民币一张。经中国人民银行××市中心支行鉴定，本案扣押的3657张百元人民币均为假人民币。鉴于上诉人毛××在二审期间自愿认罪认罚，并缴纳罚金人民币5万元，有悔罪表现，依法予以从轻处罚。最终，毛××犯持有、使用假币罪，被判处有期徒刑10年4个月，并处罚金人民币10万元。

裁判要旨：上述案例中，毛××持有、使用假币的行为，数额较大，严重损害了国家对货币流通管理的法律秩序，构成持有、使用假币罪。

（二）此罪与彼罪的区别

1. 使用假币罪与出售假币罪

首先，区分的关键在于是否具有欺诈性。使用假币罪具有欺诈性，是意图使对方错误地相信假币为真币，从而骗取财物；而出售假币罪不具有欺诈性，因为出售货币行为的本质就是将伪造的货币以低于票值的价格卖出的行为。如果以低于伪造货币的票面金额转让给他人，就表明行为人已经知道转让的货币为伪造的货币，此时就不具备使用假币行为所具有的欺诈因素，因而就属于出售假币的行为。其次，交易的对象也往往有所差别。出售伪造的货币是以假币为交易对象的；使用假币罪，绝大多数情况下是以假币

---

❶ 参见（2021）闽08刑终172号。

换取商品。

2. 使用假币罪与诈骗罪

行为人用假币骗取对方财物的行为，构成使用假币罪与诈骗罪的想象竞合关系。因此，应当根据想象竞合犯的处理规则，择一重罪处罚。由于使用假币骗取财物的行为，既损害了公共信用，又侵害了他人的财产，但仅有一个行为，故完全符合想象竞合的特征

（三）罪数形态的问题

罪数形态的问题，需要注意以下两个问题：

一是持有、使用假币罪属于选择性罪名，只要行为人实施了其中一个行为即可构成本罪，问题在于犯罪数额如何计算。行为人使用伪造的货币，一般是以实际持有伪造的货币为前提的。但是，由于使用行为的存在，其持有行为失去了独立成罪的基础，在此情况下，只需对行为人的行为以使用假币罪论处即可，对已经使用和仍然持有的假币数量应当累加计算；行为人出售、运输假币构成犯罪，同时又使用假币的，应实行数罪并罚。❶ 二是行为人伪造货币后，又持有或者使用的，应当认定为伪造货币罪从重处罚。行为人购买假币后使用的，应当认定为购买假币罪从重处罚。行为人出售、运输假币构成犯罪，同时又有使用假币行为的，应当实行数罪并罚。

（四）抢劫、抢夺、盗窃假币后持有行为的处理

对行为人抢劫、抢夺、盗窃假币后持有的行为，应当根据行为人是否明知抢劫、抢夺、盗窃的对象是假币，根据案件的不同情况采取不同的处理方式：

1. 行为人明知是假币而抢劫、抢夺、盗窃的情况

因为假币本身并没有价值和使用价值，不属于财物，故因数额和情节的限制，一般不构成抢劫、抢夺、盗窃罪。但是，行为人明知是假币还实施抢劫、抢夺、盗窃，说明其实际存在利用假币进行其他犯罪活动的意图。例如，行为人为了出售假币而先实施盗窃假币的，其行为只是出售假币的准备行为，

---

❶ 张明楷. 刑法学［M］. 6版. 法律出版社，2021：986.

如果没有实际出售即案发，则应以出售假币罪（预备犯）论处。不过，在司法实践中，行为人盗窃假币的目的很难确定，对此，基于定罪的谦抑性要求，应以持有假币罪论处。

2. 行为人不知是假币而盗窃、抢劫、抢夺的情况

由于假币非财物，无任何经济财产价值，不是盗窃罪犯罪对象意义上的财物，如果行为人在盗窃假币后并不知道所盗窃的是假币而继续持有，情节严重的，应当以盗窃罪未遂论处；行为人以抢劫、抢夺的方式获得假币，应成立抢劫罪、抢夺罪，其后知道是假币又持有或者使用的行为，又构成持有、使用假币罪，应数罪并罚。

三、持有、使用假币罪的刑事责任

根据《刑法》第172条的规定，明知是伪造的货币而持有、使用，数额较大的，处三年以下有期徒刑或者拘役，并处或者单处一万元以上十万元以下罚金；数额巨大的，处三年以上十年以下有期徒刑，并处二万元以上二十万元以下罚金；数额特别巨大的，处十年以上有期徒刑，并处五万元以上五十万元以下罚金或者没收财产。

持有、使用假币罪规定了三档法定刑，具体包括：

1. 基础法定刑

数额较大的，处三年以下有期徒刑或者拘役，并处或者单处一万元以上十万元以下罚金。

2. 加重法定刑

（1）数额巨大的，处三年以上十年以下有期徒刑，并处二万元以上二十万元以下罚金；（2）数额特别巨大的，处十年以上有期徒刑，并处五万元以上五十万元以下罚金或者没收财产。❶

---

❶ 根据《2000年关于审理伪造货币等案件具体应用法律若干问题的解释》第5条的规定，明知是假币而持有、使用，总面额在四千元以上不满五万元的，属于"数额较大"；总面额在五万元以上不满二十万元的，属于"数额巨大"；总面额在二十万元以上的，属于"数额特别巨大"。

第五节 变造货币罪

一、变造货币罪的概念和犯罪构成

根据《刑法》第173条的规定，变造货币罪，是指没有货币制作发行权的人采用剪贴、挖补、揭层、涂改、移位、重印等手段，改变货币的面额、形态、价值，数额较大的行为。

本罪的犯罪构成：

（一）客体要件

本罪的客体要件是国家对货币发行管理的法律秩序。犯罪对象是真币，包括人民币和在我国国内市场流通或者可以兑换的外币。

（二）客观要件

本罪的客观要件表现为采用剪贴、挖补、揭层、涂改、移位、重印等手段，改变货币的面额形态、价值，数额较大的行为。行为对象是假币。本罪的客观要件，具体由以下两部分构成：

1. 变造货币

关于变造货币，主要从以下三方面理解：

（1）对变造货币行为的理解。根据《2010年关于审理伪造货币等案件具体应用法律若干问题的解释（二）》第1条第2款的规定，对真货币采用剪贴、挖孔、揭层、涂改、移位、重印等方法加工处理，改变真币形态、价值的行为，应当认定为"变造货币"。根据2012年6月14日公安部《关于对残损硬币进行加工修复是否属于"变造"货币问题的批复》，擅自对内芯和外圈分离的外国货币进行拼装组合、加工修复的行为，可以认定为"变造货币"。本罪变造行为的对象必须是特定的真币，变造行为的本质即通过对真实货币原形的加工，使其面额增加或数量增多。

（2）变造行为的性质。通常情况下，变造行为表现为增加货币面额，但也不排除减少货币面额的变造行为。但是，如果行为人不是借此牟利的，则

不属于刑法中的变造行为。❶

（3）变造错版人民币行为的认定。对于变造错版人民币的行为，有观点认为，"通过各种手段将真币变为错版人民币，也属于变造货币"。❷ 对此，笔者不予认同，变造错版人民币，只是将真币作一些局部的加工变化，不改变其面额，而是为显示与其他同版人民币的不同，以期转手牟利，目的并不在于以原面额流通，这一行为与一般意义上的变造货币有着本质上的不同。

2. 变造货币数额较大

关于"数额较大"，根据《2022年关于公安机关管辖的刑事案件立案追诉标准的规定（二）》第14条的规定："伪造货币，涉嫌下列情形之一的，应予立案追诉：（1）总面额在二千元以上或者币量在二百张（枚）以上的；（2）总面额在一千元以上或者币量在一百张（枚）以上，二年内因伪造货币受过行政处罚，又伪造货币的；（3）制造货币版样或者为他人伪造货币提供版样的；（4）其他伪造货币应予追究刑事责任的情形。"由此确定变造货币"数额较大"。

（三）主体要件

本罪的主体要件是一般主体，即已满16周岁、具有刑事责任能力的自然人。

（四）主观要件

本罪的主观要件是犯罪故意。行为人明知其变造货币的行为会发生损害国家对货币发行管理的法律秩序的危害结果，仍然希望或者放任这种危害结果发生的心理态度。需要指出的是，如果仅仅是出于好奇或者艺术的需要，对货币进行涂改、改变货币的金额，但并未使用的，即行为人自始至终都没有使用意图的，不构成本罪。

---

❶ 显然，减少货币面额的行为，只有在极其特别的情况下，才可能谋利。
❷ 张明楷. 刑法学［M］. 6版. 法律出版社，2021：990.

二、变造货币罪法律适用中的疑难问题

(一) 关于罪与非罪的界限问题

变造货币行为必须达到"数额较大",否则不构成犯罪。

例如,在"李××变造货币案"[1]中,经查明,2013年2月25日,被告人李××伙同莫××、潘××携带由李××提供的假钞及拼接假钞的工具在××市××区××二街文明住宿旅店409房,采用100元假钞与真钞拼接的方法制作变造货币。2013年2月26日23时许,民警在××市××区××镇二街文明住宿旅店409房,现场抓获同案犯莫××以及潘××,现场查获变造货币作案工具,并从同案犯莫××身上查获变造的百元假币28张及人民币3185元,从潘××身上查获变造的百元假币9张。经中国人民银行鉴定,查获的37张面额100元的货币均为拼接变造币。最终,李××犯变造货币罪被判处有期徒刑1年1个月,并处罚金人民币1万元。

裁判要旨:上述案例中,李××变造货币的行为,数额较大,严重损害了国家对货币发行管理的法律秩序,构成变造货币罪。

(二) 此罪与彼罪的区别问题

此罪与彼罪的界限,主要是变造货币罪与伪造货币罪。两者的区别在于:一是犯罪手段不同。前者是在真币的基础上进行加工处理,以增加原货币的面值,后者则不是对真币进行加工处理。二是犯罪对象不同。前者的犯罪对象是真币,而后者的犯罪对象则是"货币"。通常情况下,变造的货币都会有真币成分,比如纸张、金属防伪线等,而伪造的货币一般不具有原货币的成分。

但是,对真币的加工并不必然构成变造货币罪。比如,以真货币为材料,制作成丧失真货币外观的假币的行为,就成立伪造货币罪。在此,两者区分的关键在于货币的同一性。如果加工的程度导致其与真货币丧失同一性,则属于伪造货币。当然,如果是在不具有现实强制流通力的货币的基础上进行变造而使之成为具有真货币外观形态的假货币,则不管这种变造是否改变了

---

[1] 参见(2014)珠香法刑初字第522号。

原有货币的同一性，均不属于本罪意义上的变造行为，而应属于伪造货币的行为，主要原因在于其作为变造货币基础的货币并不具有现实的流通力。

（三）关于罪数形态的问题

对于行为人使用变造货币的行为，如利用变造的货币购物的行为（数额较大的），就同时构成变造货币罪与诈骗罪，应按照牵连犯的法理，择一重罪（诈骗罪）处罚。理由在于：一方面，使用假币罪的对象为伪造的货币，不包括变造的货币，因而使用变造货币的行为不构成使用假币罪，但其行为符合使用虚构事实或者隐瞒真相的方法，骗取数额较大的公私财物的行为，构成诈骗罪；另一方面，对使用变造的货币骗取财物的行为以诈骗罪论处，既可以与诈骗罪协调，也可以与使用假币罪协调。❶

三、变造货币罪的刑事责任

根据《刑法》第173条的规定，变造货币，数额较大的，处三年以下有期徒刑或者拘役，并处或者单处一万元以上十万元以下罚金；数额巨大的，处三年以上十年以下有期徒刑，并处二万元以上二十万元以下罚金。

变造货币罪规定了两档法定刑：

1. 基础法定刑

数额较大的，处三年以下有期徒刑或者拘役，并处或者单处一万元以上十万元以下罚金。

2. 加重法定刑

数额巨大的，处三年以上十年以下有期徒刑，并处二万元以上二十万元以下罚金。❷

---

❶ 张明楷. 刑法学 [M]. 6版. 北京：法律出版社，2021：990.
❷ 根据《2000年关于审理伪造货币等案件具体应用法律若干问题的解释》第6条的规定，变造货币的总面额在二千元以上不满三万元的，属于"数额较大"；总面额在三万元以上的，属于"数额巨大"。

第六节 本章之罪的立法完善论要

本节从犯罪构成和刑事责任设定两个方面对伪造货币罪,出售、购买、运输假币罪,金融工作人员购买假币、以假币换取货币罪,持有、使用假币罪,变造货币罪等扼要地提出立法完善建议。

一、共性问题的完善建议

1. 应当将数字货币明确纳入本章各罪的保护对象之中

随着数字经济的繁荣发展,数字人民币应运而生。数字人民币由中国人民银行发行,是有国家信用背书、有法偿能力的法定货币。❶ 数字货币的出现使得刑法中以纸币作为国家法定货币建构起来的货币犯罪体系面临着冲击和挑战。数字货币的真实性是说,加密数字代码本身必须是由国家运用各种特殊的加密技术设计开发出来的特定的表达形式。因此,如果有行为人窃取了国家在设计法定数字货币时所运用的特殊加密技术,然后仿照央行对法定数字货币本身的设计程序,开发与法定数字货币的特定表达方式一模一样的数字货币,将成为伪造数字货币罪新的行为方式。❷

现行《刑法》规定的"货币",由于时代的局限,仅仅指的是纸质货币。面对数字货币带来的挑战,刑法应当积极作为。因此,未来应当扩大"货币"的范围,将"数字货币"纳入规定的"货币"之中。

---

❶ 比特币是一种虚拟资产,没有任何价值基础,也不享受任何主权信用担保,无法保证价值稳定。与比特币等虚拟币相比,数字人民币是法定货币,与法定货币等值,其效力和安全性是最高的,这是央行数字货币与比特币等加密资产的最根本区别。数字人民币采取了双层运营体系。即中国人民银行不直接对公众发行和兑换央行数字货币,而是先把数字人民币兑换给指定的运营机构,比如商业银行或者其他商业机构,再由这些机构兑换给公众。运营机构需要向人民银行缴纳100%准备金,这就是1:1的兑换过程。这种双层运营体系和纸钞发行基本一样,因此不会对现有金融体系产生大的影响,也不会对实体经济或者金融稳定产生大的影响。从2014年中国人民银行成立专门团队,开始对数字货币发行框架、关键技术、发行流通环境及相关国际经验等问题进行专项研究到2023年7月1日,成都市首批出租车开通数字人民币小微商户业务,数字人民币越来越广泛应用到群众的日常生活中。

❷ 高铭暄,王红. 数字货币时代我国货币犯罪的前瞻性刑法思考[J]. 刑法论丛,2019,58(2):263.

2. 关于罚金刑的设定

《刑法修正案（九）》删除了伪造货币罪的"五万元以上五十万元以下罚金"的具体数额规定，由此，本罪的罚金刑就成为无限额罚金制。一些学者批评说无限罚金制不符合罪刑法定原则。其实，自1997年刑法修订以来，多次的刑法修正案都是将数额罚金改成了无限罚金。这种立法模式和趋势是为了保持刑法规范的稳定性、经济性特点，尤其是不至于因物价上涨因素导致刑法规定的不适应性。

本书认为，将数额罚金修改为无限罚金，再通过具体的司法解释将罚金刑进一步细化，既有助于保持刑法的稳定性，又能使罚金刑进行与时俱进的动态调整（因为司法解释的修订程序简单，几乎可以适时修订）。但问题是，无限罚金制确实不符合罪刑法定原则，而且，司法解释将罚金刑具体化，不符合立法法的规定，有越权越位之嫌。既要保证立法的适应性（不至于因物价上涨使数额罚金落伍），又要贯彻罪刑法定原则的明确性要求，倍比罚金制将是最好的选择。倍比罚金制，又称比例罚金制，是指刑法规定以行为对象或者犯罪对象的数额为基础，然后以其一定的倍数或百分比来确定罚金数额的制度。所以，本章之罪，包括伪造货币罪，出售、购买、运输假币罪，金融工作人员购买假币、以假币换取货币罪，持有、使用假币罪，变造货币罪的罚金设定，可一律采用倍比罚金。具体而言，应该以假币的面值为计量依据，处以假币面值的二倍或者是三倍罚金。之所以是二倍或者是三倍而不是其他，是考虑到民法规定的惩罚性赔偿多为侵权数额或者非法所得的二倍，刑事责任不应低于民事责任，因而处以假币面值的二倍或者是三倍罚金，具有合理性。

二、具体个罪的立法完善要点

1. 伪造货币罪的立法完善建议

一是应该增加特定目的的要求。我国刑法对伪造货币罪的特定目的没有要求。在伪造货币罪的犯罪构成中增加犯罪目的即"意图使假币流通"的表述，以限缩本罪的调整范围。二是增加"数额较大"的规定。《刑法》规定："伪造货币的，处三年以上十年以下有期徒刑，并处罚金……"，为了更加科学地定罪量刑，刑法中应当增加关于伪造货币罪"数额较大"的入罪门槛。

2. 购买假币、以假币换取货币罪的立法完善建议

扩大购买假币、以假币换取货币罪的主体范围。按照目前刑法的规定，购买假币、以假币换取货币罪的主体要件是特殊主体，即具有银行和其他金融机构的工作人员身份。考虑到数字人民币相对于传统纸币的特殊性，所以，在适当的时候可以扩大本罪的主体范围，将虽然不具有金融机构工作人员的身份，但是在直接从事关于数字人民币流通的其他专业技术机构的工作人员也纳入本罪的犯罪主体之中。比如，相关技术人员在对数字人民币的运行系统进行维护的时候，利用其掌握的专业技术伪造数字货币，并用来换取数字人民币。在这种情况下，相关技术人员虽然不具有金融机构工作人员的身份，但其换取数字人民币的行为，符合金融机构工作人员以假币换取人民币的行为。因此，随着数字人民币使用的普及，应当扩大本罪犯罪主体的范围。

第三章
破坏金融机构设立、存贷管理秩序罪的法教义学解读和立法完善论要

金融机构在市场经济活动中具有提供支付结算服务、融通资金以及降低交易成本并提供金融便利等重要功能，其设立具有严格的条件；存贷管理是银行等金融机构在法定权限范围内，对存贷款人（包括单位和个人）的存贷款活动的管理。破坏金融机构设立、存贷管理秩序犯罪，是指违反国家对金融机构设立、存贷管理的法规，侵犯国家对金融机构管理的秩序和对银行等金融机构对存贷款人存贷款活动管理的法律秩序，违法所得数额较大或者情节严重的行为。本章对擅自设立金融机构罪，伪造、变造、转让金融机构经营许可证、批准文件罪，高利转贷罪，违法发放贷款罪，吸收客户资金不入账罪，非法吸收公众存款罪以及骗取贷款、票据承兑、金融票证罪七个具体罪名展开法教义学解读，并扼要提出相应具体完善建议，以期为司法实践和理论研究发挥参考作用。

为了正确适用法律，严惩破坏金融机构设立、存贷管理秩序犯罪，最高司法机关自2014年以来先后出台了四部司法解释：（1）2014年《最高人民法院 最高人民检察院 公安部关于办理非法集资刑事案件适用法律若干问题的意见》，以下简称《2014年关于办理非法集资刑事案件适用法律若干问题的

意见》。❶（2）2015年《最高人民法院关于审理民间借贷案件适用法律若干问题的规定》，以下简称《2015年关于审理民间借贷案件适用法律若干问题的规定》。（3）2022年《最高人民检察院、公安部关于公安机关管辖的刑事案件立案追诉标准的规定（二）》，以下简称《2022年关于公安机关管辖的刑事案件立案追诉标准的规定（二）》。（4）2022年《最高人民法院关于审理非法集资刑事案件具体应用法律若干问题的解释》，以下简称《2022年关于审理非法集资刑事案件具体应用法律若干问题的解释》。

第一节　擅自设立金融机构罪

一、擅自设立金融机构罪的概念和犯罪构成

根据《刑法》第174条第1款的规定，擅自设立金融机构罪，是指未经国家有关主管部门批准，擅自设立商业银行、证券交易所、期货交易所、证券公司、期货经纪公司、保险公司或者其他金融机构的行为。

本罪的犯罪构成：

（一）客体要件

本罪的客体要件是国家关于商业银行、证券交易所等金融机构资格管理的法律秩序。设立金融机构并从事金融业务，必须经由国家金融监督管理总局、中国证券监督管理委员会（证监会）等国家有关部门批准。如果不经批准擅自设立金融机构，必然影响国家金融方针政策和信贷计划等的贯彻实施，导致金融秩序的混乱，最终影响国民经济的发展。

---

❶ 为进一步依法惩治非法吸收公众存款、集资诈骗等非法集资犯罪活动，维护国家金融管理秩序，保护公民、法人和其他组织合法权益，2019年又出台了《最高人民法院 最高人民检察院 公安部关于办理非法集资刑事案件适用法律若干问题的意见》（以下称《2019年关于办理非法集资刑事案件若干问题的意见》）。该意见对办理非法集资刑事案件中的非法集资的"非法性"认定依据问题、单位犯罪的认定、涉案下属单位的处理问题、主观故意的认定问题、犯罪数额的认定问题、宽严相济刑事政策把握问题、管辖问题、办案工作机制问题、涉案财物追缴处置问题、集资参与人权利保障问题以及关于国家工作人员相关法律责任问题等12方面的问题作了进一步规定，进一步规范了非法集资刑事案件的办理。

(二) 客观要件

本罪的客观要件表现为未经国家有关主管部门批准，擅自设立商业银行、证券交易所、期货交易所、证券公司、期货经纪公司、保险公司或者其他金融机构，情节严重的行为。本罪的客观要件具体由下面三部分组成：

1. 未经国家有关主管部门批准

对"未经国家有关主管部门批准"的理解。一方面，这里的"未经国家有关主管部门批准"既包括根本未向有审批权限的国家有关主管部门提出申请就设立金融机构的，也包括虽然向有审批权限的国家有关主管部门提出申请，但经审查未获得批准取得金融业务许可，就设立金融机构的。另一方面，这里的"国家有关主管部门"主要包括中国人民银行、中国证券监督管理委员会、国家金融监督管理总局等国家部门。

2. 擅自设立商业银行、证券交易所、期货交易所、证券公司、期货经纪公司、保险公司或者其他金融机构

对"擅自设立商业银行、证券交易所、期货交易所、证券公司、期货经纪公司、保险公司或者其他金融机构的行为"的理解：（1）"商业银行"指根据商业银行法和公司法成立的，经国家金融监督管理总局批准的，并以"银行"名义对外吸收公众存款、发放贷款、办理结算以及开展其他金融业务、具有法人资格、以实现利润为其经营目的的金融机构。（2）"证券交易所"指经中国证监会审查批准设立的专门从事买卖股票、公债、公司债券等有价债券的交易场所。（3）"期货交易所"指经中国证监会审查批准设立的以期货为主要交易内容的交易场所。（4）"证券公司"指经中国证监会审查批准设立的经营股票、债券等上市债券业务的企业法人。（5）"期货经纪公司"指经中国证监会审查批准设立的，主要从事代理期货上市交易的经纪公司。（6）"保险公司"指经中国银保监会❶审查批准设立的经营保险业务的具有法人资格的企业。（7）"其他金融机构"，主要包括信托公司、金融租赁公司、企业集团财务公司等。❷

---

❶ 2023年3月，中共中央、国务院印发了《党和国家机构改革方案》。在中国银行保险监督管理委员会基础上组建国家金融监督管理总局，不再保留中国银行保险监督管理委员会。

❷ 王爱立. 中华人民共和国刑法释义［M］. 北京：法律出版社，2021：338.

3. 擅自设立金融机构情节严重

本罪的成立需要达到实行行为的强度，也就是必须达到严重破坏国家关于商业银行、证券交易所等金融机构资格管理的法律秩序的程度。根据《刑法》第13条的规定，"情节显著轻微危害不大"的，不是犯罪。这就要求构成本罪必须不是"情节显著轻微危害不大"的情形。根据《2022关于公安机关管辖的刑事案件立案追诉标准的规定（二）》第19条的规定，未经国家有关主管部门批准，擅自设立金融机构，涉嫌下列情形之一的，应予立案追诉：（1）擅自设立商业银行、证券交易所、期货交易所、证券公司、期货公司、保险公司或者其他金融机构的；（2）擅自设立金融机构筹备组织的。

（三）主体要件

本罪的主体要件是一般主体，即已满16周岁、具有刑事责任能力的自然人和单位。

（四）主观要件

本罪的主观要件是犯罪故意，即行为人明知未经国家有关主管部门批准而擅自设立商业银行、证券交易所、期货交易所、证券公司、期货经纪公司、保险公司或者其他金融机构的行为会发生损害国家关于商业银行、证券交易所等金融机构资格管理的法律秩序的危害结果，仍然希望或者放任这种危害结果发生的心理态度。

二、擅自设立金融机构罪法律适用中的疑难问题

（一）关于罪与非罪的界限问题

判断擅自设立金融机构的行为是否构成犯罪，需要注意以下四个方面：
1. 构成擅自设立金融机构罪的情形之一是未经国家有关主管部门批准

例如，在"冯××擅自设立金融机构案"[1]中，经查明，2012年，张××与他人合伙在××县××酒店租了一间门面房成立了××投资公司，在没

---

[1] 参见（2019）晋0821刑初198号。

有取得金融经营业务、放款业务资质的情况下，从事高利放贷活动。2014年5月，张××用××投资公司内的资金，又吸收了几名股东，在××县工商行政管理局注册成立了由自己担任法人，任××（另案处理）任股东的××县××商贸有限公司，经营范围为：销售建筑、装饰材料、矿石、五金交电、机电设备及配件、日用百货、农资产品（不含农药），化工产品（不含危险化学品），汽车租赁服务、礼仪策划服务。但该公司成立后从未经营该公司营业执照上核定的经营内容，而是一直持续经营高利贷业务。期间，被告人冯××得知张××经营的××商贸公司从事高利放贷活动，经与张××协商，其入股30万元，并由任××负责将该30万元用于高利放贷活动。最终，冯××犯擅自设立金融机构罪被判处拘役4个月，并处罚金20000元。

裁判要旨：上述案例中，冯××未获得法定权限，私自设立金融机构，损害了国家关于商业银行、证券交易所等金融机构资格管理的法律秩序，构成擅自设立金融机构罪。

2. 合法金融机构的相关行为分析

（1）如果分支机构的设立需要国家有关部门批准的，则金融机构擅自设立分支机构的行为构成本罪。如果并不需要国家有关部门批准的，比如银行扩大储蓄业务网点等，根据《商业银行法》的有关规定不需要经主管机关批准的，不成立本罪。对于合法的金融机构在许可证失效后仍经营金融业务是否属于"擅自设立"的问题，由于在我国经营金融业务属于特许行为，合法的金融机构虽然经过批准，但是许可证失效之后，就意味着丧失了经营相关金融业务的权限，要想重新经营相关金融业务，就必须重新提出申请，只有在重新申请获得批准后，才能被认为是合法经营；如果未获批准，仍以原有机构的名义进行活动，则应该被认为属于"擅自设立"。（2）经国家有关部门批准设立，只是未办理工商登记即开业的，不构成本罪。实践中存在经过中国人民银行批准设立后，未即时办理登记、领取营业执照的，不属于"擅自设立"，这是因为其违反的只是设立金融机构的程序性要求，不符合本罪的实质要求，因而不构成本罪。

3. 擅自设立其他金融机构的行为

对于"其他金融机构"范围的认定，应当根据本罪的规范目的进行实质性的认定，即"其他金融机构"设立的目的或者其所从事的行为，是否为金融活动或金融相关业务。❶ 只有从事金融活动或金融相关业务的，才能成立本罪。

4. 对于非法金融机构未开展相应的金融业务活动是否属于"擅自设立"

本书认为，本罪属于行为犯，刑法关于本罪的规定中，只要求设立金融机构即可，并没有规定必须开展具体的业务活动，因此，行为人只需要有设立"非法金融机构"的行为即可构成本罪，至于擅自设立的商业银行或者其他金融机构是否开展工作，是否从事相应的金融业务，是否造成了危害结果，均不影响本罪的成立。如果设立金融机构还处在预谋阶段，或者由于某种原因使行为人意图设立的商业银行或其他金融机构并未成立，则不能成立本罪。

（二）关于罪数形态的问题

行为人未经国家有关主管部门批准擅自设立金融机构后，又利用该金融机构进行非法吸收公众存款或集资诈骗的行为，应当分别讨论：对于以金融机构为名进行诈骗的，应认定为诈骗罪。有学者认为，这可以分为四种情况：（1）名义上的金融机构根本不存在。对于这种情况，应以诈骗罪定罪。（2）非法组织存在，但不具备金融机构的形式条件。对于这种情况，行为人无法通过营业活动而赚取利润，所以也应属于诈骗罪。（3）非法金融机构形式条件具备，但行为人设立这种金融机构并不是为了通过进行营业活动赚取利润，而是以此为幌子骗取他人财物。擅自设立金融机构罪行为是诈骗罪行为的手段行为，两罪构成牵连犯，择一重罪即诈骗罪处罚。（4）非法金融机构形式条件具备，但行为人设立金融机构后才产生诈骗的故意。擅自设立金融机构罪行为与诈骗罪行为并无牵连关系，应对擅自设立金融机构罪与诈骗罪分别定罪，实行数罪并罚。对于行为人擅自设立金融机构后，又利用擅自设立的金融机构进行非法吸收公众存款的行为，应当根据行为人吸收公众存款犯意产生的前后加以认定。行为人为了非法吸收公众存款而擅自设立金融机构的，擅自设立金融机构只是非法吸收公众存款的一种手段行为，可以构成牵连犯，择一重罪定罪处罚。如果行为人在擅自设立金融机构后才产生非法吸收公众存款的犯意，则应对此两罪实行数罪并罚。❷

---

❶ 张建，俞小海. 擅自设立金融机构罪的司法认定［J］. 中国检察官，2017（20）：4.
❷ 刘宪权. 金融犯罪刑法学原理［M］. 2版. 上海：上海人民出版社，2020：199，200.

三、擅自设立金融机构罪的刑事责任

根据《刑法》第 174 条第 1 款的规定，未经国家有关主管部门批准，擅自设立商业银行、证券交易所、期货交易所、证券公司、期货经纪公司、保险公司或者其他金融机构的，处三年以下有期徒刑或者拘役，并处或者单处二万元以上二十万元以下罚金；情节严重的，处三年以上十年以下有期徒刑，并处五万元以上五十万元以下罚金。单位犯前款罪的，对单位判处罚金，并对其直接负责的主管人员和其他直接责任人员，依照上述规定处罚。

（一）法定刑的设置

擅自设立金融机构罪规定了两档法定刑，具体包括：

1. 基础法定刑

三年以下有期徒刑或者拘役，并处或者单处二万元以上二十万元以下罚金。

2. 加重法定刑

情节严重的，处三年以上十年以下有期徒刑，并处五万元以上五十万元以下罚金。在此，情节严重的，一般包括擅自设立多家金融机构、采用伪造国家有关主管部门文件等恶劣手段、造成恶劣影响等情形。

（二）单位犯罪的处罚

对单位犯罪适用双罚制：单位犯前款罪的，对单位判处罚金，并对其直接负责的主管人员和其他直接责任人员，根据案件的具体情况，依照前款个人犯此罪的量刑档次进行处罚。

第二节　伪造、变造、转让金融机构经营许可证、批准文件罪

一、伪造、变造、转让金融机构经营许可证、批准文件罪的概念和犯罪构成

根据《刑法》第 174 条第 2 款的规定，伪造、变造、转让金融机构经营

许可证、批准文件罪指伪造、变造、转让商业银行、证券交易所、期货交易所、证券公司、期货经纪公司、保险公司或其他金融机构的经营许可证或者批准文件的行为。

本罪的犯罪构成：

（一）客体要件

本罪的客体要件是国家对商业银行、证券交易所、期货交易所、证券公司、期货经纪公司、保险公司或其他金融机构资格管理的法律秩序。

（二）客观要件

本罪的客观要件表现为伪造、变造、转让商业银行、证券交易所、期货交易所、证券公司、期货经纪公司、保险公司或其他金融机构的经营许可证或者批准文件情节严重的行为。本罪的客观要件具体由下面三部分组成：

1. 伪造、变造、转让金融机构经营许可证、批准文件

对"伪造、变造、转让"的理解。（1）"伪造"指行为人没有制作、发行权，而擅自制造金融机构经营许可证或批准文件的行为。类似于伪造货币罪中对"伪造"的理解，伪造金融机构经营许可证或批准文件的，一般应达到使人信以为真的程度。（2）"变造"指行为人通过剪贴、挖孔、拼凑、揭层等方法对有权机关颁发的金融机构经营许可证或批准文件，进行加工、处理的行为。（3）"转让"指行为人将真实有效的金融机构经营许可证、批准文件有偿或者无偿地让与他人的行为，包括出租、出借、出卖等行为。

2. 对"商业银行、证券交易所、期货交易所、证券公司、期货经纪公司、保险公司或其他金融机构的经营许可证或者批准文件"的理解

（1）"商业银行的经营许可证或者批准文件"，指由国家金融监督管理总局审查批准的商业银行经营金融业务及其经营范围的具有法律意义的证明文件及批准文件，如金融许可证等。（2）"证券交易所、期货交易所、证券公司、期货经纪公司的经营许可证或者批准文件"，指由中国证监会审查批准的证券交易所、期货交易所、证券公司、期货经纪公司经营有关金融业务及其经营范围的证明文件，如经营证券业务期货业务许可证等。（3）"保险公司的经营许可证或者批准文件"，指由国家金融监督管理总局审查批准的经营保险

业务及其经营范围的证明文件，如保险许可证等。(4)"其他金融机构的经营许可证或者批准文件"指根据相关法律、法规的规定，由有关主管部门审查批准的经营金融业务及其经营范围的证明文件。

3. 伪造、变造、转让金融机构经营许可证、批准文件的行为情节严重

根据《2022年关于公安机关管辖的刑事案件立案追诉标准的规定（二）》第20条的规定，伪造、变造、转让商业银行、证券交易所、期货交易所、证券公司、期货公司、保险公司或者其他金融机构的经营许可证或者批准文件的，应予立案追诉。申言之，"情节严重"主要是指行为人实施伪造、变造、转让金融机构经营许可证、批准文件的行为情节恶劣或者造成严重后果，如通过伪造、变造、转让经营许可证或批准文件，使自己或者个人从事非法经营大量的金融业务，严重扰乱了国家金融秩序，给客户、经营单位造成重大经济损失等严重后果；多次从事这种犯罪活动，或者利用伪造、变造、转让经营许可证或者批准文件进行其他犯罪活动等。❶

（三）主体要件

本罪的主体要件是一般主体，即已满16周岁、具有刑事责任能力的自然人和单位。对于本罪的主体要件，需要注意的是：

一是伪造、变造金融机构经营许可证、批准文件的行为既可以由自然人进行，也可以由单位进行；二是转让金融机构许可证、批准文件的行为，一般由合法持有金融机构经营许可证或批准文件的单位进行；三是个人未经单位同意，擅自将本单位的金融机构经营许可证或批准文件转让给他人，或者通过窃取的方式将经营许可证或批准文件转让的，同样构成本罪。

（四）主观要件

本罪的主观要件是犯罪故意，即行为人明知其伪造、变造、转让金融机构经营许可证或批准文件的行为会发生损害国家关于金融机构经营许可证、批准文件管理的法律秩序的危害结果，仍然希望或者放任这种危害结果发生的心理态度。

---

❶ 王爱立. 中华人民共和国刑法释义［M］. 北京：法律出版社，2021：340.

二、伪造、变造、转让金融机构经营许可证、批准文件罪法律适用中的疑难问题

（一）关于罪与非罪的界限问题

伪造、变造、转让金融机构经营许可证、批准文件的行为必须达到"情节严重"，否则不构成犯罪。

例如，在"王××伪造金融机构经营许可证、伪造企业印章案"[1] 中，经查明，2013 年 9 月 20 日，王××为了从事银行汇票业务，向他人购买了××省××县农村信用合作联社的企业资料复印件（包括金融许可证、开户许可证、机构信用代码证、税务登记证、组织机构代码证、企业法人营业执照、法定代表人余继生身份证复印件等）及伪造的××县农村信用合作联社的公章、财务专用章及法人代表个人章等 3 枚印章。王××将伪造的企业印章加盖在××县农村信用合作联社的金融许可证等企业资料复印件上，并利用伪造的企业印章分别于 2013 年 9 月 27 日在中××银行股份有限公司××分行开立账户，户名：××县农村信用合作联社，账号：3944×××××××；于 2013 年 10 月 16 日在×××储蓄银行广州体育西支行开立账户，户名：××农村信用合作联社，账号：9440×××××××。其间，王××利用伪造的企业印章帮助××银行股份有限公司××分行开展银行汇票等业务来消减该行的信贷规模。后王××分别于 2013 年 11 月 26 日和 2013 年 11 月 28 日，使用伪造的企业印章在××××储蓄银行××西支行及××××银行股份有限公司××分行将×××农村信用合作联社的账户进行撤销。经鉴定，××农村信用合作联社的企业资料复印件上的"××县农村信用合作联社""××县农村信用合作联社财务专用章"及"×××印"印文与××县农村信用合作联社相对应的样本印文均不是同一枚印章所盖。2013 年 12 月 26 日，被告人王××主动到××公安局投案，如实供述了自己的犯罪事实。最终，王××犯伪造、变造、转让金融机构经营许可证、批准文件罪被判处有期徒刑 1 年 6 个月，并处罚金人民币 5 万元。

裁判要旨： 上述案例中，王××伪造金融机构经营许可证、企业印章的

---

[1] 参见（2015）将刑初字第 75 号。

行为，严重损害了国家关于金融机构经营许可证、批准文件管理的法律秩序，构成伪造、变造、转让金融机构经营许可证、批准文件罪。

（二）关于此罪与彼罪的区别问题

非法经营罪的客观行为包含"买卖法律、行政法规规定的经营许可证或者批准文件的"，也在"转让"与"买卖"这个范畴内存在一定的竞合关系。对此，作为交叉行为的有偿转让即买卖金融机构经营许可证或者批准文件的行为，应当按照特别法优于一般法的原则，认定为转让金融机构经营许可证、批准文件罪。如果买卖其他金融机构经营许可证或批准文件，不符合转让金融机构经营许可证、批准文件罪犯罪构成的，还可以适用非法经营罪定罪处罚。

（三）关于罪数形态的问题

伪造、变造、转让金融机构经营许可证、批准文件罪属于选择性罪名，只要行为人实施了伪造、变造、转让行为之一的，即可构成本罪。如果行为人同时实施了两种以上行为的，仍然只构成一罪而非数罪。行为人在实施伪造、变造、转让金融机构经营许可证、批准文件之后，再利用这些变造、伪造或者购买的许可证或者文件擅自设立金融机构的，则构成伪造、变造、转让金融机构经营许可证、批准文件罪与擅自设立金融机构罪，根据牵连犯的法理，择一重罪从重处断而非数罪并罚。

三、伪造、变造、转让金融机构经营许可证、批准文件罪的刑事责任

根据《刑法》第174条第2款的规定，伪造、变造、转让商业银行、证券交易所、期货交易所、证券公司、期货经纪公司、保险公司或者其他金融机构的经营许可证或者批准文件的，处三年以下有期徒刑或者拘役，并处或者单处二万元以上二十万元以下罚金；情节严重的，处三年以上十年以下有期徒刑，并处五万元以上五十万元以下罚金。单位犯前两款罪的，对单位判处罚金，并对其直接负责的主管人员和其他直接责任人员，依照第一款的规定处罚。

（一）法定刑的设置

伪造、变造、转让金融机构经营许可证、批准文件罪规定了两档法定刑，

具体包括:

1. 基础法定刑

三年以下有期徒刑或者拘役,并处或者单处二万元以上二十万元以下罚金。

2. 加重法定刑

情节严重的,处三年以上十年以下有期徒刑,并处五万元以上五十万元以下罚金。在此,"情节严重的",主要是指行为人实施伪造、变造、转让金融机构经营许可证、批准文件的犯罪行为情节恶劣或者造成严重后果,如通过伪造、变造、转让金融机构经营许可证、批准文件,使自己或者他人开始非法经营大量的金融业务,严重扰乱了国家金融秩序,或者给客户、经营单位造成重大经济损失等严重后果的情形。

(二) 单位犯罪的处罚

对单位犯罪适用双罚制:单位犯前两款罪的,对单位判处罚金,并对其直接负责的主管人员和其他直接责任人员,依照第一款的规定处罚。

第三节 高利转贷罪

一、高利转贷罪的概念和犯罪构成

根据《刑法》第175条的规定,高利转贷罪,是指以转贷牟利为目的,套取金融机构信贷资金高利转贷给他人,违法所得数额较大的行为。

本罪的犯罪构成:

(一) 客体要件

本罪的客体要件是国家关于信贷基金管理的法律秩序。信贷资金只是信贷基金管理的法律秩序的有机组成部分,故没有独立的地位。套取金融机构的信贷资金高利转贷给他人,违反了关于信贷基金专款专用,不得转借给他人及禁止非金融机构之间拆借资金等规定,这会使金融机构的信贷基金处于高风险状态,扰乱国家信贷基金的管理秩序。

(二) 客观要件

本罪的客观要件表现为套取金融机构信贷资金高利转贷给他人，违法所得数额较大的行为。本罪的客观要件具体由下面三部分组成：

1. 套取金融机构信贷资金

关于对"套取"的理解。所谓"套取"，从文义解释方面理解，"套取"中的"套"，在字典中解释为"以计骗取"之意，套取就应是施以某种计谋骗取。套取金融机构信贷资金应理解为行为人虚构事实，伪造理由如谎报借款用途，采取担保贷款或者信用贷款的方式，向金融机构贷出人民币或外汇；换言之，"套取"指行为人在并不符合贷款条件的前提下，通过虚假的贷款条件，向金融机构申请贷款，从而获取由正常程序无法取得的贷款。关于对"金融机构"和"信贷资金"的理解：所谓金融机构，包括银行和非银行金融机构；"信贷基金"，是指金融机构以信用方式积聚和分配的资金，包括两种：一种是信用贷款资金，指经商业银行审查、评估，确信贷款人资信良好，确能偿还贷款，不必提供担保即可发放贷款资金；另一种是担保贷款资金，是指借款人必须依法向银行提供其有权属的抵押物、质物等才能向银行取得的贷款资金。❶

2. 高利转贷给他人

关于对"高利转贷给他人"中"高利"的理解。本书认为，"高利转贷给他人"是高利转贷罪客观要件的核心，刑法之所以将其纳入规制的范畴，是因为立法者认为该种行为给金融机构的信贷资金带来风险。作为破坏社会主义市场经济秩序罪的一种，"高利"是其重要特征。社会主义市场经济的发展要发挥市场在经济运行中的决定作用，以市场调节为主，因此本罪中"高利"的确定，应当以行为人行为时的银行同期利率为标准，所以，只要行为人的利率高于金融机构同期贷款利率即可，至于行为人将套取的金融机构信贷资金转贷他人，所定的利率是否远远高于其从银行或其他金融机构所套取的信贷资金利率，其具体高出的数值大小不影响本罪的成立。

3. 违法所得数额较大

根据《2022年关于公安机关管辖的刑事案件立案追诉标准的规定（二）》

---

❶ 张明楷. 刑法学 [M]. 6版. 北京：法律出版社，2021：992.

第21条的规定,以转贷牟利为目的,套取金融机构信贷资金高利转贷他人,违法所得数额在五十万元以上的,应予立案追诉。

(三) 主体要件

本罪的主体是一般主体,即已满16周岁、具有刑事责任能力的自然人和单位。单位构成本罪的,不仅包括非金融机构的公司、企业或者其他单位,还包括金融机构的下属企业或者单位。

(四) 主观要件

本罪的主观要件是犯罪故意,即行为人明知自己高利转贷的行为会发生损害国家对信贷基金管理的法律秩序的危害结果,仍然希望或者放任这种危害结果发生的心理态度。根据主客观相统一的原则,行为人在获取金融机构信贷资金时,就应当具有转贷牟利的目的。换言之,"贷款时没有转贷牟利目的,也没有采取欺骗手段,取得贷款后将贷款转贷给他人的,只是单纯改变了贷款用途的行为,不构成本罪"❶。例如,将贷取的闲置资金高利转贷牟利的,不应被作为犯罪处理。另外,转贷行为必须具有牟利目的,行为人以转贷为目的套取金融机构贷款,再转贷给他人,但没有从中牟利的,不构成本罪。

二、高利转贷罪法律适用中的疑难问题

(一) 关于罪与非罪的界限问题

高利转贷行为必须达到"数额较大",否则不构成犯罪。

例如,在"修×高利转贷案"❷中,修×以其名下两处房产作抵押,以××市××区××新型建筑材料厂名义虚构买卖合同,于2012年至2017年每年从××××储蓄银行××分行循环贷出资金145万元。其间,修×于2012年9月22日至2015年3月4日将其中100万元以月息3分借与刘×使

---

❶ 张明楷. 刑法学 [M]. 6版. 北京:法律出版社,2021:992. 这一问题还存在着争议,例如,刘宪权教授认为,行为人在套取金融机构信用资金后产生转贷牟利目的的,也成立高利转贷罪。刘宪权. 金融犯罪刑法学新论 [M]. 上海:上海人民出版社,2014:208.

❷ 参见(2020)皖12刑终640号。

用。修×非法获利人民币66.3万元。最终,修×犯高利转贷罪被判处有期徒刑1年5个月,并处罚金人民币60万元。

裁判要旨: 上述案例中,修×以转贷牟利为目的套取银行信贷资金后转借他人使用,收取高额利息,数额较大,其行为严重损害国家对信贷基金管理的法律秩序,构成高利转贷罪。

(二)关于本罪与贷款诈骗罪的区别问题

贷款诈骗罪,是指以非法占有为目的,使用欺骗方法,骗取银行或者其他金融机构的贷款,数额较大的行为。关于高利转贷罪与贷款诈骗罪的区别主要表现在以下两方面:一是犯罪目的不同。前者的犯罪目的是以转贷牟利为目的,但其最终是要归还贷款的;后者是以非法占有为目的,没有归还的意图。二是行为方式不同。前者的行为人主要是虚构贷款用途;而后者的行为人则是虚构资信状况,使金融机构误认为其具有相应的贷款偿还能力。

(三)关于单位犯罪问题

单位套取银行贷款后,又将套取的银行贷款高利转贷给其他人的,如果借贷给其他人的资金没有超过贷款前的自有流动资金的,不应认定为本罪;同时,如果高利借贷给他人的资金有一部分超出了贷款前的自有流动资金,也就是只是将一部分套取的贷款高利转贷给其他人的,仅仅以超出部分认定本罪。如果企业以牟利为目的套取金融机构的信贷资金后,再高利借贷给名义上有合作关系但实际上并未参与经营的企业,违法所得数额较大的,同样成立本罪。❶

三、高利转贷罪的刑事责任

根据《刑法》第175条的规定,以转贷牟利为目的,套取金融机构信贷资金高利转贷他人,违法所得数额较大的,处三年以下有期徒刑或者拘役,并处违法所得一倍以上五倍以下罚金;数额巨大的,处三年以上七年以下有期徒刑,并处违法所得一倍以上五倍以下罚金。单位犯前款罪的,对单位判处罚金,并对其直接负责的主管人员和其他直接责任人员,处三年以下有期徒刑或者拘役。

---

❶ 张明楷. 刑法学 [M]. 6版. 北京:法律出版社,2021:993.

(一) 法定刑的设置

高利转贷罪规定了两档法定刑，具体包括：

1. 基础法定刑

违法所得数额较大的，处三年以下有期徒刑或者拘役，并处违法所得一倍以上五倍以下罚金。

2. 加重法定刑

违法所得数额巨大的，处三年以上七年以下有期徒刑，并处违法所得一倍以上五倍以下罚金。

(二) 单位犯罪的处罚

对单位犯罪适用双罚制：单位犯前款罪的，对单位判处罚金，并对其直接负责的主管人员和其他直接责任人员，处三年以下有期徒刑或者拘役。

第四节 违法发放贷款罪

一、违法发放贷款罪的概念和犯罪构成

根据《刑法》第186条的规定，违法发放贷款罪，是指银行或者其他金融机构的工作人员违反国家规定发放贷款，数额巨大或者造成重大损失的行为。

本罪的犯罪构成：

(一) 客体要件

本罪的客体要件是国家关于商业金融机构贷款管理的法律秩序。关于贷款的财产所有权只是商业金融机构贷款管理的法律秩序的有机组成部分，因而没有独立的地位。

(二) 客观要件

本罪的客观要件表现为违反国家规定发放贷款，数额较大或者其违法发放

贷款的行为造成了重大损失的行为。本罪的客观要件，具体由以下三部分构成。

1. 违反国家规定

所谓"违反国家规定"，根据我国《刑法》第96条的规定，是指"违反全国人民代表大会及其常务委员会制定的法律和决定，国务院制定的行政法规、规定的行政措施、发布的决定和命令"，因而规章、地方性法规及内部规定均不能作为本罪的认定依据。在《刑法修正案（六）》出台前，对于中国人民银行的有关规范性文件能否作为两个违法发放贷款犯罪的违法依据存在争议，有的观点认为："中国人民银行是国家的金融监管机关，其发布的规章制度严格说来不是行政法规，但它们具有规范贷款管理的功能。这些规章……体现了国家金融的监管，反映了国家的宏观利益，违反了这些规章造成较大损失的，应视为违反法律、行政法规。"❶ 也有观点与上述观点不同，认为："在认定本罪是否构成犯罪时，只能以法律、行政法规的规定为依据。如果法律、行政法规没有作出规定，而规章有具体规定，该规定也不得作为认定犯罪的依据。"❷《刑法修正案（六）》将"违反法律、行政法规规定"的表述修改为"违反国家规定"，这一修改是对上述争议的官方回应。综合上述观点以及《刑法修正案（六）》的规定，本书认为，本罪的"违反国家规定"是指违反国家有关贷款的法律法规，如《商业银行法》《银行管理暂行条例》等。

2. 违法发放贷款

在司法实践中，评价是否构成违法发放贷款，关键在于评判行为人是否存在违反"审慎经营"和"依法放贷"等《人民银行法》《银行业监督管理法》以及《商业银行法》规定的原则。具体来说，包括是否存在真实交易，是否具有偿还能力，保证人的偿还能力，抵押物的权属以及实现抵押权、质权的可行性等。

3. 行为人违法发放贷款的数额巨大，或者其违法发放贷款的行为造成了重大损失

根据《2022年关于公安机关管辖的刑事案件立案追诉标准的规定（二）》第37条的规定，银行或者其他金融机构及其工作人员违反国家规定发放贷

---

❶ 薛瑞麟. 金融犯罪研究［M］. 北京：中国政法大学出版社，2000：131.
❷ 刘宪权，卢勤忠. 金融犯罪理论专题研究［M］. 上海：复旦大学出版社，2002：352-353.

款，涉嫌下列情形之一的，应予立案追诉：（1）违法发放贷款，数额在二百万元以上的；（2）违法发放贷款，造成直接经济损失数额在五十万元以上的。

（三）主体要件

本罪的主体要件是特殊主体要件，就自然人而言，必须具有银行或者其他金融机构工作人员的身份；就单位而言，必须是银行或者其他金融机构。

本罪虽然要求特殊主体要件，但这并不意味着所有银行或者其他金融机构的工作人员都会构成本罪。应当根据本罪的规范目的，将犯罪主体限定在上述金融机构中专门办理贷款业务或审批贷款业务的工作人员，其他人员如财务会计、存款专员等不是本罪的主体。❶

（四）主观要件

本罪的主观要件是犯罪故意，❷ 即行为人明知其违反国家规定发放贷款的行为会发生损害国家对商业金融机构贷款管理的法律秩序的危害结果，仍然希望或者放任这种危害结果发生的心理态度。本书认为，金融机构工作人员发放贷款需要经过一定的程序，在这个过程中，作为专业金融从业人员，对其负责发放的贷款的合法性具有审查义务，能够意识到自己发放贷款的行为是否合法，因此不可能存在过失犯罪的情况，违法发放贷款罪只能是故意犯罪，包括直接故意和间接故意。

二、违法发放贷款罪法律适用中的疑难问题

（一）关于罪与非罪的界限问题

违法发放贷款行为必须达到"数额较大"或者"造成重大损失"，否则

---

❶ 李永升. 金融刑法增补型犯罪研究 [M]. 北京：法律出版社，2014：261.
❷ 关于本罪的主观要件，目前学界主要有四种观点：第一种观点认为，本罪的罪过形式既可能是故意，也可能是过失；第二种观点认为，本罪的罪过形式只能是过失和间接故意，不包括直接故意；第三种观点认为，本罪的罪过形式是故意，但在实践中，一般是间接故意；第四种观点认为，本罪的罪过形式是过失。以上观点分别详见：刘宪权，卢勤忠. 金融犯罪理论专题研究 [M]. 上海：复旦大学出版社，2002：365 - 367. 胡启忠. 金融刑法适用论 [M]. 北京：中国检察出版社，2003：345. 曲新久. 金融与金融犯罪 [M]. 北京：中信出版社，2003：230. 谷福生，胡耀民，杨振祥. 金融、税务、工商移送涉嫌犯罪案件标准及认定界限 [M]. 北京：中国检察出版社，2003：74. 汪红飞，徐政楠. 违法发放贷款罪的认定 [J]. 河南科技大学学报（社会科学版），2016，34（5）：106 - 112.

不构成犯罪。

例如，在"黄××违法发放贷款案"❶中，经查明，2013年至2014年，黄××在担任××县农村信用合作联社××信用社信贷经理期间，明知实际用款人殷××利用其同村村民的身份证等相关材料申请贷款，主贷人未实际到场签字且申请的贷款并非主贷人本人使用的情况下，未严格履行职责，不实际审查贷款人贷款用途，未核实贷款材料的真实性等相关情况，违反国家规定，违法发放贷款57笔，共计279.5万元，该贷款发放后均未归还，给××农村信用合作联社造成直接经济损失279.5万元。最终，黄××犯违法发放贷款罪被判处有期徒刑3年6个月，并处罚金人民币3万元。

裁判要旨： 上述案例中，黄××作为金融机构工作人员，未严格履行职责，不实际审查贷款人、担保人信息、贷款材料及实际贷款用途，违反国家规定发放贷款，造成特别重大损失，严重损害了国家对商业金融机构贷款管理的法律秩序，构成违法发放贷款罪。

（二）关于本罪与贷款诈骗罪的区别问题

贷款诈骗罪，是指以非法占有为目的，使用欺骗方法，骗取银行或者其他金融机构的贷款，数额较大的行为。如果银行或者其他金融机构的工作人员与外部人员相勾结，故意骗取银行或者其他金融机构的贷款，能查明具有非法占有目的的，应当构成贷款诈骗罪，否则，就只能认定为违法发放贷款罪。

三、违法发放贷款罪的刑事责任

根据《刑法》第186条的规定，银行或者其他金融机构的工作人员违反国家规定发放贷款，数额巨大或者造成重大损失的，处五年以下有期徒刑或者拘役，并处一万元以上十万元以下罚金；数额特别巨大或者造成特别重大损失的，处五年以上有期徒刑，并处二万元以上二十万元以下罚金。银行或者其他金融机构的工作人员违反国家规定，向关系人发放贷款的，依照前款的规定从重处罚。单位犯前两款罪的，对单位判处罚金，并对其直接负责的主管人员和其他直接责任人员，依照前两款的规定处罚。

---

❶ 参见（2022）豫0527刑初216号。

（一）法定刑的设置

违法发放贷款罪规定了两档法定刑：

1. 基础法定刑

数额巨大或者造成重大损失的，处五年以下有期徒刑或者拘役，并处一万元以上十万元以下罚金。

2. 加重法定刑

数额特别巨大或者造成特别重大损失的，处五年以上有期徒刑，并处二万元以上二十万元以下罚金。

（二）特别从重条款的设置

违法发放贷款罪设置了特别从重条款，规定银行或者其他金融机构的工作人员违反国家规定，向关系人发放贷款的，依照前款的规定从重处罚。❶

（三）单位犯罪的处罚❷

对本罪单位犯罪的设置，采用了双罚制，即对单位判处罚金，也对单位直接负责的主管人员和其他直接责任人员判处刑罚。但是，对其不需要单处或并处罚金。

需要注意的是：实践中存在银行或者其他金融机构的工作人员教唆、主动帮助不符合放贷条件的主体获取贷款的情况。为了在形式上满足发放贷款的相关规定，规避金融监管，有的银行或者其他金融机构的工作人员教唆、帮助贷款申请主体伪造资质、合同、贸易背景等材料，以便通过银行或者其

---

❶ 对"关系人"和"违反国家规定，向关系人发放贷款"的理解：根据《商业银行法》第40条的规定，商业银行不得向关系人发放信用贷款；向关系人发放担保贷款的条件不得优于其他借款人同类贷款的条件。前款所称关系人是指：（1）商业银行的董事、监事、管理人员、信贷业务人员及其近亲属；（2）前项所列人员投资或者担任高级管理职务的公司、企业和其他经济组织。这里的"违反国家规定，向关系人发放贷款"，指向关系人提供信用贷款，或者在向关系人提供担保贷款时采取了比普通贷款人更为优惠的条件，如要求关系人提供担保的数额低于对其他人要求的数额，或者对关系人发放的担保贷款所收取的利率比其他借款人低，贷款期限比其他借款人长等。

❷ 本罪的"单位"，是指银行或者其他金融机构等有信贷业务的单位。"直接负责的主管人员"，一般指对本单位违反法律、行政法规非法发放贷款的犯罪负有直接责任的单位主管人员。"其他直接责任人员"，一般是指具体实施非法发放贷款犯罪活动的单位人员。

他金融机构的内控合规审核。因贷款申请主体实质不符合放贷条件，在贷款发放后，常造成贷款无法收回等重大损失；对于这种教唆、帮助不符合放贷条件的主体骗取贷款的情况，司法机关应严格依照本条的规定，追究银行或者其他金融机构的工作人员的刑事责任。❶

第五节 吸收客户资金不入账罪

一、吸收客户资金不入账罪的概念和犯罪构成

根据《刑法》第187条的规定，吸收客户资金不入账罪，是指银行或者其他金融机构或者其工作人员吸收客户资金不入账，数额巨大或者造成重大损失的行为。

本罪的犯罪构成：

（一）客体要件

本罪的客体要件是国家关于金融机构信贷资金管理的法律秩序。客户资金的所有权是国家关于金融机构信贷资金管理的法律秩序有机组成部分，没有独立的地位。

（二）客观要件

本罪的客观要件表现为吸收客户资金不入账，数额较大或者造成重大损失的行为。本罪的客观要件，具体由以下两部分构成。

1. 吸收客户资金不入账

所谓"吸收客户资金不入账"，指不记入金融机构的法定存款账目明细，以逃避国家对金融资金流动的监管。这里所谓的"不入账"，是指将客户资金不计入金融机构的法定存款账目的行为。不入账的情况既包括将客户资金全部不入账，也包括将客户资金部分不入账；既包括将客户资金记入个人的小账，也包括将客户资金记入单位的小金库账；既指将客户资金未记入金融机

---

❶ 王爱立. 中华人民共和国刑法释义［M］. 北京：法律出版社，2021：380.

构的正式账(即"大账"),也指将客户资金形式上记入"大账",但记入的内容没有如实反映吸收客户资金的情况。❶ 根据2010年12月13日最高人民法院《全国法院审理金融犯罪案件工作座谈会纪要》,"是否记入法定账目以外设立的账目,不影响该罪成立"。另根据2010年12月13日最高人民检察院法律政策研究室《对〈关于征求吸收客户资金不入账犯罪法律适用问题的函〉回复意见》,保险费属于《刑法》第187条规定的客户资金,保险公司及其工作人员收到保险费不入账,数额巨大或者造成重大损失的,应按吸收客户资金不入账罪追究刑事责任。

2. 吸收客户资金不入账的数额巨大,或者吸收客户资金不入账造成了重大损失

吸收客户资金不入账的数额巨大,或者吸收客户资金不入账造成了重大损失是危害行为的量度条件,二者是选择关系,具备其一即可构成犯罪。一般情况下,只要出现以下情况之一的,公安机关就可以对该行为人进行立案追究:第一,吸收客户的资金不入账,并且吸收金额在一百万元以上的;第二,吸收客户的资金不入账,并且导致直接经济损失金额在二十万元以上的。

(三) 主体要件

本罪的主体要件是特殊主体,即行为人应当具有银行或者其他金融机构及其工作人员的身份。

(四) 主观要件

本罪的主观要件是犯罪故意。本罪既是情节犯又是结果犯。即行为人(银行等金融机构或者金融机构的工作人员)明知吸收客户大额资金不入账的行为会发生损害国家关于金融机构信贷资金管理的法律秩序的危害结果,仍然希望或者放任这种危害结果发生的心理态度。

---

❶ 刘宪权. 金融犯罪刑法学原理 [M]. 2版. 上海:上海人民出版社,2020:241.

二、吸收客户资金不入账罪法律适用中的疑难问题

（一）关于罪与非罪的界限问题

吸收客户资金不入账行为必须达到"数额巨大"或者"造成重大损失"，否则不构成犯罪。

例如，在"殷×吸收客户资金不入账案"❶中，经查明，2015 年以来，被告人殷×在担任邮政银行××市文化路营业所负责人期间，通过给客户高额好处费、高利息的方式引诱客户办理存款或购买理财产品业务等以增加其营业所业绩，殷×吸收××市××区文化路 32 号 13 号楼 1 单元 201 号居民张×等多位客户的资金不入银行账户，而是转入自己实际控制的账户以支付客户的本金、利息、好处费，并将私自加盖所在营业所业务公章的伪造理财单据交给客户，谎称已经购买理财产品。经审核，殷×吸收客户不入账资金为49655489.55 元；本案实际形成的客户资金损失金额 22675481.97 元；××××集团公司××市分公司赔付金额 30787800.00 元（未起诉之前）。最终，殷×犯吸收客户资金不入账罪被判处有期徒刑 5 年，并处罚金人民币 20 万元。

裁判要旨： 上述案例中，殷×作为银行工作人员，吸收客户资金不入账，数额特别巨大，其行为严重损害了国家关于金融机构信贷资金管理的法律秩序，构成吸收客户资金不入账罪。

（二）关于此罪与彼罪的界限问题

1. 本罪与非法吸收公众存款罪的区别

非法吸收公众存款罪，是指违反国家金融管理法规，非法吸收公众存款或者变相吸收公众存款，扰乱金融秩序的行为。两罪区分的关键在于：（1）犯罪客体要件不同。前者是国家对金融机构信贷资金管理的法律秩序；后者是国家对金融信贷资金管理的法律秩序。（2）行为方式不同，非法吸收公众存款罪的行为方式是违法吸收公众存款或者变相吸收公众存款，吸收公众存款的方法具有非法性；吸收客户资金不入账罪的行为方式是吸收客户资金不入账的行为，吸收的方法可以是合法的，也可以是非法的。（3）犯罪主体不同，

---

❶ 参见（2018）鲁 14 刑终 169 号。

吸收客户资金不入账罪的犯罪主体是特殊主体，包括银行或者其他金融机构及其工作人员；非法吸收公众存款罪的主体是一般主体。

2. 本罪与挪用资金罪的区别

挪用资金罪，是指公司、企业或者其他单位的工作人员，利用职务上的便利，挪用本单位资金归个人使用或者借贷给他人使用，数额较大、超过三个月未还的，或者虽未超过三个月，但数额较大、进行营利活动的，或者进行非法活动的行为。本罪与挪用资金罪区分的关键在于：（1）犯罪客体要件不同。前者的犯罪客体要件是国家对金融机构信贷资金管理的法律秩序；后者的犯罪客体要件是公司、企业或其他单位资金使用管理的法律秩序；（2）行为方式不同，前者的行为方式是吸收客户资金不入账，数额巨大或者造成重大损失；而后者存在三种法定挪用资金的行为情形；（3）资金的来源与流向不同，前者的资金来源是不入账的资金，流向多用于"体外循环"；后者的资金来源于单位的账内资金，流向是为了个人使用或者以个人名义给他人使用；（4）犯罪主体不同，前者的犯罪主体是银行或者其他金融机构及其工作人员；后者的犯罪主体是公司、企业或其他单位的工作人员。

（三）关于罪数形态的问题

实践中，吸收客户资金不入账的行为根据银行工作人员是否以银行名义与客户签约为标准，可以分为吸收客户资金后又挪用该资金和"飞单"❶ 售卖其他理财产品两种情形。对于吸收客户资金后又挪用该资金可构成吸收客户资金不入账罪和挪用公款（资金）罪，择一重罪论处；然而"飞单"行为无论是吸收客户资金不入账罪还是非法吸收公众存款罪都无法予以充分评价，从事实上看其行为符合背信运用受托财产罪的客观方面，但由于主体条件不符合而不能适用鉴于金融类背信行为广泛而严重的危害性和相应刑法规制的缺失。因此，我国需要及时增补金融类背信行为的犯罪。❷

---

❶ 所谓理财产品"飞单"行为是指，金融机构的职员利用金融机构职员的身份和金融机构营业场所，擅自发售非所属机构自主发行或代为发售的理财产品。广泛意义上的"飞单"，也包含金融机构的工作人员擅自营销伪造或虚假理财产品的行为。

❷ 谢焱. 吸收客户资金不入账行为的刑法适用与完善［J］. 北京师范大学学报（社会科学版），2017（6）：140.

三、吸收客户资金不入账罪的刑事责任

根据《刑法》第 187 条的规定，银行或者其他金融机构的工作人员吸收客户资金不入账，数额巨大或者造成重大损失的，处五年以下有期徒刑或者拘役，并处二万元以上二十万元以下罚金；数额特别巨大或者造成特别重大损失的，处五年以上有期徒刑，并处五万元以上五十万元以下罚金。

（一）法定刑的设置

吸收客户资金不入账罪规定了两档法定刑，具体包括：

1. 基础法定刑

数额巨大或者造成重大损失的，处五年以下有期徒刑或者拘役，并处二万元以上二十万元以下罚金。

2. 加重法定刑

数额特别巨大或者造成特别重大损失的，处五年以上有期徒刑，并处五万元以上五十万元以下罚金。

（二）单位犯罪的处罚

对单位犯罪适用双罚制：单位犯前款罪的，对单位判处罚金，并对其直接负责的主管人员和其他直接责任人员，依照前款的规定处罚。

第六节　非法吸收公众存款罪

一、非法吸收公众存款罪的概念和犯罪构成

本罪在 2020 年《刑法修正案（十一）》中被作了修改，包括：（1）将第一款中相对确定数额的罚金刑修改为无确定数额的罚金刑；（2）增设了第三档法定刑，即数额特别巨大或者有其他特别严重情节的，处十年以上有期徒刑，并处罚金；（3）增设了特别从宽的规定，在提起公诉前积极退赃退赔，减少损害结果发生的，可以从轻或者减轻处罚。由此，根据《刑法》第 176 条的规定，非法吸收公众存款罪，是指违反国家金融管理法规，非法吸收公

众存款或者变相吸收公众存款,扰乱金融秩序的行为。

本罪的犯罪构成:

(一) 客体要件

本罪的客体要件是国家对金融信贷资金管理的法律秩序。根据《商业银行法》第 11 条的规定,未经国务院银行业监督管理机构批准,任何单位和个人不得从事吸收公众存款等商业银行业务。据此,行为人非法吸收公众存款的行为,损害了正常的信贷资金管理的法律秩序。公众资金只是金融信贷资金管理的法律秩序的有机组成部分,故没有独立的地位。

(二) 客观要件

本罪的客观要件表现为未经法定监督管理机构批准,擅自吸收公众存款,扰乱国家对金融信贷资金管理的法律秩序,情节严重的行为。本罪的客观要件,具体由以下两部分构成。

1. 非法吸收公众存款或者变相吸收公众存款

所谓"非法吸收公众存款",指未经国务院银行业监督管理机构批准,任何单位和个人不得从事吸收公众存款等商业银行业务。虽然具有吸收公众存款的资格,但采用违法方式吸收公众存款的行为,也属于非法吸收公众存款行为。所谓"变相吸收公众存款",指不以存款的名义,而是以其他形式吸收公众存款的行为。《2022 年关于审理非法集资刑事案件具体应用法律若干问题的解释》❶ 第 1 条对"非法吸收公众存款或者变相吸收公众存款"作了详细规定。据此,关于"非法吸收公众存款或者变相吸收公众存款"的内涵,可以从以下四方面理解:

---

❶ 根据《2022 年关于审理非法集资刑事案件具体应用法律若干问题的解释》第 1 条的规定,违反国家金融管理法律规定,向社会公众(包括单位和个人)吸收资金的行为,同时具备下列四个条件的,除刑法另有规定的以外,应当认定为刑法第 176 条规定的"非法吸收公众存款或者变相吸收公众存款":(1)未经有关部门依法许可或者借用合法经营的形式吸收资金;(2)通过网络、媒体、推介会、传单、手机信息等途径向社会公开宣传;(3)承诺在一定期限内以货币、实物、股权等方式还本付息或者给付回报;(4)向社会公众即社会不特定对象吸收资金。需要注意的是,2022 年 2 月 24 日,最高人民法院发布《关于修改〈最高人民法院关于审理非法集资刑事案件具体应用法律若干问题的解释〉的决定》,对原司法解释中有关非法吸收公款罪、集资诈骗罪的定罪处罚标准进行了修改完善,该修正自 2022 年 3 月 1 日起施行。

（1）非法性，即非法吸收公众存款或者变相吸收公众存款。对此，《2022年关于审理非法集资刑事案件具体应用法律若干问题的解释》第 2 条作出了详细规定；❶ 值得注意的是，《2022 年关于审理非法集资刑事案件具体应用法律若干问题的解释》结合司法新实践和犯罪新形式，增加了网络借贷、虚拟币交易、融资租赁等新型非法吸收资金的行为方式，同时针对养老领域非法集资突出问题，增加"以提供'养老服务'、投资'养老项目'、销售'老年产品'等方式非法吸收资金的"情形，为依法惩治 P2P、虚拟币交易、养老领域等非法集资犯罪提供依据。在认定非法集资的"非法性"上，根据《2019 年关于办理非法集资刑事案件若干问题的意见》的规定，人民法院、人民检察院、公安机关认定非法集资的"非法性"，应当以国家金融管理法律法规作为依据。对于国家金融管理法律法规仅作原则性规定的，可以根据法律规定的精神并参考中国人民银行、中国银行保险监督管理委员会❷、中国证券监督管理委员会等行政主管部门依照国家金融管理法律法规制定的部门规章或者国家有关金融管理的规定、办法、实施细则等规范性文件的规定予以认定。

（2）公开性，即"通过网络、媒体、推介会、传单、手机信息等途径向社会公开宣传"。对于公开性的理解，根据《2014 年关于办理非法集资刑事案件适用法律若干问题的意见》第 1 条第 1 款第 2 项中的"向社会公开宣传"，包括以各种途径向社会公众传播吸收资金的信息，以及明知吸收资金的信息向社会公众扩散而予以放任等情形。当然，"公开"与"非公开"的区别也只具有相对性，即便采取公开的形式，如果针对的对象很少，也不能贸然认为具有公开性。所以，应当对公开性进行实质的判断，准确判断对象是

---

❶ 根据《2022 年关于审理非法集资刑事案件具体应用法律若干问题的解释》第 2 条的规定，实施下列行为之一，符合本解释第 1 条第 1 款规定的条件的，应当依照《刑法》第 176 条的规定，以非法吸收公众存款罪定罪处罚：（1）不具有房产销售的真实内容或者不以房产销售为主要目的，以返本销售、售后包租、约定回购、销售房产份额等方式非法吸收资金的；（2）以转让林权并代为管护等方式非法吸收资金的；（3）以代种植（养殖）、租种植（养殖）、联合种植（养殖）等方式非法吸收资金的；（4）不具有销售商品、提供服务的真实内容或者不以销售商品、提供服务为主要目的，以商品回购、寄存代售等方式非法吸收资金的；（5）不具有发行股票、债券的真实内容，以虚假转让股权、发售虚构债券等方式非法吸收资金的；（6）不具有募集基金的真实内容，以假借境外基金、发售虚构基金等方式非法吸收资金的；（7）不具有销售保险的真实内容，以假冒保险公司、伪造保险单据等方式非法吸收资金的；（8）以网络借贷、投资入股、虚拟货币交易等方式非法吸收资金的；（9）以委托理财、融资租赁等方式非法吸收资金的；（10）以提供"养老服务"、投资"养老项目"、销售"老年产品"等方式非法吸收资金的；（11）利用民间"会""社"等组织非法吸收资金的；（12）其他非法吸收资金的行为。

❷ 现为国家金融监督管理总局，原中国银行保险监督管理委员会不再保留。

否具有社会公众性。❶

（3）利诱性，即"承诺在一定期限内以货币、实物、股权等方式还本付息或者给付回报"。利诱性，意味着吸收公众资金使用的有偿性，因而公益性的集资不构成本罪。

（4）社会性，即"向社会公众即社会不特定对象吸收资金"。根据《2022年关于审理非法集资刑事案件具体应用法律若干问题的解释》第1条的规定，未向社会公开宣传，在亲友或者单位内部针对特定对象吸收资金的，不属于非法吸收或者变相吸收公众存款。根据《2014年关于办理非法集资刑事案件适用法律若干问题的意见》第3条的规定，下列情形不属于"针对特定对象吸收资金"的行为，应当认定为向社会公众吸收资金：①在向亲友或者单位内部人员吸收资金的过程中，明知亲友或者单位内部人员向不特定对象吸收资金而予以放任的；②以吸收资金为目的，将社会人员吸收为单位内部人员，并向其吸收资金的。在判断非法吸收或者变相吸收公众存款是否"扰乱金融秩序"上，需要综合非法吸收公众存款的数额、对象、损失等因素来判定扰乱金融秩序造成危害的程度。

2. 非法吸收公众存款情节严重

根据《2022年关于审理非法集资刑事案件具体应用法律若干问题的解释》第3条的规定，非法吸收或者变相吸收公众存款，具有下列情形之一的，应当依法追究刑事责任：（1）非法吸收或者变相吸收公众存款数额在100万元以上的；（2）非法吸收或者变相吸收公众存款对象150人以上的；（3）非法吸收或者变相吸收公众存款，给存款人造成直接经济损失数额在50万元以上的。非法吸收或者变相吸收公众存款数额在50万元以上或者给存款人造成直接经济损失数额在25万元以上，同时具有下列情节之一的，应当依法追究刑事责任：（1）曾因非法集资受过刑事追究的；（2）二年内曾因非法集资受过行政处罚的；（3）造成恶劣社会影响或者其他严重后果的。由此，《2022年关于审理非法集资刑事案件具体应用法律若干问题的解释》适当地提高了非法吸收公众存款罪的入罪标准。一方面，这是根据社会经济发展状况对非法吸收存款罪入罪标准进行的调整；另一方面，也能够为行政处罚保留适用的空间，从而实现刑法与行政法对非法吸收公众存款行为的协同规制。同时，

---

❶ 马克昌. 百罪通论［M］. 北京：北京大学出版社，2014：255.

根据《2022年关于审理非法集资刑事案件具体应用法律若干问题的解释》第14条的规定，单位实施非法吸收公众存款、集资诈骗犯罪的，依照本解释规定的相应自然人犯罪的定罪量刑标准。

（三）主体要件

本罪的主体要件是一般主体，即已满16周岁、具有刑事责任能力的自然人和单位。根据《2019年关于办理非法集资刑事案件若干问题的意见》第2条的规定，单位实施非法集资犯罪活动，全部或者大部分违法所得归单位所有的，应当认定为单位犯罪。个人为进行非法集资犯罪活动而设立单位实施犯罪，或者在设立单位后，以非法集资犯罪活动为主要活动的，应当认定为个人犯罪；应当根据单位实施非法集资犯罪活动的具体行为、单位进行正当经营的状况、犯罪活动的影响以及后果等综合判断单位是否以实施非法集资犯罪为主要犯罪活动。❶

（四）主观要件

本罪的主观要件是犯罪故意，即行为人明知自己非法吸收公众存款或者变相吸收公众存款的行为会发生损害国家对金融信贷资金管理的法律秩序的危害结果，仍然希望或者放任这种危害结果发生的心理态度。

对主观故意的认定：

根据《2019年关于办理非法集资刑事案件若干问题的意见》第4条的规定：（1）认定犯罪嫌疑人、被告人是否具有非法吸收公众存款的犯罪故意，应当依据犯罪嫌疑人、被告人的任职情况、职业经历、专业背景、培训经历、本人因同类行为受到行政处罚或者刑事追究情况以及吸收资金方式、宣传推广、合同资料、业务流程等证据，结合其供述，进行综合分析判断。（2）犯罪嫌疑人、被告人使用诈骗方法非法集资，符合《2022年关于审理非法集资刑事案件具体应用法律若干问题的解释》第4条规定的，可以认定为集资诈骗罪中的"以非法占有为目的"。（3）办案机关在办理非法集资刑事案件中，应当根据案件具体情况注意收集运用涉及犯罪嫌疑人、被告人的以下证据：是否使用虚假身份信息对外开展业务；是否虚假订立合同、协议；是否虚假

---

❶ 张明楷. 刑法学 [M]. 6版. 北京：法律出版社，2021：1003-1004.

宣传，明显超出经营范围或者夸大经营、投资、服务项目及盈利能力；是否吸收资金后隐匿、销毁合同、协议、账目；是否传授或者接受规避法律、逃避监管的方法；等等。

此外，根据 2017 年 6 月 1 日最高人民检察院公诉厅《关于办理涉互联网金融犯罪案件有关问题座谈会纪要》的规定，在非法吸收公众存款罪中，原则上认定主观故意并不要求以明知法律的禁止性规定为要件。特别是具备一定涉金融活动相关从业经历、专业背景或在犯罪活动中担任一定管理职务的犯罪嫌疑人，应当知晓相关金融法律管理规定，如果有证据证明其实际从事的行为应当批准而未经批准，行为在客观上具有非法性，原则上就可以认定其具有非法吸收公众存款的主观故意。在证明犯罪嫌疑人的主观故意时，可以收集运用犯罪嫌疑人的任职情况、职业经历、专业背景、培训经历、此前任职单位或者其本人因从事同类行为受到的处罚情况等证据，证明犯罪嫌疑人提出的"不知道相关行为被法律所禁止，故不具有非法吸收公众存款的主观故意"等辩解不能成立。

二、非法吸收公众存款罪法律适用中的疑难问题

（一）关于罪与非罪的界限问题

非法吸收公众存款的行为必须达到"情节严重"，否则不构成犯罪。

例如，2017 年 8 月至 2019 年 9 月，被告人张×担任××公司经理，其未经有关部门依法批准，组织相关人员通过发放传单、开推介会、组织抽奖活动等方式，以投资言融宝等项目承诺在一定期限内还本付息，向社会不特定对象共计 69 人非法吸收资金共计人民币 8959000 元（以下币种均指人民币），其中复投 1300000 元，已返还 1968227 元，未返还 5690773 元。张×违法所得 50000 元。2021 年 12 月 15 日，被告人张×主动到机关投案，并如实供述犯罪事实。由于张×犯罪以后自动投案，如实供述自己的罪行，系自首，且自愿认罪，缴纳违法所得及罚金，可以对其从轻处罚。最终，张×犯非法吸收公众存款罪，被判处有期徒刑 3 年，并处罚金人民币 5 万元。❶

裁判要旨：上述案例中，张×违反国家金融管理法规，未经批准向社会

---

❶ 参见（2022）辽 0602 刑初 96 号。

公众宣传，非法吸收资金，扰乱金融秩序，数额巨大，其行为严重损害了国家对金融信贷资金管理的法律秩序，构成非法吸收公众存款罪。

(二) 关于对内部集资和"亲友"的判断问题

根据《2022年关于审理非法集资刑事案件具体应用法律若干问题的解释》第1条的规定，未向社会公开宣传，在亲友或者单位内部针对特定对象吸收资金的，不属于非法吸收或者变相吸收公众存款。对于"亲友"的判断，尤其是亲友的亲友是否属于此处的"亲友"？对此，笔者认同的观点是，亲友的亲友对行为人而言就已经不属于具有特定关系的人，但从关系可控和适当限制非法吸收公众存款罪入罪范围的角度看，当前可采取两层关系标准（即行为人亲友的亲友），因为按照这个标准，两者之间只隔了行为人的亲友这一层关系，相互之间具有很强的可控性。但对于超出两层关系的人，则不应当认为与行为人存在特定关系，而应当认定为社会公众。❶

(三) 关于免于处罚或者不作为犯罪处理问题

针对这一问题，2010年最高人民法院刑二庭在《宽严相济在经济犯罪和职务犯罪案件审判中的具体贯彻》指出：应审慎分析判断其社会危害性，从有利于保障经济增长、维护社会稳定的角度依法准确定罪量刑。一是要准确界定非法集资与民间借贷、商业交易的政策法律界限。未经社会公开宣传，在单位职工或者亲友内部针对特定对象筹集资金的，一般可以不作为非法集资。二是要准确把握非法集资罪与非罪的界限。资金主要用于生产经营及相关活动，行为人有还款意愿，能够及时清退集资款项，情节轻微、社会危害不大的，可以免予刑事处罚或者不作为犯罪处理。此外，对于"边缘案""踩线案"、罪与非罪界限一时难以划清的案件，要从有利于促进企业生存发展，有利于保障员工生计，有利于维护社会和谐稳定的高度依法妥善处理，可定可不定的，原则上不按犯罪处理。特别对于涉及企业、公司法定代表人、技术人员因政策界限不明而实施的轻微违法犯罪，更要依法慎重处理。

---

❶ 袁彬. 社会公众的刑法规范构造及其适用：以非法吸收公众存款罪为中心 [J]. 人民司法，2020，(16)：16.

(四) 关于本罪与集资诈骗罪的区别问题

集资诈骗罪，是指以非法占有为目的，违反相关金融法律法规的规定，使用诈骗方法进行非法集资，扰乱国家正常金融秩序，侵犯公私财产所有权，且数额较大的行为。关于本罪与集资诈骗罪的界限主要表现在以下四个方面：

一是犯罪客体不同，前者的犯罪客体是国家的金融管理法律秩序，后者的犯罪客体除国家的金融管理法律秩序外，还包括公私财产所有权；二是主观目的不同，前者的主观目的是通过非法吸收公众存款而营利，实际上其吸收的资金主要也是为了生产经营，后者的主观目的是非法占有，即意图将募集到的资金据为己有；三是行为方式不同，前者的行为方式是到期还本付息，而后者并不会到期还本付息，而是采用股息、红利等"捏造事实、隐瞒真相"的欺诈手段诱骗公众投资；四是就司法实践而言，"如果单位有正常业务，经济能力强，在向社会公众筹集资金时具有偿还能力，则定非法吸收公众存款罪的可能性更大一些，但如果单位本身就是皮包公司，或者已经资不抵债，没有正常稳定的业务，则定集资诈骗罪的可能性更大一些"❶。

(五) 关于罪数形态的问题

如果行为人非法设立金融机构的目的是非法吸收公众存款，则两者存在牵连关系，根据牵连犯的法理，应当择一重罪处断；如果行为人擅自设立金融机构后，又非法吸收公众存款的，则同时构成两罪，应当数罪并罚。通过传销手段向社会公众非法吸收公众存款，构成非法吸收公众存款罪或者集资诈骗罪，同时又构成组织、领导传销活动罪的，依照处罚较重的规定定罪处罚。

(六) 关于共同犯罪的问题

本罪是否成立共同犯罪，需要注意以下问题：

根据《2019年关于办理非法集资刑事案件适用法律若干问题的意见》第4条的规定，为他人向社会公众非法吸收资金提供帮助，从中收取代理费、好处费、返点费、佣金、提成等费用，构成非法集资共同犯罪的，应当依法追

---

❶ 杨世伟，康君元. 刑法罪名规范解析 [M]. 北京：法律出版社, 2016: 302.

究刑事责任。能够及时退缴上述费用的,可依法从轻处罚;其中情节轻微的,可以免除处罚;情节显著轻微、危害不大的,不作为犯罪处理。《2022年关于审理非法集资刑事案件具体应用法律若干问题的解释》第12条的规定,明知他人从事非法吸收公众存款等集资犯罪活动,为其提供广告等宣传的,以相关犯罪(非法吸收公众存款罪)的共犯论处。

(七)关于行政认定对刑法适用的影响

关于行政认定对刑法适用的影响,根据《2014年关于办理非法集资刑事案件适用法律若干问题的意见》第1条的规定,(1)行政部门对于非法集资的性质认定,不是非法集资刑事案件进入刑事诉讼程序的必经程序。行政部门未对非法集资作出性质认定的,不影响非法集资刑事案件的侦查、起诉和审判。(2)公安机关、人民检察院、人民法院应当依法认定案件事实的性质,对于案情复杂、性质认定疑难的案件,可参考有关部门的认定意见,根据案件事实和法律规定作出性质认定。

(八)关于犯罪数额的认定问题

对于非法吸收公众存款罪的犯罪数额,需要注意"正""反"两个方面的认定:

一方面,应当计入犯罪数额的认定。根据《2019年关于办理非法集资刑事案件若干问题的意见》第5条的规定:非法吸收或者变相吸收公众存款构成犯罪,具有下列情形之一的,向亲友或者单位内部人员吸收的资金应当与向不特定对象吸收的资金一并计入犯罪数额:(1)在向亲友或者单位内部人员吸收资金的过程中,明知亲友或者单位内部人员向不特定对象吸收资金而予以放任的;(2)以吸收资金为目的,将社会人员吸收为单位内部人员,并向其吸收资金的;(3)向社会公开宣传,同时向不特定对象、亲友或者单位内部人员吸收资金的。非法吸收或者变相吸收公众存款的数额,以行为人所吸收的资金全额计算。集资参与人收回本金或者获得回报后又重复投资的数额不予扣除,但可以作为量刑情节酌情考虑。

另一方面,不应当计入犯罪数额的认定。根据2017年6月1日最高人民检察院公诉厅《关于办理涉互联网金融犯罪案件有关问题座谈会纪要》的规定,负责或从事吸收资金行为的犯罪嫌疑人非法吸收公众存款金额,根据其实际参与吸收的全部金额认定。但以下金额不应计入该犯罪嫌疑人的吸收金额：（1）犯罪嫌疑人自身及其近亲属所投资的资金金额；（2）记录在犯罪嫌疑人名下，但其未实际参与吸收且未从中收取任何形式好处的资金。吸收金额经过司法会计鉴定的，可以将前述不计入部分直接扣除。但是，前述两项所涉金额仍应计入相对应的上一级负责人及所在单位的吸收金额。

（九）关于对单位犯罪的认定及处理问题

一方面，关于单位犯罪的认定，根据《2019年关于办理非法集资刑事案件若干问题的意见》第2条的规定，单位实施非法集资犯罪活动，全部或者大部分违法所得归单位所有的，应当认定为单位犯罪。个人为进行非法集资犯罪活动而设立的单位实施犯罪的，或者单位设立后，以实施非法集资犯罪活动为主要活动的，不以单位犯罪论处，对单位中组织、策划、实施非法集资犯罪活动的人员应当以自然人犯罪依法追究刑事责任。判断单位是否以实施非法集资犯罪活动为主要活动，应当根据单位实施非法集资的次数、频度、持续时间、资金规模、资金流向、投入人力物力情况、单位进行正当经营的状况、犯罪活动的影响及后果等因素综合考虑认定。另一方面，关于对单位犯罪的处理，根据《2019年关于办理非法集资刑事案件若干问题的意见》第3条的规定，办理非法集资刑事案件中，人民法院、人民检察院、公安机关应当全面查清涉案单位，包括上级单位（总公司、母公司）和下属单位（分公司、子公司）的主体资格、层级、关系、地位、作用、资金流向等，区分情况依法作出处理。（1）上级单位已被认定为单位犯罪，下属单位实施非法集资犯罪活动，且全部或者大部分违法所得归下属单位所有的，对该下属单位也应当认定为单位犯罪。上级单位和下属单位构成共同犯罪的，应当根据犯罪单位的地位、作用，确定犯罪单位的刑事责任。（2）上级单位已被认定为单位犯罪，下属单位实施非法集资犯罪活动，但全部或者大部分违法所得归上级单位所有的，对下属单位不单独认定为单位犯罪。下属单位中涉嫌犯罪的人员，可以作为上级单位的其他直接责任人员依法追究刑事责任。（3）上级单位未被认定为单位犯罪，下属单位被认定为单位犯罪的，对上级单位中组织、策划、实施非法集资犯罪的人员，一般可以与下属单位按照自然人与单位共同犯罪处理。（4）上级单位与下属单位均未被认定为单位犯罪的，一般以上级单位与下属单位中承担组织、领导、管理、协调职责的主管人员和发挥主要作用的人员作为主犯，以其他积极参加非法集资犯罪的人员作为从犯，按照自然人共同犯罪处理。

三、非法吸收公众存款罪的刑事责任

根据《刑法》第176条的规定，非法吸收公众存款或者变相吸收公众存款，扰乱金融秩序的，处三年以下有期徒刑或者拘役，并处或者单处罚金；数额巨大或者有其他严重情节的，处三年以上十年以下有期徒刑，并处罚金；数额特别巨大或者有其他特别严重情节的，处十年以上有期徒刑，并处罚金。单位犯前款罪的，对单位判处罚金，并对其直接负责的主管人员和其他直接责任人员，依照前款的规定处罚。有前两款行为，在提起公诉前积极退赃退赔，减少损害结果发生的，可以从轻或者减轻处罚。

（一）法定刑的设置

非法吸收公众存款罪规定了三档法定刑，具体包括：

1. 基础法定刑

三年以下有期徒刑或者拘役，并处或者单处罚金。

2. 加重法定刑

（1）数额巨大或者有其他严重情节的，处三年以上十年以下有期徒刑，并处罚金。[1]

（2）数额特别巨大或者有其他特别严重情节的，处十年以上有期徒刑，并处罚金。[2] 在《刑法修正案（十一）》修改本罪后，"数额特别巨大"的标

---

[1] 根据《2022年关于审理非法集资刑事案件具体应用法律若干问题的解释》第4条的规定，具有下列情形之一的，应当认定为《刑法》第176条规定的"数额巨大或者有其他严重情节"：（1）非法吸收或者变相吸收公众存款数额在500万元以上的；（2）非法吸收或者变相吸收公众存款对象500人以上的；（3）非法吸收或者变相吸收公众存款，给存款人造成直接经济损失数额在250万元以上的。非法吸收或者变相吸收公众存款数额在250万元以上或者给存款人造成直接经济损失数额在150万元以上，同时具有本解释第3条第2款第3项情节的，应当认定为"其他严重情节"。

[2] 根据《2022年关于审理非法集资刑事案件具体应用法律若干问题的解释》第5条的规定，具有下列情形之一的，应当认定为刑法第176条规定的"数额特别巨大或者有其他特别严重情节"：（1）非法吸收或者变相吸收公众存款数额在5000万元以上的；（2）非法吸收或者变相吸收公众存款对象5000人以上的；（3）非法吸收或者变相吸收公众存款，给存款人造成直接经济损失数额在2500万元以上的。非法吸收或者变相吸收公众存款数额在2500万元以上或者给存款人造成直接经济损失数额在1500万元以上，同时具有本解释第3条第2款第3项情节的，应当认定为"其他特别严重情节"。另见赵秉志.《刑法修正案（十一）》理解与适用［M］.北京：中国人民大学出版社，2021：138

准一直未确定，可以说，2022年《非法集资案件解释》非常及时地解决了这一问题，为司法实践的定罪量刑提供了依据。

（二）特别从宽设置

《刑法修正案（十一）》在《刑法》第176条第3款设置了非法吸收公众存款罪的特别从宽条款，行为人在提起公诉前积极退赃退赔，减少损害结果发生的，可以从轻或者减轻处罚。

1. 特别从宽的条件

第一，时间要求发生在"提起公诉前"；第二，行为要求做到"积极退赃退赔"；第三，效果要求实现"减少损害结果发生"。

2. 特别从宽的意义

设置特别从宽条件，在理论意义上实现了酌定量刑情节的法定化，在实践意义上则能够最大限度地促使行为人积极退赔退赃，避免难以挽回的损失。❶

（三）对单位犯罪的处理

对单位犯罪适用双罚制：单位犯前款罪的，对单位判处罚金，并对其直接负责的主管人员和其他直接责任人员，根据案件的具体情况，依照前款个人犯此罪的量刑档次进行处罚。❷ 需要注意的是，单位犯非法吸收公众存款罪的，适用《2022年关于审理非法集资刑事案件具体应用法律若干问题的解释》中自然人犯罪的定罪量刑标准，对单位判处罚金，并对其直接负责的主管人员和其他直接责任人员定罪处罚。在这之前，非法吸收公众存款罪中单

---

❶ 《2022年关于审理非法集资刑事案件具体应用法律若干问题的解释》第6条的规定，非法吸收或者变相吸收公众存款的数额，以行为人所吸收的资金全额计算。在提起公诉前积极退赃退赔，减少损害结果发生的，可以从轻或者减轻处罚；在提起公诉后退赃退赔的，可以作为量刑情节酌情考虑。非法吸收或者变相吸收公众存款，主要用于正常的生产经营活动，能够在提起公诉前清退所吸收资金，可以免予刑事处罚；情节显著轻微危害不大的，不作为犯罪处理。对依法不需要追究刑事责任或者免予刑事处罚的，应当依法将案件移送有关行政机关。

❷ 根据《2022年关于审理非法集资刑事案件具体应用法律若干问题的解释》第14条的规定，单位实施非法吸收公众存款、集资诈骗犯罪的，依照本解释规定的相应自然人犯罪的定罪量刑标准，对单位判处罚金，并对其直接负责的主管人员和其他直接责任人员定罪处罚。

位犯罪与个人犯罪标准不统一的问题颇受质疑，《2022年关于审理非法集资刑事案件具体应用法律若干问题的解释》不再区分自然人犯罪和单位犯罪的处罚标准，而是适用统一的处罚标准，其背后体现的是对单位犯非法吸收公众存款罪的从严处置。

（四）关于涉案财物的追缴和处置

应根据《2014年关于办理非法集资刑事案件适用法律若干问题的意见》第5条的规定视不同情况分别追缴和处置：

1. 向社会公众非法吸收的资金属于违法所得

以吸收的资金向集资参与人支付的利息、分红等回报，以及向帮助吸收资金人员支付的代理费、好处费、返点费、佣金、提成等费用，应当依法追缴。集资参与人本金尚未归还的，所支付的回报可予折抵本金。

2. 将非法吸收的资金及其转换财物用于清偿债务或者转让给他人

将非法吸收的资金及其转换财物用于清偿债务或者转让给他人，有下列情形之一的，应当依法追缴：（1）他人明知是上述资金及财物而收取的；（2）他人无偿取得上述资金及财物的；（3）他人以明显低于市场的价格取得上述资金及财物的；（4）他人取得上述资金及财物系源于非法债务或者违法犯罪活动的；（5）其他依法应当追缴的情形。

3. 查封、扣押、冻结的易贬值及保管、养护成本较高的涉案财物处理

关于查封、扣押、冻结的易贬值及保管、养护成本较高的涉案财物，可以在诉讼终结前依照有关规定变卖、拍卖。所得价款由查封、扣押、冻结机关予以保管，待诉讼终结后一并处置。查封、扣押、冻结的涉案财物，一般应在诉讼终结后，返还集资参与人。涉案财物不足全部返还的，按照集资参与人的集资额比例返还。除此之外，根据《2019年关于办理非法集资刑事案件若干问题的意见》的规定，退赔集资参与人的损失一般优于其他民事债务以及罚金、没收财产的执行。

第七节　骗取贷款、票据承兑、金融票证罪

一、骗取贷款、票据承兑、金融票证罪的概念和犯罪构成

根据《刑法》第175条之一的规定，骗取贷款、票据承兑、金融票证罪，是指以欺骗手段取得银行或者其他金融机构贷款、票据承兑、信用证、保函等，给银行或者其他金融机构造成重大损失的行为。

本罪的犯罪构成：

（一）客体要件

本罪的客体要件是国家关于金融机构贷款、票据承兑、信用证、保函等金融市场票证管理的法律秩序。

（二）客观要件

本罪的客观要件表现为以欺骗手段取得银行或其他金融机构贷款、票据承兑、信用证、保函等，给银行或者其他金融机构造成重大损失的行为。本罪的客观要件，具体由以下两部分构成：

1. 以欺骗手段取得银行或者其他金融机构贷款、票据承兑、信用证、保函等

犯罪对象是银行或其他金融机构贷款、票据承兑、信用证、保函等。"欺骗手段"是指行为人采用虚构事实或者隐瞒真相的方法，骗取银行或其他金融机构的信任，使其在发生错误认识的情况下给予贷款、票据承兑，或者发放信用证或者保函等。具体而言：（1）骗取贷款指以编造引进资金、项目等虚假理由，使用虚假的经济合同、虚假的证明文件、虚假的产权证明做担保或超出抵押物价值重复担保等方式骗取银行或者其他金融机构贷款。（2）骗取票据承兑指未达到票据承兑的条件和要求时，通过提供虚假材料等手段达到这些条件和要求，骗取金融机构的票据承兑，继而套取资金使用。（3）骗取信用证指未达到开信用证的条件和要求时，通过提供虚假材料等手段达到这些条件和要求，从银行骗开信用证，套取银行支付的垫款使用，或者申请进口押汇，套取银行短期贷款使用。（4）骗取保函指未达到开立保函

的条件和要求时，通过提供虚假材料、隐瞒事实真相等手段达到这些条件和要求，从银行等金融机构骗开保函，套取银行支付的赔付款项使用。❶ 对于欺骗行为的认定，需要注意的是，只有在对金融机构发放贷款、出具保函等起到重要作用的方面有欺骗行为，才能认定本罪。❷ 也就是说，应当将本罪的欺骗手段限于可能严重影响银行对借款人资信状况，特别是还款能力加以判断的实质性事项，就这类事项进行欺骗才会影响金融机构放贷时的自由决策，如果金融机构知晓相关真实情况，就会基于风险控制等考虑而不予发放贷款。❸

2. 给银行或者其他金融机构造成重大损失

根据《2022年关于公安机关管辖的刑事案件立案追诉标准的规定（二）》第22条的规定，以欺骗手段取得银行或者其他金融机构贷款、票据承兑、信用证、保函等，给银行或者其他金融机构造成直接经济损失数额在五十万元以上的，应予立案追诉。

（三）主体要件

本罪的主体要件是一般主体，即已满16周岁、具有刑事责任能力的自然人和单位。

（四）主观要件

本罪的主观要件是犯罪故意。即行为人明知其以欺骗手段取得银行或者其他金融机构贷款、票据承兑、信用证、保函等行为会发生损害国家关于金融机构贷款、票据承兑、信用证、保函等金融市场票证管理的法律秩序的危害结果，仍然希望或者放任这种危害结果发生的心理态度。

二、骗取贷款、票据承兑、金融票证罪法律适用中的疑难问题

（一）关于罪与非罪的界限问题

骗取贷款、票据承兑、金融票证行为必须造成"重大损失"，否则不构成

---

❶ 李永升. 金融刑法增补型犯罪研[M]. 北京：法律出版社，2014：23-24.
❷ 张明楷. 刑法学[M]. 6版. 北京：法律出版社，2021：995.
❸ 周光权. 骗取贷款罪中的"给金融机构造成损失"[N]. 法治日报，2021-6-23.

犯罪。

例如，在"江××贷款诈骗案"❶中，经查明，2012年1月6日，被告人江××作为某投资集团有限公司的法定代表人，以公司名义向某小额贷款股份有限公司（简称小贷公司）申请贷款用于购买钢材，并提供了与某实业有限公司虚假签订的钢材供销合同，虚报公司财务状况。同年1月13日，江××公司取得小贷公司贷款人民币（以下币种同）60万元后，即用于归还其公司及其控股的其他公司的贷款和债务。同年2月至7月，公司支付利息61.72万元，其余款息至今仍未归还，给小贷公司造成损失538.28万元。2013年3月1日，江××经公安机关电话通知后主动到案，并如实供述了上述事实。由于被告单位及被告人均具有自首情节，依法可以减轻处罚。最终，江××公司犯骗取贷款罪，判处罚金10万元；江××犯骗取贷款罪，被判处有期徒刑2年，并处罚金6万元；追缴被告单位及被告人的违法所得发还被害单位小贷公司。

裁判要旨： 在上述案例中，被告单位及其直接负责的主管人员被告人江××以欺骗手段取得金融机构贷款，给金融机构造成特别重大损失，其行为严重损害了国家关于金融机构贷款、票据承兑、信用证、保函等金融市场票证管理的法律秩序，构成骗取贷款罪。

需要注意的是，由于《刑法修正案（十一）》删去了"或者有其他严重情节"的规定，因而上述立案追诉标准中的"（1）以欺骗手段取得贷款、票据承兑、信用证、保函等，数额在一百万元以上的；（2）虽未达到上述数额标准，但多次以欺骗手段取得贷款、票据承兑、信用证、保函等"将不再适用。《刑法》上设立骗取贷款罪的目的在于保证银行等金融机构信贷资金的放贷安全。在该条的司法解释没有出台之前，依据相关追诉标准规定，以欺骗手段取得贷款等的数额在100万元以上的应予立案追诉，这样的规定使该罪在司法实践中的打击面过宽，主要体现在刑事立案上偏重于放出贷款金额的"唯数额论"，片面地看重加害人提供不真实的申请贷款材料之欺骗行为，不全面考察造成银行放出的贷款处于风险的原因等，由此导致该罪的扩大适用❷，骗取贷款罪已经在一定程度上成为贷款类犯罪的"口袋罪"。

---

❶ 参见（2014）沪一中刑终字第146号。
❷ 王新. 骗取贷款罪的适用问题和教义学解析[J]. 政治与法律，2019（10）：42.

以骗取贷款罪为例，在目前保护民营企业，解决中小企业融资难、融资贵问题的背景下，这就可能会对融资产生一定的副作用。正是考虑到这些现实情况，《刑法修正案（十一）》进行了平衡，取消情节犯的入罪门槛。❶ 司法实践也表明，在申请银行贷款时资料有虚假成分，既有申请人方面的原因，也有贷款政策、银行审查不严等方面的原因，不宜仅以行为定罪，而应当限定在发生实际损失后果的情形。这样，还可以将有还款能力的单位骗取贷款、票据承兑、金融票证行为排除出该罪的犯罪圈。以往受政策或者体制的影响，民营企业存在"融资门槛高""融资难"的现象，一些企业因生产经营需要在融资过程中会出现一些违规借贷或者融资行为。如果不分析具体情况，不考虑行为时的相关国家政策，一概将相关的违规行为作为犯罪处理，将会对民营企业的发展产生不良的外部影响。❷

（二）关于本罪重大损失的认定问题

《刑法修正案（十一）》修订后，意味着只有出现"银行或其他金融机构重大损失"这一实害结果时才能入罪。因此，"银行或其他金融机构重大损失"是一个客观标准，指的行为直接造成的积极损失，如贷款无法追回，银行由于出具的信用证所承担的还款或者付款等实际经济损失。对于"重大损失"的认定，需要注意以下问题：

一是对于"重大损失"的判断时点和标准不能过于拘泥，不能要求穷尽一切法律手段后才确定是否造成损失，如行为人采取欺骗手段取得贷款，不能按期归还资金，也没有提供有效担保，就应认定给银行等金融机构造成重大损害，而不能要求银行等在采取诉讼等法律手段追偿行为人房产等不能清偿之后，才判定其造成重大损失。二是根据 2009 年《最高人民法院刑事审判第二庭关于针对骗取贷款、票据承兑、金融票证罪和违法发放贷款罪立案追诉标准的意见》，不良贷款根据不同的标准划分为不同的级别，根据目前国有商业银行、股份制商业银行实行的贷款五级分类制，商业贷款分为正常、关注、次级、可疑、损失五类，其中后三类称为不良贷款，各个级别的风险程度也有差别。不宜一概以金融机构出具的"形成不良贷款"的结论来认定

---

❶ 朱宁宁. 防范化解金融风险维护资本市场稳定 [N]. 法治日报，2021-01-1.
❷ 商浩文. 最新刑法修正案关于企业产权保护的亮点解读 [N]. 中华工商时报，2020-7-09.

"造成重大损失"。例如，达到不良贷款"次级"的贷款，虽然借款人的还款能力出现明显问题，依靠其正常经营收入已无法保证足额偿还本息，但如果有他人为之提供担保的，银行仍然可以通过民事诉讼实现债权。

同时意见，如果银行或者其他金融机构仅仅出具"形成不良贷款数额"的结论，不宜认定为"重大经济损失数额"。不良贷款尽管"不良"但不一定形成了既成的损失，不宜把形成不良贷款数额等同于"重大经济损失数额"。同时，金融机构的重大损失，一定是指具有终局性的、现实的损失。如果贷款已经得到清偿，或者贷款有足额担保，或者贷款在案发时未到期，就不存在金融机构的重大损失。❶

（三）关于本罪与贷款诈骗罪、票据诈骗罪、信用证诈骗罪的界限问题

由于本罪与后三种犯罪的法定刑差距巨大，因而司法实践中需要审慎地区分上述罪名。❷ 对此，区分的关键在于是否具有非法占有的目的，前者没有非法占有的目的，而后三者具有非法占有的目的。根据2001年《全国法院审理金融犯罪案件工作座谈会纪要》的规定，在司法实践中，认定是否具有非法占有的目的，应当坚持主客观相一致的原则，既要避免单纯根据损失结果客观归罪，也不能仅凭被告人自己的供述，而应当根据案件具体情况具体分析。对于行为人通过诈骗的方法非法获取资金，造成数额较大资金不能归还，并具有下列情形之一的，可以认定为具有非法占有的目的：（1）明知没有归还能力而大量骗取资金的；（2）非法获取资金后逃跑的；（3）肆意挥霍骗取资金的；（4）使用骗取的资金进行违法犯罪活动的；（5）抽逃、转移资金，隐匿财产，以逃避返还资金的；（6）隐匿、销毁账目，或者搞假破产、假倒闭，以逃避返还资金的；（7）其他非法占有资金、拒不返还的行为。但是，在处理具体案件的时候，对于有证据证明行为人不具有非法占有目的的，不能单纯因财产不能归还就按金融诈骗罪处罚。此外，前者既可以由自然人构

---

❶ 比如担保物真实、足额的情形。对于贷款发放而言，是否有担保对于保障金融机构资金安全具有决定性意义。被告人在取得贷款后即便改变贷款用途，且逾期未还款的，如果其所提供的担保物真实，客观上就不可能给金融机构造成终局性的重大损失，即便金融机构将担保物"变现"需要经过提起民事诉讼等程序，也不能就此认定其有重大损失。对于贷款资料有假或者贷款用途被改变，但并没有虚构担保单位、虚设抵押物的，不构成本罪。详见周光权. 骗取贷款罪中的"给金融机构造成损失"[N]. 法治日报，2021-6-23.

❷ 比如，骗取贷款罪的最高法定刑为7年，但贷款诈骗罪的最高法定刑为无期徒刑。

成,也可以由单位构成,后三者只能由自然人构成。

(四)关于本罪罪数形态的问题

行为人为了取得银行或其他金融机构贷款、票据承兑、信用证、保函等,实施了伪造、变造金融票证的行为,同时构成伪造、变造金融票证罪的,按照牵连犯的法理,应当择一重罪处断。同理,行为人为了取得银行或其他金融机构贷款、票据承兑、信用证、保函等,实施了伪造国家机关公文、印章或公司、企业、事业单位的印章的行为,同时构成伪造国家机关公文、印章罪或伪造公司、企业、事业单位印章罪,按照牵连犯的法理,也应当择一重罪处断。

三、骗取贷款、票据承兑、金融票证罪的刑事责任

根据《刑法》第175条之一的规定,以欺骗手段取得银行或者其他金融机构贷款、票据承兑、信用证、保函等,给银行或者其他金融机构造成重大损失的,处三年以下有期徒刑或者拘役,并处或者单处罚金;给银行或者其他金融机构造成特别重大损失或者有其他特别严重情节的,处三年以上七年以下有期徒刑,并处罚金。单位犯前款罪的,对单位判处罚金,并对其直接负责的主管人员和其他直接责任人员,依照前款的规定处罚。

(一)法定刑的设置

骗取贷款、票据承兑、金融票证罪规定了两档法定刑,具体包括:

1. 基础法定刑

给银行或者其他金融机构造成重大损失的,处三年以下有期徒刑或者拘役,并处或者单处罚金。

2. 加重法定刑

给银行或者其他金融机构造成特别重大损失的或者有其他特别严重情节的,处三年以上七年以下有期徒刑,并处罚金。

(二)单位犯罪的处罚

对单位犯罪适用双罚制:单位犯前款罪的,对单位判处罚金,并对其直

接负责的主管人员和其他直接责任人员,根据案件的具体情况,依照前款个人犯此罪的量刑档次进行处罚。

第八节 本章之罪的立法完善论要

本节从犯罪构成和刑事责任设定两个方面,对擅自设立金融机构罪,伪造、变造、转让金融机构经营许可证、批准文件罪,高利转贷罪,违法发放贷款罪,吸收客户资金不入账罪,非法吸收公众存款罪以及骗取贷款、票据承兑、金融票证罪七个具体罪名扼要提出立法完善建议。

一、共性问题的完善建议

1. 将虚拟的金融机构(平台)纳入刑法的规制和保护范围

根据《刑法》的规定,金融机构仅仅指的是实体的金融机构。但目前存在着未经有关部门审核和批准的互联网金融平台,发布形式各样的理财产品,承诺给予投资者以高于银行等金融机构数倍利率的保本付息高额回报,或者从事放贷业务等行为。因此,为了有效地维护互联网金融管理秩序,刑法应将其纳入本罪的规制范围。

鉴于此,伪造、变造、转让金融机构经营许可证、批准文件罪中的金融机构经营许可证、批准文件的范围也应扩大到线上办理电子版的商业银行、证券交易所、期货交易所、证券公司、期货经纪公司、保险公司或其他金融机构的经营许可证或者批准文件,将伪造、变造、转让电子版的金融机构经营许可证、批准文件纳入刑法规定中。同时,将伪造、变造虚拟金融机构的经营许可证、批准文件也纳入刑法的调整范围。

2. 罚金刑修改为比例罚金制

理由是:(1)数额罚金制的特点是明确且具体,有利于行为人的预测可能性。但其弊端也非常明显:一方面,其无法应对物价上涨、经济发展等客观因素导致的刑法规定的不适应性;另一方面,其难以准确匹配犯罪行为的危害程度,导致罚金数额远低于犯罪数额或者获利数额。(2)假如立法设定为无限罚金,再通过具体的司法解释将罚金刑进一步细化,那么既有助于保持刑法典的稳定，又能使罚金刑保持与时俱进的动态调整（因为司法解释的修订程序简单，可以适时修订）。但是，无限罚金制确实是不符合罪刑法定原则，而且，司法解释将罚金刑具体化，不符合立法法的规定，有越权、越位之嫌。（3）既要保证立法的适应性（不至于因物价上涨是数额罚金落伍），又要贯彻罪刑法定原则的明确性要求，因此比例罚金制将是最好的选择，即按照一定数额的倍数或者百分数来确定罚金数额。因此，未来应当将本罪的罚金刑由"数额罚金制"修改为"比例罚金制"。

具体而言，应该以实行行为对象数额或者非法获利数额（违法所得数额）为计量依据，处以行为对象数额或者非法获利数额的二倍或者三倍罚金。之所以是二倍或者三倍而不是其他，是考虑到民法规定的惩罚性赔偿多为被侵权人损失或者非法所得的二倍，刑事责任不应低于民事责任，因而处以实行行为对象数额或者非法获利数额（违法所得数额）的二倍或者三倍罚金，具有合理性。

二、具体个罪的立法完善要点

1. 高利转贷罪的立法完善建议

高利贷是以借贷为基础，放贷人往往乘人之危而放贷，在极高的利息中攫取重利。它虽也是一种私人借贷关系，但在性质上与一般民间贷款不同：它是剥削制度的产物，是一种残酷的剥削行为，它以手头据有的货币作为高利生息资本，在货币原有数额和价值不变的情况下，使货币不断增殖滚利，带来剩余价值❶。关于高利转贷罪的立法完善，主要是完善其单位犯罪。关于本罪的单位犯罪，现行《刑法》只有一个法定刑档次，应该增设为两个法定刑档次，以免自然人犯罪通过"投机取巧"，被歪曲地认定为单位犯罪，从而逃避刑事打击。

2. 吸收客户资金不入账罪的立法完善建议

关于吸收客户资金不入账罪的立法完善建议是单独成立金融类背信犯罪。背信是通过滥用本人所赋予的法定代理权而给本人造成财产损失；后者认为背信是通过违背与本人之间所存在的信任关系而造成财产损失。❷ 实践中，对

---

❶ 王昌学. 当代中国经济刑法研究 [M]. 西安：陕西人民出版社，2018：435.
❷ 山口厚. 刑法各论 [M]. 2 版. 王昭武译. 北京：中国人民大学出版社，2011：388.

于"飞单"售卖其他理财产品的情形,无论是吸收客户资金不入账罪还是非法吸收公众存款罪都无法对其予以充分评价,从事实上看其行为符合背信运用受托财产罪的客观方面,但由于主体条件不符合而不能适用。鉴于金融类背信行为的广泛严重危害性和相应刑法规制的缺失,有必要增补金融类背信行为的犯罪。理财产品"飞单"行为所带来的不仅仅是资金损失,还有给商业银行等传统金融机构带来的信誉上的损害,甚至可能发生挤兑风险。理财产品"飞单"案等负面的背信事件频发也会影响投资者对理财市场的信心,给理财市场发展带来消极影响。背信损害上市公司利益罪和背信运用受托财产罪在《刑法修正案(六)》中确立。对于特殊主体背信行为的打击,也为加重保护一般主体信赖关系和诚实信用义务奠定了立法和司法基础。❶ 在国外立法上,如《日本刑法》第247条的背信罪:"为他人处理事务的人,以谋求自己或者第三人的利益或者损害委托人的利益为目的,实施违背其任务的行为,给委托人造成财产损失的,处五年以下惩役或者50万元以下的罚金。"❷ 因此,在关于吸收客户资金不入账罪的完善建议上,笔者认为,对于这种理财产品"飞单"行为,应当从吸收客户资金不入账罪中分离出来,单独成立金融类背信犯罪,以此更加全面维护金融机构的管理秩序。

3. 非法吸收公众存款罪的立法完善建议

非法吸收公众存款罪立法存在的主要问题:第一,"口袋罪"立法模式导致泛罪化。非法集资类案件对应下列7个具体的罪名:擅自设立金融机构罪,集资诈骗罪,非法吸收公众存款罪,欺诈发行股票、债券罪,擅自发行股票、公司、企业债券罪,组织、领导传销活动罪,非法经营罪。非法吸收公众存款罪是这一罪名体系的构成部分,由于立法的缺陷,规定过于简单、构成要件的外延过大,在打击非法集资行为中被当作一个大口袋,出现了泛罪化的问题。其具体表现为:司法解释将公众存款扩大解释为社会资金,行政法中非法集资概念有扩张倾向,延伸到了刑法领域,合法民间借贷行为的生存空间被严重压缩。第二,非法吸收公众存款罪个别概念不清晰。比如未理清"公众"的范围,对"存款"的界定存在偏差,以及未明确"向社会公开宣传"的含义。第三,非法吸收公众存款罪的入罪标准过低。最明显的表现就

---

❶ 赵翼廷. 理财产品"飞单"的刑法规制研究[D]. 北京:北京交通大学,2021.
❷ 日本刑法典[M]. 2版. 张明楷. 北京:法律出版社,2006:88.

是入罪数额偏低,如根据《2022年关于审理非法集资刑事案件具体应用法律若干问题的解释》第3条的规定,个人非法吸收或者变相吸收公众存款,数额在20万元以上的就构成该罪。第四,非法吸收公众存款罪刑罚设置不合理,比如资格刑缺位的问题。鉴于此,完善非法吸收公众存款罪的建议有:首先,叙明罪状,对非法吸收公众存款罪的行为方式、对象、危害结果进行详细的规定,从而减少"口袋罪"的泛化现象;其次,理清"公众"的范围,重新对"存款"进行界定消除存在偏差,以及明确"向社会公开宣传"的含义;再次,提高非法吸收公众存款罪的入罪标准;最后,增加资格刑。金融类犯罪更多地对主体资格具有要求,对于具有特殊主体资格的行为人从事非法吸收公众存款的行为,在自由刑执行完毕之后,可以增加资格刑,禁止其在一段时间内或者终身从事该职业,从而更加严厉地打击非法吸收公众存款的行为。

4. 骗取贷款、票据承兑、金融票证罪的完善建议

《刑法修正案(十一)》修正了骗取贷款、票据承兑、金融票证罪的入罪标准,删除了"有其他严重情节的"入罪标准,只保留了"给银行或者其他金融机构造成重大损失的"入罪标准。但是,这一修正存在着缺陷:刑法对本罪规定了基本犯和加重犯,既然已经在基本犯中将"其他严重情节的"删去,那么,就没有理由还在加重犯中保留"有其他特别严重情节的"之情节加重标准。这一规定为司法实践留下了隐患,因为实践中只要存在着"有特别严重情形",就存在"严重情形"。既然"严重情形"不能入罪,那么,"有其他特别严重情节的",也不能提高法定刑档次。因此,不应在基本犯的入罪门槛中删除"有其他严重情节的"入罪标准。

第四章
破坏金融票证、有价证券管理秩序罪的法教义学解读和立法完善论要

在市场经济活动中，金融票证和有价证券对于加速资金周转、提高社会资金使用效益，及时进行商品交易、促进商品流通，及时清结债权债务，节省流通费用以及规范商业信用等具有重要意义。金融票证和有价证券的发展需要有序的管理秩序。破坏金融票证、有价证券管理秩序犯罪，是指违反国家对金融票证、有价证券管理的管理法规，扰乱国家对金融票证和有价证券管理的法律秩序，情节严重的行为。本章对伪造、变造金融票证罪，妨害信用卡管理罪，窃取、收买、非法提供信用卡信息罪，伪造、变造国家有价证券罪，违规出具金融票证罪以及对违法票据承兑、付款、保证罪六个具体的破坏金融票证、有价证券管理秩序犯罪展开法教义学解读，并扼要提出相应具体完善建议，以期为司法实践和理论研究发挥参考作用。

为了正确适用法律，严惩破坏金融票证、有价证券管理秩序的犯罪行为，最高司法机关自2009年以来先后出台了四部司法解释：（1）2009年《最高人民法院、最高人民检察院关于办理妨害信用卡管理刑事案件具体应用法律若干问题的解释》，以下简称《2009年关于办理妨害信用卡管理刑事案件具体应用法律若干问题的解释》。（2）2016年《最高人民法院、最高人民检察院、公安部关于办理电信网络诈骗等刑事案件适用法律若干问题的意见》，以下简称《2016年关于办理电信网络诈骗等刑事案件适用法律若干问题的意见》。（3）2018年《最高人民法院、最高人民检察院关于修改〈关于办理妨害信用卡管理刑事案件具体应用法律若干问题的解释〉的决定》，以下简称

《2018年关于办理妨害信用卡管理刑事案件具体应用法律若干问题的解释》。(4) 2022年《最高人民检察院、公安部关于公安机关管辖的刑事案件立案追诉标准的规定（二）》，以下简称《2022年关于公安机关管辖的刑事案件立案追诉标准的规定（二）》。

第一节 伪造、变造金融票证罪

一、伪造、变造金融票证罪的概念和犯罪构成

根据《刑法》第177条的规定，伪造、变造金融票证罪，是指违反金融票证管理法律法规，伪造、变造金融票据的行为。

本罪的犯罪构成：

（一）客体要件

本罪的客体要件是国家对金融票证发行管理的法律秩序。金融票证是金融机构从事金融活动的重要工具。设立票据权利是伪造票据行为的实行行为，而对已经设立的票据权利的内容的改变，是变造票据行为的实质。因此，任何伪造、变造金融票证的行为都是对金融法律法规的违反，是对国家金融票证发行管理法律秩序的破坏。

（二）客观要件

本罪的客观要件表现为违反金融票证管理法律法规，伪造、变造金融票证，情节严重的行为。本罪的客观要件，具体由以下三部分构成：

1. 违反有关金融票证管理的法律法规

本罪所违反的有关金融票证管理法律法规主要包括《银行法》《银行业监督管理法》《商业银行法》《证券法》《保险法》和《票据法》等。这些法律法规分别针对银行业、证券业、保险业等金融行业进行了详细规定，共同构成了我国金融行业的法律体系，对于确保金融市场的公平、透明和规范，规范金融市场的运行，保护投资者的合法权益以及维护金融市场的稳定和健康

发展具有重要意义。伪造、变造金融票证罪正是违反了上述有关金融票证管理法律法规，破坏了国家关于金融票证发行管理的法律秩序。

2. 行为方式包括以下几种情况

（1）伪造、变造汇票、本票、支票的行为；（2）伪造、变造委托收款凭证、汇款凭证、银行存单等其他银行结算凭证的行为；（3）伪造、变造信用证或者附随的单据、文件的行为；（4）伪造信用卡的行为。行为人采用伪造、变造的方式伪造、变造各种金融票证其实是为了创设一种原本就没有的权利，非法获取利益。因此，伪造金融票证，是指依照真实的汇票、本票或者支票的形式、图案、颜色、格式等，通过印刷、复印、拓印、绘制等制作方法非法制造票据的行为，或者假冒他人的名义在票据上为一定票据行为的行为。变造金融票证，是指行为人在真实的汇票、本票或者支票的基础上或以真实的票据为基本材料，通过剪接、挖孔、覆盖、涂改等方法，对票据的主要内容非法加以改变的行为；其实质是对已经设立的票据权利的内容的改变。

3. 伪造、变造行为情节严重

根据《2022年关于公安机关管辖的刑事案件立案追诉标准的规定（二）》第24条规定，伪造、变造金融票证，涉嫌下列情形之一的，应予立案追诉：（1）伪造、变造汇票、本票、支票，或者伪造、变造委托收款凭证、汇款凭证、银行存单等其他银行结算凭证，或者伪造、变造信用证或者附随的单据、文件，总面额在一万元以上或者数量在十张以上的；（2）伪造信用卡一张以上，或者伪造空白信用卡十张以上的。

（三）主体要件

本罪的主体要件是一般主体，即已满16周岁、具有刑事责任能力的自然人和单位。

（四）主观要件

本罪的主观要件是犯罪故意，即行为人明知其伪造、变造金融票据的行为会发生损害国家关于金融票证发行管理的法律秩序的危害结果，仍然希望或者放任这种危害结果发生的心理态度。

二、伪造、变造金融票证罪法律适用中的疑难问题

（一）关于罪与非罪的界限问题

伪造、变造金融票证行为必须达到"情节严重"，否则不构成犯罪。

例如，在"姚×伪造、变造金融票证案"❶中，经查明，2014年底，××控股股份有限公司实际控制人姚××安排被告人××控股公司合肥分公司副总经理姚×负责与××银行××分行对接。姚×告诉姚××，××银行规定开展业务的商业承兑汇票必须有同业银行背书。后姚××本人指使姚×以姚××实际控制的××控股公司、××××实业有限公司、×××仪器仪表有限公司等公司作为商业承兑汇票的付款人、收款人，开具商业承兑汇票94张，并在商票上加盖了伪造的××××银行股份有限公司××分行×背书章，同时伪造了证实××银行××分行背书行为的贴现凭证、查询证实书复印件等材料，用于同××银行××分行开展商票资管业务。2015年1月至7月，××银行××分行委托证券公司发行定向资产管理计划，与××公司开展了12笔商票资管业务，票面金额共计约90万元，扣除利息后××实际获得资金约91万元。2015年10月至12月，后三笔票面金额总计29亿元的商票资管业务到期后，姚××未能付款赎回票据，截至案发，造成××银行合肥分行266万元的资金损失。2019年4月，被告人姚×在××市××区×被抓获归案。最终，姚×犯伪造、变造金融票证罪被判处有期徒刑5年，并处罚金人民币7万元。

裁判要旨：上述案例中，姚×犯伪造、变造金融票证的行为，情节严重，其行为严重损害了国家关于金融票证发行管理的法律秩序，构成伪造、变造金融票证罪。

（二）关于罪数形态的认定问题

伪造、变造金融票证罪属于选择性罪名，行为人只要实施伪造行为或变造行为中的一种行为，或者同时实施了两种行为，均只构成一罪；而且，行为人只针对一种对象实施了伪造或变造一种行为，或者行为人针对两种对象

---

❶ 参见（2019）皖01刑初47号。

或两种以上对象实施了伪造或变造两种行为的，也只构成一罪，而不实行数罪并罚。如果行为人伪造、变造金融票证，是为了实施金融凭证诈骗、票据诈骗、信用证诈骗、信用卡诈骗、合同诈骗等诈骗活动的，根据牵连犯的法理，择一重罪论断。

（三）关于共同犯罪的认定问题

本罪共同犯罪的认定，根据2002年2月最高人民法院研究室《关于对贩卖假金融票证行为如何适用法律问题的复函》：明知是伪造、变造的金融票证而贩卖，或者明知他人实施金融票证犯罪而为其提供伪造、变造金融票证的，以伪造、变造金融票证罪或者金融诈骗犯罪的共犯论处。

三、伪造、变造金融票证罪的刑事责任

根据《刑法》第177条的规定，伪造、变造金融票证的，处五年以下有期徒刑或者拘役，并处或者单处二万元以上二十万元以下罚金；情节严重的，处五年以上十年以下有期徒刑，并处五万元以上五十万元以下罚金；情节特别严重的，处十年以上有期徒刑或者无期徒刑，并处五万元以上五十万元以下罚金或者没收财产。单位犯前款罪的，对单位判处罚金，并对其直接负责的主管人员和其他直接责任人员，依照前款的规定处罚。

（一）法定刑的设置

伪造、变造金融票证罪规定了三档法定刑，具体包括：

1. *基础法定刑*

处五年以下有期徒刑或者拘役，并处或者单处二万元以上二十万元以下罚金。

2. *加重法定刑*

（1）情节严重的，处五年以上十年以下有期徒刑，并处五万元以上五十万元以下罚金；

（2）情节特别严重的，处十年以上有期徒刑或者无期徒刑，并处五万元

以上五十万元以下罚金或者没收财产。❶

(二) 单位犯罪的处罚

对单位犯罪适用双罚制：单位犯前款罪的，对单位判处罚金，并对其直接负责的主管人员和其他直接责任人员，根据案件的具体情况，依照前款个人犯此罪的量刑档次进行处罚。

第二节 妨害信用卡管理罪

一、妨害信用卡管理罪的概念和犯罪构成

根据《刑法》第177条之一第1款的规定，妨害信用卡管理罪，是指违反国家对信用卡的管理法规，妨害信用卡管理的行为。

本罪的犯罪构成：

(一) 客体要件

本罪的客体要件是国家对信用卡管理的法律秩序。这里的信用卡是广义的，是指由商业银行或者其他金融机构发行的具有消费支付、信用贷款转账结算、存款现金等全部功能或部分功能的电子支付卡。

(二) 客观要件

本罪的客观要件表现为违反国家对信用卡的管理法规，妨害信用卡管理的行为。本罪的客观要件，具体由以下五部分构成：

---

❶ 对伪造信用卡而言，根据《2009年关于办理妨害信用卡管理刑事案件具体应用法律若干问题的解释》第1条的规定，伪造信用卡，有下列情形之一的，应当认定为刑法第177条规定的"情节严重"：（1）伪造信用卡五张以上不满二十五张的；（2）伪造的信用卡内存款余额、透支额度单独或者合计数额在二十万元以上不满一百万元的；（3）伪造空白信用卡五十张以上不满二百五十张的；（4）其他情节严重的情形。有下列情形之一的，应当认定为《刑法》第177条规定的"情节特别严重"：（1）伪造信用卡二十五张以上的；（2）伪造的信用卡内存款余额、透支额度单独或者合计数额在一百万元以上的；（3）伪造空白信用卡二百五十张以上的；（4）其他情节特别严重的情形。

1. 明知是伪造的信用卡而持有、运输的，或者明知是伪造的空白信用卡而持有、运输，数量较大的

"明知是伪造的信用卡而持有、运输的"，无论数量多少，均可构成本罪。但"明知是伪造的空白信用卡而持有、运输的"，需要满足"数量较大"的要求。根据《2018年关于办理妨害信用卡管理刑事案件具体应用法律若干问题的解释》第2条的规定，明知是伪造的空白信用卡而持有、运输十张以上不满一百张的，应当认定为《刑法》第177条之一第1款第1项规定的"数量较大"。

2. 非法持有他人信用卡，数量较大

有观点认为，他人信用卡不仅包括他人申领的合法有效的真卡，还包括伪造卡、空白卡或废卡，甚至包括用虚假的身份证明骗领的信用卡，信用卡的性质不影响对信用卡秩序的妨害。[1] 笔者认为，从《刑法》对妨害信用卡管理罪的规定来看，他人信用卡应当是真实有效的，而不包括伪造卡及空白卡。对于"非法持有他人信用卡"中"非法持有"的理解，并不要求信用卡的来源是非法的，而是判断持有行为本身是否违反了信用卡管理法规。而且，根据《2016年关于办理电信网络诈骗等刑事案件适用法律若干问题的意见》，非法持有他人信用卡，没有证据证明从事电信网络诈骗活动，但符合非法持有他人信用卡数量较大的，以妨害信用卡管理罪追究刑事责任。对非法持有他人信用卡有"数量较大"的要求，根据《2018年关于办理妨害信用卡管理刑事案件具体应用法律若干问题的解释》第2条的规定，非法持有他人信用卡五张以上不满五十张的，应当认定为《刑法》第177条之一第1款第2项规定的"数量较大"。

3. 使用虚假的身份证明骗领信用卡

即行为人办理信用卡申领手续时，使用虚假的或虚构的身份信息或资信证明材料，骗取发卡银行发放的信用卡的行为。对"使用虚假的身份证明骗领信用卡"的理解，根据《2018年关于办理妨害信用卡管理刑事案件具体应用法律若干问题的解释》第2条的规定，违背他人意愿，使用其居民身份证、

---

[1] 肖乾利. 妨害信用卡管理罪若干问题之探讨：对刑法修正案（五）第一条第一款之解读[J]. 云南行政学院学报, 2006（1）：145.

军官证、士兵证、港澳居民往来内地通行证、台湾居民来往大陆通行证、护照等身份证明申领信用卡的，或者使用伪造、变造的身份证明申领信用卡的，应当认定为《刑法》第177条之一第1款第3项规定的"使用虚假的身份证明骗领信用卡"。概言之，使用虚假的身份证明骗领信用卡包括两种情形：一是通过伪造、变造的身份证明骗领信用卡；二是使用他人真实身份证明为自己骗领信用卡。

4. 出售、购买、为他人提供伪造的信用卡或者以虚假的身份证明骗领信用卡

出售、购买、为他人提供是三种行为方式，行为的对象是伪造的信用卡或者以虚假的身份证明骗领的信用卡。对"出售、购买、为他人提供伪造的信用卡或者以虚假的身份证明骗领信用卡"的行为而言，其往往是洗钱、信用卡诈骗等犯罪的重要环节，危害性不言而喻，因而必须运用刑罚的手段予以惩治。

5. 关于本罪入罪情节的要求

根据《2022年关于公安机关管辖的刑事案件立案追诉标准的规定（二）》第25条的规定："妨害信用卡管理，涉嫌下列情形之一的，应予立案追诉：（一）明知是伪造的信用卡而持有、运输的；（二）明知是伪造的空白信用卡而持有、运输，数量累计在十张以上的；（三）非法持有他人信用卡，数量累计在五张以上的；（四）使用虚假的身份证明骗领信用卡的；（五）出售、购买、为他人提供伪造的信用卡或者以虚假的身份证明骗领的信用卡的。违背他人意愿，使用其居民身份证、军官证、士兵证、港澳居民往来内地通行证、台湾居民来往大陆通行证、护照等身份证明申领信用卡的，或者使用伪造、变造的身份证明申领信用卡的，应当认定为'使用虚假的身份证明骗领信用卡'。"由此确定本罪入罪情节。

（三）主体要件

本罪的主体要件是一般主体，即已满16周岁、具有刑事责任能力的自然人和单位。

（四）主观要件

本罪的主观要件是犯罪故意，即行为人明知其违反国家对信用卡的管理

法规，妨害信用卡管理的行为会发生损害国家关于信用卡管理的法律秩序的危害结果，仍然希望或者放任这种危害结果发生的心理态度。

二、妨害信用卡管理罪法律适用中的疑难问题

（一）关于罪与非罪的界限问题

妨害信用卡管理行为必须达到"情节严重"，否则不构成犯罪。

例如，在"郑××妨害信用卡管理案"❶ 中，经查明，2019 年 8 月至 2020 年 1 月，被告人郑××通过收买他人银行卡四件套（包括银行卡、手机卡、网银 U 盾、户主身份证照片）出售获利，现查实其收买户名为赵×的银行卡 2 张，户名为张×、李××的银行卡各 3 张，户名为邱×的银行卡 5 张，共计 13 张，后其将 13 张银行卡出售给汤××、马×。经银行查询，郑××在收买、出售银行卡时，该 13 张银行卡的状态均为正常。郑××违法所得共计人民币 13000 元。最终，郑××因犯信用卡诈骗罪被判处有期徒刑 1 年 6 月。

裁判要旨：上述案例中，郑××非法持有他人信用卡，数量较大，其行为严重损害了国家关于信用卡管理的法律秩序，构成信用卡诈骗罪。

（二）关于本罪罪数形态的问题

关于本罪罪数形态的认定应当注意以下四个方面：

第一，对妨害信用卡管理罪客观要件的四种行为，可以单独实施，也可以结合进行，但只要实施了其中一种行为方式，即可构成本罪。

第二，行为人购买伪造的信用卡或以虚假的身份骗领信用卡后使用的，同时构成信用卡诈骗罪，根据牵连犯的法理，应当择一重罪论断。

第三，行为人冒用他人信用卡诈骗并非法持有他人信用卡，数量较大的，同时构成了妨害信用卡管理罪和信用卡诈骗罪，根据吸收犯的法理，应当适用信用卡诈骗罪论处。

第四，行为人为了使用虚假的身份证明骗取信用卡，而实施了使用虚假身份证件、盗用身份证件罪的，根据想象竞合犯的法理，择一重罪论断。

---

❶ 参见（2021）鲁 02 刑终 379 号。

三、妨害信用卡管理罪的刑事责任

根据《刑法》第177条之一第1款的规定，妨害信用卡管理的，处三年以下有期徒刑或者拘役，并处或者单处一万元以上十万元以下罚金；数量巨大或者有其他严重情节的，处三年以上十年以下有期徒刑，并处二万元以上二十万元以下罚金。

妨害信用卡管理罪规定了两档法定刑，具体包括：

1. 基础法定刑

三年以下有期徒刑或者拘役，并处或者单处一万元以上十万元以下罚金。

2. 加重法定刑

数量巨大或者有其他严重情节的，处三年以上十年以下有期徒刑，并处二万元以上二十万元以下罚金。❶

第三节 窃取、收买、非法提供信用卡信息罪

一、窃取、收买、非法提供信用卡信息罪的概念和犯罪构成

根据《刑法》第177条之一第2款的规定，窃取、收买、非法提供信用卡信息罪，是指违反信用卡管理法规，窃取、收买、非法提供信用卡信息资料的行为。窃取、收买、非法提供信用卡信息罪是《刑法修正案（五）》新增设的罪名。

本罪的犯罪构成：

（一）客体要件

客体要件是国家对信用卡信息资料管理的法律秩序。信息资料是信用卡

---

❶ 根据《2018年关于办理妨害信用卡管理刑事案件具体应用法律若干问题的解释》第2条的规定，有下列情形之一的，应当认定为刑法第177条之一第1款规定的"数量巨大"：（1）明知是伪造的信用卡而持有、运输十张以上的；（2）明知是伪造的空白信用卡而持有、运输一百张以上的；（3）非法持有他人信用卡五十张以上的；（4）使用虚假的身份证明骗领信用卡十张以上的；（5）出售、购买、为他人提供伪造的信用卡或者以虚假的身份证明骗领信用卡十张以上的。

信息资料管理的法律秩序的有机组成部分,因而没有独立的地位。

(二) 客观要件

本罪的客观要件表现为窃取、收买、非法提供信用卡信息资料的行为。信用卡信息资料,是识别信用卡持有人的关键,如果信用卡信息资料遭到泄露或非法使用,不仅会对持卡人造成财产损失,还会导致国家信用卡资料管理秩序的混乱。本罪的客观要件,具体由以下两部分构成:

1. 窃取、收买、非法提供信用卡信息资料

所谓"窃取",指以秘密手段获取他人信用卡信息资料的行为。所谓"收买",指以金钱等方式从有关人员手中换取他人信用卡信息资料的行为。所谓"非法提供",指行为人将通过合法或非法手段获取的他人信用卡信息资料转让给第三人的行为。信用卡信息资料,是指信用卡的磁条信息,即有关发卡行代码、持卡人账户、账号、密码等内容的加密电子数据。

2. 窃取、收买、非法提供信用卡信息资料,情节严重

根据《2018年关于办理妨害信用卡管理刑事案件具体应用法律若干问题的解释》第3条的规定,窃取、收买、非法提供他人信用卡信息资料,足以伪造可进行交易的信用卡,或者足以使他人以信用卡持卡人名义进行交易,涉及信用卡一张以上不满五张的,依照《刑法》第177条之一第2款的规定,以窃取、收买、非法提供信用卡信息罪定罪处罚。

(三) 主体要件

本罪的主体要件是一般主体,即已满16周岁、具有刑事责任能力的自然人。

(四) 主观要件

本罪的主观要件是犯罪故意,即行为人明知其违反信用卡管理法规,窃取、收买、非法提供信用卡信息资料的行为会发生损害国家关于信用卡信息资料管理的法律秩序的危害结果,仍然希望或者放任这种危害结果发生的心理态度。

二、窃取、收买、非法提供信用卡信息罪法律适用中的疑难问题

(一) 关于罪与非罪的界限问题

窃取、收买、非法提供信用卡信息必须达到一定数量标准，否则不构成犯罪。

例如，在"吕××窃取、收买、非法提供信用卡信息案"❶中，经查明，2019年7~8月，吕××经与唐×预谋，由吕××联系赵×，以每套400元的价格向赵×收买银行卡，并与赵×到工商银行、徽商银行、农业银行办理银行卡各一张，并绑定U盾及电话号码，后将这三套银行卡交给唐×，几天后，吕××收到唐×支付的每套银行卡人民币650元，共计1950元，后以每套银行卡人民币400元的价格支付给赵×，共计人民币1200元。之后，吕××又与赵×到中国银行、邮政储蓄银行各办了一套绑定U盾、电话号码的银行卡后交给唐×，几天后唐×提出那套邮政储蓄银行卡不能用并退给吕××，只支付那套中国银行卡价格人民币650元，吕××知道赵×只成交一套银行卡，邮政储蓄银行卡不能用，没有成交，并支付给赵×人民币400元。上述被倒卖的中国银行卡，于2019年10月30日收到诈骗被害人张×在××市××镇××村71号的家中被人以在"××金融"APP平台购买理财产品的方式骗走的钱款1.35万元。2020年5月18日，吕××在××省××市被公安机关口头传唤到案。2020年11月10日，吕××向诈骗被害人张×补偿被骗款项1.35万元，并获得谅解。最终，吕××犯收买、非法提供信用卡信息罪，被判处有期徒刑2年，并处罚金人民币2万元。

裁判要旨：上述案例中，吕××收买、非法提供他人信用卡信息资料4套，属数量较大，其行为严重损害了国家关于信用卡信息资料管理的法律秩序，构成收买、非法提供信用卡信息罪。

(二) 关于罪数形态的问题

第一，行为人为了冒用他人信用诈骗而实施窃取、收买、非法提供他人信用卡信息资料的行为，同时构成本罪与信用卡诈骗罪，应当根据牵连犯的

---

❶ 参见（2021）闽05刑终284号。

法理，从一重罪论断。

第二，行为人为了伪造金融票证而实施窃取、收买他人信用卡信息资料的行为，同时构成本罪与伪造金融票证罪，应当根据牵连犯的法理，从一重罪论断。

第三，信用卡信息也属于公民个人信息范畴，行为人窃取、收买、非法提供他人信用卡信息资料的行为也可能同时触犯《刑法》第253条之一规定的侵犯公民个人信息罪，在这种情况下，构成想象竞合犯，从一重罪论断。

(三) 关于共同犯罪的认定问题

本罪共同犯罪的认定，需要注意窃取、收买、非法提供信用卡信息罪与伪造金融票证罪、妨害信用卡管理罪、信用卡诈骗罪在司法实践中存在前后的链条关系，具体包括：

第一，非法提供信用卡信息资料的行为人明知他人是为了伪造信用卡等金融凭证而提供资料的，就可能构成伪造金融票证罪；

第二，非法提供信用卡信息资料的行为人明知他人是为了使用虚假的身份证明骗领信用卡而提供资料的，就可能构成妨害信用卡管理罪的共犯；

第三，行为人与伪造信用卡者事先通谋，为其窃取、收买、非法提供信用卡信息资料的，应以后罪的共犯论处。

三、窃取、收买、非法提供信用卡信息罪的刑事责任

根据《刑法》第177条之一第2款的规定，窃取、收买或者非法提供他人信用卡信息资料的，处三年以下有期徒刑或者拘役，并处或者单处一万元以上十万元以下罚金；数量巨大或者有其他严重情节的，处三年以上十年以下有期徒刑，并处二万元以上二十万元以下罚金。银行或者其他金融机构的工作人员利用职务上的便利，犯本罪的，从重处罚。

(一) 法定刑的设置

窃取、收买、非法提供信用卡信息罪规定了两档法定刑，具体包括：

1. 基础法定刑

三年以下有期徒刑或者拘役，并处或者单处一万元以上十万元以下罚金。

2. 加重法定刑

数量巨大或者有其他严重情节的，处三年以上十年以下有期徒刑，并处二万元以上二十万元以下罚金。❶

（二）特殊主体的处罚

银行或者其他金融机构的工作人员利用职务上的便利，犯窃取、收买、非法提供信用卡信息罪的，从重处罚。对这一特殊主体的从重处罚，主要是因为银行或者其他金融机构的工作人员具有获取他人信用卡信息资料的职务便利，通过从重处罚的方式，有利于强化刑罚的特殊预防效果。

第四节 伪造、变造国家有价证券罪

一、伪造、变造国家有价证券罪的概念和犯罪构成

根据《刑法》第178条第1款的规定，伪造、变造国家有价证券罪，是指伪造、变造国库券或者国家发行的其他有价证券，数额较大的行为。

本罪的犯罪构成：

（一）客体要件

本罪的客体要件是国家对有价证券管理的法律秩序。有价证券对市场经济活动的有序开展至关重要，伪造、变造国家有价证券的行为不仅会妨害到有价证券的信用，而且会损害国家对有价证券管理的法律秩序，从而影响到金融活动的稳定性与有序性。

（二）客观要件

本罪的客观要件表现为伪造、变造国家有价证券，数额较大的行为。本

---

❶ 根据《2018年关于办理妨害信用卡管理刑事案件具体应用法律若干问题的解释》第3条的规定，窃取、收买、非法提供他人信用卡信息资料，足以伪造可进行交易的信用卡，或者足以使他人以信用卡持卡人名义进行交易，涉及信用卡一张以上不满五张的，依照《刑法》第177条之一第2款的规定，以窃取、收买、非法提供信用卡信息罪定罪处罚；涉及信用卡五张以上的，应当认定为《刑法》第177条之一第1款规定的"数量巨大"。

罪的客观要件，具体由以下两部分构成：

1. 伪造、变造国家有价证券

"国家有价证券"，包括国库券和国家发行的其他有价证券。所谓国库券，是国家为了解决急需预算支出而由财政部发行的国家债券；所谓国家发行的其他有价证券，是国家发行的除国库券以外载明一定财产价值的其他有价证券，如国家建设证券、保值公债、财政债券等。"伪造有价证券"，指行为人仿照真实的有价证券的形式、图案、颜色、格式、面额，通过印刷、复印、绘制等方法非法制造有价证券的行为。"变造有价证券"，指行为人在真实的有价证券的基础上或者以真实的有价证券为基本材料，通过剪接、挖孔、覆盖、涂改等方法，对有价证券的主要内容非法加工改变的行为。

2. 伪造、变造国家有价证券数额较大

根据《2022年关于公安机关管辖的刑事案件立案追诉标准的规定（二）》第27条的规定："伪造、变造国库券或者国家发行的其他有价证券，总面额在二千元以上的，应予立案追诉。"由此确定伪造、变造国家有价证券数额较大。

（三）主体要件

本罪的主体要件是一般主体，即已满16周岁、具有刑事责任能力的自然人和单位。

（四）主观要件

本罪的主观要件是犯罪故意，即行为人明知其伪造、变造国库券或者国家发行的其他有价证券的行为会发生损害国家关于有价证券的管理秩序的危害结果，仍然希望或者放任这种危害结果发生的心理态度。

二、伪造、变造国家有价证券罪法律适用中的疑难问题

（一）关于罪与非罪的界限问题

伪造、变造国家有价证券行为必须达到"数额较大"，否则不构成犯罪。例如，在"张×犯伪造、变造国家有价证券案"[1]中，经查明，2013年

---

[1] 参见（2016）鲁15刑终6号。

10月的一天，李×甲、聂×、李×乙（均另案处理）经被告人张×介绍，在未支付对价款的情况下，通过李×丙（另案处理）伪造一张户名为"李×甲"的×××银行××分行面额为4800万的凭证式国债收款凭证，准备用此票据质押向银行骗取贷款。李×乙支付李×丙好处费35万元，支付聂×好处费4万元，支付张×好处费3万元。最终，张×犯伪造国家有价证券罪，被判处有期徒刑8年，并处罚金人民币20万元。

裁判要旨： 上述案例中，张×为谋取好处费，在明知李×丙等人办理的系虚假国债凭证的情形下，仍介绍需要融资贷款的聂×、李×乙与李×丙等人认识，从而促成了本案假国债凭证的办理，其行为严重损害了国家关于有价证券的管理秩序，构成伪造国家有价证券罪。

(二) 本罪与伪造、变造金融票证罪的区别

伪造、变造金融票证罪，是指违反金融票证管理法律法规，伪造、变造金融票据的行为。本罪与伪造、变造金融票证罪的界限主要体现在以下两方面：

一是犯罪客体不同，前者的犯罪客体是国家对有价证券的管理法律秩序，后者则是国家对金融票证的管理法律秩序。二是犯罪对象不同，前者的犯罪对象是国家有价证券，指除金融票证以外的其他有价证券，如国库券、政府债券等；后者的犯罪对象则是汇票、支票、本票、委托收款凭证、汇款凭证、银行存单、信用证或者附随的单据、文件以及信用等金融凭证。

(三) 罪数形态的问题

本罪罪数形态的认定应当注意：一是行为人只有实施了伪造或变造行为其中之一，且达到数额较大程度的，才成立本罪。但行为人同时实施了两种行为，且达到数额较大程度的，也只构成一罪，而不实行数罪并罚。二是行为人伪造、变造国家证券，并且以此国家有价证券实施了诈骗行为的，同时构成本罪与有价证券诈骗罪，根据牵连犯的法理，应当择一重罪处断。

三、伪造、变造国家有价证券罪的刑事责任

根据《刑法》第178条第1款的规定，伪造、变造国库券或者国家发行的其他有价证券，数额较大的，处三年以下有期徒刑或者拘役，并处或者单

处二万元以上二十万元以下罚金;数额巨大的,处三年以上十年以下有期徒刑,并处五万元以上五十万元以下罚金;数额特别巨大的,处十年以上有期徒刑或者无期徒刑,并处五万元以上五十万元以下罚金或者没收财产。单位犯本罪的,对单位判处罚金,并对其直接负责的主管人员和其他直接责任人员,依照前两款的规定处罚。

(一)法定刑的设置

伪造、变造国家有价证券罪规定了三档法定刑,具体包括:

1. 基础法定刑

数额较大的,三年以下有期徒刑或者拘役,并处或者单处二万元以上二十万元以下罚金。

2. 加重法定刑

(1)数额巨大的,处三年以上十年以下有期徒刑,并处五万元以上五十万元以下罚金;

(2)数额特别巨大的,处十年以上有期徒刑或者无期徒刑,并处五万元以上五十万元以下罚金或者没收财产。

(二)单位犯罪的处罚

对单位犯罪适用双罚制:单位犯本罪的,对单位判处罚金,并对其直接负责的主管人员和其他直接责任人员,根据案件的具体情况,依照前款个人犯此罪的量刑档次进行处罚。

第五节 违规出具金融票证罪

一、违规出具金融票证罪的概念和犯罪构成

根据《刑法》第 188 条的规定,违规出具金融票证罪,是指银行或者其他金融机构的工作人员违反规定,为他人出具信用证或者其他保函、票据、存单、资信证明,情节严重的行为。

本罪的犯罪构成:

（一）客体要件

本罪的客体要件是国家对金融票证管理的法律秩序。金融机构的财产安全是金融票证管理的法律秩序的有机组成部分，因而没有独立的地位。依据《票据法》的规定，银行等金融机构签发票据后，即承担保证该票据承兑或付款的责任。假如银行等金融机构是在未收妥款项的情况下违规出具票据的，此时银行不得以票据申请人未交付资金为由对抗持票人。作为出票人的金融机构便会承担最终付款的责任，从而给银行等金融法律秩序带来危害。

（二）客观要件

本罪的客观要件表现为违反规定为他人出具信用证或者其他保函、票据、存单、资信证明，情节严重的行为。本罪的客观要件，具体由以下四部分组成：

1. 违反规定

我国《刑法》第96条对"违反国家规定"作出过专门解释，即本法所称的"违反国家规定"，是指违反全国人民代表大会及其常务委员会制定的法律和决定，国务院制定的行政法规、规定的行政措施、发布的决定和命令。关于这里的"违反规定"，笔者认为，违规出具金融票证的行为之所以能作为违反金融管理秩序罪的一种单独设罪，主要是考虑到本罪给国家对金融票证管理的法律秩序带来的严重危害，因此，在理解本罪的"违反规定"时应当坚持严格解释立场。所以，笔者认为本罪的"违反规定"主要是指与出具信用证或者其他保函、票据、存单、资信证明有关的所有法律法规。

2. 为他人出具信用证或者其他保函、票据、存单、资信证明

"为他人出具"中的"他人"，既包括自然人的他人，也包括单位。"银行内部机构的工作人员以本部门与他人合办的公司为收益人，违反规定开具信用证的，属于为他人非法出具信用证。"❶

3. 本罪的行为对象包括信用证或者其他保函、票据、存单、资信证明

具体而言：（1）所谓"信用证"，是指银行有条件保证付款的证书，成

---

❶ 张明楷. 刑法学 [M]. 6版. 北京：法律出版社，2021：1018.

为国际贸易活动中常见的结算方式。所谓"保函",是指银行、保险公司、担保公司或担保人应申请人的请求,向第三方开具的保证受益人会按照保函的规定履行某种特定的义务,一旦申请人未能履行保函所规定的义务时,则由担保人代为履行义务的书面保证文件。(2)所谓"票据",指出票人依据票据法的规定签发的、约定由自己或自己委托的人无条件支付一定数额的金钱为内容的有价证券。(3)所谓"存单",指银行或其他办理存款业务的金融机构根据实际发生的存款业务而开具给储户的存款证明,是一种要式的实践性合同。(4)所谓"资信证明",指证明一个人或一个单位经济实力与信用水平的一切文件、凭证,但对违规出具金融票证罪而言,资信证明,是指除信用证、保函、票据、存单以外的,由银行或者其他金融机构出具的足以证明他人资产、信用状况的各种文件、凭证等。[1]

4. 违规出具金融票证情节严重

根据《2022年关于公安机关管辖的刑事案件立案追诉标准的规定(二)》第39条的规定:"银行或者其他金融机构及其工作人员违反规定,为他人出具信用证或者其他保函、票据、存单、资信证明,涉嫌下列情形之一的,应予立案追诉:(一)违反规定为他人出具信用证或者其他保函、票据、存单、资信证明,数额在二百万元以上的;(二)违反规定为他人出具信用证或者其他保函、票据、存单、资信证明,造成直接经济损失数额在五十万元以上的;(三)多次违规出具信用证或者其他保函、票据、存单、资信证明的;(四)接受贿赂违规出具信用证或者其他保函、票据、存单、资信证明的;(五)其他情节严重的情形。"由此确定违规出具金融票证情节严重。

(三) 主体要件

本罪的主体要件是特殊主体,就自然人而言,必须具有银行或者其他金融机构工作人员的身份;就单位而言,必须是银行或者其他金融机构。

(四) 主观要件

本罪的主观要件是犯罪故意,即银行或者其他金融机构的工作人员明知

---

[1] 马长生,田兴洪,罗开卷. 违规出具金融票证罪的构成与认定[J]. 铁道警察学院学报,2014,24(2):72.

自己违规为他人出具信用证或其他保函、票据、存单、资信证明等金融票证的行为会发生损害国家对金融票证管理的法律秩序的危害结果，仍然希望或者放任这种危害结果发生的心理态度。

二、违规出具金融票证罪法律适用中的疑难问题

（一）关于罪与非罪的界限问题

违规出具金融票证行为必须达到"情节严重"，否则不构成犯罪。

例如，在"徐××、贾××违规出具金融票证案"❶中，经查明，2016年2月、6月，被告人徐××多次向××集团借款作为开具承兑汇票的保证金，并安排其所在××银行××支行的工作人员，在没有真实企业贸易背景的情况下，违反规定出具银行承兑汇票，票面金额总计9亿元；2016年5月至2017年2月，被告人徐××与被告人贾××合谋，由贾××提供资金或徐××拆借资金作为开具承兑汇票的全额保证金，再由徐××提供民生银行罗×支行出具的承兑汇票，贾××负责将承兑汇票倒卖牟利。被告人徐××违规出具的银行承兑汇票票面金额为1.97亿元，被告人贾××违规出具的银行承兑汇票票面金额约为1.5439亿元；2017年1月，被告人徐××授意贾××向×××国际贸易有限公司银行账户转款用于开具银行承兑汇票，后贾××告知张××向上述账户转款用于开具承兑汇票的保证金。2017年1月23日至24日，张××、贾××分多笔向上述账户转款共5000万元。上述5000万元转至××××国际贸易有限公司银行账户后，徐××将上述钱款归还了欠山东××集团的借款。同年2月6日被告人徐××通过贾××给张××退款270万元。2016年2月至2017年2月，被告人徐××单独或与被告人贾××合谋，在没有真实企业贸易背景的情况下，违反规定出具银行承兑汇票。其中，被告人徐××违规出具银行承兑汇票票面金额总计9.4261亿元，被告人徐××、贾××共同违规出具银行承兑汇票票面金额总计约1.5439亿元。最终，徐××、贾××因犯违规出具金融票证罪，分别被判处有期徒刑8年和5年。

裁判要旨：上述案例中，徐××、贾××违反规定出具银行承兑汇票的行为情节特别严重，严重损害了国家对金融票证管理的法律秩序，构成违规出具金融票证罪。

---

❶ 参见（2018）鲁1311刑初366号。

(二) 本罪与伪造、变造金融票证罪的区别

伪造、变造金融票证罪，是指违反金融票证管理法律法规，伪造、变造金融票据的行为。二者的主要区别有：

第一，犯罪客体要件不同。本罪的客体要件是国家对金融票证管理的法律秩序及其所承载的金融机构的财产安全；后者的犯罪客体要件是国家对金融票证管理的法律秩序。

第二，行为对象不完全相同。前者包括信用证或者其他保函、票据、存单、资信证明；而后者包括委托收款凭证、汇款凭证等其他银行结算凭证，信用卡，信用证的附随单据、文件等。

第三，行为方式不同。前者是违规出具凭证、证明文件等，后者则是伪造或变造。

第四，犯罪主体要件不同。前者是特殊主体，即银行或者其他金融机构的工作人员，后者则是一般主体。

三、违规出具金融票证罪的刑事责任

根据《刑法》第188条的规定，银行或者其他金融机构的工作人员违反规定，为他人出具信用证或者其他保函、票据、存单、资信证明，情节严重的，处五年以下有期徒刑或者拘役；情节特别严重的，处五年以上有期徒刑。

单位犯前款罪的，对单位判处罚金，并对其直接负责的主管人员和其他直接责任人员，依照前款的规定处罚。

(一) 法定刑的设置

违规出具金融票证罪规定了两档法定刑，具体包括：

1. 基础法定刑

情节严重的，处五年以下有期徒刑或者拘役。

2. 加重法定刑

情节特别严重的，处五年以上有期徒刑。

(二) 单位犯罪的处罚

对单位犯罪适用双罚制：单位犯前款罪的，对单位判处罚金，并对其直

接负责的主管人员和其他直接责任人员,根据案件的具体情况,依照前款个人犯此罪的量刑档次进行处罚。

第六节 对违法票据承兑、付款、保证罪

一、对违法票据承兑、付款、保证罪的概念和犯罪构成

根据《刑法》第189条第1款的规定,对违法票据承兑、付款、保证罪是指,银行或者其他金融机构的工作人员在票据业务中,对违反票据法规定的票据予以承兑、付款或者保证,造成重大损失的行为。本罪中所谓"票据业务",是指根据《票据法》的规定所从事的汇票、本票和支票的流转活动。"违反票据法规定的票据",指根据《票据法》,不能予以承兑、付款或保证的票据。

本罪的犯罪构成:

(一)客体要件

本罪的客体要件是国家对金融票证承兑、付款、保证管理的法律秩序。金融机构的财产安全是金融票证管理法律秩序的有机组成部分,因而没有独立的地位。

(二)客观要件

本罪的客观要件表现为在票据业务中,对违反票据法规定的票据予以承兑、付款或者保证,造成重大损失的行为。本罪的客观要件,具体由以下两部分构成:

1. 对违反票据法规定的票据予以承兑、付款或者保证

本罪的行为方式有三种,即承兑、付款、保证。具体而言:所谓"承兑",指执票人在汇票到期之前,要求付款人在该汇票上作到期付款的记载;所谓"付款",指票据债务人向票据债权人支付的票据金额;所谓"保证",指由汇票债务人以外的第三人,为以履行担保票据债务的一部分或全部履行为目的的票据行为。概言之,付款人及其代理付款人进行付款时,如果行为人不认

真审查，对违反票据法规定的票据予以承兑、付款或者保证，就构成本罪。

2. 对违法票据承兑、付款、保证造成重大损失

这里的"造成重大损失"的主要根据是《2022年关于公安机关管辖的刑事案件立案追诉标准的规定（二）》第40条的规定："银行或者其他金融机构及其工作人员在票据业务中，对违反票据法规定的票据予以承兑、付款或者保证，造成直接经济损失数额在五十万元以上的，应予立案追诉。"

（三）主体要件

本罪的主体要件是特殊主体。就自然人而言，必须具有银行或者其他金融机构的工作人员身份；就单位而言，必须是银行或者其他金融机构。

（四）主观要件

本罪的主体要件既包括犯罪故意，也包括犯罪过失。在犯罪故意的情形下，即银行或者其他金融机构的工作人员明知其在票据业务中对违反票据法规定的票据予以承兑、付款或者保证的行为会发生损害国家对金融票证管理的法律秩序的危害结果，仍然希望或者放任这种危害结果发生的心理态度；在犯罪过失的情形下，即银行或者其他金融机构的工作人员应当预见到其在票据业务中对违反票据法规定的票据予以承兑、付款或者保证会发生损害国家对金融票证管理的法律秩序的危害结果，但因疏忽大意而没有预见，或者虽然已经预见但轻信能够避免，以至于发生这种结果的心理态度。

二、对违法票据承兑、付款、保证罪法律适用中的疑难问题

（一）关于罪与非罪的界限问题

对违法票据承兑、付款、保证行为必须"造成重大损失"，否则不构成犯罪。

例如，在"李××犯对违法票据承兑、付款、保证案"❶ 中，经查明，2011年，张××、李×、禹××成立××××置业有限公司开发"××"项目，开发过程中资金链断裂。2013年6月21日，××县农村信用合作联社×

---

❶ 参见（2015）泌刑初字第00102号。

信用社工作人员李××在办理×××区××金属材料有限公司银行票据业务中，对违反票据法规定的"2013年6月21日电汇凭证"予以承兑、付款及复核，将××高新区××金属材料有限公司500万元违规转出。××县×××矿业有限公司和××县农村信用合作联社于2014年1月10日签订《资产处置意向书》，2014年1月27日签署《资产处置框架协议》，约定由××县××矿业有限公司承接张××等人非法吸收并向××县农村信用合作联社故意转嫁风险资金所涉及的全部债务。2014年5月7日，×××业有限公司与××县××矿业有限公司签署了《股权转让协议》，约定×××置业有限公司涉及的票据诈骗给××县信用联社造成的损失由××县××矿业有限公司负责偿还。再查明，张××、李×、禹××等人利用假印鉴片通过××县农村信用社柜员将××市×纺织品有限公司、××市××置业有限公司、××市×纺织有限公司、××市××贸易有限公司四家公司的15300万元转出。本案案发前张××等人已通过不同途径返还上述四家公司10900万元，对于剩余4400万元损失，2015年2月5日，××县××矿业有限公司与上述四家公司签署了具体的还款协议，约定于2015年5月31日之前全部还清。另外，张××等人利用假印鉴片通过××县农村信用社柜员将××高新区××金属材料有限公司的4800万元转出，本案案发前张××等人已通过不同途径返还该公司1126万元，对剩余的3674万元，2014年12月28日，××县××矿业有限公司与该公司签署了具体的还款协议，约定由××县××矿业有限公司先退还该公司1837万元，剩余1837万元向该公司提供相当价值的房产。××贸易有限公司、××市×纺织有限公司、××高新区××金属材料有限公司已向××县农村信用合作联社提出了销户申请。最终，李××犯对违法票据付款罪，但因其主观过失较小，且该案的损失大部分已得到弥补，未弥补部分也有了妥善的处置方案，具有法定、酌定从轻、减轻处罚的情节，依法应从轻、减轻处罚，免于刑事处罚。

裁判要旨： 上述案例中，李××未尽到严格的审查义务，对违反票据法规定的票据予以付款，造成重大损失，其行为严重损害了国家对金融票证管理的法律秩序，构成对违法票据付款罪。

（二）关于本罪罪数形态的问题

关于本罪罪数形态的认定，应当注意以下两方面：

一是本罪是选择性罪名，行为人只要实施一种行为，并且达到"重大损失"的程度，就可构成本罪。如果行为人实施了两个或两个以上的行为，只要有一个行为达到刑事追随标准的，就作为犯罪处理。二是成立本罪，如果同时构成金融诈骗罪、贪污罪或职务侵占罪的共犯，应当按照想象竞合的法理，择一重罪论处。

三、对违法票据承兑、付款、保证罪的刑事责任

根据《刑法》第189条的规定，银行或者其他金融机构的工作人员在票据业务中，对违反票据法规定的票据予以承兑、付款或者保证，造成重大损失的，处五年以下有期徒刑或者拘役；造成特别重大损失的，处五年以上有期徒刑。单位犯前款罪的，对单位判处罚金，并对其直接负责的主管人员和其他直接责任人员，依照前款的规定处罚。

(一) 法定刑的设置

对违法票据承兑、付款、保证罪规定了两档法定刑，具体包括：

1. 基础法定刑

造成重大损失的，处五年以下有期徒刑或者拘役。

2. 加重法定刑

造成特别重大损失的，处五年以上有期徒刑。

(二) 单位犯罪的处罚

对单位犯罪适用双罚制：单位犯前款罪的，对单位判处罚金，并对其直接负责的主管人员和其他直接责任人员，根据案件的具体情况，依照前款个人犯此罪的量刑档次处罚。

第七节 本章之罪的立法完善论要

一、共性问题的完善建议

1. 增设单位犯罪

这里以妨害信用卡管理罪为例，进行分析：

单位具有其特殊的意识和意志，其既然可以作为合法持卡人和使用人，从事能够利用信用卡作为结算的正常经济行为，当然能够实施妨害信用卡管理的犯罪。刑法应当将单位列为本罪的犯罪主体，具体理由是：

（1）虽然单位卡是由被指定的具体持卡人来持有、运输、出售，但持卡人是按照单位意图实施行为的，该行为是单位意志下而不是持卡人个人意志下的行为。从实际效果看，规定单位可以成为妨害信用卡管理罪的主体，可以较好地发挥刑法为市场经济保驾护航的作用，威慑和惩处单位实施妨害信用卡管理的行为。

（2）单位实施妨害信用卡管理犯罪客观存在，具有实质的社会危害性。单位信用卡犯罪具有隐蔽性、易得逞等特点，危害性却在一般情况下较之自然人信用卡犯罪更大。如果单位实施了出售、运输伪造的信用卡或伪造的空白信用卡的行为，不仅为信用卡诈骗提供了条件，而且其造成的社会危害后果会相当严重。这种情况对单位不追究刑事责任，立法上显然存在漏洞。

（3）在实践中确实存在单位实施妨害信用卡管理的行为。本罪涉及的运输、出售行为完全可以由单位进行，而且我国《刑法》中也有类似规定。如《刑法》第 125 条第 1 款规定的非法运输枪支、弹药、爆炸物罪既可以由自然人构成，也可以由单位构成；第 206 条规定的出售伪造的增值税专用发票罪也可以由单位构成。根据《刑法》第 177 条的规定，单位可以成为伪造、变造金融票证罪的犯罪主体，其中就包括伪造信用卡的行为，单位伪造信用卡后再出售、运输的是该行为的延续。

（4）刑事立法应具有协调性。我国《刑法》中的集资诈骗罪、票据诈骗罪、信用证诈骗罪等可由单位构成，为何妨害信用卡管理罪不能由单位构成？伪造信用卡的，可构成伪造、变造金融票证罪，单位可以成为主体；而出售、运输伪造的信用卡的，单位却不能构成犯罪主体，这在立法上明显不协调。所以在刑法修订时，应该在妨害信用卡管理罪中增设单位犯罪的内容。

2. 把本章之罪的罚金刑修改为比例罚金制

理由是：（1）数额罚金制的特点是明确且具体，有利于行为人的预测可能性，但其弊端也非常明显：一方面，其无法应对物价上涨、经济发展等客观因素导致的刑法规定的不适应性；另一方面，其难以准确匹配犯罪行为的危害程度，导致罚金数额远低于犯罪数额或者获利数额。比如《刑法》第 177 条规定的伪造、变造金融票证罪的罚金刑三档，"并处或者单处二万元以上二十万元以下罚金、并处五万元以上五十万元以下罚金、并处五万元以上五十万元以下罚金或者没收财产",今天看来,与相应档次的主刑相比,显然并不配套。(2)假如立法设定为无限罚金,再通过具体的司法解释将罚金刑进一步细化,其好处是,既有助于保持刑法典的稳定,又能使罚金刑保持着与时俱进的动态调整(因为司法解释的修订程序简单,几乎可以适时修订)。但问题是,无限罚金制不符合罪刑法定原则,而且,司法解释将罚金刑具体化,不符合立法法的规定,有越权越位之嫌。(3)既要保证立法的适应性(不至于因物价上涨是数额罚金落伍),又要贯彻罪刑法定原则的明确性要求,比例罚金制将是最好的选择,即按照一定数额的倍数或者百分数来确定罚金数额。因此,未来应当将本罪的罚金刑由数额罚金刑修改为比例罚金制。

具体而言,应该以行为对象的数额或者非法获利数额为计量依据,处以行为对象数额或者非法获利数额的二倍或者三倍罚金。之所以是二倍或者三倍而不是其他,是考虑到民法规定的惩罚性赔偿多为被侵权人损失或者非法所得的二倍,刑事责任不应低于民事责任,因而处以假币面值的二倍或者三倍罚金,具有合理性。

二、具体个罪的立法完善要点

1. 伪造、变造金融票证罪的立法完善建议

关于本罪《刑法》规定的是三个法定刑档次,以"情节严重"和"情节特别严重"作为法定刑升格条件。但目前的司法解释是以客观数额作为入罪和法定刑升格条件的单一规范模式,这种单一规范模式不能够准确衡量行为人的社会危害性,故立法应当对入罪和法定刑升格条件进行细化:

(1)多次伪造金融票证的。除伪造数额和面值外,伪造的次数能够说明行为人的主观恶性和社会危险性。

(2)伪造金融票证而非法获利数额的大小。行为人非法获利数额是其伪造行为的对价,直接反映了其行为的社会危害性和主观恶性,因此,应当作为考量因素。在该数额达到一定量时,宜作为法定刑升格条件。

(3)伪造金融票证行为造成的经济损失,或导致被害人精神失常、死亡,或造成金融管理秩序严重混乱的。行为所产生的危害结果也能反映行为的社会危害性,将危害结果作为法定刑升格条件,自然也更具说服力作为法定刑升格条件,自然也更具说服力。

（4）具有其他严重情形的兜底条款。

2. 窃取、收买、非法提供信用卡信息罪的立法完善

刑法修正案增设本罪，这严密了我国信用卡犯罪的刑事法网，有利于从源头上遏制日益高发的伪造信用卡犯罪和信用卡诈骗犯罪。但本罪只处罚"窃取、收买、非法提供"他人信用卡信息资料的行为，没有将"窃取、收买"之外诸如以"欺骗""胁迫"等非法手段获取他人信用卡信息资料的行为和明知是他人的信用卡信息资料而予以"接受"的持有行为入罪，在罪状上规定得不够全面。一方面，从客观上看，将"非法获取"的表现形式限定于"窃取、收买"而排除其他，这是与客观实际情况相悖的；从立法上看，列举式立法是难以或无法穷尽所有客观现象的。另一方面，不能充分实现修正案的立法意图和全面、有效保护信用卡信息资料的安全。以欺骗、胁迫等非法手段获取他人信用卡信息资料的和明知是他人的信用卡信息资料仍予以接受、持有的，与窃取、收买行为一样都危害到了他人信用卡信息资料的安全，具有相同或相当的社会危害性。为此，笔者认为，在关于本罪的完善上，应当将本罪的罪状进行适当扩大，修改为"非法获取、持有、提供他人信用卡信息资料的"，将获取、持有、提供他人信用卡信息资料而无法律依据的行为均纳入"犯罪圈"，以实现对信用卡信息资料安全的全面保护，为遏制信用卡犯罪发挥真正有效的关键性作用。

3. 违规出具金融票证罪和对违法票据承兑、付款、保证罪的立法完善建议

《刑法》没有给这两个犯罪的自然人主体配置罚金刑。罚金刑是强制犯罪分子缴纳一定数量金钱的刑罚，即对犯罪人金钱的刑事剥夺。无论对犯罪的一般预防还是特殊预防，无论是对已然犯罪还是未然犯罪，罚金刑的剥夺功能都能够得到发挥。对已然犯罪而言，罚金刑具有剥夺犯罪人再犯能力的功能；对未然犯罪而言，剥夺犯罪人一定数额的金钱会起到抑制犯罪的效果。违规出具金融票证罪对单位犯罪的处罚是双罚制。但是，刑法只对单位规定了罚金，对自然人没有并处或单处罚金的规定。应当在本罪中增加对自然人的罚金刑，对自然人犯罪的自然人并处或单处罚金。

第五章
破坏证券、期货管理秩序罪的法教义学解读和立法完善论要

证券市场和期货市场在整个金融市场体系中具有非常重要的地位,是现代金融体系的重要组成部分,对于引导资金流动、优化资源配置、推动经济增长以及提高经济效率具有重要作用。破坏证券、期货管理秩序罪,是指违反国家对证券、期货管理的法规,侵犯国家对证券、期货市场管理的法律秩序,情节严重的行为。本章对伪造、变造股票、公司、企业债券罪,擅自发行股票、公司、企业债券罪,内幕交易、泄露内幕信息罪,利用未公开信息交易罪,编造并传播证券、期货交易虚假信息罪,诱骗投资者买卖证券、期货合约罪以及操纵证券、期货市场罪七个具体罪名展开法教义学分解读,并扼要提出相应具体完善建议,以期为司法实践和理论研究发挥参考作用。

为了正确适用法律,严惩破坏证券、期货管理秩序的犯罪行为,最高司法机关自2009年以来先后出台了五部司法解释:(1)2010年《最高人民法院关于审理非法集资刑事案件具体应用法律若干问题的解释》,以下简称《2010年关于审理非法集资刑事案件具体应用法律若干问题的解释》。(2)2012年《最高人民法院、最高人民检察院关于办理内幕交易、泄露内幕信息刑事案件具体应用法律若干问题的解释》,以下简称《2012年关于办理内幕交易、泄露内幕信息刑事案件具体应用法律若干问题的解释》。(3)2019年《最高人民法院、最高人民检察院关于办理利用未公开信息交易刑事案件适用法律若干问题的解释》,以下简称《2019年关于办理利用未公开信息交易刑事案件适用法律若干问题的解释》。(4)2019年《最高人民法院、最高人民检察院关于办理操纵证券、期货市场刑事案件适用法律若干问题的解

释》,以下简称《2019年关于办理操纵证券、期货市场刑事案件适用法律若干问题的解释》。(5) 2022年《最高人民检察院、公安部关于公安机关管辖的刑事案件立案追诉标准的规定(二)》,以下简称《2022年关于公安机关管辖的刑事案件立案追诉标准的规定(二)》。

第一节 伪造、变造股票、公司、企业债券罪

一、伪造、变造股票、公司、企业债券罪的概念和犯罪构成

根据《刑法》第178条第2款的规定,伪造、变造股票、公司、企业债券罪是指,伪造、变造股票、公司、企业债券,数额较大的行为。

本罪的犯罪构成:

（一）客体要件

本罪的客体要件是国家对股票、公司、企业债券市场管理的法律秩序。股票、公司、企业债券属于国家有价证券的重要组成部分,伪造、变造股票、公司、企业有价债券的行为,妨害了国家对有价证券管理的法律秩序,影响了国家金融市场的稳定。

（二）客观要件

本罪的客观要件表现为伪造、变造股票、公司、企业债券,数额较大的行为。本罪的客观要件,具体由以下三部分构成:

1. 行为对象是"股票、公司、企业债券"

所谓"股票",是股份有限公司为筹集资金发给股东的入股凭证,是代表股份资本所有权的证书和股东借以取得股息和红利的一种有价证券。所谓"公司、企业债券",是公司、企业依照法定程序发行的、约定在一定期限还本付息的有价证券。

2. 行为方式是伪造、变造股票、公司、企业债券

关于"伪造""变造"的界定,前文已有所述,在此不再赘述。

3. 伪造、变造股票、公司、企业债券数额较大

根据《2022年关于公安机关管辖的刑事案件立案追诉标准的规定（二）》第28条的规定："伪造、变造股票或者公司、企业债券，总面额在三万元以上的，应予立案追诉。"由此确定伪造、变造股票、公司、企业债券数额较大，另外，本罪是选择性罪名，满足伪造或者变造其一即可构成。

（三）主体要件

本罪的主体要件是一般主体，即已满16周岁、具有刑事责任能力的自然人和单位。

（四）主观要件

本罪的主观要件是犯罪故意，即行为人明知自己伪造、变造股票、公司、企业债券的行为会发生损害国家对股票、公司、企业债券市场管理的法律秩序的危害结果，仍然希望或者放任这种危害结果发生的心理态度。

二、伪造、变造股票、公司、企业债券罪法律适用中的疑难问题

（一）关于罪与非罪的界限问题

伪造、变造股票、公司、企业债券行为必须达到"数额较大"，否则不构成犯罪。

例如，在"曹×伪造、变造股票、公司、企业债券案"[1] 中，经查明，××汽车贸易有限公司因无力偿还××银行的逾期贷款，公司名下土地进入执行拍卖程序。吕××作为公司股东急于挽救公司，于2017年11月结识杨××（已判刑）。杨××表示能向吕××提供2000万元的国债帮助其解决资金问题，并以此向吕××索取好处费，吕××表示同意。同年12月初，杨××在并未实际支付该2000万元的情况下，指使被告人卓××为其开具伪造的国债收款凭证。被告人卓××遂伙同被告人曹×、陈××（另案处理）一起来到××省××市找人伪造国债收款凭证。被告人曹×联系了当地的"小林"和"徐行长"（均另案处理）开具了伪造的国债收款凭证，被告人卓××在

---

[1] 参见（2019）浙0902刑初373号。

交给被告人曹×开票费人民币35万元后，收到了4张户名为"杨××"的××银行××支行开具的面额500万元的凭证式国债收款凭证，冠号分别为"XIXIX00508563""XIXIX00508576""XIXIX00508587""XIXIX00508632"。同年12月6日，吕××在拿到该四张国债收款凭证后来到××银行向该行工作人员出示，欲凭此请求银行撤回因其贷款逾期未还而对其的执行申请。银行工作人员在查验该4张国债收款凭证后，告知吕××及杨××凭证系伪造。经中国人民银行××市中心支行鉴定，确认上述4张凭证式国债收款凭证系伪造。最终曹×犯伪造国家有价证券罪，判处有期徒刑11年，并处罚金人民币5万元；卓××犯伪造国家有价证券罪，被判处有期徒刑10年，并处罚金人民币5万元。

裁判要旨： 上述案例中，曹×、卓××伙同他人伪造国家发行的其他有价证券，数额特别巨大，其行为严重损害了国家对股票、公司、企业债券市场管理的法律秩序，构成伪造国家有价证券罪。

(二) 关于此罪与彼罪的区别

1. 本罪与伪造、变造国家有价证券罪的区别

伪造、变造国家有价证券罪，是指伪造、变造国库券或者国家发行的其他有价证券，数额较大的行为。二者的区别主要有两方面：

(1) 犯罪客体要件不同，前者是国家对股票、公司、企业债券管理的法律秩序，而后者是国家对有价证券管理的法律秩序。

(2) 犯罪对象不同，前者是股票、公司、企业债券，后者是国库券或者国家发行的其他有价证券。就性质而言，股票、公司、企业债券也是有价债券，但其发行机关是公司、企业，而国家有价证券的发行机关是国家。

2. 本罪与欺诈发行股票、债券罪的区别

欺诈发行股票、债券罪，是指在招股说明书、认股书及公司、企业债券募集办法中隐瞒重要事实或者编造重大虚假内容发行股票或者公司、企业债券，数额巨大、后果严重或者有其他严重情节的行为。二者的区别主要体现在以下三方面：

(1) 犯罪客体要件不同，前者是国家对股票、公司、企业债券管理的法律秩序；后者则是国家关于公司、企业对股票发行、债券管理的法律秩序。

（2）行为方式不同，前者是行为人针对股票、债券实施的伪造、变造；而后者是欺诈发行股票、债券，其所使用的股票、债券本身是真实的。

三、伪造、变造股票、公司、企业债券罪的刑事责任

根据《刑法》第 178 条第 2 款的规定，伪造、变造股票或者公司、企业债券，数额较大的，处三年以下有期徒刑或者拘役，并处或者单处一万元以上十万元以下罚金；数额巨大的，处三年以上十年以下有期徒刑，并处二万元以上二十万元以下罚金。单位犯本罪的，对单位判处罚金，并对其直接负责的主管人员和其他直接责任人员，依照前两款的规定处罚。

（一）法定刑设置

伪造、变造股票、公司、企业债券罪规定了两档法定刑，具体包括：

1. 基础法定刑

数额较大的，处三年以下有期徒刑或者拘役，并处或者单处一万元以上十万元以下罚金。

2. 加重法定刑

数额巨大的，处三年以上十年以下有期徒刑，并处二万元以上二十万元以下罚金。

（二）单位犯罪的处罚

对单位犯罪适用双罚制：单位犯本罪的，对单位判处罚金，并对其直接负责的主管人员和其他直接责任人员，根据案件的具体情况，依照前款个人犯此罪的量刑档次进行处罚。

第二节　擅自发行股票、公司、企业债券罪

一、擅自发行股票、公司、企业债券罪的概念和犯罪构成

根据《刑法》第 179 条的规定，擅自发行股票、公司、企业债券罪指未

经国家有关主管部门批准，擅自发行股票或者公司、企业债券，数额巨大、后果严重或具有其他情节的行为。

本罪的犯罪构成：

（一）客体要件

本罪的客体要件是国家对发行股票、公司、企业债券管理的法律秩序。

（二）客观要件

本罪的客观表现为未经国家有关主管部门批准，擅自发行股票或者公司、企业债券，数额巨大、后果严重或具有其他情节的行为。本罪的客观要件，具体由以下两部分构成：

1. 未经国家有关主管部门批准，擅自发行

这里的"未经国家有关主管部门批准"包括两种情况：一是不具有发行资格，而擅自发行股票或公司、企业债券；二是具有合法发行的资格，但未经有关主管部门的批准。根据股票和债券的具体情况，"核准制"和"注册制"都属于"国家有关主管部门批准"的一种方式。❶

根据《2010年关于审理非法集资刑事案件具体应用法律若干问题的解释》第6条的规定，未经国家有关主管部门批准，向社会不特定对象发行、以转让股权等方式变相发行股票或者公司、企业债券，或者向特定对象发行、变相发行股票或者公司、企业债券累计超过200人的，应当认定为《刑法》第179条规定的"擅自发行股票、公司、企业债券"。构成犯罪的，以擅自发行股票、公司、企业债券罪定罪处罚。

2. 数额巨大、后果严重或具有其他情节

根据《2022年关于公安机关管辖的刑事案件立案追诉标准的规定（二）》第29条的规定："未经国家有关主管部门批准或者注册，擅自发行股票或者公司、企业债券，涉嫌下列情形之一的，应予立案追诉：（一）非法募集资金金额在一百万元以上的；（二）造成投资者直接经济损失数额累计在五十万元以上的；（三）募集的资金全部或者主要用于违法犯罪活动的；（四）其他后

---

❶ 王爱立.《中华人民共和国刑法释义（最新修订版）》[M]. 法律出版社，2021：358.

果严重或者有其他严重情节的情形。本条规定的"擅自发行股票或者公司、企业债券",是指向社会不特定对象发行、以转让股权等方式变相发行股票或者公司、企业债券,或者向特定对象发行、变相发行股票或者公司、企业债券累计超过二百人的行为。"由此确定数额巨大、后果严重或具有其他情节。

(三) 主体要件

本罪的主体要件是一般主体,即已满16周岁、具有刑事责任能力的自然人和单位。本罪的主体要件既包括那些根本不具备发行股票或者公司、企业债券条件的单位和个人,也包括那些具备了发行股票或者公司、企业债券条件,但还没有得到国家有关主管部门批准,而擅自发行股票或者公司、企业债券的单位和个人。

(四) 主观要件

本罪的主观要件是犯罪故意,即行为人明知自己未经国家有关主管部门批准而擅自发行股票或者公司、企业债券的行为会发生损害国家对发行股票、公司、企业债券管理的法律秩序的危害结果,仍然希望或者放任这种危害结果发生的心理态度,或者行为人明知自己未经国家有关主管部门批准而擅自发行股票或者公司、企业债券会造成严重的损害结果,而希望或者放任这种结果发生的心理态度。

二、擅自发行股票、公司、企业债券罪法律适用中的疑难问题

(一) 关于罪与非罪的界限问题

擅自发行股票、公司、企业债券的行为,必须达到"数额巨大、后果严重或者有其他严重情节的",否则不构成犯罪。

例如,在"张××擅自发行股票、公司、企业债券案"[1]中,经查明,张××于2009年12月,伙同刘××、任×,未经批准,擅自将所谓的中国人参控股有限公司增发1000万股公开发售,被告人张××负责组织销售团队,并签订了《副总经理聘用及承包合同书》。2010年1月至2011年12月,

---

[1] 参见(2019)吉0102刑初464号。

在××市××区解放大路××大厦16楼未经证监会批准,以公司计划在美国纳斯达克PK板块升至OTCBB板块上市,购买公司原始股票上市后可以获得高额回报为名,由张××召集、组成的以迟××、熊××、胡××、崔××等人为骨干的销售团队,通过电话联系、"口口相传"等方式联系投资者,吸引投资者购买该公司发行的股票。同时在××市×××、××、××酒店及××、××等地,举办多场股票推介会,介绍、洽谈增发股票业务,并采取播放宣传片夸大收益及发放宣传手册等公开、变相公开方式向社会不特定对象以每股3.6元的股价出售公司股票。投资者通过银行转账、缴纳现金等方式支付购买股票款项后,与中国人参控股有限公司签订《购买股票协议书》《股权确认书》,作为投资者认购、持有公司股票的证明。期间,共向××、×××等224名投资者发行股票990万股,收取投资者股本金人民币2935.26万元。其中,××、×××等130名投资者为不特定对象,共购买股票628万股,总金额2267.47万元。所得赃款均被挥霍。最终,张××犯擅自发行股票罪,被判处有期徒刑4年,并处罚金人民币100万元。

裁判要旨: 上述案例中,被告人张××伙同他人,未经中国证监会批准,擅自公开发行股票,发行数额巨大,其行为严重损害了国家对发行股票、公司、企业债券管理的法律秩序,构成擅自发行股票罪。

(二) 关于此罪与彼罪的区别

根据2008年1月2日最高人民法院、最高人民检察院、公安部、中国证券业监督管理委员会《关于整治非法证券活动有关问题的通知》,未经依法核准,擅自发行证券,涉嫌犯罪的,依照《刑法》第179条的规定:(1)以擅自发行股票、公司、企业债券罪追究刑事责任。未经依法核准,以发行证券为幌子,实施非法证券活动,涉嫌犯罪的,依照《刑法》第176条、第192条的规定,以非法吸收公众存款罪、集资诈骗罪等罪名追究刑事责任。未构成犯罪的,依照《证券法》和有关法律的规定给予行政处罚。(2)对于中介机构非法代理买卖非上市公司股票,涉嫌犯罪的,应当依照《刑法》第225条之规定,以非法经营罪追究刑事责任;所代理的非上市公司涉嫌擅自发行股票,构成犯罪的,应当依照《刑法》第179条的规定,以擅自发行股票罪追究刑事责任。非上市公司和中介机构共谋擅自发行股票,构成犯罪的,以擅自发行股票罪的共犯论处。未构成犯罪的,依照《证券法》和有关法律的规定给予行政处罚。

三、擅自发行股票、公司、企业债券罪的刑事责任

根据《刑法》第179条的规定，未经国家有关主管部门批准，擅自发行股票或者公司、企业债券，数额巨大、后果严重或者有其他严重情节的，处五年以下有期徒刑或者拘役，并处或者单处非法募集资金金额1%以上5%以下罚金。

单位犯前款罪的，对单位判处罚金，并对其直接负责的主管人员和其他直接责任人员，处五年以下有期徒刑或者拘役。

（一）法定刑设置

关于自然人犯罪，擅自发行股票、公司、企业债券罪仅规定了一个法定刑，即：数额巨大、后果严重或者有其他严重情节的，处五年以下有期徒刑或者拘役，并处或者单处非法募集资金金额1%以上5%以下罚金。

（二）单位犯罪的处罚

对单位犯罪适用双罚制：单位犯前款罪的，对单位判处罚金，并对其直接负责的主管人员和其他直接责任人员，处五年以下有期徒刑或者拘役。

第三节　内幕交易、泄露内幕信息罪

一、内幕交易、泄露内幕信息罪的概念和犯罪构成

根据《刑法》第180条第1款的规定，内幕交易、泄露内幕信息罪，是指证券、期货交易内幕信息的知情人员或者非法获取证券、期货交易内幕信息的人员，在涉及证券的发行，证券、期货交易或者其他对证券、期货交易价格有重大影响的信息尚未公开前，买入或者卖出该证券，或者从事与该内幕信息有关的期货交易，或者泄露该信息，或者明示、暗示他人从事上述交易活动，情节严重的行为。

本罪的犯罪构成：

（一）客体要件

本罪的客体要件是国家对证券、期货市场管理的法律秩序。内幕交易、泄露内幕信息，违背了证券、期货交易市场公开、公平、公正的原则，因而会破坏金融市场的整体稳定性。

（二）客观要件

本罪的客观要件表现为在涉及证券的发行，证券、期货交易或者其他对证券、期货交易价格有重大影响的信息尚未公开前，买入或者卖出该证券，或者从事与该内幕信息有关的期货交易，或者泄露该信息，或者明示、暗示他人从事上述交易活动，情节严重的行为。本罪的客观要件，具体由以下三部分构成：

1. 对"内幕信息"的理解

所谓"内幕信息"，不同国家有不同的规定，例如 2003 年欧盟《内幕信息的公开与市场操纵行为的定义指令》对"内幕信息"作出定义，即内幕信息是指那些尚未公开披露的，与一个或几个可转让证券的发行人，或与一种或几种可转让证券的准确情况有关的信息。如果该信息被公开披露，可能会对该证券的价格产生影响。❶ 从该定义可以看出内幕信息应当具有四个特征：一是信息尚未被公开披露，即非公开性；二是内幕信息具有真实性、准确性；三是内幕信息与可转让证券的发行人或可转让证券的情况具有关联性。根据我国《证券法》第 52 条第 1 款的规定，内幕信息，是指在证券交易活动中，涉及发行人的经营、财务或者对该发行人证券的市场价格有重大影响的尚未公开的信息。根据《期货交易管理条例》第 81 条的规定，内幕信息指可能对期货交易价格产生重大影响的尚未公开的信息。对于"内幕信息"的认定，需要依据前置法的规定分别对证券、期货的内幕信息作出判断。因此，本罪中的"内幕信息"，应当指在证券、期货交易活动中，对证券的市场价格或者对期货交易价格产生重大影响的尚未公开的信息。

---

❶ Directive on Insider Dealing and Market Manipulation (2013/6/EC of the European Parliament and of the Council of 28 January 2013).

2. 本罪的行为方式

本罪的行为方式有三种，具体包括：（1）涉及证券的发行，在证券、期货交易或者其他对证券、期货交易价格有重大影响的信息尚未公开前，买入或者卖出该证券，或者从事与该内幕信息有关的期货交易。（2）涉及证券的发行，证券、期货交易或者其他对证券、期货交易价格有重大影响的信息尚未公开前，泄露该信息。（3）涉及证券的发行，证券、期货交易或者其他对证券、期货交易价格有重大影响的信息尚未公开前，明示、暗示他人从事上述交易活动。需要指出的是"明示、暗示他人从事上述交易活动"是《刑法修正案（七）》修改后的最新规定，经《刑法修正案（七）》修改后的《刑法》第180条规定的"明示、暗示他人从事上述交易活动"构成内幕交易、泄露内幕信息罪的犯罪行为，这相对来说降低了司法取证的难度，有利于提高执法效率，加强刑法对证券、期货市场的保护力度。❶ 对于"明示、暗示他人从事上述交易活动"应当准确理解：一方面，明示、暗示他人从事证券、期货交易活动是一种独立的内幕交易犯罪实行行为类型，但在行为属性层面应当归属于内幕交易而非泄露内幕信息行为，明示、暗示他人从事相关证券、期货交易活动的具体犯罪性质应当结合被建议者是否实际从事相关交易、是否泄露内幕信息等要素进行综合判断；❷ 另一方面，是否告知被建议者内幕信息内容是明示与暗示的区分标准，行为人提示或者建议他人从事证券、期货交易活动，具体是指提示或建议他人买入或者卖出该证券，或者从事与该内幕信息有关的期货交易是明示、暗示的本质。

3. 内幕交易、泄露内幕信息情节严重

关于内幕交易、泄露内幕信息情节严重，根据《2012年关于办理内幕交易、泄露内幕信息刑事案件具体应用法律若干问题的解释》第6条的规定："在内幕信息敏感期内从事或者明示、暗示他人从事或者泄露内幕信息导致他人从事与该内幕信息有关的证券、期货交易，具有下列情形之一的，应当认定为《刑法》第180条第1款规定的"情节严重"：（一）证券交易成交额在五十万元以上的；（二）期货交易占用保证金数额在三十万元以上的；（三）

---

❶ 葛磊. 新修罪名诠释〈刑法修正案（七）〉深度解读与实务 [M]. 北京：中国法制出版社，2009：27-28.

❷ 刘宪权. 金融犯罪刑法学原理 [M]. 2版. 上海：上海人民出版社，2020：336，337.

获利或者避免损失数额在十五万元以上的;(四)三次以上的;(五)具有其他严重情节的。"由此确定内幕交易、泄露内幕信息"情节严重"。

(三) 主体要件

本罪的主体要件是特殊主体,就自然人而言,必须是证券、期货交易内幕信息的知情人员或者非法获取证券、期货交易内幕信息的人员;就单位而言,必须是从事证券、期货交易的单位。

作为本罪特殊主体的自然人分为两类,一类是合法的"证券、期货交易内幕信息的知情人员",另一类是"非法获取证券、期货交易内幕信息的人员"。就合法的"证券、期货交易内幕信息的知情人员"而言,根据《刑法》第180条的规定,"内幕信息、知情人员的范围,依照法律、行政法规的规定确定"。这包括:

1. 证券内幕信息知情人员的范围

根据《证券法》第51条的规定,证券交易内幕信息的知情人包括:(1) 发行人及其董事、监事、高级管理人员;(2) 持有公司5%以上股份的股东及其董事、监事、高级管理人员,公司的实际控制人及其董事、监事、高级管理人员;(3) 发行人控股或者实际控制的公司及其董事、监事、高级管理人员;(4) 由于所任公司职务或者因与公司业务往来可以获取公司有关内幕信息的人员;(5) 上市公司收购人或者重大资产交易方及其控股股东、实际控制人、董事、监事和高级管理人员;(6) 因职务、工作可以获取内幕信息的证券交易场所、证券公司、证券登记结算机构、证券服务机构的有关人员;(7) 因职务、工作可以获取内幕信息的证券监督管理机构的工作人员;(8) 因法定职责对证券的发行、交易或者对上市公司及其收购、重大资产交易进行管理可以获取内幕信息的有关主管部门、监管机构的工作人员;(9) 国务院证券监督管理机构规定的可以获取内幕信息的其他人员。

2. 期货内幕信息知情人员的范围

根据2017年国务院《期货交易管理条例》第81条的规定,内幕信息的知情人员,是指由于其管理地位、监督地位或者职业地位,或者作为雇员、专业顾问履行职务,能够接触或者获得内幕信息的人员,包括:期货交易所的管理人员以及其他由于任职可获取内幕信息的从业人员,国务院期货监督

第五章　破坏证券、期货管理秩序罪的法教义学解读和立法完善论要

管理机构和其他有关部门的工作人员以及国务院期货监督管理机构规定的其他人员。

就"非法获取证券、期货交易内幕信息的人员"而言，根据《2012年关于办理内幕交易、泄露内幕信息刑事案件具体应用法律若干问题的解释》第2条的规定，具有下列行为的人员应当认定为《刑法》第180条第1款规定的"非法获取证券、期货交易内幕信息的人员"：（1）利用窃取、骗取、套取、窃听、利诱、刺探或者私下交易等手段获取内幕信息的；（2）内幕信息知情人员的近亲属或者其他与内幕信息知情人员关系密切的人员，在内幕信息敏感期内❶，从事或者明示、暗示他人从事，或者泄露内幕信息导致他人从事与该内幕信息有关的证券、期货交易，相关交易行为明显异常，且无正当理由或者正当信息来源的；（3）在内幕信息敏感期内，与内幕信息知情人员联络、接触，从事或者明示、暗示他人从事，或者泄露内幕信息导致他人从事与该内幕信息有关的证券、期货交易，相关交易行为明显异常，❷且无正当理由或者正当信息来源的。总之，非法获取证券、期货交易内幕信息的人员不仅包括以窃取、骗取等非法手段获取内幕信息的人员，还包括其他不该获取而获取内幕信息的人员。❸ 在此，"非法获取证券、期货交易内幕信息的人员"仍然是一种特殊主体要件，因为评定某一个罪的主体是否为特殊主体只能以实

---

❶ 根据《2012年关于办理内幕交易、泄露内幕信息刑事案件具体应用法律若干问题的解释》第5条的规定，本解释所称"内幕信息敏感期"是指内幕信息自形成至公开的期间。《证券法》第67条第2款所列"重大事件"的发生时间，第75条规定的"计划""方案"以及《期货交易管理条例》第85条第11项规定的"政策""决定"等的形成时间，应当认定为内幕信息的形成之时。影响内幕信息形成的动议、筹划、决策或者执行人员，其动议、筹划、决策或者执行初始时间，应当认定为内幕信息的形成之时。内幕信息的公开，是指内幕信息在国务院证券、期货监督管理机构指定的报刊、网站等媒体上披露。

❷ 根据《2012年关于办理内幕交易、泄露内幕信息刑事案件具体应用法律若干问题的解释》第3条的规定，本解释第2条第2项、第3项规定的"相关交易行为明显异常"，要综合以下情形，从时间吻合程度、交易背离程度和利益关联程度等方面予以认定：（1）开户、销户、激活资金账户或者指定交易（托管）、撤销指定交易（转托管）的时间与该内幕信息形成、变化、公开时间基本一致的；（2）资金变化与该内幕信息形成、变化、公开时间基本一致的；（3）买入或者卖出与内幕信息有关的证券、期货合约时间与内幕信息的形成、变化和公开时间基本一致的；（4）买入或者卖出与内幕信息有关的证券、期货合约时间与获悉内幕信息的时间基本一致的；（5）买入或者卖出证券、期货合约行为明显与平时交易习惯不同的；（6）买入或者卖出证券、期货合约行为，或者集中持有证券、期货合约行为与该证券、期货公开信息反映的基本面明显背离的；（7）账户交易资金进出与内幕信息知情人员或者非法获取人员有关联或者利害关系的；（8）其他交易行为明显异常的情形。

❸ 贾宇. 刑法学（下册）[M]. 北京：高等教育出版社，2019：79.

施该种犯罪时是否需要特殊身份为标准，而不能以取得特定身份前的一般主体状态作为标准。❶

(四) 主观要件

本罪的主观要件是犯罪故意，即行为人明知国家禁止涉及证券的发行，证券、期货交易或者其他对证券、期货交易价格有重大影响的信息尚未公开而实施内幕交易、泄露内幕信息的行为会发生损害对证券、期货市场管理的法律秩序的危害结果，仍然希望或者放任这种危害结果发生的心理态度。

二、内幕交易、泄露内幕信息罪法律适用中的疑难问题

(一) 关于罪与非罪的界限问题

内幕交易、泄露内幕信息的行为对象必须是尚未公开的信息，行为后果必须达到情节严重，否则不构成犯罪。❷

例如，在"邢×涉内幕交易案"❸中，经查明，2020年1月，××医药为应对新冠疫情，开展抗病毒药物瑞德西韦的仿制工作。同年2月1日、2月11日，××医药先后完成仿制瑞德西韦小试批生产、中试批生产。2月11日晚，××医药发布《关于抗病毒药物研制取得进展的公告》，宣布近日成功仿制开发了瑞德西韦原料药合成工艺技术和制剂技术，已经批量生产出瑞德西韦原料药。此后××医药股价连续2个交易日涨停，连续3个交易日累计涨幅最高达66%。××医药在新冠疫情期间发布抗病毒药物研制取得重大进展的信息，属于内幕信息。内幕信息敏感期为2020年2月1日至2月11日。2019年，××公司在××医药筹备上市过程中，为其提供了材料审核、路演等服务。××医药成功上市后，于2020年1月3日与××公司签订《××合

---

❶ 李希慧. 刑法各论 [M]. 北京：中国人民大学出版社，2012：125.
❷ 根据《2012年关于办理内幕交易、泄露内幕信息刑事案件具体应用法律若干问题的解释》第4条的规定，具有下列情形之一的，不属于《刑法》第180条第1款规定的从事与内幕信息有关的证券、期货交易：(1) 持有或者通过协议、其他安排与他人共同持有上市公司百分之五以上股份的自然人、法人或者其他组织收购该上市公司股份的；(2) 按照事先订立的书面合同、指令、计划从事相关证券、期货交易的；(3) 依据已被他人披露的信息而交易的；(4) 交易具有其他正当理由或者正当信息来源的。
❸ 参见（2022）沪03刑初20号。

规及资本品牌管理服务协议书》，约定由××公司为××医药提供信披合规等服务。同年2月4日，××医药董事长袁×为寻求联系相关方面支持以及咨询涉案内幕信息公告事宜，将××医药仿制瑞德西韦小试批生产成功以及即将实现扩大生产等研发进展情况告知信披公司实际控制人被告人邢×。2020年2月6日，邢×实际控制"×1""×2""×3""深圳市B有限公司""深圳市C有限公司"5个证券账户，买入××医药股票31万余股，交易金额人民币1392万余元（以下币种均为人民币）。后于2月10日至3月6日陆续卖出，获利86万余元。本案审理期间，邢×向本院退缴违法所得867321.26元并预缴罚金100万元。由于邢×如实供述自己的罪行，系坦白，可以从轻处罚；其自愿认罪认罚，于庭前退缴违法所得并预缴罚金，可以从宽处理。最终，邢×犯内幕交易罪，被判处有期徒刑5年，并处罚金人民币100万元。

裁判要旨： 上述案例中，邢×作为内幕信息知情人，在对证券交易价格有重大影响的信息尚未公开前交易该证券，情节特别严重，其行为严重损害对证券、期货市场管理的法律秩序，构成内幕交易罪。

（二）关于此罪与彼罪的区别

1. 本罪与侵犯商业秘密罪的区别

侵犯商业秘密罪是指以盗窃、利诱、胁迫、披露、擅自使用等不正当手段，侵犯商业秘密，给商业秘密的权利人造成重大损失的行为。二罪的区别主要有以下四方面：

（1）犯罪客体要件不同，前者是国家关于证券、期货市场禁止内幕交易、不得泄露内幕信息管理的法律秩序；后者是国家关于商业秘密管理的法律秩序。

（2）行为对象不同，前者是内幕信息，后者是商业秘密。

（3）行为方式不同，前者是在证券、期货交易中进行内幕交易或者泄露内幕信息，情节严重；后者是以盗窃、利诱、胁迫或其他不正当手段获取商业秘密披露，使用或允许他人使用前项手段获取的他人商业秘密，违反约定或违反权利人有关保守商业秘密的要求，披露、使用或允许他人使用其所掌握的商业秘密。

（4）犯罪主体要件不同，前者是特殊主体，包括证券、期货交易内幕信息的知情人员或者非法获取证券、期货交易内幕信息的人员,后者是一般主体。

2. 本罪与泄露国家秘密罪的区别

泄露国家秘密罪包括故意泄露国家秘密罪和过失泄露国家秘密罪两类。故意泄露国家秘密罪,是指国家机关工作人员或其他有关人员,违反保守国家秘密法的规定,故意泄露国家秘密,情节严重的行为。过失泄露国家秘密罪,是指国家机关工作人员或其他有关人员,违反保守国家秘密法的规定,过失泄露国家秘密,情节严重的行为。本罪与泄露国家秘密罪的区别主要有以下五方面:

(1) 犯罪客体要件不同,前者的犯罪客体是国家关于证券、期货市场禁止内幕交易、不得泄露内幕信息的管理秩序,后者的犯罪客体是国家秘密管理的法律秩序。

(2) 行为对象不同,前者是市场交易信息,后者是国家秘密。

(3) 行为方式不同,前者是违反有关证券、期货法规,利用内幕信息进行证券、期货交易或者泄露内幕信息,情节严重的行为;后者是违反国家秘密法规,泄露国家秘密的行为。

(4) 犯罪主体要件不同,前者的犯罪主体是特殊主体,包括证券、期货交易内幕信息的知情人员或者非法获取证券、期货交易内幕信息的人员;后者的犯罪主体一般是国家机关工作人员,但非国家机关工作人员也可以构成该罪。

(5) 主观要件不同,前者的主观要件是故意,后者的主观要件既可以是故意,也可以是过失。

(三) 关于罪数形态的问题

本罪是选择性罪名,行为人只有实施了内幕交易或泄露内幕交易信息一种行为(情节严重),就构成本罪,如果行为人同时实施了内幕交易或泄露内幕交易信息行为(情节严重),也只构成一罪,不实行数罪并罚。同时,在日常司法实践中,主要会出现两种情况:一种是行为人采用行贿的方法非法获取内幕信息后利用非法获取的内幕信息进行交易;另一种是内幕信息知情人员在受贿后向行贿人泄露内幕信息。上述两种情况中,由于第一种情况系手段行为与目的行为的关系,第二种情况系原因行为与结果行为的关系,均应

按照牵连犯的处断原则,以其中的一个重罪处罚。❶

三、内幕交易、泄露内幕信息罪的刑事责任

根据《刑法》第180条第1款的规定,证券、期货交易内幕信息的知情人员或者非法获取证券、期货交易内幕信息的人员,在涉及证券的发行,证券、期货交易或者其他对证券、期货交易价格有重大影响的信息尚未公开前,买入或者卖出该证券,或者从事与该内幕信息有关的期货交易,或者泄露该信息,或者明示、暗示他人从事上述交易活动,情节严重的,处五年以下有期徒刑或者拘役,并处或者单处违法所得一倍以上五倍以下罚金;情节特别严重的,处五年以上十年以下有期徒刑,并处违法所得一倍以上五倍以下罚金。单位犯前款罪的,对单位判处罚金,并对其直接负责的主管人员和其他直接责任人员,处五年以下有期徒刑或者拘役。

(一) 法定刑的设置

内幕交易、泄露内幕信息罪规定了两档法定刑,具体包括:

1. 基础法定刑

情节严重的,❷ 处五年以下有期徒刑或者拘役,并处或者单处违法所得一倍以上五倍以下罚金。

2. 加重法定刑

情节特别严重的,❸ 处五年以上十年以下有期徒刑,并处违法所得一倍以上五倍以下罚金。

---

❶ 高铭暄,马克昌. 刑法学 [M]. 10版. 北京:北京大学出版社、高等教育出版社,2021:412.
❷ 根据《2012年关于办理内幕交易、泄露内幕信息刑事案件具体应用法律若干问题的解释》第6条的规定,在内幕信息敏感期内从事或者明示、暗示他人从事或者泄露内幕信息导致他人从事与该内幕信息有关的证券、期货交易,具有下列情形之一的,应当认定为《刑法》第180条第1款规定的"情节严重":(1)证券交易成交额在五十万元以上的;(2)期货交易占用保证金数额在三十万元以上的;(3)获利或者避免损失数额在十五万元以上的;(4)三次以上的;(5)具有其他严重情节的。
❸ 根据《2012年关于办理内幕交易、泄露内幕信息刑事案件具体应用法律若干问题的解释》第7条的规定,在内幕信息敏感期内从事或者明示、暗示他人从事或者泄露内幕信息导致他人从事与该内幕信息有关的证券、期货交易,具有下列情形之一的,应当认定为《刑法》第180条第1款规定的"情节特别严重":(1)证券交易成交额在二百五十万元以上的;(2)期货交易占用保证金数额在一百五十万元以上的;(3)获利或者避免损失数额在七十五万元以上的;(4)具有其他特别严重情节的。

（二）单位犯罪的处罚

对单位犯罪适用双罚制：单位犯前款罪的，对单位判处罚金，并对其直接负责的主管人员和其他直接责任人员，处五年以下有期徒刑或者拘役。

（三）数额的计算与违法所得的处理

根据《2012年关于办理内幕交易、泄露内幕信息刑事案件具体应用法律若干问题的解释》第10条的规定，《刑法》第180条第1款规定的"违法所得"，是指通过内幕交易行为所获利益或者避免的损失。内幕信息的泄露人员或者内幕交易的明示、暗示人员未实际从事内幕交易的，其罚金数额按照因泄露而获悉内幕信息人员或者被明示、暗示人员从事内幕交易的违法所得计算。

上述数额的计算，需要注意的是：（1）二次以上实施内幕交易或者泄露内幕信息行为，未经行政处理或者刑事处理的，应当对相关交易数额依法累计计算；（2）同一案件中，成交额、占用保证金额、获利或者避免损失额分别构成情节严重、情节特别严重的，按照处罚较重的数额定罪处罚；（3）构成共同犯罪的，按照共同犯罪行为人的成交总额、占用保证金总额、获利或者避免损失总额定罪处罚，但判处各被告人罚金的总额应掌握在获利或者避免损失总额的一倍以上五倍以下。

第四节　利用未公开信息交易罪

一、利用未公开信息交易罪的概念和犯罪构成

根据《刑法》第180条第4款的规定，利用未公开信息交易罪，是指证券交易所、期货交易所、证券公司、期货经纪公司、基金管理公司、商业银行、保险公司等金融机构的从业人员以及有关监管部门或者行业协会的工作人员，利用因职务便利获取的内幕信息以外的其他未公开的信息，违反规定，从事与该信息相关的证券、期货交易活动，或者明示、暗示他人从事相关交易活动，情节严重的行为。

本罪的犯罪构成：

（一）客体要件

本罪的客体要件是国家对证券、期货市场交易管理的法律秩序。

（二）客观要件

本罪的客观要件表现为行为人利用因职务便利获取的内幕信息以外的其他未公开的信息，违反规定，从事与该信息相关的证券、期货交易活动，或者明示、暗示他人从事相关交易活动，情节严重的行为。本罪的客观要件，具体由以下三部分构成：

1. 利用因职务便利获取的内幕信息以外的其他未公开的信息

"内幕信息以外的其他未公开的信息"，即所利用的信息是《证券法》所规定的内幕信息以外的其他未公开的信息。因此，本罪比较典型的犯罪是基金"老鼠仓"行为。❶ 未公开信息有"未公开性"和"价格敏感性"两个特征。❷《2019年关于办理利用未公开信息交易刑事案件适用法律若干问题的解释》第1条规定的"内幕信息以外的其他未公开的信息"，包括下列信息：（1）证券、期货的投资决策、交易执行信息；（2）证券持仓数量及变化、资金数量及变化、交易动向信息；（3）其他可能影响证券、期货交易活动的信息。

上述司法解释第2条规定，内幕信息以外的其他未公开的信息难以认定的，司法机关可以在有关行政主（监）管部门认定意见的基础上，根据案件事实和法律规定作出认定。

2. 行为方式有两种

一是利用内幕信息以外的其他未公开信息，违反规定，从事与该信息相关的证券、期货交易活动；这里的"违反规定"，根据《2019年关于办理利用未公开信息交易刑事案件适用法律若干问题的解释》第3条的规定，是指

---

❶ 部分工作人员利用在职务中获取的未公开信息来牟取利益或躲避风险，由于其行为隐秘，并"偷食"盈利，故被形象地描述为"老鼠仓"行为。郭宁. 刑法对"老鼠仓"行为的规制［J］. 上海政法学院学报（法治论丛），2014，29（1）：86-95.

❷ 王晓磊. 利用未公开信息交易罪中未公开信息的认定［J］. 中国检察官，2019（6）：29.

违反法律、行政法规、部门规章、全国性行业规范有关证券、期货未公开信息保护的规定，以及行为人所在的金融机构有关信息保密、禁止交易、禁止利益输送等的规定。

二是利用内幕信息以外的其他未公开信息，违反规定，明示、暗示他人从事相关交易活动。这里的"明示、暗示他人从事相关交易活动"，根据《2019年关于办理利用未公开信息交易刑事案件适用法律若干问题的解释》第4条的规定，《刑法》第180条第4款规定的行为人"明示、暗示他人从事相关交易活动"，应当综合以下方面进行认定：（1）行为人具有获取未公开信息的职务便利；（2）行为人获取未公开信息的初始时间与他人从事相关交易活动的初始时间具有关联性；（3）行为人与他人之间具有亲友关系、利益关联、交易终端关联关系等；（4）他人从事相关交易的证券、期货品种、交易时间与未公开信息所涉证券、期货品种、交易时间等方面基本一致；（5）他人从事的相关交易活动明显不具有符合交易习惯、专业判断等正当理由；（6）行为人对明示、暗示他人从事相关交易活动没有合理解释。

3. 利用未公开信息交易情节严重

根据《2019年关于办理利用未公开信息交易刑事案件适用法律若干问题的解释》第5条的规定，利用未公开信息交易，具有下列情形之一的，应当认定为《刑法》第180条第4款规定的"情节严重"：（1）违法所得数额在一百万元以上的；（2）二年内三次以上利用未公开信息交易的；（3）明示、暗示三人以上从事相关交易活动的。第6条规定，利用未公开信息交易，违法所得数额在五十万元以上，或者证券交易成交额在五百万元以上，或者期货交易占用保证金数额在一百万元以上，具有下列情形之一的，应当认定为《刑法》第180条第4款规定的"情节严重"：（1）以出售或者变相出售未公开信息等方式，明示、暗示他人从事相关交易活动的；（2）因证券、期货犯罪行为受过刑事追究的；（3）二年内因证券、期货违法行为受过行政处罚的；（4）造成恶劣社会影响或者其他严重后果的。

（三）主体要件

本罪的主体要件是特殊主体，即行为人应当具有证券交易所、期货交易所、证券公司、期货经纪公司、基金管理公司、商业银行、保险公司等金融机构的从业人员以及有关监管部门或者行业协会的工作人员的资格。

(四) 主观要件

本罪的主观要件是犯罪故意，即行为人明知其利用因职务便利获取的内幕信息以外的其他未公开的信息违反规定，从事与该信息相关的证券、期货交易活动，或者明示、暗示他人从事相关交易活动会发生损害国家对证券、期货、证券投资基金市场交易管理的法律秩序的危害结果，仍然希望或者放任这种危害结果发生的心理态度。

二、利用未公开信息交易罪法律适用中的疑难问题

(一) 关于罪与非罪的界限问题

利用未公开信息交易的行为必须达到"情节严重"，否则不构成犯罪。

例如，在"蒋×利用未公开信息交易案"[1]中，蒋×2010年7月3日至2013年8月22日，担任××基金管理有限公司发行的行业精选股票型证券投资基金经理，对该基金股票买卖拥有决定权。期间，蒋×将利用职务便利获取的行业精选基金投资信息透露给其丈夫王×玉、其父亲蒋××，由王×玉、蒋×等人控制使用他人证券账户，利用该信息先于、同期或稍晚于行业精选基金买卖相同股票188只，累计成交金额2996033238.91元，非法获利113562509.72元。其中：蒋×、王×玉使用黄×新证券账户买卖相同股票89只，累计成交金额248751383.68元，非法获利5342950.28元；王×玉等人使用陈×、罗×霞、贠××、王×、杨××、胡××、林××等8个证券账户（以下简称账户组）买卖相同股票，累计成交金额2747281855.23元，非法获利108219559.44元。案发后，被告人蒋×主动投案，如实供述了其将行业精选基金投资信息告知其父亲蒋××进行股票交易的犯罪事实。鉴于其案发后主动到案，如实供述部分犯罪事实，二审期间其亲属代为退缴部分违法所得，并缴纳全部罚金，依法可对其酌情从轻处罚，辩护人要求对上诉人蒋×从轻处罚的辩护意见成立。最终，蒋×犯利用未公开信息交易罪，被判处有期徒刑5年。

裁判要旨：上述案例中，蒋×将利用职务便利获取的行业精选基金投资

---

[1] 参见（2019）鲁刑终279号。

信息透露给他人的行为，违法所得巨大，严重损害了国家对证券、期货、证券投资基金市场交易管理的法律秩序，构成利用未公开信息交易罪。

（二）关于本罪与内幕交易、泄露内幕信息罪的区别

内幕交易、泄露内幕信息罪，是指证券、期货交易内幕信息的知情人员或者非法获取证券、期货交易内幕信息的人员，在涉及证券的发行，证券、期货交易或者其他对证券、期货交易价格有重大影响的信息尚未公开前，买入或者卖出该证券，或者从事与该内幕信息有关的期货交易，或者泄露该信息，或者明示、暗示他人从事上述交易活动，情节严重的行为。二者的区别主要有以下两方面：

一是利用的信息不同。前者是内幕信息，而后者是内幕信息以外的其他未公开信息。二是犯罪客体要件有所不同。前者国家对证券、期货、证券投资基金市场交易管理的法律秩序，更多的是损害不特定社会公众投资者和股民的合法权益；而内幕交易、泄露内幕信息罪的"老鼠仓"交易更多的是侵害资产管理机构的客户的利益。

三、利用未公开信息交易罪的刑事责任

根据《刑法》第180条第4款的规定，本罪情节严重的，依照第一款的规定处罚。即情节严重的，处五年以下有期徒刑或者拘役，并处或者单处违法所得一倍以上五倍以下罚金；情节特别严重的，处五年以上十年以下有期徒刑，并处违法所得一倍以上五倍以下罚金。

（一）法定刑的设置

利用未公开信息交易罪规定了两档法定刑，分别为：

1. 基础法定刑

情节严重的，处五年以下有期徒刑或者拘役，并处或者单处违法所得一倍以上五倍以下罚金。

2. 加重法定刑

情节特别严重的，处五年以上十年以下有期徒刑，并处违法所得一倍以

上五倍以下罚金。❶

(二) 数额的计算与违法所得的处理

对于本罪数额的计算，根据《2019年关于办理利用未公开信息交易刑事案件适用法律若干问题的解释》第8条的规定，二次以上利用未公开信息交易，依法应予行政处理或者刑事处理而未经处理的，相关交易数额或者违法所得数额累计计算。对于本罪的违法所得，根据《2019年关于办理利用未公开信息交易刑事案件适用法律若干问题的解释》第9条、第10条的规定：(1)"违法所得"，是指行为人利用未公开信息从事与该信息相关的证券、期货交易活动所获利益或者避免的损失。行为人明示、暗示他人利用未公开信息从事相关交易活动，被明示、暗示人员从事相关交易活动所获利益或者避免的损失，应当认定为"违法所得"。(2)行为人未实际从事与未公开信息相关的证券、期货交易活动的，其罚金数额按照被明示、暗示人员从事相关交易活动的违法所得计算。

第五节 编造并传播证券、期货交易虚假信息罪

一、编造并传播证券、期货交易虚假信息罪的概念和犯罪构成

根据《刑法》第181条第1款的规定，编造并传播证券、期货交易虚假信息罪，是指编造并且传播影响证券、期货交易的虚假信息，扰乱证券、期货交易市场，造成严重后果的行为。

本罪的犯罪构成：

(一) 客体要件

本罪的客体要件是国家对证券、期货交易市场管理的法律秩序。

---

❶ 根据《2019年关于办理利用未公开信息交易刑事案件适用法律若干问题的解释》第6条的规定，"情节特别严重"的判断有两种情形：一是利用未公开信息交易，违法所得数额在一千万元以上的，应当认定为"情节特别严重"；二是违法所得数额在五百万元以上，或者证券交易成交额在五千万元以上，或者期货交易占用保证金数额在一千万元以上，具有本解释第6条规定的四种情形之一的，应当认定为"情节特别严重"。

(二) 客观要件

本罪的客观要件表现为行为人编造并且传播影响证券、期货交易的虚假信息，扰乱证券、期货交易市场，造成严重后果的行为。本罪的客观要件，具体由以下三部分构成：

1. 编造并传播证券、期货交易虚假信息

对"编造并且传播"的理解。所谓"编造"，指捏造虚假信息，既可能是不存在的信息，也可能是被篡改、加工、隐瞒的信息；所谓"传播"，指使用各种方法使不特定多数人或多数人知悉此虚假信息。

对于"编造"与"传播"的关系，有论者认为，编造、传播行为必须同时具备才能构成本罪。虽然编造了虚假信息但没有传播，或者虽然传播了虚假信息但这信息不是自己所编造的，就不应以本罪论处。❶ 也有论者指出，虽然法条在编造与传播之间使用了"并且"一词，使得本罪的实行行为似乎由编造和传播两个行为构成。笔者不同意上述观点：一方面，单纯编造影响证券、期货交易的虚假信息的行为，并不是本罪的实行行为，不成立未遂犯；因为单纯编造而没有让他人知悉的行为，不可能侵害法益。另一方面，明知他人编造的影响证券、期货交易的虚假信息而传播的，即使与编造者没有通谋，也能成立本罪。❷ 此外，单纯的分析、预测行为不构成犯罪。如果专业人员利用已经公开的事实、数据、资料以及证券理论对证券、期货市场的走势进行分析和预测，则不属于本罪的实行行为，不构成本罪。由于本罪保护的法益属于具体法益，因此，在判断是否构成犯罪的时候，应当运用法益侵害实质化的原则，"避免因集体法益的抽象化而导致法益保护原则的虚空"❸。

2. 对"影响证券、期货交易的虚假信息"的理解

"影响证券交易的虚假信息"，指可能对上市公司股票交易价格产生较大影响的虚假信息，如涉及公司分配股利或者增资的计划、公司债务担保的重大变更等虚假信息。"影响期货交易的虚假信息"，指可能对期货合约的交易

---

❶ 杨世伟，康君元. 刑法罪名规范解析 [M]. 北京：法律出版社，2016：327.
❷ 张明楷. 刑法学 [M]. 6版. 北京：法律出版社，2021：1013.
❸ 刘艳红. 积极预防性刑法观的中国实践发展：以《刑法修正案（十一）》为视角的分析 [J]. 比较法研究，2021（1）：62.

产生较大影响的虚假信息,如市场整顿措施、新品种上市、税率调整、大户入市等虚假信息。

3. 扰乱证券、期货交易市场,造成严重后果

关于"严重后果",根据《2022年关于公安机关管辖的刑事案件立案追诉标准的规定(二)》第32条的规定:"编造并且传播影响证券、期货交易的虚假信息,扰乱证券、期货交易市场,涉嫌下列情形之一的,应予立案追诉:(一)获利或者避免损失数额在五万元以上的;(二)造成投资者直接经济损失数额在五十万元以上的;(三)虽未达到上述数额标准,但多次编造并且传播影响证券、期货交易的虚假信息的;(四)致使交易价格或者交易量异常波动的;(五)造成其他严重后果的。"由此确定扰乱证券、期货交易市场,造成严重后果。

(三) 主体要件

本罪的主体要件为已满16周岁、具有刑事责任能力的自然人和单位。实践中主要是证券交易所、期货交易所、证券公司、期货经纪公司、证券登记结算机构、期货登记结算机构、为公开或非公开募集资金设立的证券投资基金的从业人员,证券业协会、期货业协会或者证券期货监督管理部门的工作人员,证券、期货咨询服务机构及相关机构的人员,以及证券、期货交易的客户、从事证券市场信息报道的工作人员、行情分析人员和单位等。

(四) 主观要件

本罪的主观要件是犯罪故意,既包括直接故意,也包括间接故意。即行为人明知其编造并传播证券、期货交易虚假信息的行为会发生损害国家对证券、期货市场交易管理的法律秩序的危害结果,仍然希望或放任这种危害结果发生的心理态度。❶

---

❶ 但关于本罪是直接故意还是间接故意,学界存在不同观点。有观点认为,本罪不可能由间接故意构成的原因,即扰乱证券、期货交易市场行为是一种目的性很强的活动,如果行为人没有明确的活动目的,是不可能费尽心机编造出虚假信息并加以传播从而扰乱证券、期货市场秩序的。我们认为,在法律没有规定的情况下就排除间接故意构成犯罪的情形是武断的。既然本罪是结果犯,那么行为人的认识和意志的内容都包括了行为与结果之间的因果关系。由此,本罪的主观要件是犯罪故意,既包括直接故意,也包括间接故意。张军. 破坏金融管理秩序罪[M]. 北京:中国人民公安大学出版社,1999:319.

二、编造并传播证券、期货交易虚假信息罪法律适用中的疑难问题

（一）关于罪与非罪的界限问题

编造并传播证券、期货交易虚假信息的行为必须"造成严重后果"，否则不构成犯罪。

例如，在"滕××、林××编造并传播证券、期货交易虚假信息案"❶中，经查明，2015年5月，被告人滕××在明知××食品股份有限公司不具备实际履约能力的情况下，仍代表××食品股份有限公司假意与××银行股份有限公司洽谈协商，并于同月8日擅自违规签订《关于××食品股份有限公司与××银行股份有限公司之增资协议》（以下简称《增资协议》），且决定将该虚假信息予以公告发布。2015年5月9日，被告人林××在明知××食品股份有限公司不具备实际履行《增资协议》能力的情况下，仍在被告人滕××的授意下将该虚假信息以公告的形式予以发布。最终，滕××犯编造并传播证券交易虚假信息罪，被判处有期徒刑3年，缓刑4年，并处罚金人民币10万元；林××犯编造并传播证券交易虚假信息罪，被判处有期徒刑1年6个月，缓刑2年，并处罚金人民币10万元。

裁判要旨：上述案例中，滕××伙同林××编造并传播影响证券交易的虚假信息，扰乱证券交易市场，其行为严重损害了国家对证券、期货市场交易管理的法律秩序，构成编造并传播证券交易虚假信息罪。

（二）关于本罪与诈骗罪的区别

诈骗罪是指以非法占有为目的，使用欺骗方法，骗取数额较大的公私财物的行为。如果行为人编造并传播证券、期货交易虚假信息罪的目的是诈骗某一个或某几个特定投资者购买本公司的股票、期货，最终给该投资者造成重大损失，就有区分编造并传播证券、期货交易虚假信息罪与诈骗罪的必要。关于本罪与诈骗罪的区别在于：

一是犯罪客体要件不同，前者是国家对证券、期货市场交易管理的法律秩序，后者是公私财产的所有权法律秩序；二是犯罪对象不同，前者的犯罪

---

❶ 参见（2018）沪02刑初27号。

对象是不特定的众多投资者，后者的犯罪对象是特定的一个人或某一些人；三是犯罪主体要件不同，前者的犯罪主体包括自然人一般主体和单位，后者的犯罪主体只能是自然人一般主体。

三、编造并传播证券、期货交易虚假信息罪的刑事责任

根据《刑法》第181条第1款的规定，编造并且传播影响证券、期货交易的虚假信息，扰乱证券、期货交易市场，造成严重后果的，处五年以下有期徒刑或者拘役，并处或者单处一万元以上十万元以下罚金。单位犯本罪的，对单位判处罚金，并对其直接负责的主管人员和其他直接责任人员，处五年以下有期徒刑或者拘役。

（一）法定刑的设置

编造并传播证券、期货交易虚假信息罪仅设置了一档法定刑，即造成严重后果的，处五年以下有期徒刑或者拘役，并处或者单处一万元以上十万元以下罚金。

（二）单位犯罪的处罚

对单位犯罪适用双罚制：单位犯本罪的，对单位判处罚金，并对其直接负责的主管人员和其他直接责任人员，处五年以下有期徒刑或者拘役。

第六节　诱骗投资者买卖证券、期货合约罪

一、诱骗投资者买卖证券、期货合约罪的概念和犯罪构成

根据《刑法》第181条第2款的规定，诱骗投资者买卖证券、期货合约罪，是指证券交易所、期货交易所、证券公司、期货经纪公司的从业人员，证券业协会、期货业协会或者证券期货监督管理部门的工作人员，故意提供虚假信息或者伪造、变造、销毁交易记录，诱骗投资者买卖证券、期货合约，造成严重后果的行为。

本罪的犯罪构成：

（一）客体要件

本罪的客体要件是国家对证券、期货交易市场管理的法律秩序。

（二）客观要件

本罪的客观要件表现为行为人提供虚假信息或者伪造、变造、销毁交易记录，诱骗投资者买卖证券、期货合约，造成严重后果的行为。本罪的客观要件，具体由以下三部分构成：

1. 提供虚假信息，伪造、变造、销毁交易记录

所谓"提供虚假信息"，是指行为人向投资者提供可能影响证券、期货交易市场价格的、不真实的证券、期货交易信息，其目的在于误导和诱骗投资者买进或卖出证券、期货合约。

所谓"伪造交易记录"，是指制作假的交易记录，即原来未进行交易而在交易记录中谎报进行了交易，原来未进行大量交易而在交易记录中谎报进行了大量交易；所谓"变造交易记录"，是指利用涂改、擦消、拼接等方法，对真实的交易记录进行篡改，变更其内容的行为；所谓"销毁交易记录"，是指把真实的交易记录予以销毁的行为。❶

2. 诱骗投资者买卖证券、期货合约

所谓"诱骗"，不仅包括使投资者产生错误认识的欺骗，而且包括以下情形："在投资者原本基于某种原因不打算买卖某种证券、期货合约，行为人通过提供虚假信息等手段，使投资者买卖该证券、期货合约的当然属于诱骗。在投资者虽有买卖某种证券、期货合约的念头，但心存犹豫时，行为人通过提供虚假信息等手段，使投资者买卖该证券、期货合约的，也属于诱骗。"❷

3. 造成严重后果

所谓"严重后果"，根据《2022年关于公安机关管辖的刑事案件立案追诉标准的规定（二）》第33条的规定："证券交易所、期货交易所、证券公司、期货公司的从业人员，证券业协会、期货业协会或者证券期货监督管理

---

❶ 王爱立. 中华人民共和国刑法释义 [M]. 北京：法律出版社，2021：365.
❷ 张明楷. 刑法学 [M]. 6版. 北京：法律出版社，2021：1014.

部门的工作人员，故意提供虚假信息或者伪造、变造、销毁交易记录，诱骗投资者买卖证券、期货合约，涉嫌下列情形之一的，应予立案追诉：（一）获利或者避免损失数额在五万元以上的；（二）造成投资者直接经济损失数额在五十万元以上的；（三）虽未达到上述数额标准，但多次诱骗投资者买卖证券、期货合约的；（四）致使交易价格或者交易量异常波动的；（五）造成其他严重后果的。"由此确定"造成严重后果"。

（三）主体要件

本罪的主体要件是特殊主体，就自然人而言，必须具有证券交易所、期货交易所、证券公司、期货经纪公司从业人员，证券业协会、期货业协会或者证券期货监督管理部门工作人员的身份；就单位而言，必须是从事证券、期货交易的单位。

（四）主观要件

本罪的主观要件是犯罪故意，行为人明知其提供虚假信息或者伪造、变造、销毁交易记录，诱骗投资者买卖证券、期货合约的行为会发生损害国家对证券、期货市场交易管理的法律秩序的危害结果，仍然希望或者放任这种结果发生的心理态度。

二、诱骗投资者买卖证券、期货合约罪法律适用中的疑难问题

（一）关于罪与非罪的界限问题

诱骗投资者买卖证券、期货合约的行为必须造成"严重后果"，否则不构成本罪。

例如，在"贾×诱骗投资者买卖证券案"❶中，某化妆品公司经中国证监会批准上市后，在某证券交易所发行股票，并委托某国有证券公司承销。贾×是该证券公司董事长兼总经理，其在董事会上提议，通过召开新产品新闻发布会、夸大化妆品公司经营业务和经济实力等方法，来鼓动投资者购买

---

❶ 中共中央纪律检查委员会，中华人民共和国国家监察委员会. 案说101个罪名：诱骗投资者买卖证券、期货合约罪［EB/OL］.（2022-02-15）［2023-07-09］. https：//www.ccdi.gov.cn/toutiaon/202202/t20220215_171640.html.

投票。一些董事会成员对贾×这一主张持反对意见，但贾×及董事会部分骨干成员坚持认为该方案可行。董事会决议形成后，贾×及董事会大部分成员购进化妆品公司大量股票。事实上，贾×和证券公司董事会主要成员已经从某市科学技术委员会获悉，该化妆品公司新产品开发遇到现有技术条件无法克服的障碍，但贾×等人仍然决定联合化妆品公司召开新闻发布会。新闻发布会召开当天，化妆品公司股价随即迅速上扬了二三倍，大批投资者争相买进该公司股票。一个月后，该证券公司又通过本地新闻媒体披露化妆品公司新产品开发失败的消息，导致股价一路狂跌。最终，某证券公司犯诱骗投资者买卖证券罪被判处罚金200万元，并没收其违法所得；贾×犯诱骗投资者买卖证券罪，被判处有期徒刑1年，缓刑1年。

裁判要旨： 上述案例中，贾×及某证券公司在明知某化妆品公司所开发的产品不具有开发价值的情况下，为了获取非法利益诱骗投资者购买股票，给投资者利益造成重大损失，其行为严重损害国家对证券、期货市场交易管理的法律秩序，构成诱骗投资者买卖证券罪。

（二）关于本罪与编造并传播证券、期货交易虚假信息罪的区别

编造并传播证券、期货交易虚假信息罪，是指编造并且传播影响证券、期货交易的虚假信息，扰乱证券、期货交易市场，造成严重后果的行为。本罪与编造并传播证券、期货交易虚假信息罪的主要区别有以下三方面：

一是行为方式不同。前者是故意提供虚假信息或者伪造、变造、销毁交易记录，诱骗投资者买卖证券、期货合约的行为；后者是编造并传播影响证券、期货交易的虚假信息，扰乱证券、期货市场的行为。二是前者的信息是虚假信息，其行为指向的对象是特定的；后者的信息是可能影响证券、期货交易市场价格的、不真实的证券、期货交易信息，行为的指向是不特定的。三是犯罪主体要件不同。前者的犯罪主体是特殊主体，具有证券交易所、期货交易所、证券公司、期货经纪公司的从业人员以及证券业协会、期货业协会或者证券期货监督管理部门的工作人员的身份；后者是一般主体。

三、诱骗投资者买卖证券、期货合约罪的刑事责任

根据《刑法》第181条第2款的规定，证券交易所、期货交易所、证券公司、期货经纪公司的从业人员，证券业协会、期货业协会或者证券期货监

督管理部门的工作人员，故意提供虚假信息或者伪造、变造、销毁交易记录，诱骗投资者买卖证券、期货合约，造成严重后果的，处五年以下有期徒刑或者拘役，并处或者单处一万元以上十万元以下罚金；情节特别恶劣的，处五年以上十年以下有期徒刑，并处二万元以上二十万元以下罚金。单位犯本罪的，对单位判处罚金，并对其直接负责的主管人员和其他直接责任人员，处五年以下有期徒刑或者拘役。

(一) 法定刑的设置

诱骗投资者买卖证券、期货合约罪规定了两档法定刑，具体包括：

1. 基础法定刑

造成严重后果的，处五年以下有期徒刑或者拘役，并处或者单处一万元以上十万元以下罚金。

2. 加重法定刑

情节特别恶劣的，处五年以上十年以下有期徒刑，并处二万元以上二十万元以下罚金。

(二) 单位犯罪的处罚

对单位犯罪适用双罚制：单位犯本罪的，对单位判处罚金，并对其直接负责的主管人员和其他直接责任人员，处五年以下有期徒刑或者拘役。

第七节 操纵证券、期货市场罪

一、操纵证券、期货市场罪的概念和犯罪构成

本罪在2020年《刑法修正案（十一）》中作出了修改，具体包括：（1）增加了三种操纵证券、期货市场的类型；（2）将刑法与新证券法第55条相衔接，将操纵行为"影响证券、期货交易价格或者证券、期货交易量"提升至整体规定的位置，进一步增强了法条的逻辑性与体系性。[1] 由此，根据

---

[1] 劳东燕. 刑法修正案（十一）条文释义：修正提示、适用指南与案例解读 [M]. 北京：中国法制出版社，2021：93.

《刑法》第 182 条的规定，操纵证券、期货市场罪指操纵证券、期货市场，情节严重的行为。

本罪的犯罪构成：

（一）客体要件

本罪的客体要件是国家对证券、期货交易市场管理的法律秩序。惩治操纵证券、期货市场的犯罪行为，既是我国证券、期货市场规范化建设的一个重要内容，也是我国证券、期货市场健康发展的客观需要。操纵证券、期货市场的行为对国家对证券、期货交易市场管理的法律秩序造成了严重侵害，必须严厉打击。

（二）客观要件

本罪的客观要件表现为行为人操纵证券、期货市场，情节严重的行为。本罪的客观要件具体由以下两部分构成：

1. 本罪的行为方式主要包括以下七种

（1）单独或者合谋，集中资金优势、持股或者持仓优势或者利用信息优势，联合或者连续买卖；

（2）与他人串通，以事先约定的时间、价格和方式相互进行证券、期货交易，影响证券、期货交易价格或者证券、期货交易量；

（3）在自己实际控制的账户之间进行证券交易，或者以自己为交易对象，自买自卖期货合约。根据《2019 年关于办理操纵证券、期货市场刑事案件适用法律若干问题的解释》第 5 条的规定，下列账户应当认定为《刑法》第 182 条中规定的"自己实际控制的账户"：行为人以自己名义开户并使用的实名账户；行为人向账户转入或者从账户转出资金，并承担实际损益的他人账户；行为人通过第一项、第二项以外的方式管理、支配或者使用的他人账户；行为人通过投资关系、协议等方式对账户内资产行使交易决策权的他人账户；其他有证据证明行为人具有交易决策权的账户。有证据证明行为人对前款第一项至第三项账户内资产没有交易决策权的除外。

（4）不以成交为目的，频繁或者大量申报买入、卖出证券、期货合约并撤销申报。此为《刑法修正案（十一）》新增的行为类型，也称之为"虚假申报操纵"或"幌骗交易操纵"，具体包括分层挂单、反向交易等行为，其核心特征是通过不以成交为目的的挂单,诱骗其他投资者交易或者放弃交易,从而实现对证券、期货交易价格或者交易量的影响❶。

(5) 利用虚假或者不确定的重大信息,诱导投资者进行证券、期货交易。此为《刑法修正案(十一)》新增的行为类型,也称之为"蛊惑交易操纵",是行为人采取编造、传播虚假信息的违法方式获得投机的机会,是对证券市场秩序的严重破坏,也严重损害了中小投资者的利益,造成资金的异常流动,使得资金不是按市场规律流向最能创造价值的部门,而是流向给操纵者带来暴利的部门❷。

(6) 对证券、证券发行人、期货交易标的公开作出评价、预测或者投资建议,同时进行反向证券交易或者相关期货交易的。此为《刑法修正案(十一)》新增的行为类型,也称为"抢帽子交易操纵"❸。

(7) 以其他方法操纵证券、期货市场的。对此,《2019年关于办理操纵证券、期货市场刑事案件适用法律若干问题的解释》第1条对"以其他方法操纵证券、期货市场"作出了规定,但有几项已经与《刑法修正案(十一)》的规定相冲突,尚有效的"其他方法"包括:通过控制发行人、上市公司信息的生成或者控制信息披露的内容、时点、节奏,误导投资者作出投资决策,影响证券交易价格或者证券交易量,并进行相关交易或者谋取相关利益的;通过囤积现货,影响特定期货品种市场行情,并进行相关期货交易的。

2. 操纵证券、期货市场罪指操纵证券、期货市场,情节严重

本罪的"情节严重",一是根据《2019年关于办理操纵证券、期货市场刑事案件适用法律若干问题的解释》第2条的规定,操纵证券、期货市场,具有下列情形之一的,应当认定为《刑法》第182条第1款规定的"情节严重":(1) 持有或者实际控制证券的流通股份数量达到该证券的实际流通股份

---

❶ 王爱立. 中华人民共和国刑法释义[M]. 北京:法律出版社,2021:369.
❷ 时延安,陈冉,敖博. 刑法修正案(十一)评注与案例[M]. 北京:中国法制出版社,2021:183.
❸ "抢帽子"是国内市场对交易手段中"Scalping"的俗称,早期的证券、期货交易都是交易员在交易池内喊价交易,用手势加上高声喊叫来报价,于是那些在日内短线炒作的交易员就要不停地举手报价,那情形就像一群人在伸手抢帽子一样,所以就把日内短线交易的手法称为"抢帽子"。具体来说,证券公司、证券咨询机构、专业中介机构及其工作人员,买卖或者持有相关证券,并对该证券或其发行人、上市公司公开作出评价、预测或者投资建议,以便通过期待的市场波动取得经济利益的行为,是期市上的一种投机性行为。

总量 10% 以上，实施《刑法》第 182 条第 1 款第 1 项操纵证券市场行为，连续十个交易日的累计成交量达到同期该证券总成交量 20% 以上的；（2）实施《刑法》第 182 条第 1 款第 2 项、第 3 项操纵证券市场行为，连续十个交易日的累计成交量达到同期该证券总成交量 20% 以上的；（3）实施本解释第 1 条第 1 项至第 4 项操纵证券市场行为，证券交易成交额在一千万元以上的；（4）实施《刑法》第 182 条第 1 款第 1 项及本解释第 1 条第 6 项操纵期货市场行为，实际控制的账户合并持仓连续十个交易日的最高值超过期货交易所限仓标准的二倍，累计成交达到同期该期货合约总成交量 20% 以上，且期货交易占用保证金数额在五百万元以上的；（5）实施《刑法》第 182 条第 1 款第 2 项、第 3 项及本解释第 1 条第 1 项、第 2 项操纵期货市场行为，实际控制的账户连续十个交易日的累计成交达到同期该期货合约总成交量 20% 以上，且期货交易占用保证金数额在五百万元以上的；（6）实施本解释第 1 条第 5 项操纵证券、期货市场行为，当日累计撤回申报量达到同期该证券、期货合约总申报量 50% 以上，且证券撤回申报额在一千万元以上、撤回申报的期货合约占用保证金数额在五百万元以上的；（7）实施操纵证券、期货市场行为，违法所得数额在一百万元以上的。二是根据《2019 年关于办理操纵证券、期货市场刑事案件适用法律若干问题的解释》第 3 条的规定，操纵证券、期货市场，违法所得数额在五十万元以上，具有下列情形之一的，应当认定为《刑法》第 182 条第 1 款规定的"情节严重"：（1）发行人、上市公司及其董事、监事、高级管理人员、控股股东或者实际控制人实施操纵证券、期货市场行为的；（2）收购人、重大资产重组的交易对方及其董事、监事、高级管理人员、控股股东或者实际控制人实施操纵证券、期货市场行为的；（3）行为人明知操纵证券、期货市场行为被有关部门调查，仍继续实施的；（4）因操纵证券、期货市场行为受过刑事追究的；（5）二年内因操纵证券、期货市场行为受过行政处罚的；（6）在市场出现重大异常波动等特定时段操纵证券、期货市场的；（7）造成恶劣社会影响或者其他严重后果的。

（三）主体要件

本罪的主体要件是一般主体，即已满 16 周岁、具有刑事责任能力的自然人和单位。

(四) 主观要件

本罪的主观要件是犯罪故意，即行为人明知其操纵证券、期货市场的行为会发生损害国家对证券、期货交易市场交易管理的法律秩序的危害结果，仍然希望或者放任这种危害结果发生的心理态度。

二、操纵证券、期货市场罪法律适用中的疑难问题

(一) 关于罪与非罪的界限问题

操纵证券、期货市场的行为必须达到"情节严重"，否则不构成犯罪。

例如，在"唐×博等操纵证券、期货市场案"[1] 中，经查明，2012年5月至2013年1月，被告人唐×博实际控制"杨1""王3""朱×""赵×""闵×""申×""陈×""伍×""杨2"等证券账户；被告人唐×子实际控制"苏×""张1"等证券账户。其间，唐×博伙同唐×子、唐×琦，不以成交为目的，频繁申报、撤单或大额申报、撤单，影响股票交易价格与交易量，并进行与申报相反的交易。2012年5月9日、10日、14日，被告人唐×博、唐×子控制账户组撤回申报买入"××实业"股票量分别占当日该股票总申报买入量的57.02%、55.62%、61.10%，撤回申报金额分别为9000万余元、3.5亿余元、2.5亿余元。同年5月7日至23日，唐×博、唐×子控制账户组通过实施与虚假申报相反的交易行为，违法所得金额425.77万余元。2012年5月3日、4日，被告人唐×博控制账户组撤回申报买入"××银泰"股票量分别占当日该股票总申报买入量的56.29%、52.47%，撤回申报金额分别为4亿余元、4.5亿余元。同年4月24日至5月7日，唐×博、唐×子控制账户组通过实施与虚假申报相反的交易行为，违法所得金额共计1369.14万余元。2012年6月5日至2013年1月8日，被告人唐×博控制账户组在"××发展"股票交易中实行虚假申报撤单等行为；其中，2012年8月24日，唐×博控制账户组撤回申报卖出"××发展"股票量占当日该股票总申报卖出量的52.33%，撤回申报金额1.1亿余元。其间，唐×博控制账户组通过实施与虚假申报相反的交易行为等，违法所得金额共计786.29万余元。前述交易中，

---

[1] 参见（2019）沪01刑初19号。

唐×博、唐×子控制账户违法所得共计2581.21万余元。其中，唐×博控制账户组违法所得2440.87万余元，唐×子控制账户组违法所得140.33万余元。唐×琦在明知唐×博存在操纵证券市场行为的情况下，仍接受唐×博的安排多次从事涉案股票交易。最终，唐×博、唐×子和唐×琦因犯操纵证券市场罪，分别被判处3年6个月至1年不等的有期徒刑，并处人民币2450万元至人民币10万元不等的罚金。

裁判要旨： 上述案例中，被告人唐×博伙同被告人唐×子、唐×琦，不以成交为目的，频繁申报、撤单或者大额申报、撤单，误导投资者作出投资决策，影响证券交易价格、交易量，并进行与申报相反的交易，他们的行为严重损害了国家对证券、期货交易市场交易管理的法律秩序，构成操纵证券市场罪。

（二）关于本罪与内幕交易、泄露内幕信息罪的区别

内幕交易、泄露内幕信息罪，是指证券、期货交易内幕信息的知情人员或者非法获取证券、期货交易内幕信息的人员，在涉及证券的发行，证券、期货交易或者其他对证券、期货交易价格有重大影响的信息尚未公开前，买入或者卖出该证券，或者从事与该内幕信息有关的期货交易，或者泄露该信息，或者明示、暗示他人从事上述交易活动，情节严重的行为。

关于本罪与内幕交易、泄露内幕信息罪的区别主要有以下三方面：

一是两者的犯罪客体要件不完全相同。两罪侵犯的客体都包括期货市场管理的法律秩序，但又分别侵犯了管理秩序中不同的具体法律秩序。本罪侵犯的是管理法律秩序中的正常竞争机制，而内幕交易、泄露内幕信息罪侵犯的是管理法律秩序中的信息管理法律秩序。

二是两者的客观要件不同。本罪的客观方面表现为集中资金优势、持仓优势或者利用信息优势联合或者连续买卖，与他人串通相互进行期货交易，自买自卖期货合约，操纵期货市场交易量、交易价格，制造期货市场假象，诱导或者致使投资者在不了解事实真相的情况下作出投资决定，扰乱期货市场秩序的行为。内幕交易、泄露内幕信息罪的客观方面表现为在涉及证券的发行，期货交易或者其他对期货交易价格有重大影响的信息尚未公开前，从事与该内幕信息有关的期货交易，或者泄露该信息的行为。

三是两者涉及的信息性质不同。本罪涉及的信息应该既包括内幕信息，又包括一般信息，既包括真实信息，又包括虚假信息，既包括尚未公开的信息，

又包括已经公开的信息。内幕交易、泄露内幕信息罪涉及的信息则较为特殊。

(三) 关于本罪与编造并传播证券、期货交易虚假信息罪的区别

编造并传播证券、期货交易虚假信息罪，是指编造并且传播影响证券、期货交易的虚假信息，扰乱证券、期货交易市场，造成严重后果的行为。两罪的主要区别在于行为人的客观行为不同。

三、操纵证券、期货市场罪的刑事责任

根据《刑法》第182条的规定，操纵证券、期货市场，影响证券、期货交易价格或者证券、期货交易量，情节严重的，处五年以下有期徒刑或者拘役，并处或者单处罚金；情节特别严重的，处五年以上十年以下有期徒刑，并处罚金。单位犯前款罪的，对单位判处罚金，并对其直接负责的主管人员和其他直接责任人员，依照前款的规定处罚。

(一) 法定刑的设置

操纵证券、期货市场罪规定了两档法定刑，具体包括：

1. 基础法定刑

情节严重的，处五年以下有期徒刑或者拘役，并处或者单处罚金。

2. 加重法定刑

情节特别严重的，处五年以上十年以下有期徒刑，并处罚金。❶

---

❶ 关于"情节特别严重"，根据《2019年关于办理操纵证券、期货市场刑事案件适用法律若干问题的解释》第4条的规定，具有下列情形之一的，应当认定为《刑法》182条第1款规定的"情节特别严重"：(1) 持有或者实际控制证券的流通股份数量达到该证券的实际流通股份总量百分之十以上，实施《刑法》第182条第1款第1项操纵证券市场行为，连续十个交易日的累计成交量达到同期该证券总成交量百分之五十以上的；(2) 实施《刑法》第182条第1款第2项、第3项操纵证券市场行为，连续十个交易日的累计成交量达到同期该证券总成交量百分之五十以上的；(3) 实施本解释第1条第1项至第4项操纵证券市场行为，证券交易成交额在五千万元以上的；(4) 实施《刑法》第182条第1款第1项及本解释第1条第6项操纵期货市场行为，实际控制的账户合并持仓连续十个交易日的最高值超过期货交易所限仓标准的五倍，累计成交量达到同期该期货合约总成交量百分之五十以上的，且期货交易占用保证金数额在二千五百万元以上的；(5) 实施《刑法》第182条第1款第2项、第3项及本解释第一条第一项、第二项操纵期货市场行为，实际控制的账户连续十个交易日的累计成交量达到同期该期货合约总成交量百分之五十以上，且期货交易占用保证金数额在二千五百万元以上的；(6) 实施操纵证券、期货市场行为，违法所得数额在一千万元以上的。实施操纵证券、期货市场行为，违法所得数额在五百万元以上，并具有本解释第3条规定的七种情形之一的，应当认定为"情节特别严重"。

(二) 单位犯罪的处罚

对单位犯罪适用双罚制：单位犯前款罪的，对单位判处罚金，并对其直接负责的主管人员和其他直接责任人员，根据案件的具体情况，依照前款个人犯此罪的量刑档次进行处罚。

(三) 数额的计算与违法所得的认定

对于本罪数额的计算，根据《2019 年关于办理操纵证券、期货市场刑事案件适用法律若干问题的解释》第 6 条的规定，二次以上实施操纵证券、期货市场行为，依法应予以行政处理或者刑事处理而未经处理的，相关交易数额或者违法所得数额累计计算。对于本罪的违法所得，根据《2019 年关于办理操纵证券、期货市场刑事案件适用法律若干问题的解释》第 9 条的规定，是指通过操纵证券、期货市场所获利益或者避免的损失。

第八节 本章之罪的立法完善论要

本章之罪，包括伪造、变造股票、公司、企业债券罪；擅自发行股票、公司、企业债券罪；内幕交易、泄露内幕信息罪；利用未公开信息交易罪；编造并传播证券、期货交易虚假信息罪；诱骗投资者买卖证券、期货合约罪以及操纵证券、期货市场罪。本节从犯罪构成和刑事责任设定两个方面，扼要提出立法完善建议。

一、共性问题的完善建议

1. 关于罚金刑的设定

罚金刑是强制犯罪分子缴纳一定数量金钱的刑罚，即对犯罪人的金钱的刑事剥夺。无论对犯罪的一般预防还是特殊预防，无论是对已然犯罪还是未然犯罪，罚金刑的剥夺功能都能够得到发挥。对已然犯罪人而言，罚金刑具有剥夺其再犯能力的功能。对未然犯罪而言，剥夺犯罪人一定数额的金钱会起到抑制犯罪的作用。

（1）在本章中，对于单位犯内幕交易、泄露内幕信息罪，编造并传播证券、期货交易虚假信息罪以及诱骗投资者买卖证券、期货合约罪的,《刑法》规定,对单位判处罚金,并对其直接负责的主管人员和其他直接责任人员处一定时间的自由刑,对单位犯罪中承担刑事责任的直接负责的主管人员和其他直接责任人员,不需要单处或并处罚金。在笔者看来,这种规定是一种立法缺憾:直接负责的主管人员和其他直接责任人员对本罪而言同样是非法获利的直接受益者,增加对直接负责的主管人员和其他直接责任人员的罚金刑能够对内幕交易、泄露内幕信息罪,编造并传播证券、期货交易虚假信息罪以及诱骗投资者买卖证券、期货合约罪起到更加有效的预防作用。为此,笔者认为应当在关于上述三种具体罪名中,增加对直接负责的主管人员和其他直接责任人员的罚金刑,以更好地发挥对相关犯罪的预防作用。

(2)应该将本章之罪的罚金刑统一为比例罚金制。

伪造、变造股票、公司、企业债券罪,编造并传播证券、期货交易虚假信息罪和诱骗投资者买卖证券、期货合约罪是数额罚金制。擅自发行股票、公司、企业债券罪,内幕交易、泄露内幕信息罪和利用未公开信息交易罪是倍比罚金制。操纵证券、期货市场罪是无限罚金制。

但是,数额罚金刑容易因物价上涨而过时,比如,伪造、变造股票、公司、企业债券罪,基本犯时,"并处或者单处一万元以上十万元以下罚金",犯罪数额巨大的,"并处二万元以上二十万元以下罚金",显得过轻。刑法设置无限罚金,不得不再通过具体的司法解释将罚金刑进一步细化,乍一看无限罚金既有助于保持刑法典的稳定,又能使罚金刑保持与时俱进的动态调整(因为司法解释的修订程序简单,几乎可以适时修订),但问题是,无限罚金制不符合罪刑法定原则,而且,司法解释将罚金刑具体化,不符合立法法的规定,有越权越位之嫌。因此,既要保证立法的适应性(不至于因物价上涨使数额罚金过时),又要贯彻罪刑法定原则的明确性要求,比例罚金制将是最好的选择。

虽然擅自发行股票、公司、企业债券罪,内幕交易、泄露内幕信息罪和利用未公开信息交易罪是倍比罚金制,但现行刑法所规定的比例不合理。

因此,应该将本章之罪的罚金刑统一为比例罚金制。具体而言,应该以各个犯罪的实行行为对象数额或者非法获利数额为计量依据,处以实行行为对象数额或者非法获利数额的二倍或者三倍罚金。之所以是二倍或者三倍而不是其他,是考虑到民法规定的惩罚性赔偿多为侵权数额或者非法所得的二倍，刑事责任不应低于民事责任，因而处以实行行为对象数额的二倍或者三倍罚金，具有合理性。

2. 增加认罪认罚从宽处理的规定

从宽处理是认罪认罚从宽制度适用中的核心要义，在贯彻落实宽严相济刑事政策、有效激励被追诉人认罪认罚以及提高诉讼效率、优化司法资源配置方面有着重要意义。❶ 在利用未公开信息交易罪中，《刑法》虽然没有从宽处理的规定，但《2019 年关于办理利用未公开信息交易刑事案件适用法律若干问题的解释》却规定了从宽处理。❷ 同样，在操纵证券、期货市场罪中，《刑法》虽然没有从宽处理的规定，但《2019 年关于办理操纵证券、期货市场刑事案件适用法律若干问题的解释》❸ 中却规定了从宽处理。因此，为了更好地促进刑法和其他部门法的衔接，全面贯彻落实宽严相济的刑事政策，应当进一步完善《刑法》关于上述两罪的规定，增加"从宽处理"的内容。

3. 增加职业禁止的规定

就证券、期货犯罪而言，禁止从业意味着禁止证券犯罪人继续从事证券行业，同时意味着禁止犯罪的自然人担任与证券有关的重要职务，是一种剥夺证券、期货犯罪的犯罪人一定时期或永久从事证券、期货业的资格的非刑罚处罚措施。现实中，证券、期货犯罪中，证券、期货犯人有很多是利用自己的职业、职务等便利条件实施犯罪的，这种行为明显地违背了证券、期货行业的职业、职务要求；而对于证券、期货犯罪者适用禁止从业非刑罚处罚措施可以从根本上消除其再犯罪的条件。因此，应该进一步完善我国刑法中禁止从业的非刑罚处罚措施，这不仅符合司法实践的需要，而且具有正当的法理根据和道义根据。❹

---

❶ 卞建林，李艳玲. 认罪认罚从宽制度适用中的若干问题［J］. 法治研究，2021（2）：18.

❷ 《2019 年关于办理利用未公开信息交易刑事案件适用法律若干问题的解释》第 11 条：符合本解释第 5 条、第 6 条规定的标准，行为人如实供述犯罪事实，认罪悔罪，并积极配合调查，退缴违法所得的，可以从轻处罚；其中犯罪情节轻微的，可以依法不起诉或者免予刑事处罚。符合刑事诉讼法规定的认罪认罚从宽适用范围和条件的，依照刑事诉讼法的规定处理。

❸ 《2019 年关于办理操纵证券、期货市场刑事案件适用法律若干问题的解释》第 7 条：符合本解释第 2 条、第 3 条规定的标准，行为人如实供述犯罪事实，认罪悔罪，并积极配合调查，退缴违法所得的，可以从轻处罚；其中犯罪情节轻微的，可以依法不起诉或者免予刑事处罚。符合刑事诉讼法规定的认罪认罚从宽适用范围和条件的，依照刑事诉讼法的规定处理。

❹ 刘宪权. 涉证券、期货犯罪研究［M］. 上海：上海人民出版社，2021：50.

二、具体个罪的立法完善要点

1. 内幕交易、泄露内幕信息罪的立法完善

根据现行《刑法》的规定，内幕交易、泄露内幕信息罪的主体要件是特殊主体，就自然人而言，必须是证券、期货交易内幕信息的知情人员或者非法获取证券、期货交易内幕信息的人员；就单位而言，必须是从事证券、期货交易的单位。关于内幕交易、泄露内幕信息罪，笔者认为应当进一步扩大本罪的主体要件的范围，将内幕人员的亲友、消息领受人以及证券上市公司纳入，从而做到对内幕信息的全面保护。

2. 擅自发行企业、公司股票、债券罪的立法完善建议

建议将本罪改为"擅自发行有价证券罪"。我国刑法将不通过金融机构融资的行为作为非法集资行为，将直接融资类非法集资行为用非法吸收社会公众存款罪加以规制存在很多的问题。将直接融资类非法集资行为用擅自发行企业、公司债券和股票等罪行的相关法令予以规制才能体现刑法的合理性。然而，我国现行《刑法》和《证券法》对股票和债券的限定范围较小，而在现实的案件中集资人通常不以债券和股票的形式进行直接集资，在法律的适用过程中，既不符合《证券法》的相关规定，又不符合我国《刑法》中有关擅自发行股票、公司、企业债券罪的相关规定，这导致集资人钻法律的空子，给投资人造成不可挽回的经济损失。从保护投资人的利益角度和立法初衷出发，我国《刑法》和《证券法》应该把股票、证券等的范围进行扩大，使擅自发行企业、公司债券和股票罪的适用范围得到扩充，将此罪名作为非法集资类犯罪的兜底性罪名。在行为人集资的过程中，投资人投资的载体可不进行考量，只要能表明其价值和持有人利益的借据或者实物等都可被认定为有价证券，都可以用本罪加以规制。因此，应将擅自发行股票、公司、企业债券罪更名为"擅自发行有价证券罪"。擅自发行有价证券罪的适用范围比较大，只要是未经许可的情况下对公众存款进行吸收的行为均可以予以规制，这比用非法吸收存款罪作为此类犯罪的兜底性条款更为合理。❶

3. 操纵证券、期货市场的立法完善建议

增加操纵证券、期货市场信息的规定。我国《刑法》第 182 条中的操纵

---

❶ 张国琦. 非法集资行为刑法规制的立法完善［J］. 人民论坛，2016（23）：79.

证券、期货市场罪明示的连续（联合）交易、约定交易、出售等三种操纵市场犯罪类型，本质上都是通过操纵者的违规交易行为控制证券、期货交易价格或交易量，归属于同一种违法类型。但是，操纵证券期货市场中的违法犯罪类型显然不止于此。以"抢帽子"交易为代表的利用信息操纵证券期货市场就是一种典型的违法犯罪类型。我国刑法对操纵证券、期货市场罪的规制应当重视对信息型市场操纵犯罪行为的法律禁止，将利用信息操纵市场的投资者从事相关证券期货交易进而影响资本市场的行为明确纳入刑法规制范围。❶

---

❶ 谢杰，祖琼. 抢帽子交易刑法规制的全球考察：比较法视野下我国市场操纵犯罪刑事立法完善的启示［M］//魏昌东，顾肖荣. 经济刑法（17）. 上海：上海社会科学院出版社，2017：151.

第六章
破坏客户、公众资金管理秩序罪的法教义学解读和立法完善论要

金融机构对客户和公众资金的安全、有效管理对于客户和公众资金保值、增值，保证金融市场安全、健康发展，维护金融市场信用具有重要意义。破坏客户、公众资金管理秩序罪，是指违反国家对金融市场管理的法规，侵犯国家对客户、公众资金管理的法律秩序，情节严重的行为。本章围绕破坏客户、公众资金管理秩序犯罪中的背信运用受托财产罪和违法运用资金罪两个具体罪名展开法教义学解读，并扼要提出相应具体完善建议，以期为司法实践和理论研究发挥参考作用。

为了正确适用法律，严惩破坏客户、公众资金管理秩序犯罪，最高司法机关于2022年出台了《最高人民检察院、公安部关于公安机关管辖的刑事案件立案追诉标准的规定（二）》，以下简称《2022年关于公安机关管辖的刑事案件立案追诉标准的规定（二）》。

第一节 背信运用受托财产罪

一、背信运用受托财产罪的概念和犯罪构成

根据《刑法》第185条之一第1款的规定，背信运用受托财产罪，是指商业银行、证券交易所、期货交易所、证券公司、期货经纪公司、保险公司或者其他金融机构，违背受托义务，擅自运用客户资金或者其他委托、信托

的财产，情节严重的行为。

本罪的犯罪构成：

（一）客体要件

本罪的客体要件是国家对金融市场受托财产管理的法律秩序。客户资金或者其他委托、信托的财产权益，是国家对金融市场受托财产管理的法律秩序的有机组成部分，故没有独立的地位。

（二）客观要件

本罪的客观要件表现为违背受托义务，擅自运用客户资金或者其他委托、信托的财产，情节严重的行为。本罪的客观要件，具体由以下三部分构成：

1. 违背受托义务

就义务内容而言，所谓"违背受托义务"，既包括违背了委托人与受托人之间具体约定的义务，也包括违背了法律、行政法规、部门规章规定的受托人应尽的法定义务，比如，《信托法》《证券投资基金法》《证券公司客户资金管理义务管理办法》《保险资金运用管理暂行办法》等都对运用资金有具体规定，也就是说，受托人应当遵守法律、行政法规、规章规定的法定义务以及与委托人约定的具体义务才真正构成受托义务的完整内容；就义务类型而言，受托义务可以分为委托义务和信托义务。由于受托义务不能违反法律、行政法规或者损害社会公共利益、公序良俗等，因此违背无效信托义务不能认定为"违反受托义务"。委托义务同样如此，如委托标的物不能确定的、委托人以非法财产设立委托的等，均不能认定为违背受托义务。❶

2. 擅自运用客户资金或者其他委托、信托的财产

所谓"擅自运用"，指金融机构未经委托人同意，在受托用途之外私自运用信托资金。司法实践中对"擅自运用"的判断：一方面，"擅自运用"的判断需要与"违背受托义务"联系起来，并非所有的自作主张都被禁止，只有违背约定义务和法定义务的"擅自运用"才是本罪规制的行为；另一方面，

---

❶ 彭文华. 背信及其刑法规制［J］. 当代法学，2020，34（6）：97.

对于信托行为，由于一般授权比较概括，受托人的行为也就相对比较自由。如果信托文件没有特别约定，只要不违背为受益人的最大利益处理信托事务，即使由于受托人的过失导致决策失误，使信托财产遭受重大损失，也不应以本罪论处。❶ 所谓"客户资金"，指限定了特定用途的客户资金，因而，普通的公众存款等资金不属于本罪的"客户资金"；所谓"委托、信托的财产"指在当前的委托理财业务中，存放在各类金融机构中的以下财产：一是证券投资业务中的客户交易结算资金；二是委托理财业务中的客户资金；三是信托业务中的信托财产；四是证券投资基金。

3. 背信运用受托财产情节严重

根据《2022年关于公安机关管辖的刑事案件立案追诉标准的规定（二）》第35条的规定："商业银行、证券交易所、期货交易所、证券公司、期货公司、保险公司或者其他金融机构，违背受托义务，擅自运用客户资金或者其他委托、信托的财产，涉嫌下列情形之一的，应予立案追诉：（一）擅自运用客户资金或者其他委托、信托的财产数额在三十万元以上的；（二）虽未达到上述数额标准，但多次擅自运用客户资金或者其他委托、信托的财产，或者擅自运用多个客户资金或者其他委托、信托的财产的；（三）其他情节严重的情形。"由此确定背信运用受托财产"情节严重"。

（三）主体要件

本罪的主体要件是特殊主体，即商业银行、证券交易所、期货交易所、证券公司、期货经纪公司、保险公司或者其他金融机构。本罪是纯正的单位犯罪，只能由单位构成，自然人不能成为本罪主体。"其他金融机构"指除上述金融机构以外的经国家有关主管部门批准有资格从事委托理财等金融业务的金融机构，如信托公司、投资咨询公司等。

（四）主观要件

本罪的主观要件是犯罪故意，即行为人明知其违背受托义务，擅自运用客户资金或者其他委托、信托的财产的行为会发生损害国家对金融市场受托

---

❶ 刘宪权，周舟. 背信运用受托财产罪的刑法分析［J］. 上海政法学院学报（法治论丛），2011，26（2）：86.

财产管理的法律秩序的危害结果，仍然希望或者放任这种危害结果发生的心理态度。

二、背信运用受托财产罪法律适用中的疑难问题

（一）关于罪与非罪的界限问题

背信运用受托财产的行为必须达到"情节严重"，否则不构成犯罪。

例如，在"孟××、陈×背信运用受托财产案"[1] 中，经查明，孟××于 2009 年 8 月至 2014 年 7 月在××期货××营业部担任总经理，负责××营业部全面工作。被告人陈×于 2013 年 8 月至 2014 年 7 月在××期货××营业部担任客户经理，负责开发及维护客户。2013 年，陈×认识了高×及其妻子孙×，介绍××期货××营业部有保本理财产品，收益高于银行利息。高×要求保证资金安全，并且随取随用，陈×经请示孟××后，向被害人高×口头承诺投资期货在保本保息基础上达到 7% 的年收益率。2013 年 10 月 22 日，高×与××期货有限公司签订了《期货经纪合同》及相关附属文件，按照××期货××营业部工作人员的指引开立了期货保证金账户，并于次日向账户内转款人民币 1670 万元，被告人陈×向高×索要了期货账户的交易密码。孟××、陈×未能为高×找到第三方投资顾问，在未通知高×也未取得其同意的情况下，二被告人商议后决定自行使用高×的期货账户交易密码进行交易。2013 年 10 月 31 日至 2014 年 1 月 20 日，孟××、陈×擅自运用高×期货账户进行交易，造成高×期货保证金账户亏损人民币 1043.1 万元，共计产生交易手续费 1533642.48 元，其中为××期货有限公司赚取手续费 825353.56 元，上交给期货交易所 708288.92 元。案发后，被告人孟××、陈×及胡××返还被害人高×人民币共计 191 万元。最终，孟××、陈×因犯背信运用受托财产罪，分别被判处 3 年 6 个月至 3 年不等的有期徒刑，并处人民币 15 万元至 10 万元不等的罚金。

裁判要旨：上述案例中，孟××、陈×擅自运用高×期货账户进行交易，其行为严重损害了国家对金融市场受托财产管理的法律秩序，构成背信运用受托财产罪。

---

[1] 参见（2016）辽刑终 494 号。

（二）关于本罪与挪用资金罪的区别

挪用资金罪，是指公司、企业或者其他单位的工作人员，利用职务上的便利，挪用本单位资金归个人使用或者借贷给他人使用，数额较大、超过三个月未还的，或者虽未超过三个月，但数额较大、进行营利活动的，或者进行非法活动的行为。二者的区别主要体现在以下四方面：

一是犯罪客体不同。前者的犯罪客体是国家对金融市场管理的法律秩序和受托人的财产利益，后者的犯罪客体是国家对公司、企业或其他单位资金使用管理的法律秩序。

二是犯罪对象不同，前者的犯罪对象是客户资金及委托人委托或信托的其他财产，而后者的犯罪对象是单位的资金。

三是行为方式不同，前者的行为方式是行为人违背了基于他人的委托而产生的信任关系和诚实处理他人事务的义务，从而对他人的财产造成了损害。而后者的行为方式是行为人利用职务上的便利，挪用单位资金归个人使用，从而对单位的财产造成了损害。

四是主体要件不同，前者的主体要件是商业银行、证券交易所、期货交易所、证券公司、期货经纪公司、保险公司或者其他金融机构，而后者的主体要件是公司、企业或者其他单位的工作人员。

（三）关于本罪罪数形态问题

关于本罪罪数形态的判定应当注意以下两方面：

一是如果行为人伪造证件、公文、印章，其目的是实施背信运用受托财产的行为，则同时构成两罪的，根据牵连犯的法理，应当择一重罪论断；

二是如果金融机构背信运用受托财产，是为了将受托财产用于操纵证券、期货交易，则同时构成两罪的，根据想象竞合的法理，应当择一重罪论断。

三、背信运用受托财产罪的刑事责任

根据《刑法》第 185 条之一第 1 款的规定，商业银行、证券交易所、期货交易所、证券公司、期货经纪公司、保险公司或者其他金融机构，违背受托义务，擅自运用客户资金或者其他委托、信托的财产，情节严重的，对单位判处罚金，并对其直接负责的主管人员和其他直接责任人员，处三年以下

有期徒刑或者拘役,并处三万元以上三十万元以下罚金;情节特别严重的,处三年以上十年以下有期徒刑,并处五万元以上五十万元以下罚金。

背信运用受托财产罪规定了两档法定刑,具体包括:

1. 基础法定刑

情节严重的,对单位判处罚金,并对其直接负责的主管人员和其他直接责任人员,处三年以下有期徒刑或者拘役,并处三万元以上三十万元以下罚金。

2. 加重法定刑

情节特别严重的,处三年以上十年以下有期徒刑,并处五万元以上五十万元以下罚金。

第二节 违法运用资金罪

一、违法运用资金罪的概念和犯罪构成

根据《刑法》第185条之一第2款的规定,违法运用资金罪,是指社会保障基金管理机构、住房公积金管理机构等公众资金管理机构,以及保险公司、保险资产管理公司、证券投资基金管理公司,违反国家规定运用资金,情节严重的行为。

本罪的犯罪构成:

(一)客体要件

本罪的客体要件是国家对公众资金管理的法律秩序。社会公众合法的财产利益是国家关于公众资金管理法律秩序的有机组成部分,故没有独立的地位。

(二)客观要件

本罪的客观要件表现为违反国家规定运用资金,情节严重的行为。本罪的客观要件,主要包括以下内容:

1. 违反国家规定

这里的"违反国家规定",主要是指违反了国家对资金运用的条件、程序等规定。在此,"违反国家规定"属于法定犯的不成文的构成要件要素,有助于寻找法定犯的违法性判断的前置法。[1] 具体而言,包括国家对运用社会保障基金、住房公积金的规定,如《全国社会保障基金投资管理暂行办法》《全国社会保障基金境外投资管理暂行规定》《社会保障基金财政专户管理暂行办法》《住房公积金管理条例》等;国家对保险公司、保险资产管理公司、证券投资管理公司运用资金的规定,如《保险法》《证券法》《证券投资基金法》《证券投资基金管理公司管理办法》等。

2. 违反国家规定运用资金

关于本罪的适用范围,即对"资金"的理解,主要包括两个方面:(1)国家对运用社会保障基金、住房公积金的规定,如《全国社会保障基金投资管理暂行办法》《全国社会保障基金境外投资管理暂行规定》《社会保障基金财政专户管理暂行办法》《住房公积金管理条例》等。(2)国家对保险公司、保险资产管理公司、证券投资管理公司运用资金的规定,如《保险法》《证券法》《证券投资基金法》《证券投资基金管理公司管理办法》等。

3. 违反国家规定情节严重

根据《2022年关于公安机关管辖的刑事案件立案追诉标准的规定(二)》第36条的规定:"社会保障基金管理机构、住房公积金管理机构等公众资金管理机构,以及保险公司、保险资产管理公司、证券投资基金管理公司,违反国家规定运用资金,涉嫌下列情形之一的,应予立案追诉:(一)违反国家规定运用资金数额在三十万元以上的;(二)虽未达到上述数额标准,但多次违反国家规定运用资金的;(三)其他情节严重的情形。"由此确定违反国家规定"情节严重"。

(三)主体要件

本罪的主体要件是特殊主体,即社会保障基金管理机构、住房公积金管理机构等公众资金管理机构,以及保险公司、保险资产管理公司、证券投

---

[1] 刘艳红. 论法定犯的不成文构成要件要素 [J]. 中外法学, 2019, 31 (5): 1151.

基金管理公司。本罪是纯正的单位犯罪，只能由单位构成，自然人不能成为本罪主体。

（四）主观要件

本罪的主观要件是犯罪故意，即行为人明知其违反国家规定运用资金的行为会发生损害国家对公众资金管理的法律秩序的危害结果，仍然希望或者放任这种危害结果发生的心理态度。

二、违法运用资金罪法律适用中的疑难问题

（一）关于罪与非罪的界限问题

违法运用资金的行为必须具有"情节严重"，否则不构成犯罪。

例如，在"胡××、陈×、王××违法运用资金案"❶ 中，××人寿公司于2011年12月至2013年11月，在经时任董事长的陈×决定和时任副总经理兼财务负责人的王××审核后，以购买灾备系统、支付投资预付款等名目，多次将公司资本金账户及保险产品资金专用账户内的资金出借给相关企业使用，出借款项共计人民币5.24亿元。截至2013年11月28日，××人寿公司已将上述全部资金及相应利息予以回收；其间，胡××作为××人寿公司资产管理中心固定收益部负责人，在王××的授意下，于2011年12月至2013年8月，以购买灾备系统、支付投资预付款等名目多次发起付款申请，涉及资金共计人民币2.54亿元；陈×于2016年4月21日被公安机关抓获，后王××、胡××均于同年4月26日被公安机关抓获。鉴于胡××犯罪情节较轻，有悔罪表现，最终胡××犯违法运用资金罪，免予刑事处罚；陈×犯违法运用资金罪，判处有期徒刑1年6个月，并处罚金人民币15万元；王××犯违法运用资金罪，判处有期徒刑1年，缓刑1年，并处罚金人民币10万元。

裁判要旨：上述案例中，××人寿公司违反国家规定运用资金，情节严重，胡××、陈×、王××作为直接负责的主管人员，其行为严重损害了国家对公众资金管理的法律秩序，构成违法运用资金罪。

---

❶ 参见（2018）京02刑终178号。

（二）关于此罪与彼罪的区别

1. 违法运用资金罪与挪用资金罪的区别

挪用资金罪，是指公司、企业或者其他单位的工作人员，利用职务上的便利，挪用本单位资金归个人使用或者借贷给他人使用，数额较大、超过三个月未还的，或者虽未超过三个月，但数额较大、进行营利活动的，或者进行非法活动的行为。本罪与挪用资金罪区分的关键在于：

（1）客体要件不同，前者的客体要件是国家对公众资金的管理秩序和社会公众合法的财产利益，后者的客体要件是国家对公司、企业或其他单位资金使用管理的法律秩序。

（2）犯罪对象不同，前者的犯罪对象是特定的公众资金，如社会保障基金、住房公积金等；后者的犯罪对象是公司、企业或其他单位的工作人员。

（3）行为方式不同，前者的行为方式是违反国家规定而挪用资金的行为，后者的行为方式是挪用资金的行为。

（4）主体要件不同。前者的主体要件是社会保障基金管理机构、住房公积金管理机构等公众资金管理机构，以及保险公司、保险资产管理公司、证券投资基金管理公司；后者的主体要件是公司、企业或者其他单位的工作人员。

2. 违法运用资金罪与背信运用受托财产罪的区别

背信运用受托财产罪，是指商业银行、证券交易所、期货交易所、证券公司、期货经纪公司、保险公司或者其他金融机构，违背受托义务，擅自运用客户资金或者其他委托、信托的财产，情节严重的行为。本罪与背信运用受托财产罪区分的关键在于：

（1）客体要件不同，前者的客体要件是国家对公众资金管理的法律秩序和社会公众合法的财产利益，后者的客体要件是国家对金融市场管理的法律秩序和受托人的财产利益。

（2）犯罪对象不同，前者的犯罪对象是社会公众资金，后者的犯罪对象是客户资金或者其他委托、信托的财产。

（3）行为方式不同，具体涵盖以下方面："前者的擅自运用属于无权之擅自运用，后者的擅自运用属于违法之擅自运用；前者违背的是存在于委托人与受托人之间的内部对向性信任关系,后者违背的是存在于上级部门或者主管部门与行为主体之间的内部非对向性信任关系;前者在行为方式上表现为违背受托义务擅自运用受托财产,后者在行为方式上表现为滥用职权、徇私舞弊或者其他背离职守的行为。"❶

(4) 主体要件不同,前者的主体要件是社会保障基金管理机构、住房公积金管理机构等公众资金管理机构,以及保险公司、保险资产管理公司、证券投资基金管理公司;后者的主体要件是商业银行、证券交易所、期货交易所、证券公司、期货经纪公司、保险公司或者其他金融机构。

(三) 关于罪数形态的问题

关于罪数形态的判定,主要把握以下两方面:

一是如果行为人伪造证件、公文、印章,其目的是实施违法运用资金的行为,则同时构成两罪的,根据牵连犯的法理,应当择一重罪论断;二是实践中,有一些单位实际上不具备接受委托资金的资质,也未按规定接受金融监管却违规从事金融业务,这些单位通过各种变相公款宣传、承诺保本保收益向社会不特定对象集资等形式与委托人订立合同,募集资金,同时实施相关违法行为,完全违背与委托人订立合同中规定的权利义务,包括以虚构事实、隐瞒真相的方式伪造、编造投资行为,或者违规挪用、侵占甚至挥霍受托资金,或者将受托资金直接用于非法活动等,造成委托人、投资人的极大损失。这些行为,表面上看是该类单位的责任人员违背受托义务,擅自运用客户资金和受托人的行为,实质上属于非法资金类犯罪。❷ 对此,同时构成犯罪的,应当根据想象竞合的法理,适用非法吸收公众存款罪、集资诈骗罪等定罪处罚。

三、违法运用资金罪的刑事责任

根据《刑法》第185条之一第2款的规定,社会保障基金管理机构、住房公积金管理机构等公众资金管理机构,以及保险公司、保险资产管理公司、证券投资基金管理公司,违反国家规定运用资金的,情节严重的,对单位判

---

❶ 彭文华. 背信及其刑法规制 [J]. 当代法学, 2020, 34 (6): 98.
❷ 王爱立. 中华人民共和国刑法释义 (最新修订版) [M]. 北京: 法律出版社, 2021: 377.

处罚金，并对其直接负责的主管人员和其他直接责任人员，处三年以下有期徒刑或者拘役，并处三万元以上三十万元以下罚金；情节特别严重的，处三年以上十年以下有期徒刑，并处五万元以上五十万元以下罚金。

违法运用资金罪规定了两档法定刑，具体包括：

1. 基础法定刑

情节严重的，对其直接负责的主管人员和其他直接责任人员，处三年以下有期徒刑或者拘役，并处三万元以上三十万元以下罚金。

2. 加重法定刑

情节特别严重的，处三年以上十年以下有期徒刑，并处五万元以上五十万元以下罚金。

第三节 本章之罪的立法完善论要

本章之罪，包括背信运用受托财产罪和违法运用资金罪。本节从两种犯罪的共性问题和具体个罪的立法两方面，扼要提出完善建议。

一、共性问题的完善建议

本书将数额罚金刑修改为比例罚金制。背信运用受托财产罪和违法运用资金罪都是数额罚金制。但数额罚金刑容易因物价上涨因素而过时。现行《刑法》所规定的基本犯罪"并处三万元以上三十万元以下罚金""情节特别严重的，处五万元以上五十万元以下罚金"，对于规模大的单位难以起到惩罚作用。笔者也不赞成将数额罚金修改为无限罚金，再通过具体的司法解释将罚金刑进一步细化。因为无限罚金制虽然有助于保持刑法典的稳定，能使罚金刑保持与时俱进的动态调整（因为司法解释的修订程序简单，可以适时修订），但无限罚金制不符合罪刑法定原则；而且，司法解释将罚金刑具体化，不符合立法法的规定，有越权越位之嫌。既要保证立法的适应性（不至于因物价上涨使数额罚金过时），又要贯彻罪刑法定原则的明确性要求，因此倍比罚金是最好的选择。倍比罚金制，又称比例罚金制，是指刑法规定以行为对象或者犯罪对象的数额为基础，然后以其一定的倍数或百分比来确定罚金数额的制度，即按照一定数额的倍数或者百分数来确定罚金数额。所以，建议将背信运用受托财产罪和违法运用资金罪的数额罚金修改为比例罚金。具体而言，应该以实行行为对象数额或者非法获利数额为计量依据，处以实行行为对象数额或者非法获利数额的二倍或者三倍罚金。之所以是二倍或者三倍而不是其他，是考虑到民法规定的惩罚性赔偿多为侵权数额或者非法所得的二倍，刑事责任不应低于民事责任，因而处以实行行为对象数额的二倍或者三倍罚金，具有合理性。

二、具体个罪的立法完善要点

1. 增设"背信罪"

诚实守信作为一种传统美德在我国延续了几千年，社会主义市场经济的发展，需要建立在社会信用的基础上；在充满竞争的市场经济中，信用程度越高，竞争的风险就越小，市场运作就越有秩序，社会生产效率和社会效益就会越高，从而使市场经济始终保持高质量发展。鉴于当今社会严峻的信用现状，笔者结合我国《刑法》的规定，并借鉴德国和日本刑法关于背信罪的规定增设"背信罪"❶。

具体而言：一是将背信罪的犯罪主体扩展至一般主体。建议修改为："商业银行、证券交易所、期货交易所、证券公司、期货经纪公司、保险公司或者其他金融机构的工作人员，违背受托义务，擅自运用客户资金或者其他委托、信托的财产的，处三年以下有期徒刑或者拘役，并处3万元以上30万元以下罚金；情节特别严重的，处三年以上十年以下有期徒刑，并处5万元以上50万元以下罚金。""单位犯前款罪的，对单位判处罚金，并对其直接负责的主管人员和其他直接负责人员，依照前款的规定处罚。"二是背信行为可广泛地存在于社会各领域中，但鉴于刑法的谦抑原则和二次法特质，应当将其限缩在经济领域；将背信罪作为"实害犯"对待，并以"造成委托人的财产

---

❶ 关于背信罪的规定，德国《刑法》第266条（1）规定：行为人滥用其依据法律、官方委托或法律行为所取得的处分他人财产或使他人负有义务的权限，或者违反其依据法律、官方委托、法律行为及信托关系而负有的管理他人财产利益的义务，致委托人的财产利益遭受损害的，处5年以下自由刑或罚金刑。日本《刑法》第247条规定：为他人处理事务的人，以谋求自己或者第三者的利益或者损害委托人的利益为目的，实施违背其任务的行为，给委托人造成财产上的损害的，处5年以下惩役或者50万元以下罚金。

权益损害"为成立要件,这不符合背信罪对失信行为进行早期化惩处的设立初衷,也与我国《刑法》第 185 条之一的现有规定不一致。增设背信罪有利于行刑衔接,实现罪刑均衡。❶ 三是建立完善的责任链,明确受托人、委托人、代理人等各方的权利和义务,确保受托财产的安全和稳健。同时,避免因责任不明确或责任转移导致背信行为。

2. 违法运用资金罪的立法完善建议

本罪同样缺乏对自然人犯罪的规定,应当将自然人犯罪纳入本罪的规定中,修改后的违法运用资金罪可以这样表述:社会保障基金管理机构、住房公积金管理机构等公众资金管理机构,以及保险公司、保险资产管理公司、证券投资基金管理公司、证券公司、商业银行或者其他金融机构的工作人员,违反国家规定或者部门规章运用资金,情节严重的,依照前款规定处罚。单位犯前款罪的,对单位判处罚金,并对其直接负责的主管人员和其他直接责任人员,依照前款规定处罚。

---

❶ 魏昌东,顾肖荣. 经济刑法 [M]. 上海:上海社会科学院出版社,2021:80.

第七章
破坏外汇管理秩序罪和洗钱罪的法教义学解读和立法完善论要

破坏外汇管理秩序罪和洗钱罪不仅危害社会稳定，而且影响金融市场的稳定，严重危害经济的健康发展。破坏外汇管理秩序罪和洗钱罪，是指违反国家规定破坏国家对外汇管理和金融管理的法律秩序，情节严重的行为。本章围绕逃汇罪、骗购外汇罪和洗钱罪三个具体罪名展开法教义学解读，并扼要提出相应具体完善建议，以期为司法实践和理论研究发挥参考作用。

为了正确适用法律，严惩破坏外汇管理秩序罪和洗钱罪，全国人大常委会、最高司法机关自1998年以来先后出台了三部规范性文件：（1）1998年全国人大常委会《关于惩治骗购外汇、逃汇和非法买卖外汇犯罪的决定》，以下简称《1998年关于惩治骗购外汇、逃汇和非法买卖外汇犯罪的决定》。（2）2009年《最高人民法院关于审理洗钱等刑事案件具体应用法律若干问题的解释》，以下简称《2009年关于审理洗钱等刑事案件具体应用法律若干问题的解释》。（3）2022年《最高人民检察院、公安部关于公安机关管辖的刑事案件立案追诉标准的规定（二）》，以下简称《2022年关于公安机关管辖的刑事案件立案追诉标准的规定（二）》。

第七章　破坏外汇管理秩序犯罪和洗钱犯罪的法教义学解读和立法完善论要

第一节　逃汇罪

一、逃汇罪的概念和犯罪构成

根据《刑法》第 190 条的规定，逃汇罪，是指公司、企业或者其他单位，违反国家规定，擅自将外汇存放境外，或者将境内的外汇非法转移到境外，情节严重的行为。

本罪的犯罪构成：

（一）客体要件

本罪的客体要件是国家对外汇管理的法律秩序。外汇管理，是指国家为了维持国际收支平衡和汇价的稳定，通过法律法规授权国家货币金融管理部门或者其他机构，对外汇的收支、买卖、借贷、转让以及国际结算、汇率和外汇市场等事项实行限制性政策措施。保持健康良性的外汇管制秩序，对维护国家经济金融安全具有重要意义，因而刑法应当严厉打击逃汇等妨害国家对外汇管理秩序的行为。本罪的犯罪对象是"外汇"。❶

（二）客观要件

本罪的客观要件表现为违反国家规定，擅自将外汇存放境外，或者将境内的外汇非法转移到境外，情节严重的行为。本罪的客观要件，具体由以下两部分组成：

1. 违反国家规定，擅自将外汇存放境外，或者将境内的外汇非法转移到境外

本罪的"违反国家规定"，主要指违反《外汇管理条例》。但在具体司法实践中，认定违反规定逃汇行为时，还需要借助《关于对携带外汇进出境管理的规定》《结汇、售汇及汇付管理规定》《境内外汇账户管理规定》以及

---

❶ 根据《中华人民共和国外汇管理条例》第 3 条的规定，本条例所称外汇，是指下列以外币表示的可以用作国际清偿的支付手段和资产：（1）外币现钞，包括纸币、铸币；（2）外币支付凭证或者支付工具，包括票据、银行存款凭证、银行卡等；（3）外币有价证券，包括债券、股票等；（4）特别提款权；（5）其他外汇资产。

《境外外汇账户管理规定》等部门规章。对于这类犯罪，刑法的规制是较为克制的，在众多逃汇行为中，只选取了"擅自将外汇存放境外"和"将境内的外汇非法转移到境外"这两种典型的逃汇行为。"擅自"，是指未经外汇管理机关批准，自行将外汇存放境外。"存放"，是指外汇不调回国内的一种事实状态。只要是将应该调回的外汇未调回国内，无论该外汇是储存、寄存，还是投资、挪作他用，都应认为是"存放境外"。"转移到境外"，是指将境内的外汇携带、托带或者邮寄到境外的行为。《外汇管理条例》第9条规定："境内机构、境内个人的外汇收入可以调回境内或者存放境外；调回境内或者存放境外的条件、期限等，由国务院外汇管理部门根据国际收支状况和外汇管理的需要作出规定。"第21条规定："资本项目外汇收入保留或者卖给经营结汇、售汇业务的金融机构，应当经外汇管理机关批准，但国家规定无需批准的除外。"

2. 逃汇行为情节严重

本罪的"情节严重"，根据《2022年关于公安机关管辖的刑事案件立案追诉标准的规定（二）》第41条的规定："公司、企业或者其他单位，违反国家规定，擅自将外汇存放境外，或者将境内的外汇非法转移到境外，单笔在二百万美元以上或者累计数额在五百万美元以上的，应予立案追诉。"由此确定逃汇行为"情节严重"。

（三）主体要件

本罪的主体要件是特殊主体，即公司、企业或者其他单位。本罪是纯正的单位犯罪，自然人不能成为本罪主体。

（四）主观要件

本罪的主观要件是犯罪故意，即行为人明知其违反国家规定，擅自将外汇存放境外，或者将境内的外汇非法转移到境外的行为会发生损害国家对外汇管理的法律秩序的危害结果，仍然希望或者放任这种危害结果发生的心理态度。

二、逃汇罪法律适用中的疑难问题

（一）关于罪与非罪的界限问题

逃汇的行为必须达到"情节严重"，否则不构成犯罪。

例如：在"潘×逃汇案"❶中，经查明，××公司于2010年3月18日成立，潘×为××公司实际经营人。2016年8月，黄××、被告人潘×在经营××公司期间，伙同王××等人，利用其在境外注册并实际控制的浩×公司、大×公司等单位，购买虚假海运提单，根据所购买海运提单信息，虚构××公司与浩×公司、大×公司间的跨境转口贸易背景，自制相关合同等材料，由××公司向××银行××分行申请信用证远期付汇，收款单位为浩×公司，付汇金额22859556美元，到期日2017年2月23日。后黄××、潘×等人以浩×公司名义通过出口信用证押汇形式进行美元融资，浩×公司NRA账户（即境外机构境内外汇账户，该账户与境内机构、个人之间的外汇收支，按照跨境交易进行管理）经由××银行收到放贷资金美元2268万余元，并通过黄××、潘×等人实际控制的大×公司等境外单位，将上述美元资金回流至××公司，再将上述美元资金结汇为人民币资金用于牟利。2017年2月23日，××公司向浩×公司支付现汇22859556美元，将境内外汇非法转移到境外。2016年9月，黄××、王××、潘×等人采用上述相同方式，浩×公司NRA账户经由××银行收到放贷资金美元1509万余元。2017年9月28日，××公司向浩×公司支付现汇15381506美元，将境内外汇非法转移到境外。另查明，潘×案发后自动至公安机关投案，如实供述了上述主要事实，退出违法所得人民币30万元。考虑到在共同犯罪中，潘×起主要作用，系主犯，但其犯罪以后自动投案并如实供述自己的主要罪行，依法可以从轻或者减轻处罚。最终，潘×作为直接负责的主管人员犯逃汇罪，被判处有期徒刑1年6个月，缓刑2年。

裁判要旨： 上述案例中，潘×作为××商贸有限公司直接负责的主管人员，违反国家规定，虚构贸易背景，将境内的外汇非法转移到境外，数额巨大；其行为严重损害了国家对外汇管理的法律秩序，因此，构成逃汇罪。

---

❶ 参见（2020）沪0118刑初384号。

(二) 此罪与彼罪的区别

1. 逃汇罪与走私罪的区别

走私罪，是指个人或者单位故意违反海关法规，逃避海关监管，通过各种方式运送违禁品进出口或者偷逃关税，情节严重的行为。关于逃汇罪与走私罪，区分的关键在于：

（1）客体要件不同。前者的客体要件是国家对外汇管理的法律秩序，后者的客体要件是国家对对外贸易管理的法律秩序。

（2）犯罪对象不同。前者的犯罪对象是外汇，后者的犯罪对象包括一切禁止或限制进出口的货物与物品。

（3）行为方式不同。前者的行为方式是违反国家规定，擅自将外汇存放境外，或者将境内的外汇非法转移到境外的行为；后者的行为方式是违反海关法规，逃避海关监管，非法运输、携带、邮寄货物、物品进出国（边）境的行为。

（4）主体要件不同。前者的主体要件是国有公司、企业或者其他国有单位，后者的主体要件既可以是单位，也可以是自然人。

2. 逃汇罪与隐瞒境外存款罪的区别

隐瞒境外存款罪，是指国家工作人员违反国家规定，故意隐瞒不报在境外的存款，数额较大的行为。逃汇罪与隐瞒境外存款罪区分的关键在于：

（1）客体要件不同。前者的客体要件是国家对外汇管理的法律秩序，后者的客体要件是国家对国家工作人员管理的法律秩序。

（2）行为方式不同，前者的行为方式是违反国家规定，擅自将外汇存放境外，或者将境内的外汇非法转移到境外的行为；后者的行为方式是将属于个人数额较大的资金存放在境外，违反规定隐瞒不报的行为。

（3）主体要件不同，前者的主体要件是国有公司、企业或者其他国有单位，后者的主体要件是国家工作人员，不包括单位。

(三) 共同犯罪的问题

本罪共同犯罪的认定，根据1998年全国人大常委会《关于惩治骗购外汇、逃汇和非法买卖外汇犯罪的决定》第5条的规定，海关、外汇管理部门以及金融机构、从事对外贸经营活动的公司、企业或者其他单位的工作人员与骗购外汇或者逃汇的行为人通谋,为其提供购买外汇的有关凭证或其他便利的,或者明知是伪造、变造的凭证和单据而售汇、付汇的,以共犯论,依照本决定从重处罚。

三、逃汇罪的刑事责任

根据《刑法》第190条的规定,公司、企业或者其他单位,违反国家规定,擅自将外汇存放境外,或者将境内的外汇非法转移到境外,数额较大的,对单位判处逃汇数额5%以上30%以下的罚金,并对其直接负责的主管人员和其他直接责任人员,处五年以下有期徒刑或者拘役;数额巨大或者有其他严重情节的,对单位判处逃汇数额5%以上30%以下的罚金,并对其直接负责的主管人员和其他直接责任人员,处五年以上有期徒刑。

作为单位犯罪的逃汇罪规定了两档法定刑,并适用双罚制,具体包括:

1. *基础法定刑*

数额较大的,对单位判处逃汇数额5%以上30%以下的罚金,并对其直接负责的主管人员和其他直接责任人员,处五年以下有期徒刑或者拘役。

2. *加重法定刑*

数额巨大或者有其他严重情节的,对单位判处逃汇数额5%以上30%以下的罚金,并对其直接负责的主管人员和其他直接责任人员,处五年以上有期徒刑。

第二节 骗购外汇罪

一、骗购外汇罪的概念和犯罪构成

根据《1998年关于惩治骗购外汇、逃汇和非法买卖外汇犯罪的决定》第1条的规定,骗购外汇罪,是指使用伪造、变造的海关签发的报关单、进口证明、外汇管理部门核准件等凭证和单据,重复使用海关签发的报关单、进口证明、外汇管理部门核准件等凭证和单据,或者以其他方式骗购外汇,数额较大的行为。

本罪的犯罪构成：

（一）客体要件

本罪的客体要件是国家对外汇管理的法律秩序。外汇储备及其管制，关系到国家的金融安全。我国对外汇实行强制管理制度，任何组织、个人在我国境内从事外汇买卖、结汇业务，必须获得国家外汇管理部门的许可并在指定的场所进行。骗购外汇行为，极易酿成本外币兑换的盲目与失控，造成外汇流失，影响国际收支，扭曲货币信息，危害国家金融安全，破坏国家对外汇管理的法律秩序。

（二）客观要件

本罪的客观要件表现为使用伪造、变造的海关签发的报关单、进口证明、外汇管理部门核准件等凭证和单据，重复使用海关签发的报关单、进口证明、外汇管理部门核准件等凭证和单据，或者以其他方式骗购外汇，数额较大的行为。本罪的客观要件，具体由以下两部分构成：

1. 本罪的行为方式包括以下三种

（1）使用伪造、变造的海关签发的报关单、进口证明、外汇管理部门核准件等凭证和单据。（2）重复使用海关签发的报关单、进口证明、外汇管理部门核准件等凭证和单据。这里的重复使用，主要是指使用已经使用完毕，并已经用于进口付汇的海关签发的报关单、进口证明、外汇管理部门核准件等凭证和单据。（3）以其他方式骗购外汇。关于以其他方式骗购外汇，例如，司法实践中多发的"虚假转口贸易名义骗购外汇行为"，即通过虚构转口贸易背景，使用虚假贸易合同和假提单直接到银行购汇或获得外汇贷款的行为❶，就应当属于"以其他方式骗购外汇"。

2. 骗购外汇数额较大

关于本罪的"数额较大"，根据《2022年关于公安机关管辖的刑事案件立案追诉标准的规定（二）》第42条的规定："骗购外汇，数额在五十万美元

---

❶ 陈晨. 新形势下外汇犯罪司法实务若干问题研究［J］. 中国刑事法杂志，2017（4）：118.

以上的，应予立案追诉。"由此确定骗购外汇数额较大。

（三）主体要件

本罪的主体要件是一般主体，即已满16周岁、具有刑事责任能力的自然人和单位。

（四）主观要件

本罪的主观要件是犯罪故意。一些学者主张本罪的罪过只能是直接故意，对此，笔者并不认同，笔者认为，本罪的主观要件既包括直接故意也包括间接故意。故本罪的主观要件可以表述为：行为人明知其使用伪造、变造的海关签发的报关单、进口证明、外汇管理部门核准件等凭证和单据，重复使用海关签发的报关单、进口证明、外汇管理部门核准件等凭证和单据，或者以其他方式骗购外汇的行为会发生损害国家对外汇管理的法律秩序的危害结果，仍然希望或者放任这种危害结果发生的心理态度。

二、骗购外汇罪法律适用中的疑难问题

（一）关于罪与非罪的界限问题

骗购外汇的行为必须达到"数额较大"，否则不构成犯罪。

例如，在"王×骗购外汇案"❶中，经查明，王×为骗购外汇，先后以他人名义成立××市××贸易有限公司、××商贸有限公司、×××商贸有限公司，王×为实际控制人。2012年9月至2013年7月，王×虚构转口贸易背景，购买虚假海运提单，按照提单记载事项自制相关合同、转口贸易单证，以转口贸易支付货款为名，向××银行××分行申请办理付汇业务，银行将外汇转入王×实际控制的××离岸公司××国际集团有限公司。被告人王×累计向××银行骗购外汇35笔，共计8370.6155万美元。最终，王×犯骗购外汇罪，被判处有期徒刑7年，并处罚金人民币2592万元。

裁判要旨：上述案例中，王×为谋取非法利益，在无真实货物交易的情况下，利用其成立的多家空壳公司，进行虚假转口贸易，骗购国家外汇，数

---

❶ 参见（2019）新01刑初265号。

额巨大，其行为严重损害了国家对外汇管理的法律秩序，构成骗购外汇罪。

（二）关于此罪与彼罪的区别

1. 骗购外汇罪与逃汇罪的区别

逃汇罪，是指公司、企业或者其他单位，违反国家规定，擅自将外汇存放境外，或者将境内的外汇非法转移到境外，情节严重的行为。骗购外汇罪与逃汇罪区分的关键在于：

（1）行为方式不同。前者的行为方式是使用伪造、变造的海关签发的报关单、进口证明、外汇管理部门核准件等凭证和单据，重复使用海关签发的报关单、进口证明、外汇管理部门核准件等凭证和单据，或者以其他方式骗购外汇的行为；后者的行为方式是违反国家规定，擅自将外汇存放境外，或者将境内的外汇非法转移到境外的行为。

（2）主体要件不同，前者的主体要件是一般主体，包括自然人和单位；后者的主体要件是特殊主体，只能是国有公司、企业或者其他国有单位。

2. 骗购外汇罪与诈骗罪的区别

诈骗罪，是指以非法占有为目的，使用欺骗方法，骗取数额较大的公私财物的行为。骗购外汇罪与诈骗罪区分的关键在于：

（1）客体要件不同。前者的客体要件是国家对外汇管理的法律秩序，后者的客体要件是国家对公私财物所有权保护的法律秩序。

（2）行为方式不同。前者的行为方式是行为人不符合申购外汇的条件，采用欺诈手段，用人民币购买外汇；而后者的行为方式则是用虚构事实、隐瞒真相的方法骗取他人财物。

（3）主体要件不同。前者的主体要件包括自然人和单位，后者的主体要件只能是自然人。

3. 骗购外汇罪与非法经营罪的区别

非法经营罪，是指未经许可经营专营、专卖物品或其他限制买卖的物品，买卖进出口许可证、进出口原产地证明以及其他法律、行政法规规定的经营许可证或者批准文件，以及从事其他非法经营活动，扰乱市场秩序，情节严重的行为。骗购外汇罪与非法经营罪区分的关键在于：

（1）客体要件不同。前者的客体要件是国家对外汇管理的法律秩序，后者的客体要件是国家对限制买卖物品和经营许可证市场管理的法律秩序。

（2）行为方式不同，前者的行为方式是采用欺骗手段骗购外汇，而后者采取的手段是多种多样的，不仅限于欺骗手段。

（三）关于罪数形态和共同犯罪的问题

关于罪数形态的认定，根据《1998年关于惩治骗购外汇、逃汇和非法买卖外汇犯罪的决定》第1条的规定，伪造、变造海关签发的报关单、进口证明、外汇管理部门核准件等凭证和单据，并用于骗购外汇的，依照前款的规定从重处罚。这一条款是骗购外汇罪与伪造国家机关公文、证件、印章罪的牵连犯，但刑法明确规定适用骗购外汇罪，从重处罚。本罪共同犯罪的认定，需要注意以下两个规定：

一是根据《1998年关于惩治骗购外汇、逃汇和非法买卖外汇犯罪的决定》第1条的规定，明知用于骗购外汇而提供人民币资金的，以共犯论处。二是根据《1998年关于惩治骗购外汇、逃汇和非法买卖外汇犯罪的决定》第5条的规定，海关、外汇管理部门以及金融机构、从事对外经营活动的公司、企业或者其他单位的工作人员与骗购外汇或者逃汇的行为人通谋，为其提供购买外汇的有关凭证或者其他便利的，或者明知是伪造、变造的凭证和单据而售汇、付汇的，以共犯论，依照本决定从重处罚。

三、骗购外汇罪的刑事责任

根据《1998年关于惩治骗购外汇、逃汇和非法买卖外汇犯罪的决定》第1条的规定，骗购外汇，数额较大的，处五年以下有期徒刑或者拘役，并处骗购外汇数额5%以上30%以下罚金；数额巨大或者有其他严重情节的，处五年以上十年以下有期徒刑，并处骗购外汇数额5%以上30%以下罚金；数额特别巨大或者有其他特别严重情节的，处十年以上有期徒刑或者无期徒刑，并处骗购外汇数额5%以上30%以下罚金或者没收财产。单位犯本罪的，对单位依照第一款的规定判处罚金，并对其直接负责的主管人员和其他直接负责人员，处五年以下有期徒刑或者拘役；数额巨大或者有其他严重情节的，处五年以上十年以下有期徒刑；数额特别巨大或者有其他特别严重情节的，处十年以上有期徒刑或者无期徒刑。

（一）法定刑的设置

骗购外汇罪规定了三档法定刑，具体包括：

1. 基础法定刑

数额较大的，处五年以下有期徒刑或者拘役，并处骗购外汇数额5%以上30%以下罚金。

2. 加重法定刑

（1）数额巨大或者有其他严重情节的，处五年以上十年以下有期徒刑，并处骗购外汇数额5%以上30%以下罚金；（2）数额特别巨大或者有其他特别严重情节的，处十年以上有期徒刑或者无期徒刑，并处骗购外汇数额5%以上30%以下罚金或者没收财产。

（二）单位犯罪的处罚

规定了三档法定刑，并适用双罚制，具体包括：

1. 基础法定刑

单位犯本罪的，对单位依照第一款的规定判处罚金，并对其直接负责的主管人员和其他直接负责人员，处五年以下有期徒刑或者拘役。

2. 加重法定刑

（1）数额巨大或者有其他严重情节的，处五年以上十年以下有期徒刑；（2）数额特别巨大或者有其他特别严重情节的，处十年以上有期徒刑或者无期徒刑。

第三节 洗钱罪

一、洗钱罪的概念和犯罪构成

本罪在2020年《刑法修正案（十一）》中作了修改：（1）删除了洗钱罪第一款中的"明知"要件，只要行为人是为掩饰、隐瞒毒品犯罪、黑社会性质的组织犯罪、恐怖活动犯罪、走私犯罪、贪污贿赂犯罪、破坏金融管理秩序犯罪、金融诈骗犯罪的所得及其产生的收益的来源和性质而实施相应行为的，便应当认定为符合洗钱罪的构成要件。（2）将比例罚金刑修改为无限额的罚金刑。（3）修改洗钱罪的具体行为方式，删除了洗钱罪第1款第2项、第3项、第4项规定的"协助"要件，将第1款第3项中规定的"结算方式"修改为"支付结算方式"，将第1款第4项规定的"协助将资金汇往境外的"修改为"跨境转移资产的"。❶（4）删除了单位犯罪中直接负责的主管人员和其他直接责任人员的单独的法定刑，而对其按照自然人犯本罪的规定处罚。由此，根据《刑法》第191条的规定，洗钱罪，是指为掩饰、隐瞒毒品犯罪、黑社会性质的组织犯罪、恐怖活动犯罪、走私犯罪、贪污贿赂犯罪、破坏金融管理秩序犯罪、金融诈骗犯罪的所得及其产生的收益的来源和性质，采取提供资金账户、协助将财产转换为现金或者金融票据、通过转账结算方式协助资金转移、协助将资金汇往境外以及其他方法掩饰、隐瞒犯罪的违法所得及其收益的性质和来源的行为。

本罪的犯罪构成：

（一）客体要件

本罪的客体要件是国家对金融管理的法律秩序。关于本罪的客体要件有"客体不确定说"❷和"社会管理秩序说"❸两种观点。本书不赞成上述两种观点：一方面，就洗钱罪的客体而言，罪刑法定原则的一个重要要求是刑法的明确性，即刑法中无论是关于犯罪的规定，还是关于刑罚的规定，都应当是具体的，其含义应当明确无误；❹洗钱行为能够被刑法单独确立一个罪名的前提是本罪犯罪客体的明确性。另一方面，本罪之所以作为《刑法》分则

---

❶ 劳东燕. 刑法修正案（十一）条文释义：修正提示、适用指南与案例解读［M］. 北京：中国法制出版社，2021：100.

❷ "客体不确定说"认为，洗钱犯罪不但直接扰乱经济秩序，妨害司法机关对犯罪的侦破，而且还间接侵犯"上游犯罪"被害人的财产所有权。同时，在一定意义上，它又是"上游犯罪"的后续，严重侵害了社会管理秩序。因此，单纯地以其中的某一方面论述该罪的客体明显不妥。详见：钊作俊. 洗钱犯罪研究［J］. 法律科学，1997（5）：54-60.

❸ "社会管理秩序说"认为，虽然利用金融机构洗钱是一种常用的方法，但随着金融机构反洗钱义务的不断深入，目前金融业并不是参与洗钱的唯一行业，其他行业也参与其中，而且洗钱犯罪分子逐渐转向律师、会计师等专业人员寻求帮助，以开辟新的洗钱途径并且降低犯罪活动的风险。何萍. 中国洗钱犯罪的立法和司法［M］. 上海：上海人民出版社，2005：135.

❹ 张智辉. 刑事法研究（第8卷）：刑法理性论［M］. 北京：中国检察出版社，2022：166.

"破坏社会主义市场经济秩序罪"的一个罪名，主要是因为洗钱罪涉及的赃款往往数额巨大，且洗钱活动一般都是通过金融领域相关活动完成的，所涉及的赃款在金融市场上肆意流动，必然会影响到金融机构的正常活动，甚至对证券、期货市场造成巨大波动；❶ 同时，根据现行立法的规定，《反洗钱法》第1条明确规定，反洗钱的目的是预防洗钱活动，维护金融秩序，遏制洗钱犯罪及相关犯罪。因此，我国的反洗钱行为仅仅限定在金融领域之中，所以，本罪的客体要件是国家对金融的管理秩序。

(二) 客观要件

本罪的客观要件表现为行为人实施了掩饰、隐瞒毒品犯罪、黑社会性质的组织犯罪、恐怖活动犯罪、走私犯罪、贪污贿赂犯罪、破坏金融管理秩序犯罪、金融诈骗犯罪的所得及其产生的收益的行为。洗钱罪的本质在于为上游犯罪的犯罪所得披上合法外衣，消灭犯罪线索和证据，逃避法律的追究和制裁，实现犯罪所得的安全合法使用。本罪的客观要件，具体由以下三部分组成：

1. 实施了上游犯罪

洗钱罪的上游犯罪有七种，分别为：（1）毒品犯罪，即刑法分则第六章第七节规定的全部毒品犯罪；（2）黑社会性质的组织犯罪，即以黑社会性质的组织为主体实施的各种犯罪；（3）恐怖活动犯罪，即恐怖组织实施的各种犯罪；（4）走私犯罪，即刑法分则第三章第二节规定的各种走私犯罪；（5）贪污贿赂犯罪，即刑法分则第八章规定的各种犯罪；（6）破坏金融管理秩序犯罪，即刑法第三章第四节规定的各种犯罪；（7）金融诈骗犯罪，即刑法第三章第五节规定的各种犯罪。

2. 行为对象

洗钱罪的行为对象是上游犯罪的"所得及其产生的收益"。对此，理论上应作广义的理解。"犯罪所得"既包括犯罪行为的直接所得与间接所得，还包括犯罪行为取得的报酬。"产生的收益"既包括上游犯罪所得产生的收益，也包括没有犯罪所得的上游犯罪直接产生的收益。❷

---

❶ 贾宇. 刑法学（下册）[M]. 北京：高等教育出版社，2019：81.
❷ 张明楷. 刑法学[M]. 6版. 北京：法律出版社，2021：1020.

3. 本罪的行为方式包括以下五种

根据《2022年关于公安机关管辖的刑事案件立案追诉标准的规定（二）》第43条的规定，洗钱罪具有以下五种行为方式：

（1）提供资金账户的。即行为人将自己拥有的合法账户提供给犯罪分子使用，或者为其在金融机构开立账户，让其将赃款存入金融机构。

（2）将财产转换为现金、金融票据、有价证券的。即行为人本人或他人将犯罪所得及其收益的财产通过交易等方式转换为现金或者汇票、本票、支票等金融票据或者股票、债券等有价证券。

（3）通过转账或其他支付结算方式转移资金的。即行为人通过操纵不同的账户，通过账户之间的资金转移混淆合法收入和非法收入。这里的支付结算方式包括转账、票据承兑和贴现等。

（4）跨境转移资产的。即以各种方式将犯罪所得的资产转移到境外的国家和地区，兑换成外币、动产、不动产等，或者将犯罪所得的资产从境外转移到境内，兑换成人民币、动产、不动产等。实践中，跨境转移资产有直接跨境实施的，如通过运输、邮寄、携带方式跨越国（边）境实现资产转移，以投资等方式购买境外资产等，也有间接跨境实施的，如犯罪集体控制境内、境外分别设立两个资金池，当境内完成收款后，通知境外资金向外放款，实现跨境转移资产。❶

（5）以其他方法掩饰、隐瞒犯罪所得及其收益的来源和性质的。根据《1998年关于惩治骗购外汇、逃汇和非法买卖外汇犯罪的决定》第2条的规定，具有下列情形之一的，可以认定为刑法第191条第1款第（五）项规定的"以其他方法掩饰、隐瞒犯罪所得及其收益的来源和性质"：（1）通过典当、租赁、买卖、投资等方式，协助转移、转换犯罪所得及其收益的；（2）通过与商场、饭店、娱乐场所等现金密集型场所的经营收入相混合的方式，协助转移、转换犯罪所得及其收益的；（3）通过虚构交易、虚设债权债务、虚假担保、虚报收入等方式，协助将犯罪所得及其收益转换为"合法"财物的；（4）通过买卖彩票、奖券等方式，协助转换犯罪所得及其收益的；（5）通过赌博方式，协助将犯罪所得及其收益转换为赌博收益的；（6）协助将犯罪所得及其收益携带、运输或者邮寄出入境的；（7）通过前述规定以外的方式协助转移、转

---

❶ 王爱立. 中华人民共和国刑法释义（最新修订版）[M]. 北京：法律出版社，2021：388.

换犯罪所得及其收益的。

（三）主体要件

本罪的主体要件是一般主体，即已满 16 周岁、具有刑事责任能力的自然人和单位。根据《刑法修正案（十一）》第 14 条的规定，毒品犯罪、黑社会性质的组织犯罪、恐怖活动犯罪、走私犯罪、贪污贿赂犯罪、破坏金融管理秩序犯罪、金融诈骗犯罪的行为人的自洗钱行为也可以构成本罪，也就是说，上述七种上游犯罪的行为人也能成为本罪的主体。

（四）主观要件

本罪的主观要件是犯罪故意，即行为人明知其掩饰毒品犯罪、黑社会性质的组织犯罪、恐怖活动犯罪、走私犯罪、贪污贿赂犯罪、破坏金融管理秩序犯罪、金融诈骗犯罪的所得及其产生的收益的来源和性质的行为会发生损害国家对金融管理的法律秩序的危害结果，仍然希望或者放任这种危害结果发生的心理态度。

刑法虽然删除了"明知"的表达，但对于该罪的成立，仍然要求行为人知道自己在对毒品犯罪、黑社会性质的组织犯罪、恐怖活动犯罪、走私犯罪、贪污贿赂犯罪、破坏金融管理秩序犯罪、金融诈骗犯罪的所得及其产生的收益实施洗钱活动。但是，对"明知"的理解，理论上可以作出一定的变通解释。一方面，这并不需要行为人达到确切知道的程度，只要行为人可能知道是相关上游犯罪的所得及其产生的收益即可成立；另一方面，对于是否知晓，可以采用推定的方式。❶

---

❶ 时延安，陈冉，敖博. 刑法修正案（十一）评注与案例［M］. 北京：中国法制出版社，2021：202. 在此，"明知"仍然可以通过 2009 年《洗钱案件解释》第 1 条的规定予以认定，即有下列情形之一的，可以认定被告人明知系犯罪所得及其收益，但有证据证明确实不知道的除外：（1）知道他人从事犯罪活动，协助转换或者转移财物的；（2）没有正当理由，通过非法途径协助转换或者转移财物的；（3）没有正当理由，以明显低于市场的价格收购财物的；（4）没有正当理由，协助转换或者转移财物，收取明显高于市场的"手续费"的；（5）没有正当理由，协助他人将巨额现金散存于多个银行账户或者在不同银行账户之间频繁划转的；（6）协助近亲属或者其他关系密切的人转换或者转移与其职业或者财产状况明显不符的财物的；（7）其他可以认定行为人明知的情形。

二、洗钱罪法律适用中的疑难问题

（一）关于罪与非罪的界限问题

洗钱行为必须是《刑法》所规定的七种上游犯罪的违法所得及其产生的收益以及除自洗钱外，行为人主观上必须明知是《刑法》所规定的七种上游犯罪的违法所得及其产生的收益，否则不构成犯罪。

例如，在"傅×洗钱案"[1]中，经查明，2020年10月上旬，傅×明知吴××（另案处理）贩卖毒品，仍将自己的微信、支付宝收款码提供给吴××用于接收毒资。2020年10月，吴××先后在无锡市××市、××市××区××向他人贩卖毒品，其中两次使用傅×的微信、支付宝收款码收取毒资。2021年9月2日，傅×被抓获，归案后如实供述了自己洗钱的事实。傅×归案后能如实供述自己的犯罪事实，且自愿认罪认罚，被予以从轻处罚。最终，傅×犯洗钱罪被判处有期徒刑8个月，并处罚金人民币3000元。

裁判要旨：上述案例中，傅×明知他人贩卖毒品，仍为他人提供资金账户并通过转账支付结算方式转移资金，掩饰、隐瞒毒品所得的来源与性质，其行为严重损害了国家对金融管理的法律秩序因此，构成洗钱罪。

（二）关于此罪与彼罪的区别

1. 洗钱罪与掩饰、隐瞒犯罪所得、犯罪所得收益罪的区别

掩饰、隐瞒犯罪所得、犯罪所得收益罪，是指具有刑事责任能力的自然人或单位明知是犯罪所得及其产生的收益而故意予以窝藏、转移、收购、代为销售或者以其他方法掩饰、隐瞒的行为。洗钱罪与掩饰、隐瞒犯罪所得、犯罪所得收益罪是特殊罪名和一般罪名的关系，属于法条竞合。二者的区别主要体现在以下四方面：

（1）客体要件不同。前者的客体要件是国家对金融管理的法律秩序，后者的客体要件是司法机关的正常活动。

（2）犯罪对象不同。前者的犯罪对象是法律规定的七种上游犯罪的所得及其产生的收益，后者的犯罪对象是除上述七类上游犯罪的所得及其产生的

---

[1] 参见（2021）苏0205刑初803号。

收益之外的其他犯罪的犯罪所得及其产生的收益。

（3）行为方式不同。前者的行为方式是掩饰、隐瞒七种上游犯罪所得及其产生的收益的来源和性质的行为，后者的行为方式是通过窝藏、转移、收购、代为销售或者其他方式实行掩饰、隐瞒犯罪所得及其产生的收益的来源和性质的行为。

（4）主体要件不同，前者的主体要件包括自然人和单位，后者的主体要件只能是自然人。

2. 洗钱罪与窝藏、包庇罪的区别

窝藏、包庇罪，是指明知是犯罪的人而为其提供隐藏处所、财物，帮助其逃匿或者作假证明包庇的行为。洗钱罪与窝藏、包庇罪的区别主要体现在以下五方面：

（1）客体要件不同。前者的客体要件是国家对金融管理的法律秩序，后者的客体要件是司法机关对罪犯的刑事追诉和刑罚执行活动的法律秩序。

（2）犯罪对象不同。前者的犯罪对象是法律规定的七种上游犯罪的所得及其产生收益，后者的犯罪对象是犯罪人。

（3）行为方式不同。前者的行为方式是掩饰、隐瞒七种上游犯罪所得及其产生的收益的来源和性质的行为，后者的行为方式是为犯罪分子提供隐藏的处所、财物，帮助其逃匿或者作假证明包庇的行为。

（4）犯罪目的不同。前者的犯罪目的是掩饰、隐瞒犯罪所得及其产生的收益，而后者的犯罪目的是使犯罪分子逃避法律追究。

（5）主体要件不同。前者的主体要件包括自然人和单位，后者的主体要件只能是自然人。

（三）关于本罪与上游犯罪的关系问题

根据《1998年关于惩治骗购外汇、逃汇和非法买卖外汇犯罪的决定》第4条的规定，洗钱罪的构成应当以上游犯罪事实的成立为前提。上游犯罪尚未依法裁判，但只要查证属实的，不影响洗钱罪的审判。上游犯罪事实可以确认，因行为人死亡等原因不予追究刑事责任的，或者依法以其他罪名定罪处罚的，不影响洗钱罪的认定。

(四) 关于自洗钱入罪的问题

《刑法修正案 (十一)》删去了洗钱罪"明知"和"协助"的规定后, 意味着自洗钱行为的独立成罪。对于自洗钱的入罪, 需要注意以下问题:

一是自洗钱入罪后, 从立法效果上看, 洗钱罪的规制范围得到了扩展。

二是在自洗钱入罪之后, 对于自洗钱与上游犯罪的竞合问题, 是从一重罪处罚, 还是数罪并罚, 需要结合清洗"黑钱"行为方式的性质来区分界定:

一方面, 法定七类上游犯罪的本犯所实施的后续行为, 倘若是上游犯罪的自然延伸, 例如对于本人犯罪后自然地占有、窝藏、获取等行为, 则不宜认定为洗钱。这符合传统赃物罪的特征, 属于"不可罚的事后行为", 故不应划入洗钱的范畴, 也就谈不上洗钱罪的适用问题了。

另一方面, 如果法定七类上游犯罪的本犯在实施上游犯罪行为后, 又进行了动态的"漂白"行为, 致使犯罪所得和犯罪收益呈现出"化学反应", 切断了其来源和性质。在这种情形下, 本犯的后续行为就不纯粹是上游犯罪的自然延伸, 而已经超出传统赃物罪的特征, 应定性为洗钱行为。倘若构成洗钱罪, 则与上游犯罪实行数罪并罚。[1]

三、洗钱罪的刑事责任

根据《刑法》第191条的规定, 犯洗钱罪的, 没收实施以上犯罪的所得及其产生的收益, 处五年以下有期徒刑或者拘役, 并处或者单处罚金; 情节严重的, 处五年以上十年以下有期徒刑, 并处罚金; 单位犯前款罪的, 对单位判处罚金, 并对其直接负责的主管人员和其他直接责任人员, 依照前款的规定处罚。

(一) 法定刑的设置

洗钱罪规定了两档法定刑, 具体包括:

1. 基础法定刑

没收实施上游犯罪的所得及其产生的收益, 处五年以下有期徒刑或者拘役, 并处或者单处罚金。

---

[1] 王新. 自洗钱入罪的意义与司法适用 [N]. 检察日报, 2021-03-25.

需要注意的是，本条规定的"没收"对不同犯罪具有不同的含义：对于有被害人的犯罪，如贪污罪、金融诈骗犯罪的所得，黑社会性质组织实施的财产犯罪所得等，应当在追缴后及时返还被害人，而不应当上交国库，这不同于"没收"；对于没有被害人的犯罪，如贪污犯罪、金融诈骗犯罪、黑社会性质组织、毒品犯罪、走私犯罪、贿赂犯罪实施的财产犯罪所得的收益，应当追缴并上交国库，这是传统意义上的"没收"。❶

2. 加重法定刑

情节严重的，没收实施以上犯罪的所得及其产生的收益，处五年以上十年以下有期徒刑，并处罚金。

（二）单位犯罪的处罚

对单位犯罪适用双罚制：单位犯前款罪的，对单位判处罚金，并对其直接负责的主管人员和其他直接责任人员，根据案件的具体情况，依照前款个人犯此罪的量刑档次进行处罚。

第四节 本章之罪的立法完善论要

本章之罪，包括逃汇罪、骗购外汇罪和洗钱罪三个具体罪名。本节从这三个具体罪名存在的共性问题和具体个罪完善两个方面，扼要提出立法完善建议。

一、共性问题的完善建议

1. 资格刑的增设，即在逃汇罪和骗购外汇罪中增加资格刑的规定

资格刑具有剥夺或限制再犯能力的独特功能，可以更好地控制、预防犯罪主体再次实施犯罪。《外汇管理处罚条例》第42条规定，外汇指定银行未按照国家规定办理结汇、售汇业务，情节严重的，外汇管理机关可停止其办理结汇、售汇业务。第43条规定，经营外汇业务的金融机构违反人民币汇率

---

❶ 张明楷. 刑法学 [M]. 6版. 北京：法律出版社，2021：1024.

管理等规定,情节严重的,由外汇管理机关责令整顿或者吊销外汇业务许可证。《1998年关于惩治骗购外汇、逃汇和非法买卖外汇犯罪的决定》第3条规定,将《刑法》第190条修改为:公司、企业或者其他单位,违反国家规定,擅自将外汇存放境外,或者将境内的外汇非法转移到境外,数额较大的,对单位判处逃汇数额5%以上30%以下罚金,并对其直接负责的主管人员和其他直接责任人员处五年以下有期徒刑或者拘役;数额巨大或者有其他严重情节的,对单位判处逃汇数额5%以上30%以下罚金,并对其直接负责的主管人员和其他直接责任人员处五年以上有期徒刑。无论是《外汇管理处罚条例》,还是《1998年关于惩治骗购外汇、逃汇和非法买卖外汇犯罪的决定》所规定的,要么对单位限制权限或剥夺资格性质的措施仅仅是行政处罚,要么没有对自然人规定资格刑的处罚,对预防和打击逃汇罪和骗购外汇罪作用有限。金融类犯罪更多地对主体资格具有要求,因此,应当在《刑法》中增加对逃汇罪和骗购外汇罪资格刑的规定。

2. 将无限额罚金刑修改为比例罚金制

(1) 本章之罪中洗钱罪是无限额罚金制。笔者不主张将无限罚金制修改为数额罚金刑,因为数额罚金刑容易因物价上涨因素而过时;也不赞成设置无限罚金,再通过具体的司法解释将罚金刑进一步细化。因为无限罚金制虽然有助于保持刑法典的稳定,能使罚金刑保持与时俱进的动态调整(因为司法解释的修订程序简单,几乎可以适时修订),但无限罚金制不符合罪刑法定原则,而且,司法解释将罚金刑具体化,不符合立法法的规定,有越权越位之嫌。既要保证立法的适应性(不至于因物价上涨使数额罚金落伍),又要贯彻罪刑法定原则的明确性要求,因此,比例罚金制将是最好的选择。即按照一定数额的倍数或者百分数来确定罚金数额。所以,建议将洗钱罪的无限额罚金刑改为比例罚金制。

(2) 逃汇罪、骗购外汇罪虽然都是比例罚金制,但是"判处逃汇数额5%以上30%以下罚金"的比例,显得过轻,根本不能起到罚金刑的报应和预防作用。

笔者建议,对于本章之三个犯罪,应该以实行行为对象数额或者非法获利数额为计量依据,处以实行行为对象数额或者非法获利数额的二倍或者三倍罚金。之所以是二倍或者三倍而不是其他,是考虑到民法规定的惩罚性赔偿多为侵权数额或者非法所得的二倍,刑事责任不应低于民事责任,因而处以实行行为对象数额的二倍或者三倍罚金，具有合理性。

二、具体个罪的立法完善要点

1. 逃汇罪的立法完善建议

目前刑法中的逃汇罪是单纯的单位犯罪，只能由公司、企业和其他单位构成，自然人不能单独构成本罪。海关、外汇管理部门以及金融机构，从事外贸活动的公司、企业或其他单位的工作人员与其他单位共谋实施逃汇犯罪的，只能构成本罪的共犯。实践中，由于私营业主和个体户对外贸易活跃，实施逃汇行为的主体除了单位之外，个人业主也可能单独实施逃汇行为，因为个人也开展国际贸易业务，用外汇结算。非法携带外汇出境的逃汇行为中，个人单独实施，或者是特定单位工作人员以外的其他个人与其他单位共同实施逃汇的行为越来越多。自然人实施逃汇行为同样会破坏正常的外汇管理秩序，具有严重的社会危害性，因此，应当将自然人纳入逃汇罪的犯罪主体中。

2. 骗购外汇罪的立法完善建议

关于本罪，本书认为应当明确"数额较大""数额巨大""数额特别巨大"以及"其他严重情节""其他特别严重情节"等的认定标准。犯罪情节、犯罪数额作为犯罪构成的衡量要素，对犯罪成立具有重要意义。以犯罪数额为例，在财产犯罪和经济犯罪中，犯罪所得数额和犯罪经营数额反映了行为的法益侵害程度，刑法以犯罪数额的大小作为区分罪与非罪的标准；《刑法》中对本罪的"数额较大""数额巨大""数额特别巨大"以及"其他严重情节""其他特别严重情节"等没有明确的认定标准，这不利于科学的定罪量刑。因此，笔者认为，应当通过司法解释的形式，明确"数额较大""数额巨大""数额特别巨大"以及"其他严重情节""其他特别严重情节"等的认定标准。

3. 洗钱罪的立法完善建议

应从两方面进行完善：一方面继续扩大上游犯罪的范围。为了顺应国际反洗钱发展趋势，满足我国政府更切实履行国际义务的需要，对于洗钱罪的对象范围，不仅不能仅仅限定于毒品犯罪、具有黑社会性质组织性质的犯罪等传统意义上的犯罪，在自洗钱入罪后，还应当以自洗钱行为立法为基础全面修订原有洗钱罪的相关条款。比如，可以将《刑法》第191条（洗钱罪）、

《刑法》第312条（掩饰、隐瞒犯罪所得、犯罪所得收益罪）和《刑法》第349条（窝藏、转移、隐瞒毒品、毒脏罪）的规定合并为新的《刑法》第119条；同时，对洗钱的方法用概括性的描述代替列举。❶ 在改变单一的列举式扩容，采用概况加列举的方式的前提下，循序渐进地对上游犯罪范围进行扩展，结合我国洗钱犯罪与涉税犯罪、网络电信诈骗犯罪、网络赌博犯罪等日益交融的现实情况，将上述犯罪纳入反洗钱的上游犯罪范围之中，❷ 这样将上游犯罪范围扩大到包括所有能够产生不正当经济利益的犯罪。在刑罚适用上，增加适用没收这一更加具有针对性的惩罚措施。二是确立"明知"为他人洗钱的出罪条件。在我国目前规定自洗钱入罪的法定情形下，对洗钱罪的主观方面可以分为"自洗钱"与"他洗钱"两种类型来理解适用：在"自洗钱"的情形下，不存在对主观要件的证明问题。但是，在"他洗钱"的情况下，依然需要证明主观要件的成立。❸ 在此，基于自洗钱与他洗钱性质与方式的不同，应确立"明知"为他洗钱的出罪条件，发挥"明知"在他洗钱犯罪认定中限制处罚范围的作用。❹

---

❶ 王新，冯春江，王亚兰. 自洗钱行为立法的争议、理论与实践依据［J］. 当代金融研究，2020（2）：69.

❷ 王铼，胡金彪，王晨翼. 我国洗钱罪上游犯罪之扩展［J］. 中国检察官，2021（7）：38.

❸ 王新.《刑法修正案（十一）》对洗钱罪的立法发展和辐射影响［J］. 中国刑事法杂志，2021（2）：56.

❹ 刘艳红. 洗钱罪删除"明知"要件后的理解与适用［J］. 当代法学，2021，35（4）：13.

第八章
诈骗特殊款项之金融诈骗罪的法教义学解读和立法完善论要

作为诈骗犯罪的一类，金融诈骗罪，是指违反金融管理法规，采用虚构事实或者隐瞒事实真相的方法，骗取公私财物或者破坏金融机构信用，侵犯国家对金融市场管理的法律秩序，情节严重的行为。本章围绕诈骗特殊款项之金融诈骗罪，即集资诈骗罪、贷款诈骗罪以及保险诈骗罪三个具体罪名展开法教义学解读，并扼要提出相应具体完善建议，以期为司法实践和理论研究发挥参考作用。

为了正确适用法律，严惩金融诈骗犯罪，全国人大常委会、最高司法机关自2014年以来先后出台了三部规范性文件：（1）2014年《全国人民代表大会常务委员会关于〈中华人民共和国刑法〉第三十条的解释》，以下简称《2014年关于〈中华人民共和国刑法〉第三十条的解释》。（2）2022年《最高人民法院关于审理非法集资刑事案件具体应用法律若干问题的解释》，以下简称《2022年关于审理非法集资刑事案件具体应用法律若干问题的解释》。（3）2022年《最高人民检察院、公安部关于公安机关管辖的刑事案件立案追诉标准的规定（二）》，以下简称《2022年关于公安机关管辖的刑事案件立案追诉标准的规定（二）》。

第八章 诈骗特殊款项之金融诈骗罪的法教义学解读和立法完善论要

第一节 集资诈骗罪

一、集资诈骗罪的概念和犯罪构成

根据《刑法》第192条的规定，集资诈骗罪，是指以非法占有为目的，违反有关金融法律法规的规定，使用诈骗方法进行非法集资，扰乱国家正常金融秩序，侵犯公私财产所有权，且数额较大的行为。

本罪的构成要件：

（一）客体要件

本罪的客体要件是国家对金融市场诚信管理的法律秩序。纳入刑法保护的这些公私财产所有权只是金融法律秩序的有机组成部分，故没有独立的地位。在现代社会，资金是企业进行生产经营不可缺少的资源和生产要素。而生产者、经营者自有资金极为有限，因此向社会筹集资金成为一项越来越重要的金融活动。与此同时，一些名为集资、实为诈骗的犯罪行为也开始滋生、蔓延。这种集资诈骗行为采取欺骗手段蒙骗社会公众，不仅造成投资者的经济损失，更是干扰了金融机构储蓄、贷款等业务的正常运行，破坏了金融市场诚信管理的法律秩序。

（二）客观要件

本罪的客观要件表现为行为人必须实施了使用诈骗方法非法集资，数额较大的行为。本罪的客观要件，具体由以下两部分构成：

1. 使用诈骗方法进行非法集资

"非法集资"，是指违反国家金融管理法规，向社会公众吸收资金的行为。一般来说，应同时具备下列四个条件：（1）未经有关部门依法批准，或者以合法经营的形式掩盖非法吸收资金的实质；（2）通过推介会、传单、手机短信等途径向社会公开宣传；（3）承诺在一定期限内以货币、实物、股权方式还本付息或者给付回报；（4）向社会公众即社会不特定对象吸收资金。非法集资表现为虚假承诺回报，承诺回报限于行为人承诺"只要出资即可通过出资行为获得回报"，并且所承诺的回报不必具有确定性。关于对非法集资的"非法性"的认定，即违反国家金融管理法规，未经有关部门依法批准和以合法经营的形式掩盖非法吸收资金的实质两种。

2. 集资诈骗数额较大

关于集资诈骗数额较大，根据《2022年关于公安机关管辖的刑事案件立案追诉标准的规定（二）》第44条的规定："以非法占有为目的，使用诈骗方法非法集资，数额在十万元以上的，应予立案追诉。"由此确定集资诈骗"数额较大"。

（三）主体要件

本罪的主体要件是一般主体，即已满16周岁、具有刑事责任能力的自然人和单位。实践中，集资诈骗行为多是以单位名义实施的，即使是自然人作为犯罪主体时，很多也都以公司、企业或者其他组织的名义进行。之所以这么做，主要原因是以单位名义实施，更具有可行性，资金筹措的规模更大、更容易使人上当受骗。

（四）主观要件

本罪的主观要件是犯罪故意，即行为人明知其违反有关金融法律法规的规定，使用诈骗方法进行非法集资、扰乱国家正常金融秩序、侵犯公私财产所有权的行为会发生损害国家对金融市场诚信管理的法律秩序的危害结果，仍然希望或者放任这种危害结果发生的心理态度。

二、集资诈骗罪法律适用中的疑难问题

（一）关于罪与非罪的界限问题

集资诈骗行为必须达到"情节严重""数额较大"，否则不构成犯罪。

例如，在"吴×集资诈骗案"[①]中，经查明，2020年12月至2021年7月，为了向社会不特定公众集资，被告人吴×伙同刘×、周×（均另案处理）等人合伙注册登记××市××生态农业有限公司，以投资××种植园需要资

[①] 参见（2023）赣1102刑初8号。

金为由，招聘多名业务员，通过向社会散发宣传单、赠送礼品、组织旅游、承诺固定利息、到期归还本金等多种方式，向××市××区的不特定人群筹集资金，并以××市××生态农业有限公司名义签订××生态农业优惠卡购买合同，收取张××、王××等共30人集资款共计人民币70万元，造成28名被害人经济损失65.048万元。直至案发时，吴×及其公司未实际有效投资种植园，未获取任何项目经营收益。案发后，××市××生态农业有限公司归还全部集资款65.048万元，取得了被害人的谅解。最终，吴×犯集资诈骗罪，被判处有期徒刑3年，缓刑3年6个月，并处罚金人民币10万元。

裁判要旨： 上述案例中，吴×以非法占有为目的，伙同他人虚构事实，非法集资，数额较大，其行为严重损害了国家对金融市场诚信管理的法律秩序，构成集资诈骗罪。

（二）关于"以非法占有为目的"的认定

根据《2022年关于审理非法集资刑事案件具体应用法律若干问题的解释》第7条的最新规定："以非法占有为目的，使用诈骗方法实施本解释第2条规定所下列行为的，应当依照《刑法》第192条的规定，以集资诈骗罪定罪处罚。使用诈骗方法非法集资，具有下列情形之一的，可以认定为'以非法占有为目的'：（一）集资后不用于生产经营活动或者用于生产经营活动与筹集资金规模明显不成比例，致使集资款不能返还的；（二）肆意挥霍集资款，致使集资款不能返还的；（三）携带集资款逃匿的；（四）将集资款用于违法犯罪活动的；（五）抽逃、转移资金、隐匿财产，逃避返还资金的；（六）隐匿、销毁账目，或者搞假破产、假倒闭，逃避返还资金的；（七）拒不交代资金去向，逃避返还资金的；（八）其他可以认定非法占有目的的情形。"集资诈骗罪中的非法占有目的，应当区分情形进行具体认定："行为人的部分非法集资行为具有非法占有目的的，对该部分非法集资行为所涉集资款以集资诈骗罪定罪处罚；非法集资共同犯罪中部分行为人具有非法占有目的，其他行为人没有非法占有集资款行为和目的的，对具有非法占有目的的行为人以集资诈骗罪定罪处罚。"❶

---

❶ 张明楷. 刑法学［M］. 6版. 北京：法律出版社，2021：1026.

（三）本罪与非法吸收公众存款罪的区别

两者的区别主要表现在犯罪的主观故意不同，集资诈骗罪是行为人采用虚构事实、隐瞒真相的方法意图永久非法占有社会不特定公众的资金，具有非法占有的主观故意；而非法吸收公众存款罪行为人只是临时占用投资人的资金，行为人承诺而且也意图还本付息。区分两种罪名应当注意：第一，从筹集资金的目的和用途看，如果向社会公众筹集资金的目的是用于个人挥霍，或者用于偿还个人债务，或者用于单位或个人"拆东墙补西墙"，则定集资诈骗罪的可能性更大一些。如果向社会公众筹集资金的目的是用于生产经营，并且实际上全部或者大部分的资金也是用于生产经营，则定为非法吸收公众存款罪。第二，从单位的经济能力和经营状况来看，如果单位本身就是皮包公司，或者已经资不抵债，没有正常稳定的业务，则定集资诈骗的可能性更大一些；如果单位有正常业务，经济能力较强，在向社会公众筹集资金时具有偿还能力，则定非法吸收公众存款罪的可能性更大一些。第三，从造成的后果来看，如果非法筹集的资金在案发前全部或者大部分没有归还，造成投资人重大经济损失，则定集资诈骗罪的可能性更大一些；如果非法筹集的资金在案发前全部或者大部分已经归还，则定集资诈骗罪的可能性就非常小，一般应定非法吸收公众存款罪。第四，从案发后的归还能力看，如果案发后行为人没有归还能力，而且全部或者大部分资金没有实际归还，则具有定集资诈骗罪的可能性；如果案发后行为人具有归还能力，并且积极筹集资金也实际归还了全部或者大部分资金，则具有定非法吸收公众存款罪的可能性。

另外，根据 2017 年《最高人民检察院关于办理涉互联网金融犯罪案件有关问题座谈会纪要》第 14 条的规定，以非占有为目的，使用诈骗方法非法集资，是集资诈罪的本质特征。是否具有非法占有目的，是区分非法吸收公众存款罪和集资诈骗罪的关键要素，对此要重点围绕融资项目真实性、资金去向、还款能力等事实进行综合判断。犯罪嫌疑人存在以下列情形之一的，原则上可以认定具有非法占有目的：（1）大部分资金未用于生产经营活动，或名义上投入生产经营但又通过各种方式抽逃转移资金的；（2）资金使用成本过高，生产经营活动的盈利能力不具有支付全部本息的现实可能性的；（3）对资金使用的决策极度不负责任或肆意挥霍造成资金缺口较大的；（4）归还本息主要通过借新还旧来实现的；（5）其他依照有关司法解释可以认定为非法占有目的的情形。通过以上可以判断行为人的行为是集资诈骗罪还是非法吸收公众存款罪。

三、集资诈骗罪的刑事责任

根据《刑法》第192条的规定，以非法占有为目的，使用诈骗方法非法集资，数额较大的，处三年以上七年以下有期徒刑，并处罚金；数额巨大或者有其他严重情节的，处七年以上有期徒刑或者无期徒刑，并处罚金或者没收财产。单位犯前款罪的，对单位判处罚金，并对其直接负责的主管人员和其他直接责任人员，依照前款的规定处罚。

（一）法定刑的设置

集资诈骗罪规定了两档法定刑，具体包括：

1. 基础法定刑

数额较大的，处三年以上七年以下有期徒刑，并处罚金。

2. 加重法定刑

数额巨大或者有其他严重情节的，处七年以上有期徒刑或者无期徒刑，并处罚金或者没收财产。

（二）单位犯罪的处罚

对单位犯罪适用双罚制：单位犯前款罪的，对单位判处罚金，并对其直接负责的主管人员和其他直接责任人员，根据案件的具体情况，依照前款个人犯此罪的量刑档次进行处罚。

需要指出的是，本罪与金融诈骗罪一节中其他几种金融诈骗犯罪的死刑一起规定在《刑法》第199条中。2015年《刑法修正案（九）》根据适当减少死刑罪名的要求，删去了《刑法》第199条，废止了本罪的死刑，将本罪的最高刑调整为无期徒刑。2020年，为严厉惩处集资诈骗犯罪，根据各方面提出的加大集资诈骗惩处力度的意见，《刑法修正案（十一）》对本条作了进一步的修改：一是为体现对集资诈骗犯罪的从严惩处，将本罪的法定刑由原来的三档调整为两档，对于数额较大的，由原来的五年以下有期徒刑或者拘役，调整为"三年以上七年以下有期徒刑"；对于数额巨大或者有其他重大情节的，调整为"七年以上有期徒刑或者无期徒刑"，这样就提高了本罪刑罚的严厉程度。二是由于不同案件间涉案金额差距较大，可供执行的财产状况不同，在实践中根据不同案情确定罚金刑的罚金数额标准，改为原则规定并处罚金；三是增加一款作为第二款，对本条单位犯罪的内容专门作出规定，不再与金融诈骗罪一节中其他几种金融诈骗罪的单位犯罪统一在第200条中作出规定。

同时，为满足认罪认罚从宽政策的需要，根据《2022年关于审理非法集资刑事案件具体应用法律若干问题的解释》第6条的规定，办理非法集资刑事案件，应当贯彻宽严相济刑事政策……重点惩处非法集资犯罪活动的组织者、领导者和管理人员，包括单位犯罪中的上级单位（总公司、母公司）的核心层、管理层和骨干人员，下属单位（分公司、子公司）的管理层和骨干人员，以及其他发挥主要作用的人员。对于涉案人员积极配合调查、主动退赃退赔、真诚认罪悔罪的，可以依法从轻处罚；其中情节轻微的，可以免除处罚；情节显著轻微、危害不大的，不作为犯罪处理。因此，在具体认定集资诈骗犯罪的数额时，应当以行为人实际骗取的数额计算，但是案发前已归还的数额应当扣除。在量刑时，不仅以集资诈骗的数额为基础，还要考虑诈骗手段、诈骗次数、危害结果、社会影响等情节。❶

第二节　贷款诈骗罪

一、贷款诈骗罪的概念和犯罪构成

根据《刑法》第193条的规定，贷款诈骗罪，是指以非法占有为目的，使用欺骗方法，骗取银行或者其他金融机构的贷款，数额较大的行为。

本罪的构成要件：

（一）客体要件

本罪的客体要件是国家对贷款管理的法律秩序。贷款，是指作为贷款人

---

❶ 楼伯坤. 经济刑法学［M］. 杭州：浙江大学出版社，2021：313.

的银行或者其他金融机构对借款人提供的并按约定的利率和期限还本付息的货币资金。诈骗贷款行为不仅侵犯了银行等金融机构的财产所有权，而且必然影响银行等金融机构贷款业务和其他金融业务的正常进行，破坏我国金融秩序的稳定。因此，诈骗贷款行为通过侵犯银行等金融机构的贷款所有权破坏国家对贷款管理的法律秩序。

（二）客观要件

本罪的客观要件表现为采用虚构事实、隐瞒真相的方法诈骗银行或者其他金融机构的贷款，数额较大的行为。本罪的客观要件，具体由以下两部分构成：

1. 本罪的行为方式包括以下五种

（1）编造引进资金、项目等虚假理由骗取银行或者其他金融机构的贷款。

（2）使用虚假的经济合同诈骗银行或者其他金融机构的贷款。为支持生产，鼓励出口，使有限的资金增值，银行或其他金融机构有时也要根据经济合同发放贷款，有些犯罪分子伪造或使用虚假的出口合同或者其他短期内产生很好效益的经济合同，诈骗银行或其他金融机构的贷款。

（3）使用虚假的证明文件诈骗银行或其他金融机构的贷款。所谓证明文件，是指担保函、存款证明等向银行或其他金融机构申请贷款时所需要的文件。

（4）使用虚假的产权证明做担保或超出抵押物价值重复担保，骗取银行或其他金融机构的贷款。这里的产权证明，是指能够证明行为人对房屋等不动产或者汽车、货币、可随时兑付的票据等动产具有所有权的一切文件。

（5）以其他方法诈骗银行或其他金融机构的贷款，这里的"其他方法"是指伪造单位公章、印鉴骗贷，以假货币为抵押骗贷，先借贷后采用欺诈手段拒不还贷等情况。此外，司法实践中，行为人具有下列情形之一的，应认定其行为属于"以非法占有为目的，诈骗银行或者其他金融机构的贷款"：贷款后携带贷款潜逃的；未将贷款按用途使用而挥霍致使贷款无法偿还的；使用贷款进行违法犯罪活动，致使贷款无法偿还的；改变贷款用途将贷款用于高风险的经济活动，造成重大经济损失，致使贷款无法偿还的；为谋取不正当利益，改变贷款用途，造成重大经济损失致使贷款无法偿还的；提供虚假的担保申请贷款，造成重大经济损失致使贷款无法偿还的；等等。

2. 诈骗"数额较大"

关于诈骗"数额较大"。根据《2022年关于公安机关管辖的刑事案件立案追诉标准的规定（二）》第45条的规定："以非法占有为目的，诈骗银行或者其他金融机构的贷款，数额在五万元以上的，应予立案追诉。"由此确定诈骗"数额较大"。

（三）主体要件

本罪的主体要件是一般主体，即已满16周岁、具有刑事责任能力的自然人。银行或其他金融机构的工作人员与诈骗贷款的犯罪分子串通并为之提供诈骗贷款帮助的，应以贷款诈骗罪的共犯论处。

（四）主观要件

本罪的主观要件是犯罪故意，即行为人明知其使用欺骗方法，骗取银行或者其他金融机构的贷款会发生损害国家对金融市场诚信管理的法律秩序的危害结果，仍然希望或者放任这种危害结果发生的心理态度。至于行为人非法占有贷款的动机是为了挥霍享受，还是为了转移隐匿，都不影响本罪的构成。反之，如果行为人不具有非法占有的目的，虽然其在申请贷款时使用了欺骗手段，也不能按犯罪处理，可由银行根据有关规定给予停止发放贷款、提前收回贷款或者加收贷款利息等办法处理。

二、贷款诈骗罪法律适用中的疑难问题

（一）关于罪与非罪的界限问题

贷款诈骗行为必须达到"数额较大"，否则不构成犯罪。

例如，在"马××贷款诈骗案"❶中，经查明，2013年至2015年，马××伙同贺×、张×、宋×等人，以非法占有为目的，采取伪造建设工程施工合同等资料，虚构应收账款，指使张×、宋×冒充××集团高级管理人员等方式，以其实际控制的××公司的名义申请银行贷款，先后骗取××银行××支行、××分行贷款共计1.3亿元。期间，马××以××公司名义归还×

---

❶ 参见（2021）京03刑初52号。

×银行××支行本金及支付利息、手续费 490 万余元，归还××银行××分行本金及支付利息、手续费 856 万余元。贷款到期后，经××银行××支行多次催收，马××等人未归还剩余贷款并潜逃。后被告人马××于 2019 年 11 月 11 日主动到案。最终，马××犯贷款诈骗罪，被判处无期徒刑，剥夺政治权利终身，并处没收个人全部财产。

裁判要旨：上述案例中，马××以非法占有为目的，伙同他人使用虚假文件材料，指使他人冒充其他单位高级管理人员诈骗银行贷款，数额特别巨大，其行为严重损害了国家对金融市场诚信管理的法律秩序，构成贷款诈骗罪。

（二）本罪与骗取贷款罪的区别

骗取贷款罪，即以欺骗手段取得银行或者其他金融机构贷款，给银行或者其他金融机构造成重大损失的行为。二者区别的关键在于行为人是否具有非法占有的目的。骗取贷款罪在不符合贷款条件的情况下为取得贷款而采用了欺骗手段，不以非法占有为目的；贷款诈骗罪的主观意图就是通过非法手段骗取贷款并非法占有。在实践中应当注意：一是不能仅凭较大数额的贷款不能返还的客观结果，推定行为人具有非法占有的目的。2001 年《全国法院审理金融犯罪案件工作座谈会纪要》中曾提到，要严格区分贷款诈骗与贷款纠纷，对于合法取得贷款后，没有按规定的用途使用贷款，到期没有归还贷款的，不能以贷款诈骗罪定罪处罚；对于确有证据证明行为人具有非法占有的目的，因不具备贷款的条件采取欺骗手段获取贷款，案发后有能力履行还贷义务，或者案发时不能归还贷款是因为意志以外的原因，如因经营不善、被骗、市场风险等，不宜以贷款诈骗罪定罪处罚。二是行为人虽然以欺骗手段取得贷款资金，但将大部分资金用于投资或生产经营活动等正常贷款用途的，而将少量资金用于个人消费或挥霍的，不应仅以此便认定其具有非法占有的目的。

（三）本罪的单位犯罪问题

关于本罪的单位犯罪问题，根据现行刑法规定，贷款诈骗罪的主体为自然人，刑法条文并未将单位规定为贷款诈骗罪的主体。实践中，单位已成为银行以及其他金融机构主要的贷款对象，从贷款资金上来看，单位的贷款额度要远高于自然人。面对这种情况,有学者认为,在市场经济条件下,《刑法》不将单位规定为贷款诈骗罪的主体不妥当,也不符合司法实践需要。在市场化的背景下,银行和其他金融机构均进行了改制,贷款是否安全直接影响到银行和其他金融机构的经营状况,任何单位占有贷款都会直接损害银行和其他金融机构的利益。特别是在市场经济条件下,各类市场主体应该受到刑法同等保护,不应该为了保护国有企业而置单位贷款诈骗犯罪于不顾。另外,如果司法实践中打击单位贷款诈骗行为,能够避免许多单位为了占有银行和其他金融机构的贷款而实施贷款诈骗行为的问题,因此应当将单位列为贷款诈骗罪的犯罪主体。❶ 然而,根据《2014年关于〈中华人民共和国刑法〉第三十条的解释》的规定,对公司、企业、事业单位、机关、团体等单位实施刑法规定的危害社会的行为,法律未规定追究单位的刑事责任的,如何适用刑法有关规范的问题,作出了如下解释:"公司、企业、事业单位、机关、团体等单位实施刑法规定的危害社会的行为,刑法分则和其他法律未规定追究单位的刑事责任的,对组织、策划、实施该危害社会行为的人依法追究刑事责任。"这导致单位依然不能成为贷款诈骗罪的主体,以单位作为行为主体进行贷款诈骗的,对组织、策划、实施贷款诈骗的行为人以贷款诈骗罪追究刑事责任。考虑到单位贷款诈骗行为越来越多,笔者认为仅仅对组织、策划、实施贷款诈骗的行为人以贷款诈骗罪追究刑事责任,已经不能够全面规制贷款诈骗行为。因此,笔者赞成同时将单位作为贷款诈骗罪的犯罪主体。

三、贷款诈骗罪的刑事责任

根据《刑法》第193条的规定,以非法占有为目的,诈骗银行或者其他金融机构的贷款,数额较大的,处五年以下有期徒刑或者拘役,并处二万元以上二十万元以下罚金;数额巨大或者有其他严重情节的,处五年以上十年以下有期徒刑,并处五万元以上五十万元以下罚金;数额特别巨大或者有其他特别严重情节的,处十年以上有期徒刑或者无期徒刑,并处五万元以上五十万元以下罚金或者没收财产。

贷款诈骗罪规定了三档法定刑,具体包括:

---

❶ 刘宪权. 金融犯罪刑法学原理 [M]. 2版. 上海:上海人民出版社,2020:463.

1. 基础法定刑

数额较大的,处五年以下有期徒刑或者拘役,并处二万元以上二十万元以下罚金。

2. 加重法定刑

(1) 数额巨大或者有其他严重情节的,处五年以上十年以下有期徒刑,并处五万元以上五十万元以下罚金;(2) 数额特别巨大或者有其他特别严重情节的,处十年以上有期徒刑或者无期徒刑,并处五万元以上五十万元以下罚金或者没收财产。实践中,对于"其他严重情节"和"其他特别严重情节",主要是考虑行为人的诈骗手段或诈骗行为给银行或其他金融机构造成的损失等情况。

需要指出的是,《刑法》关于本罪刑事责任的规定,是1997年在《刑法》修订时,吸收了1995年《全国人民代表大会常务委员会关于惩治破坏金融秩序犯罪的决定》第10条规定的基础上,对本条作了进一步的修改:一是将第三档刑罚中的财产刑由"并处没收财产"修改为"并处五万元以上五十万元以下罚金或者没收财产";二是将第四条情形"使用虚假的产权证作担保的"修改为"使用虚假的产权证明作担保或者超出抵押物价值重复担保的",以适应实践中出现的一物多保的新情况,并将其及时纳入刑法调整范围。

第三节 保险诈骗罪

一、保险诈骗罪的概念和犯罪构成

根据《刑法》第198条的规定,保险诈骗罪,是指以非法获取保险金为目的,违反保险法规,采用虚构保险标的、保险事故或者制造保险事故等方法,向保险公司骗取保险金,数额较大的行为。

本罪的构成要件：

（一）客体要件

本罪的客体要件是国家对保险市场管理的法律秩序。保险公司的财产所有权是保险市场管理的法律秩序的有机组成部分，故没有独立的地位。保险，是指投保人根据合同约定，向保险人（即保险公司）支付保险费，保险人对于合同约定的可能发生的事故因其发生所造成的财产损失承担赔偿保险金责任，或者当被保险人死亡、伤残、疾病或者达到合同约定的年龄、期限时承担给付保险金责任的商业保险行为。保险制度是为了确保经济生活的安定，对特定危险事故的发生所导致的损失，运用社会和集体的力量共同建立基金以补偿或给付的经济制度，它具有共济互助和经济补偿性质，是一种个人危险的社会分散化。保证保险制度不受侵犯，促进国民经济的持续发展和人民生活的安全成为法律保护的一项重要任务。犯罪分子利用欺骗手段获取保险金的行为，不仅侵犯了保险公司的财产所有权，更侵犯了国家的保险制度，干扰了保险业务的正常运行。因此，保险诈骗行为严重侵犯了国家对保险市场管理的法律秩序。

（二）客观要件

本罪的客观要件表现为违反保险法规，采用虚构保险标的、保险事故或者制造保险事故等方法，向保险公司骗取保险金，数额较大的行为。本罪的客观要件，具体由以下六部分构成：

1. 投保人故意虚构保险标的，骗取保险金

这种情形是指投保人为获取保险金，故意使用虚假的证明材料或虚构事实编造保险标的，发生保险事故后非法获取保险金的行为。所谓保险标的，是指作为保险对象的财产及其有关利益或者人的寿命和身体。

2. 投保人、被保险人或者受益人对发生的保险事故编造虚假的原因或者夸大损失的程度，骗取保险金

保险事故，是指保险合同约定的保险责任范围内的事故。根据《保险法》第22条的规定，保险事故发生后，按照保险合同请求保险人赔偿或者给付保险金时，投保人、被保险人或者受益人应当向保险人提供其所能提供的与确

认保险事故的性质、原因、损失程度等有关的证明和资料。保险人只对保险责任范围内的保险事故承担赔偿责任或给付保险金。对于不属于保险责任范围的保险事故，行为人编造发生事故的虚假原因以骗取保险金，或者虽属保险责任范围的保险事故，但行为人伪造证据或夸大损失程度以提高受益金额的，都属于诈骗保险金的行为。这里所谓对发生的保险事故编造虚假的原因，主要是指投保人、被保险人或者受益人为了骗取保险金，在发生保险事故后，对造成保险事故的原因作虚假的陈述或者隐瞒真实情况的行为。夸大损失程度骗取保险金的，是指投保人、被投保人或者受益人对发生的保险事故，故意夸大由于保险事故造成保险标的的损失程度，从而更多地取得保险赔偿金的行为。应当明确的是，该项规定的"对发生保险事故编造虚假的原因或者夸大损失的程度"是两种行为，行为人只要实施了其中的一个行为，就构成犯罪，应当依照本罪追究刑事责任。

3. 投保人、被保险人或者受益人编造未曾发生的保险事故，骗取保险金

编造未曾发生的保险事故，是指在保险事故实际没有发生的情况下，行为人采取虚构、捏造事实的方法，欺骗保险人，谎称保险事故已发生而骗取保险金的行为。根据《保险法》第 27 条第 1 款的规定，被保险人或者受益人在没有发生保险事故的情况下，谎称发生了保险事故，向保险人提出赔偿或者给予保险金请求的，保险人有权解除保险合同，并不退还保险费，即要行为人承担实施此项欺诈行为尚未骗得保险金的民事上的法律责任。如果利用此种谎称保险事故发生的欺诈行为实际取得了数额较大的保险金，则属本罪之客观行为，即构成本项所规定的保险诈骗犯罪。

4. 投保人、被保险人故意造成财产损失的保险事故，骗取保险金

根据《保险法》第 27 条第 2 款的规定，投保人、被保险人或者受益人故意制造保险事故的，保险人不承担赔偿或者给付保险金的责任。故意造成财产损失的保险事故，是指在保险合同的有效期限内，故意造成使保险标的出险的保险事故，致使保险财产损失，从而骗取保险金的行为。值得注意的是，这种制造保险事故发生的犯罪行为，只有出于故意时才能构成本罪，如果是由于过失，而后又骗取保险金的，对于保险法律制度来讲，则属于编造保险事故发生的原因骗取保险金的违法犯罪行为，不构成犯罪时，只承担民事责任，不能获得保险赔偿等。

5. 投保人、受益人故意造成被保险人死亡、伤残或者疾病，骗取保险金

故意造成被保险人死亡、伤残或者疾病，骗取保险金，是指投保人、受益人采取杀害、伤害、虐待、遗弃、爆炸、放火、投毒以及其他方法故意制造人身保险事故，致使被保险人死亡、伤害或疾病，骗取保险金的行为。

6. 保险诈骗的数额较大

关于保险诈骗的"数额较大"，根据《2022年关于公安机关管辖的刑事案件立案追诉标准的规定（二）》第51条的规定："进行保险诈骗活动，数额在五万元以上的，应予立案追诉。"由此确定保险诈骗的"数额较大"。

（三）主体要件

本罪的主体要件是特殊主体，即只能是投保人、被保险人、受益人。这里的投保人、被保险人、受益人既可以是具备刑事责任能力、达到刑事责任年龄的自然人，也可以是单位。投保人，是指与保险人订立保险合同，并按照保险合同负有支付保险费义务的人；被保险人，是指其财产或者人身受保险合同保障，享有保险金请求权的人，投保人也可以成为被保险人；受益人，是指人身保险合同中由被保险人或者投保人指定的享有保险金请求权的人，投保人、被保险人也可以成为受益人。另外，保险事故的鉴定人、证明人、财产评估人故意提供虚假的证明文件，为他人诈骗提供条件的，以保险诈骗的共犯论处。单位也可构成本罪，因为单位也可成为投保人、被保险人、受益人。特殊主体以理论上构成本罪的主体是否具有身份上的特殊资格或社会关系上的特殊地位或者状态为判断标准，《刑法》单独规定了保险诈骗罪作为破坏社会主义市场经济秩序罪的一种，一方面，能够证明保险行业在社会主义市场经济中的特殊地位；另一方面，保险行业作为金融行业的一种，保险机构的设立和运行以及经营的范围都受到法律法规的严格约束，这决定了保险诈骗罪的主体只能是特殊主体。

（四）主观要件

本罪的主观要件是犯罪故意，即行为人明知其违反保险法规，采用虚构保险标的、保险事故或者制造保险事故等方法，向保险公司骗取保险金的行为会发生损害国家对保险市场管理的法律秩序的危害结果，仍然希望这种危

害结果发生的心理态度。如果行为人出于过失行为而引起保险事故发生，或因认识错误而认为发生实际未发生的保险事故，或计算错误而多报了事故损失等，并因此获取了保险金的，均不构成犯罪。至于本罪的故意，既可以产生于投保前，也可以产生于投保后；既可以产生在保险事故发生前，也可以产生在保险事故发生后，犯罪故意产生的时间先后不影响本罪的定性，但可以作为量刑情节适当予以考虑。

二、保险诈骗罪法律适用中的疑难问题

（一）罪与非罪的界限问题

保险诈骗行为必须达到"数额较大"，否则不构成犯罪。

例如，在"夏××保险诈骗案"❶ 中，经查明，2021年1月8日至26日，夏××在×音注册店铺"××市安茂广告设计工作室的小店"，投保××保险经纪有限公司运费险，网购手机号注册大量抖音账号，通过虚假购物、退款退货的方式骗取××保险经纪有限公司运费险127315元。2021年1月27日至2月1日，被告人夏××在×音注册店铺"××的开心小店"，采取上述方式骗取××保险经纪有限公司运费险33383元。以上，夏××共计诈骗××保险经纪有限公司运费险160698元。另查明，案发后，夏××退赔北京××保险经纪有限公司经济损失160698元，并取得谅解。因夏××到案后如实供述自己的犯罪事实，系坦白，依法可以从轻处罚；积极退赔被害人经济损失并取得被害人谅解，故法院酌情对其从轻处罚。最终，夏××犯保险诈骗罪，被判处有期徒刑5年。

裁判要旨： 上述案例中，夏××以非法占有为目的，在购买保险后通过虚构网购交易的方式骗取保险金，数额巨大，其行为严重损害了国家对保险市场管理的法律秩序，构成保险诈骗罪。

（二）本罪的共犯问题

根据《刑法》第198条第4款的规定："保险事故的鉴定人、证明人、财产评估人故意提供虚假的证明文件，为他人诈骗提供条件的，以保险诈骗罪

---

❶ 参见（2021）鲁0883刑初475号。

的共犯论处。"本款属于注意规定。这是由于《刑法》第229条规定了提供虚假证明文件罪，保险事故的鉴定人、证明人、财产评估人故意提供虚假的证明文件的行为属于保险诈骗的帮助行为，因此实践中以保险诈骗罪的共犯论处。❶ 因此，对其他金融诈骗罪而言，即使没有关于共犯的注意规定，对于故意为金融诈骗的行为人提供虚假证明文件或其他便利条件的，也应当认定为金融诈骗罪的共犯。基于同样的理由，还可以得出以下两个结论：第一，除了保险事故的鉴定人、证明人、财产评估人故意提供虚假的证明文件，为他人诈骗保险金提供条件之外，其他行为人只要符合刑法总则规定的共犯（教唆犯、帮助犯）成立条件，即应以保险诈骗罪的共犯论处；第二，即使在类似的条文中没有与本款类似的规定，也应当根据刑法总则关于共犯成立条件的规定，认定共同犯罪。❷

同时，根据《刑法》第183条的规定，保险公司的工作人员利用职务上的便利，故意编造未曾发生的保险事故进行虚假理赔，骗取保险金归自己所有的，以职务侵占罪定罪处罚；国有保险公司工作人员和国有保险公司委派到非国有公司从事公务的人员实施上述行为的，以贪污罪定罪处罚。上述规定，显然是就保险公司的工作人员的单独行为而言。保险诈骗的行为人与保险公司的工作人员互相勾结骗取保险金，构成共同犯罪时，应当根据刑法总论中的共犯与身份的原理以及共同犯罪的其他原理定罪量刑。

（三）本罪的罪数问题

根据《刑法》第198条第2款的规定，投保人、被保险人故意造成财产损失的保险事故，投保人、受益人故意造成被保险人死亡、伤残或者疾病，骗取保险金，同时构成其他犯罪的，依照数罪并罚的规定处罚。需要指出的是，如果行为人仅实施了制造保险事故的犯罪行为，而没有向保险人索赔时，不应认定为数罪。单位制造保险事故的，根据《刑法》第198条第3款规定，单位可以成为保险诈骗罪的主体。但由于《刑法》并没有规定单位可以成为放火罪的主体，如果对单位以放火罪论处，就必然违反罪刑法定原则。就保险诈骗罪而言，成立单位犯罪，对单位判处罚金，同时处罚直接负责的主管

---

❶ 张明楷. 刑法学［M］. 6版. 北京：法律出版社，2021：1052.
❷ 前田雅英. 刑法各论讲义［M］. 6版. 东京：东京大学出版会，2015：226.

人员和其他直接责任人员；就放火罪而言，处罚组织、策划、实施放火行为的自然人，这样既实现了数罪并罚的规定，又符合单位不能成为放火犯罪主体的规定。❶

三、保险诈骗罪的刑事责任

根据《刑法》第198条的规定，犯本罪的，处五年以下有期徒刑或者拘役，并处一万元以上十万元以下罚金；数额巨大或者有其他严重情节的，处五年以上十年以下有期徒刑，并处二万元以上二十万元以下罚金；数额特别巨大或者有其他特别严重情节的，处十年以上有期徒刑，并处二万元以上二十万元以下罚金或者没收财产。单位犯本罪的，对单位判处罚金，并对其直接负责的主管人员和其他直接责任人员，处五年以下有期徒刑或者拘役；数额巨大或者有其他严重情节的，处五年以上十年以下有期徒刑；数额特别巨大或者有其他特别严重情节的，处十年以上有期徒刑。

（一）法定刑的设置

保险诈骗罪规定了三档法定刑，具体包括：

1. 基础法定刑

处五年以下有期徒刑或者拘役，并处一万元以上十万元以下罚金。

2. 加重法定刑

（1）数额巨大或者有其他严重情节的，处五年以上十年以下有期徒刑，并处二万元以上二十万元以下罚金；（2）数额特别巨大或者有其他特别严重情节的，处十年以上有期徒刑，并处二万元以上二十万元以下罚金或者没收财产。

（二）单位犯罪的处罚

对单位犯罪适用双罚制，并规定了三档法定刑，具体包括：

1. 基础法定刑

单位犯本罪的，对单位判处罚金，并对其直接负责的主管人员和其他直

---

❶ 张明楷. 刑法学 [M]. 6版. 北京：法律出版社，2021：1052-1053.

接责任人员，处五年以下有期徒刑或者拘役。

2. 加重法定刑

（1）数额巨大或者有其他严重情节的，处五年以上十年以下有期徒刑；（2）数额特别巨大或者有其他特别严重情节的，处十年以上有期徒刑。

按照笔者的观点，保险诈骗数额特别巨大或者有其他特别严重情节的，与（合同）诈骗罪成立想象竞合关系，应从一重罪处罚。欺骗保险人，所骗取的财物数额没有达到保险诈骗罪的标准但达到（合同）诈骗罪的标准的，由于并不符合保险诈骗罪的构成要件，不属于法条竞合，应当以（合同）诈骗罪论处。

第四节 本章之罪的立法完善论要

本章之罪，包括集资诈骗罪，贷款诈骗罪以及保险诈骗罪三个具体罪名。本节从这三种具体罪名存在的共性问题和具体个罪完善两个方面，扼要提出立法完善建议。

一、共性问题的完善建议

1. 细化诈骗行为的行为方式

例如，将骗借贷款行为作为一种表现形式。骗借贷款，顾名思义，是指行为人以虚构事实隐瞒真相的方法，骗借贷款进行非法活动或者骗借数额较大的贷款的行为。由于金融机构对其贷款的占有、使用、收益权，骗借贷款的行为同样破坏国家对金融市场诚信管理的法律秩序。

骗借贷款行为应当是贷款诈骗行为的表现形式之一，其与现行《刑法》规定的以非法占有为目的的贷款诈骗行为只存在主观恶性程度上的不同，而无本质的区别；然而于现行《刑法》没有规定骗借贷款，导致在现实生活中此类行为日益增多，这给我国的金融安全带来巨大的隐患。所以对于这种骗借贷款的行为，从惩治和防范的角度来看，有必要将骗借贷款行为纳入本罪

的调整范围。❶

又如，关于保险诈骗罪的行为方式，《刑法》作了五种具体情形的规定，这对防范和打击保险诈骗罪发挥了巨大作用。但是，随着社会不断发展，保险诈骗的手段和方式也日新月异，尤其是在网络时代下，保险诈骗的手段和方式更趋于隐蔽性。立法不可能随着社会的发展同步进行，总会出现一定的滞后性。对于不断变化的保险诈骗行为，有必要对现行刑法规定进一步完善。考虑到任何一部法律都不可能穷尽列举所有行为，因此，建议增加"以其他方法进行保险诈骗活动的"概括式的规定。其好处是，一方面增加了司法工作人员的裁量余地；另一方面，能够适应不断出现的新型的保险诈骗手段，更好地防范和打击保险诈骗犯罪。

2. 将数额罚金刑、无限额罚金刑修改为比例罚金制

本章之罪集资诈骗罪是无限额罚金刑，贷款诈骗罪和保险诈骗罪都是数额罚金刑。数额罚金刑容易因物价上涨因素而过时，无限额罚金刑虽然有助于保持刑法典的稳定，能使罚金刑保持与时俱进的动态调整（因为司法解释的修订程序简单，几乎可以适时修订），但其不符合罪刑法定原则，而且，司法解释将罚金刑具体化，不符合立法法的规定，有越权越位之嫌。既要保证立法的适应性（不至于因物价上涨使数额罚金落伍），又要贯彻罪刑法定原则的明确性要求，因此倍比罚金制即比例罚金制将是最好的选择，即按照一定数额的倍数或者百分数来确定罚金数额。所以，建议本章之罪一律采用比例罚金制。具体而言，应该以实行行为对象数额或者非法获利数额为计量依据，处以实行行为对象数额或者非法获利数额的二倍或者三倍罚金。之所以是二倍或者三倍而不是其他，是考虑到民法规定的惩罚性赔偿多为侵权数额或者非法所得的二倍，刑事责任不应低于民事责任，因而处以实行行为对象数额的二倍或者三倍罚金，具有合理性。

二、具体个罪的立法完善要点

1. 集资诈骗罪的立法完善建议

笔者认为主要进行两方面的完善：一是删除"以非法占有为目的"，诈

---

❶ 付英山. 贷款诈骗罪的司法认定与立法完善［J］. 人民法治, 2018（24）: 47.

骗，顾名思义，就是采取欺诈的方法，使被害人陷入错误认识从而处分个人财产。集资诈骗罪本身就是一种非法行为，在主观上只能是故意，现行《刑法》规定中，"以非法占有为目的"在表述上存在重复的情况，因此笔者认为，为进一步提高刑法规定的科学性和规范性，应当删除集资诈骗罪中"以非法占有为目的"的表述。二是统一诈骗数额的认定标准。在金融犯罪中，犯罪所得数额和犯罪经营数额反映了行为的法益侵害程度，刑法以犯罪数额的大小作为区分罪与非罪的标准；关于本罪"数额巨大""其他严重情节"，并没有统一的认定标准，因此，本书认为，为更好地定罪量刑，应当通过司法解释的方式，明确"数额巨大""其他严重情节"，为司法实践提供统一的指导。

2. 贷款诈骗罪的立法完善建议

笔者认为应当将单位作为本罪的犯罪主体。《刑法》分则中不仅规定了大量单位犯罪的条文，而且在总则中设立专节规定单位犯罪的刑事责任和处罚原则。遗憾的是，关于单位能否构成贷款诈骗罪的主体，我国刑法分则明确地予以否定，理论界也只有少数人认为单位可以构成此罪。❶ 从目前现实情况来看，申请贷款的大多数是公司、企业等单位，以单位名义用单位财产进行担保，贷款数额也远大于个人贷款数额。如果单位贷款是贷款诈骗，那么造成的损失将远远大于个人贷款诈骗造成的损失，因此有必要将单位作为本罪的犯罪主体，用刑法手段予以打击。

3. 关于保险诈骗罪的立法完善建议

笔者认为应当提高本罪的自由刑。现行《刑法》第198条对处罚进行了规定，即"有下列情形之一，进行保险诈骗活动，数额较大的，处五年以下有期徒刑或者拘役，并处一万元以上十万元以下罚金；数额巨大或者有其他严重情节的，处五年以上十年以下有期徒刑，并处二万元以上二十万元以下罚金；数额特别巨大或者有其他特别严重情节的，处十年以上有期徒刑，并处二万元以上二十万元以下罚金或者没收财产"。"单位犯第一款罪的，对单位划处罚金，并对其直接负责的主管人员和其他直接责任人员，处五年以下有期徒刑或者拘役；数额巨大或者有其他严重情节的，处五年以上十年以

---

❶ 马克昌. 犯罪通论［M］. 武汉：武汉大学出版社，1999：78 - 85.

下有期徒刑；数额特别巨大或者有其他特别严重情节的，处十年以上有期徒刑。"可见，保险诈骗罪的最高法定刑为十年以上有期徒刑。而诈骗罪和合同诈骗法定最高刑均为无期徒刑。另外，现行《刑法》第192条至第198条中，除保险诈骗罪以外，其余七种金融诈骗罪主刑的法定最高刑皆为无期徒刑。由此可见，诈骗罪和合同诈骗罪的法定最高刑高于保险诈骗罪。保险诈骗罪，这一具备诈骗罪和合同诈骗罪共同特征而单独设立的金融诈骗罪，其最高刑也低于其他金融诈骗犯罪。因此，应当将法定最高刑提高到无期徒刑，实现与诈骗罪、合同诈骗罪和其他金融诈骗犯罪的法定刑的平衡，也适应对保险诈骗犯罪遏制的需要。❶

---

❶ 傅瑜. 保险诈骗罪的立法缺陷与罪罚重构 [G] //西北政法大学经济法学院，陕西省法学会金融法学研究会. 长安金融法学研究（第3卷）. 北京：法律出版社，2012：70、71.

第九章
运用金融工具之金融诈骗罪的法教义学解读和立法完善论要

金融工具，是指在金融市场中可交易的金融资产，是用来证明贷者与借者之间融通货币余缺的书面证明，其最基本的要素为支付的金额与支付条件，包括股票、外汇、保单、有价证券等。由于它们具有不同的功能，能实现不同的目的，如融资、避险等，故称金融工具。运用金融工具之金融诈骗罪，是指违反金融管理法规，利用股票、外汇、保单、有价证券等工具，采用虚构事实或者隐瞒事实真相的方法，骗取公私财物或者破坏金融机构信用，侵犯国家对金融市场管理的法律秩序，情节严重的行为。本章对票据诈骗罪、金融凭证诈骗罪、信用证诈骗罪、信用卡诈骗罪以及有价证券诈骗罪五个具体罪名展开法教义学解读，并扼要提出相应具体完善建议，以期为司法实践和理论研究发挥参考作用。

为了正确适用法律，严惩运用金融工具之金融诈骗犯罪，最高司法机关自2001年以来先后出台了四部司法解释：（1）2001年《最高人民检察院、公安部关于经济犯罪案件追诉标准的规定》，以下简称《2001年关于经济犯罪案件追诉标准的规定》。（2）2009年《最高人民法院、最高人民检察院关于办理妨害信用卡管理刑事案件具体应用法律若干问题的解释》，以下简称《2009年关于办理妨害信用卡管理刑事案件具体应用法律若干问题的解释》。（3）2017年《最高人民法院发布的关于常见犯罪的量刑指导意见（二）（试行）》，以下简称《2017年关于常见犯罪的量刑指导意见（二）（试行）》。（4）2022年《最高人民检察院、公安部关于公安机关管辖的刑事案件立案追诉标准的规定（二）》，以下简称《2022年关于公安机关管辖的刑事案件立案追诉标准的规定（二）》。

第九章 运用金融工具之金融诈骗罪的法教义学解读和立法完善论要

第一节 票据诈骗罪

一、票据诈骗罪的概念和犯罪构成

根据《刑法》第194条第1款的规定,票据诈骗罪,是指以非法占有为目的,明知是伪造、变造、作废的票据而使用,或冒用他人的票据,或签发空头支票、无资金保证的汇票、本票,或捏造其他票据事实,利用金融票据进行诈骗活动,骗取财物数额较大的行为。

本罪的构成要件:

(一)客体要件

本罪的客体要件是国家对金融市场票据业务管理的法律秩序。他人财产权利是金融市场管理的法律秩序的有机组成部分,故没有独立的地位。

(二)客观要件

本罪的客观要件表现为明知是伪造、变造、作废的票据而使用,或冒用他人的票据,或签发空头支票、无资金保证的汇票、本票,或捏造其他票据事实,利用金融票据进行诈骗活动,骗取财物数额较大的行为。本罪的客观要件,具体由以下两部分构成:

1. 本罪的行为方式包括以下五种

(1) 明知是伪造、变造的汇票、本票、支票而使用。行为人使用伪造、变造、作废的票据时,必须明知是伪造、变造、作废的票据;冒用他人票据时,必须明知是他人实际有效的票据。[1] 在司法实践中判断行为人主观上是否明知,不能仅依据行为人自己的供述,而是要在全面了解整个案件的基础上进行综合分析后得出结论。对于这里的"使用",是指以非法占有他人资金或者财物为目的,以伪造、变造的票据冒充真实票据,进行诈骗活动的行为。从理论上讲,这种"使用"既应包括直接利用伪造、变造的票据骗取他人资

---

[1] 张明楷. 刑法学[M]. 6版. 法律出版社, 2021: 1034.

金或财物,也应包括利用伪造、变造的票据作为担保骗取他人财物。因此,在日常司法实践中,要注意审查行为人是否存在明知是伪造、变造、作废的金融票据而使用的,如果行为人在使用金融票据时,在主观上确实不知道该票据是伪造、变造或者作废的,则不构成本罪;同样,对于行为人不知道存款已不足而误签空头支票或者误签与其预留不符的支票的或者签发汇票、本票时因过失而作错误记载等情形,也不构成本罪。

(2) 明知是作废的汇票、本票、支票而使用。这种情形是指利用已经作废的汇票、本票、支票实行诈骗行为。同上述第一种情形一样,构成这种形式的犯罪,也要求行为人在直接使用票据时,主观上"明知"是已经作废的。在本罪中,所说的"作废"的票据,是指根据法律和有关规定不能使用的票据,它包括《票据法》中所说的过期的票据,也包括无效的以及被依法宣布作废的票据,还包括银行根据国家有关规定予以作废的票据。

(3) 冒用他人的汇票、本票、支票。这种情形是指行为人擅自以合法持票人的名义,支配、使用、转让自己不具备支配权利的他人的汇票、本票、支票,进行诈骗的行为。这里所说的"冒用"通常表现为以下三种情况:一是指行为人以非法手段获取的票据,如以欺诈、偷盗或者胁迫等手段取得的票据,或者明知是以上述手段取得的票据而使用,进行诈骗活动;二是指没有代理权而以代理人名义或者超越代理权限的行为;三是指用他人委托代为保管的或者捡拾他人遗失的票据进行使用,骗取财物的行为。

(4) 签发空头支票或者与其预留印鉴不符的支票,骗取财物的。这里所说的"空头支票"是指,出票人所签发的支票金额超过其付款时在付款人处实有的存款金额的支票。"签发与其预留印鉴不符的支票",是指票据签发人在其签发的支票上加盖的与其预留于银行或者其他金融机构处的印鉴不一致的财务公章或者支票签发人的名章。"与其预留印鉴不符",可以是与其预留的某一个印鉴不符,也可以是与所有预留印鉴不符。

(5) 汇票、本票的出票人签发无资金保证的汇票、本票或者在出票时作虚假记载,骗取财物的。资金保证,是指票据的出票人在汇票、本票付款时具有按票据支付的能力;无资金保证,是指在汇票、本票付款时不具有按票据支付的能力。

2. 骗取财物数额较大

关于骗取财物数额较大,《2022 年关于公安机关管辖的刑事案件立案追诉标准的规定（二）》第46条规定："进行金融票据诈骗活动，数额在五万元以上的，应予立案追诉。"由此确定骗取财物"数额较大"。

（三）主体要件

本罪的主体要件是一般主体，即已满16周岁、具有刑事责任能力的自然人和单位。银行或其他金融机构的工作人员与票据诈骗的犯罪分子串通，即在实施票据诈骗的前后过程中，相互暗中勾结、共同策划、商量对策、充当内应，为诈骗犯罪分子提供诈骗帮助的，应以票据诈骗共犯论处。

（四）主观要件

本罪的主观要件是犯罪故意，即行为人明知是伪造、变造、作废的票据而使用，或冒用他人的票据，或签发空头支票、签发无资金保证的汇票、本票，或捏造其他票据事实，利用金融票据进行诈骗活动的行为会发生损害国家对金融市场票据业务管理的法律秩序的危害结果，仍然希望这种危害结果发生的心理态度。

二、票据诈骗罪法律适用中的疑难问题

（一）关于罪与非罪的界限问题

票据诈骗行为必须达到"数额较大"，否则不构成犯罪。

例如，在"张××票据诈骗案"[1]中，经查明，2014年2月至同年6月，张××与林×约定，由林××为张××承包的本市××路等工地的装修工程供应建筑材料，在林××按照约定向上述工地供货后，张××于2014年4月向林××签发了一张出票日期为同年6月15日、金额为30万元的支票，并要求林××继续向上述工地供货。同年6月15日，林××持上述支票至中国工商银行上海市川北支行兑现时被告知存款余额不足而退票。被告人张××自此失联。后张××于2020年1月21日被民警抓获。最终，张××犯票据诈骗罪，被判处有期徒刑5年6个月，并处罚金人民币5万元。

裁判要旨：上述案例中，张××以非法占有为目的，签发空头支票骗取

---

[1] 参见（2020）沪0109刑初575号。

财物，数额巨大，其行为严重损害了国家对金融市场票据业务管理的法律秩序，构成票据诈骗罪。

(二) 本罪与伪造、变造金融票证罪的区别

《刑法》第177条规定了伪造、变造金票证罪，对伪造、变造汇票、本票、支票以及其他结算凭证的行为定罪处罚。两罪的根本区别于，伪造、变造金融票证罪惩治的是伪造、变造行为本身，而金融票据诈骗罪惩治的是使用这些金融票据进行诈骗的行为。如果行为人仅仅是伪造、变造金融票证，而没有使用的，则这种行为仅构成伪造、变造金融票证罪。但在司法实践中，这两个犯罪往往又是联系在一起的，通常表现为伪造、变造汇票、本票、支票或者其他银行结算凭证，然后使用该伪造、变造的票证进行诈骗活动的行为，既构成本罪又构成伪造、变造金融票证罪，应当从一重罪处罚。

三、票据诈骗罪的刑事责任

根据《刑法》第194条的规定，犯本罪，数额较大的，处五年以下有期徒刑或者拘役，并处二万元以上二十万元以下罚金；数额巨大或者有其他严重情节的，处五年以上十年以下有期徒刑，并处五万元以上五十万元以下罚金；数额特别巨大或者有其他特别严重情节的，处十年以上有期徒刑或者无期徒刑，并处五万元以上五十万元以下罚金或者没收财产。

(一) 法定刑的设置

票据诈骗罪规定了三档法定刑，具体包括：

1. 基础法定刑

数额较大的，处五年以下有期徒刑或者拘役，并处二万元以上二十万元以下罚金。

2. 加重法定刑

(1) 数额巨大或者有其他严重情节的，处五年以上十年以下有期徒刑，并处五万元以上五十万元以下罚金；(2) 数额特别巨大或者有其他特别严重情节的，处十年以上有期徒刑或者无期徒刑，并处五万元以上五十万元以下罚金或者没收财产。

(二) 单位犯罪的处罚

根据《刑法》第200条的规定，单位犯本罪的对单位适用双罚制，并规定了三档法定刑，具体包括：

1. 基础法定刑

对单位判处罚金，并对其直接负责的主管人员和其他直接责任人员，处五年以下有期徒刑或者拘役，可以并处罚金。

2. 加重法定刑

（1）数额巨大或者有其他严重情节的，处五年以上十年以下有期徒刑，并处罚金；（2）数额特别巨大或者有其他特别严重情节的，处十年以上有期徒刑或者无期徒刑，并处罚金。

需要指出的是：1997年修订《刑法》时，在吸收了1995年《全国人民代表大会常务委员会关于惩治破坏金融秩序犯罪的决定》第12条规定[1]的基础上，对本条作了进一步的修改：一是删去了本条中关于死刑的规定，将本节金融诈骗犯罪的有关死刑规定作为《刑法》第199条统一规范；二是将第三档财产刑由"并处没收财产"修改为"并处五万元以上五十万元以下罚金或者没收财产"，以解决实践中出现的财产刑衔接不畅、第三档法定刑附加刑过重的问题；三是删除了单位犯前款罪的处罚规定，将本条金融诈骗犯罪中关于单位犯罪的规定于《刑法》第200条中统一规定。

---

[1] 1995年6月30日第八届全国人大常委会第十四次会议通过的《全国人民代表大会常务委员会关于惩治破坏金融秩序犯罪的决定》第12条规定："有下列情形之一，进行金融票据诈骗活动，数额较大的，处五年以下有期徒刑或者拘役，并处二万元以上二十万元以下罚金；数额巨大或者有其他严重情节的，处五年以上十年以下有期徒刑，并处五万元以上五十万元以下罚金；数额特别巨大或者有其他特别严重情节的，处十年以上有期徒刑、无期徒刑或者死刑，并处没收财产；（一）明知是伪造、变造的汇票、本票、支票而使用的；（二）明知是作废的汇票、本票、支票而使用的；（三）冒用他人的汇票、本票、支票的；（四）签发空头支票或者与其预留印鉴不符的支票，骗取财物的；（五）汇票、本票的出票人签发无资金保证的汇票、本票或者在出票时作虚假记载，骗取财物的。使用伪造、变造的委托收款凭证、汇款凭证、银行存单等其他银行结算凭证的，依照前款的规定处罚。单位犯前两款罪的，对单位判处罚金，并对直接负责的主管人员和其他直接责任人员，依照第一款的规定处罚。"该决定不仅对票据诈骗行为作出规制，还针对经济社会发展和交易结算中出现的其他问题，对委托收款凭证、汇款凭证、银行存单等其他银行结算凭证，一并依照票据诈骗罪予以处罚。

第二节　金融凭证诈骗罪

一、金融凭证诈骗罪的概念和犯罪构成

根据《刑法》第194条第2款的规定，金融凭证诈骗罪，是指以非法占有为目的，采用虚构事实、隐瞒真相的方法，使用伪造、变造的委托收款凭证、汇款凭证、银行存单等其他银行结算凭证，骗取他人财物，数额较大的行为。

本罪的构成要件：

（一）客体要件

本罪的客体要件是国家对金融凭证管理的法律秩序。公私财产的所有权是国家关于金融凭证管理的法律秩序的有机组成部分，故没有独立的地位。

作为本罪行为对象的金融凭证，则仅指委托收款凭证、汇款凭证及银行存单。委托收款凭证，是指收款人委托银行向付款人收取款项所提供的凭据与证明。利用委托收款的方式进行银行结算，其必须以收款人向其开户银行填写委托收款的凭证，并提供收款依据为前提。收款的依据一般有经济合同、各项劳务费用的收费单据、各项代办业务的手续费凭证等证明。委托收款凭证根据其方式的不同可分为邮寄和电报划回两种情况，具体采用哪种，则由收款人自己选择，在付款期满后，银行即将应付的款项划转到收款人的账户上。所谓汇款凭证，是指汇款人委托银行将款项汇给外地收款人时所提供的凭据和证明。按照银行传递凭证的方式不同，可分为信汇和电汇两种方式。前者即信汇方式、是指委托银行以邮寄的方法划转款项；后者即电汇，则是指委托银行采用电报的方式划转款项。银行存单，作为一种银行结算凭证，亦是一种信用凭证。它是由客户即存款人向银行交存款项、办理开户后，由银行签发的载有户名、账号、存款金额、存期、存入日、到期日、利率等内容的一种银行到期绝对付款的结算凭据和证明。存款人凭其可以办理款项的取存，银行则凭其办理收付款项，次数较少，是具有相对固定性的储蓄业务，如一次性的整存整取、定活两便的储蓄存款等就是凭银行存单予以结算。

(二) 客观要件

本罪的客观要件表现为使用伪造、变造的委托收款凭证、汇款凭证、银行存单等其他银行结算凭证，进行诈骗活动，数额较大的行为。本罪的客观要件，具体由以下两部分构成：

1. 使用伪造、变造的委托收款凭证、汇款凭证、银行存单等其他银行结算凭证，进行诈骗

理论上，对于本罪"使用"的界定学界有四种不同观点。❶ 伪造，是指仿照真实的金融凭证形式的图样、格式、颜色等特征擅自通过印刷、复印、描绘、复制等方法非法制造金融凭证或者在真实的空白金融凭证上作虚假的记载的行为。变造，则是指在真实的金融凭证的基础上或者以真实的金融凭证为基本材料，通过挖补、剪贴、粘接、涂改、覆盖等方法，非法改变其主要内容的行为，如改变确定的金额、有效日期等。所谓伪造、变造的金融凭证，是指通过非法手段制作的虚假金融凭证，或者在真实金融票证的基础上，通过剪接、挖补、覆盖、涂改等方法，对票证的主要内容进行非法改变的虚假金融凭证。使用是指将伪造或变造的金融凭证谎称、冒充为真实的金融凭证，用其骗取他人财物的行为。是否实施了使用之行为，是构成本罪与非罪、此罪与彼罪的重要界限。行为人如果仅有伪造、变造金融凭证的行为，但没有使用的，则只构成伪造、变造金融票证罪。如果既有伪造、变造金融凭证的行为，又用其骗取了他人财物的，这时，伪造、变造的行为实属本罪的手段牵连行为，对此应择一重罪定罪科刑。

2. 诈骗行为数额较大

关于诈骗行为数额较大，根据《2022 年关于公安机关管辖的刑事案件立案追诉标准的规定（二）》第 47 条的规定："使用伪造、变造的委托收款凭证、汇款凭证、银行存单等其他银行结算凭证进行诈骗活动，数额在五万元

---

❶ 第一种观点认为，"使用"主要是将虚假无效的银行结算凭证当作真实有效的银行结算凭证进行出示、交付、兑现和转让等，以骗取他人财产或者侵犯他人经济利益的非法行为；第二种观点认为，"使用"是指利用伪造、变造的其他银行结算凭证，骗取他人财物的行为；第三种观点认为，"使用"即便使运用，是受主观意志驱使而支配某项客体，使之满足行为人需要的行为；第四种观点认为，"使用"是指行为人以企图实现虚假的银行结算凭证的"价值"的方式，谋取经济利益的行为，因此，对不谋取经济利益的行为不能认定为金融凭证诈骗罪。

以上的，应予立案追诉。"由此确定诈骗行为"数额较大"。

（三）主体要件

本罪的主体要件是一般主体，即已满16周岁、具有刑事责任能力的自然人和单位。银行或其他金融机构的工作人员与金融凭证诈骗的犯罪分子串通，即在实施金融凭证诈骗的前后过程中，相互暗中勾结、共同策划、商量对策、充当内应，为诈骗犯罪分子提供诈骗帮助的，应以金融凭证诈骗共犯论处。

（四）主观要件

本罪的主观要件是犯罪故意，即行为人明知其采用虚构事实、隐瞒真相的方法，使用伪造、变造的委托收款凭证、汇款凭证、银行存单等其他银行结算凭证，骗取他人财物的行为会发生损害国家对金融凭证管理的法律秩序的危害结果，仍然希望这种危害结果发生的心理态度。

需要指出的是，行为人对自己使用的委托收款凭证等其他银行结算凭证必须明知是伪造、变造的以及具有非法占有公私财物的目的。本罪中行为人对所使用的伪造、变造的金融凭证必须表现出明知，如对伪造、变造的金融凭证不表现为明知，即不知道所使用的金融凭证是伪造或变造的，则不构成本罪。行为人如果是在不知道的情况下使用的，如持有金融凭证的人所持有的金融凭证是其前手诈骗、盗窃、抢劫、抢夺而来自己却不知情的，或者受人委托使用委托人提供的本身是冒用的金融凭证、自己完全不知情的，因为不是出于故意而不构成本罪。如果行为人对所使用的委托收款凭证等其他银行结算凭证不知道是伪造或变造的或者虽然明知但不以非法占有为目的而使用的，则不构成犯罪。

二、金融凭证诈骗罪法律适用中的疑难问题

（一）罪与非罪的界限

金融凭证诈骗行为必须达到"数额较大"，否则不构成犯罪。

例如，在"李×汉金融凭证诈骗案"❶中，经查明，1997年10月14日至22日，被告人李×汉与李×波、朱×妙、缪×（均已判决）等人经事先策划，在××市农村信用社营业部用假身份证以"王××"的名字存入部分现金，后在该社开具汇票汇往绍兴提款，以熟悉银行汇票的汇兑程序。10月27日，李×波与缪×等人在伪造的"银行汇票委托书""信用社社内往来凭证"上填写18万元的金额，汇往××县农行××城市场分理处，在××市农村信用社骗取了面额18万元的真汇票。后缪××、朱××等人持汇票到绍兴轻纺市场分理处提取现金人民币18万元。被告人李×汉分到赃款人民币一万元。1997年11月19日至26日，被告人李×汉与李×波、缪×、朱×妙等人经事先策划，到××市农村信用社××分社，用假身份证以"王××"的名字开户。12月2日，缪×等人在伪造的"银行汇票委托书""信用社社内往来凭证"上填写18万元的金额，到××农村信用社骗取了18万元金额的真汇票，汇往××农村信用社。而后，缪×等人到温溪农村信用社取款，因无身份证取款未成。12月3日，××农村信用社察觉汇票被骗遂将此款项予以冻结。1997年11月17日至24日，被告人李×汉与李×波、朱×妙在××市储蓄所，用假身份证以"泮×"的名字存入部分现金，后办汇票汇往××市农行提取，从而私下复制了"信用社社内往来凭证"等，并伪造了凭证、印鉴。同年12月2日，缪×在伪造的"信用社社内往来凭证"上填写9万元的金额，朱×妙持该凭证到温岭市信用社办理汇票手续时，被该社经办人员识破而未得逞。2018年2月15日上午，李×汉被××县公安局××派出所民警抓获。最终，李×汉犯金融凭证诈骗罪，判处有期徒刑6年9个月，并处罚金人民币6万元。

裁判要旨： 上述案例中，李×汉与人结伙，以非法占有为目的，使用伪造的银行委托汇款凭证等手段，骗取银行资产，诈骗数额巨大，其行为严重损害了国家对金融凭证管理的法律秩序，构成金融凭证诈骗罪。

（二）本罪与诈骗罪的区别

诈骗罪，是指以非法占有为目的，使用欺骗方法，骗取数额较大的公私财物的行为。本罪与诈骗罪之间存在着法条竞合关系。行为人以金融凭证进

---

❶ 参见（2018）浙1081刑初825号。

行诈骗属于诈骗罪的一种表现形式，前者即本罪为特别法条，后者即诈骗罪为一般法条。根据法条竞合适用的原则，除有特别规定的外，应依特别法条为本罪定罪量刑。

从理论上看，它们有许多相同之处，但也存在区别：（1）诈骗行为发生的时空不同。前者只能发生在金融活动中；后者只能发生在金融活动以外。（2）诈骗的方式不同。前者是通过使用伪造、变造的委托收款凭证等其他银行结算凭证这一金融工具实施的；后者是使用法律没有明文规定的道具实施的。（3）客体要件不同。前者侵犯的是复杂客体，即国家对金融凭证的监督、管理的法律秩序和国家对公私财产所有权保护的法律秩序；后者只是国家对公私财产所有权保护的法律秩序。（4）主体要件不同。前者包括自然人和单位；后者只能是自然人。实践中，如果行为人在非金融活动中使用伪造、变造的其他银行结算凭证实施诈骗，构成犯罪的应当以诈骗罪定罪处罚。反之，金融活动中使用伪造、变造的其他银行结算凭证进行诈骗，构成犯罪的则应当以金融凭证诈骗罪定罪处罚。

（三）本罪与伪造、变造金融票证罪的区别

伪造、变造金融票证罪，是指违反金融票证管理法律法规，伪造、变造金融票据的行为。两罪的根本区别在于，伪造、变造金融票证罪惩治的是伪造、变造行为本身，而金融票据诈骗罪惩治的是使用这些金融票据进行诈骗的行为。如果行为人仅仅是伪造、变造金融票证，而没有使用的，则这种行为仅构成伪造、变造金融票证罪。但在司法实践中，这两种犯罪往往又是联系在一起的，通常表现为行为人先伪造、变造汇票、本票、支票或者其他银行结算凭证，然后使用该伪造、变造的票证进行诈骗活动，既构成本罪又构成伪造、变造金融票证罪的，应当从一重罪处罚，而不实行数罪并罚。❶

三、金融凭证诈骗罪的刑事责任

根据《刑法》第 194 条的规定，犯本罪，数额较大的，处五年以下有期徒刑或者拘役，并处二万元以上二十万元以下罚金；数额巨大或者有其他严重情节，处五年以上十年以下有期徒刑，并处五万元以上五十万元以下罚金；数额特别巨大或者有其他特别严重情节的，处十年以上有期徒刑或者无

---

❶ 张明楷. 刑法学［M］. 6 版. 北京：法律出版社，2021：1036.

期徒刑，并处五万元以上五十万元以下罚金或者没收财产。

（一）法定刑的设置

金融凭证诈骗罪规定了三档法定刑，具体包括：

1. 基础法定刑

数额较大的，处五年以下有期徒刑或者拘役，并处二万元以上二十万元以下罚金。

2. 加重法定刑

（1）数额巨大或者有其他严重情节的，处五年以上十年以下有期徒刑，并处五万元以上五十万元以下罚金；（2）数额特别巨大或者有其他特别严重情节的，处十年以上有期徒刑或者无期徒刑，并处五万元以上五十万元以下罚金或者没收财产。

（二）单位犯罪的处罚

根据《刑法》第200条的规定，单位犯本罪的，对单位适用双罚制，并规定了三档法定刑，具体包括：

1. 基础法定刑

对单位判处罚金，并对其直接负责的主管人员和其他直接责任人员，处五年以下有期徒刑或者拘役，可以并处罚金。

2. 加重法定刑

（1）数额巨大或者有其他严重情节的，处五年以上十年以下有期徒刑，并处罚金；（2）数额特别巨大或者有其他特别严重情节的，处十年以上有期徒刑或者无期徒刑，并处罚金。

第三节　信用证诈骗罪

一、信用证诈骗罪的概念和犯罪构成

根据《刑法》第195条的规定，信用证诈骗罪，是指以非法占有为目的，采用虚构事实或隐瞒真相的方法，利用信用证诈骗财物，数额较大的行为。

本罪的构成要件：

（一）客体要件

本罪的客体要件是国家对信用证诚信管理的法律秩序。公私财产所有权是国家信用证诚信管理的法律秩序的有机组成部分，故没有独立的地位。

（二）客观要件

本罪的客观要件表现为采用虚构事实或隐瞒真相的方法，利用信用证诈骗财物，数额较大的行为。本罪的客观要件，具体由以下五部分构成：

1. 使用伪造、变造的信用证或附随的单据、文件进行诈骗

伪造信用证或附随的单据、文件，是指行为人仿照信用证或附随的单据、文件的形状、格式、规格、内容等，采用印刷、描绘、复制、拓印等方法，非法制作虚假的信用证或附随的单据、文件的行为。变造信用证或附随的单据、文件，是指行为人对真的信用证或附随的单据、文件采用涂改、剪接、挖补等方法，改变信用证或附随的单据、文件的内容、条款等，使其成为虚假的信用证的行为。行为人既可以使用由自己伪造、变造的上述物品，也可以使用由他人伪造、变造的上述物品。

2. 使用作废的信用证进行诈骗

作废的信用证，是指因不具备有效条件而被放弃使用的信用证。如过期的信用证、无效的信用证、可撤销的信用证经有撤销权人撤销的。行为人如果明知是作废的信用证而使用的，则构成本罪，反之，如果行为人主观上不明知是作废的信用证而使用的，则不构成本罪。

3. 骗取信用证进行诈骗

骗取信用证是指行为人采用虚构事实，隐瞒真相的方法欺骗银行为其开具信用证的行为。

4. 以其他方法进行信用证诈骗活动的

这是指以上述三种方式之外的其他方法进行信用证诈骗活动的行为。司法实践中，较为常见的是开证申请人利用"软条款"信用证，即"陷阱"信用证，单方面解除开证行保证付款的责任，从而骗取对方当事人的财物。常

见的"陷阱"有如下五项：买方要求领事签证；买方指定检查机构；信用证开出后暂不生效，须待进口许可证签发后通知生效，或待货样经开证人确认后再通知生效；规定船公司、船名、目的港、装船日期、起运港、验收人等，须待开证通知或须开证人同意，开证银行将以修改书的形式另行通知；开证人出具的品质证书、收贷收据或开证人签发的装运指标、证书和数据上开证人的签字须由开证行核实，或与开证行存档之签样相符。

5. 诈骗数额较大

关于诈骗数额较大，《2022年关于公安机关管辖的刑事案件立案追诉标准的规定（二）》第48条规定："进行信用证诈骗活动，涉嫌下列情形之一的，应予立案追诉：（1）使用伪造、变造的信用证或者附随的单据、文件的；（2）使用作废的信用证的；（3）骗取信用证的；（4）以其他方法进行信用证诈骗活动的。"由此确定诈骗"数额较大"。

（三）主体要件

本罪的主体要件是一般主体，即已满16周岁、具有刑事责任能力的自然人和单位。近几年来，由具有中国国籍的外国自然人实施的信用证诈骗案，在国际贸易中已经存在，而由外国企业、公司及国际欺诈团伙所实施的信用证诈骗案更是屡见不鲜。这些外国企业、公司、团伙精通信用证业务及相关国家的法律制度，手法巧妙，极具欺诈性，国内的自然人或法人急于扩大出口创汇，而又缺乏国际贸易的成熟经验和操作方法，加之一味盲从的心理态势，决定了他们常常成为国外企业、公司、团伙进行信用证诈骗的对象。❶ 因此，本罪的犯罪主体只能是一般主体。

（四）主观要件

本罪的主观要件是犯罪故意，即行为人明知其采用虚构事实或隐瞒真相的方法，利用信用证诈骗财物的行为会发生损害国家对信用证诚信管理的法律秩序的危害结果，仍然希望这种危害结果发生的心理态度。如果行为人在订立合同并开立信用证的环节上，有夸大、虚构的成分，或是在进行信用证交易中，由于市场的变化，资金周转一时出现困难，而利用信用证交易本身

---

❶ 田宏杰. 信用证诈骗罪构成特征研究［J］. 中国刑事法杂志，2003（2）：54.

固有的特点，通过信用证交易中资金结算的周期（一般是远期信用证和循环开证的信用证），以信用证项下的融通资金周转，这种行为由于主观上并不具有非法占有的目的，应当认定为一般违法行为。❶

根据 2001 年《全国法院审理金融犯罪案件工作座谈会纪要》的规定，在司法实践中，认定行为人是否具有非法占有为目的，应当坚持主客观相一致的原则，既要避免单纯根据损失结果定罪，也不能仅凭被告人自己的供述，而应当根据案件具体情况具体分析。根据司法实践，对于行为人通过诈骗的方法非法获取资金，造成数额交大资金不能归还，并具有下列情形之一的，可以认定为具有非法占有的目的：(1) 明知没有归还能力而大量骗取资金的；(2) 非法获取资金后逃跑的；(3) 肆意挥霍骗取资金的；(4) 使用骗取的资金进行违法犯罪活动的；(5) 抽逃、转移资金、隐匿财产，以逃避返还资金的；(6) 隐匿、销毁账目，或者搞假破产、假倒闭，以逃避返还资金的；(7) 其他非法占有资金、拒不返还的行为。但是在处理具体案件的时候，对于有证据证明行为人不具有非法占有目的的，则不能单纯以不归还财产就按金融诈骗罪处罚。

二、信用证诈骗罪法律适用中的疑难问题

（一）罪与非罪的界限问题

信用证诈骗行为必须达到"数额较大"，否则不构成犯罪。

例如，在"夏××信用证诈骗案"❷ 中，经查明，被告人夏××伙同李×，于 1996 年 10 月至 1997 年 6 月，以非法占有为目的，虚构××电线电缆有限公司与××国际有限公司存在外贸交易的事实，以夏××签字确认的虚假的合同、货物收据等信用证项下附随单据骗取××银行总行信用证并在××银行××分行议付，造成××银行总行损失金额共计 430 万美元（折合人民币 3565 万余元）。案发后，夏××被公安机关抓获归案。鉴于夏××到案后能够如实供述基本犯罪事实，依法予以从轻处罚。最终，夏××犯信用证诈骗罪，被判处有期徒刑 11 年，剥夺政治权利 2 年，并处罚金人民币 20 万元。

---

❶ 邓宇琼. 信用证诈骗罪的主观目的之我见 [J]. 政治与法律，2003 (5)：51.
❷ 参见 (2016) 京 01 刑初 38 号.

裁判要旨： 上述案例中，夏××伙同他人，以非法占有为目的，进行信用证诈骗活动，数额特别巨大，其行为严重损害了国家对信用证诚信管理的法律秩序，构成信用证诈骗罪。

（二）本罪与伪造、变造金融票证罪的区别

伪造、变造金融票证罪，是指违反金融票证管理法律法规，伪造、变造金融票据的行为。对于单纯伪造、变造信用证或者附随的单据、文件，而并未使用的行为，应当按照伪造、变造金融票证罪定罪处罚。同时，伪造、变造信用证或者附随的单据、文件的行为，是构成信用证诈骗犯罪的法定行为要件之一，在实践中，一些犯罪分子为了进行信用证诈骗活动，而自行伪造、变造信用证或者附随的单据、文件的，触犯了两个罪名，应当择一重罪定罪处罚。

三、信用证诈骗罪的刑事责任❶

根据《刑法》第195条的规定，犯本罪的，处五年以下有期徒刑或者拘役并处二万元以上二十万元以下罚金；数额巨大或者有其他严重情节的，处五年以上十年以下有期徒刑，并处五万元以上五十万元以下罚金；数额特别巨大或者有其他特别严重情节的，处十年以上有期徒刑或者无期徒刑，并处五万元以上五十万元以下罚金或者没收财产。

（一）法定刑的设置

信用证诈骗罪规定了三档法定刑，具体包括：

1. 基础法定刑

处五年以下有期徒刑或者拘役并处二万元以上二十万元以下罚金。

2. 加重法定刑

（1）数额巨大或者有其他严重情节的，处五年以上十年以下有期徒刑，并处五万元以上五十万元以下罚金；（2）数额特别巨大或者有其他特别严重

---

❶ 这里的情节严重、情节特别严重主要应从犯罪行为所使用的手段、造成的后果和影响等多种因素来考虑。

情节的，处十年以上有期徒刑或者无期徒刑，并处五万元以上五十万元以下罚金或者没收财产。

(二) 单位犯罪的处罚

根据《刑法》第 200 条的规定，单位犯本罪的，对单位适用双罚制，并规定了三档法定刑，具体包括：

1. 基础法定刑

对单位判处罚金，并对其直接负责的主管人员和其他直接责任人员，处五年以下有期徒刑或者拘役，可以并处罚金。

2. 加重法定刑

(1) 数额巨大或者有其他严重情节的，处五年以上十年以下有期徒刑，并处罚金；(2) 数额特别巨大或者有其他特别严重情节的，处十年以上有期徒刑或者无期徒刑，并处罚金。

第四节　信用卡诈骗罪

一、信用卡诈骗罪的概念和犯罪构成

根据《刑法》第 196 条的规定，信用卡诈骗罪，是指以非法占有为目的，违反信用卡管理法规，利用信用卡进行诈骗活动，骗取财物数额较大的行为。

本罪的构成要件：

(一) 客体要件

本罪的客体要件是国家对信用卡诚信使用和管理的法律秩序。公私财物所有权是国家关于信用卡诚信使用法律秩序的有机组成部分，因而没有独立的地位。

(二) 客观要件

本罪的客观要件表现为违反信用卡管理法规，利用信用卡进行诈骗活动，

骗取财物数额较大的行为。本罪的客观要件，具体由以下五部分构成：

1. 使用伪造的信用卡

使用伪造的信用卡是信用卡诈骗罪的重要表现形式。伪造信用卡主要有两种行为表现，一是完全模仿真实信用卡的质地、模式、版块、图样以及磁条密码等非法制造信用卡；二是在真实信用卡基础上进行伪造，如在空白信用卡上输入其他用户的真实信息进行复制，或者在空白卡上输入虚假信息等。另外，还有一些行为也属于伪造信用卡，如在原有信用卡上涂改、变造等。行为人必须有使用伪造的信用卡的行为，才构成本罪。

2. 使用作废的信用卡

作废的信用卡，是指因法定原因而失去效用的信用卡。根据信用卡章程，可以导致信用卡作废的原因一般有以下三种情形：（1）信用卡超过有效期限而自动失效；（2）持卡人在有效期内停止使用交回原发卡银行而失效；（3）因信用卡挂失而失效。无论是持卡人还是非持卡人，明知是上述已经作废的信用卡而使用的，均以本罪论处。使用作废信用卡的行为主体既可以是持卡人，也可以是其他人，仅限于对自然人使用。❶

3. 冒用他人的信用卡

所谓"冒用他人的信用卡"，即指非持卡人未经持卡人同意或者授权，擅自以持卡人的名义使用信用卡，实行信用卡业务内的购物、消费、提取现金等诈骗行为。冒用信用卡不仅限于持卡冒用，也可以无卡冒用。如有的金融机构在互联网上设置了信用卡网上账户，信用卡用户可以进行电子商务并进行网上支付，网络金融结算系统为了保护用户信用卡信息的安全，给每一位用户的信用卡设置了特殊的密码，以防止信用卡信息被他人恶意窃取和使用。这种措施虽然增强了用户信用卡信息的保密性，但密码本身也可能被冒用或者被破译，行为人通过破解的密码，获得他人信用卡信息，进而占有他人财产，本质是冒充他人身份的诈骗行为。因此，冒用用户密码进行信用卡网上支付非法占有他人财产的，也应定为信用卡诈骗罪。

4. 恶意透支

所谓透支，是指持卡人在发卡行账户上已经没有资金或者资金不足的情

---

❶ 张明楷. 刑法学［M］. 6 版. 北京：法律出版社，2021：1038.

况下,根据发卡协议或者经银行批准,允许其超过现有资金额度支取现金或者持卡消费的行为。透支实质上是银行为客户提供的短期信贷,透支功能也是信用卡区别于其他金融凭证的最明显特征。不具有非法占有目的的善意透支行为,不成立信用卡诈骗罪。恶意透支可分为一般违法性的恶意透支和犯罪性的恶意透支。恶意透支时具有非法占有的目的,但发卡银行催收后予以归还的,虽然成立信用卡诈骗罪,但因为缺乏客观处罚条件,不能给予刑罚处罚;透支后由于客观原因不能归还的,不成立信用卡诈骗罪。恶意透支后,在提起公诉前或者一审判决前由持卡人或者保证人全部归还的,应当不起诉或者应当免予刑事处罚;客观处罚条件的法律效果适用于所有的犯罪人,而不应当将"曾因信用卡诈骗受过两次以上处罚"的行为人排除在外。❶

5. 诈骗数额较大或者因信用卡诈骗受过两次以上处罚

根据《2022年关于公安机关管辖的刑事案件立案追诉标准的规定(二)》第49条的规定,进行信用卡诈骗活动,使用伪造的信用卡、以虚假的身份证明骗领的信用卡、作废的信用卡或者冒用他人信用卡进行诈骗活动,数额在五千元以上的;恶意透支,数额在五万元以上的,因信用卡诈骗受过二次以上处罚的除外。

(三) 主体要件

本罪的主体要件是已满16周岁、具有刑事责任能力的自然人。

(四) 主观要件

本罪的主观要件是犯罪故意,即行为人明知其违反信用卡管理法规,利用信用卡进行诈骗活动,骗取财物的行为会发生损害国家对信用卡诚信使用的法律秩序的危害结果,仍然希望这种危害结果发生的心理态度。以恶意透支为例,在恶意透支信用卡中"非法占有目的"的产生,具体可分为事前、事中和事后三个阶段。在司法实践中,"非法占有目的"多发生在信用卡透支之前,比如,明知自己没有归还透支贷款的能力,仍然透支信用卡的;事中产生"非法占有目的"在信用卡诈骗案中也有体现,比如,初期是善意透支,

---

❶ 张明楷. 恶意透支型信用卡诈骗罪的客观处罚条件:《刑法》第196条第2款的理解与适用[J]. 现代法学, 2019, 41 (2): 147.

后续是恶意透支，即持卡人的心态在透支过程中发生了转变；事后产生"非法占有目的"主要体现在民事违约关系上，也即行为人透支前没有"非法占有目的"，但在透支后不愿意归还贷款。❶

二、信用卡诈骗罪法律适用中的疑难问题

（一）罪与非罪的界限

信用卡诈骗行为必须达到"数额较大"或者"因信用卡诈骗受过两次以上处罚"，否则不构成犯罪。

例如，在"宋××信用卡诈骗案"❷中，经查明，2014年1月，宋××向××银行股份有限公司××分行申请办理了一张信用卡。2021年10月，宋××开始逾期不归还透支金额，截至2022年2月，透支本金合计5万元。2022年3月11日、7月18日先后2次，发卡银行委托工作人员到宋××户籍地送达透支逾期还款通知书，并多次催收，宋××通过拒接、拉黑银行电话的方式逃避银行催收。2022年12月23日，银行工作人员报案后，侦查机关于当日11时43分对宋××涉嫌信用卡诈骗罪立案侦查。当日，宋××接民警电话通知后，主动到侦查机关接受调查，如实供述了自己的罪行，并于当日13时55分归还发卡银行1万元。2023年4月18日，宋××还清信用卡未还透支本金4万元，并就所欠利息与发卡银行达成还款协议，取得了发卡银行的谅解。因宋××自动投案，如实供述自己的罪行，构成自首，最终，宋××犯信用卡诈骗罪，被判处拘役5个月，缓刑5个月，并处罚金人民币2万元。

裁判要旨：上述案例中，宋××以非法占有为目的，超过规定期限透支，经发卡银行2次有效催收后超过3个月，在某机关刑事立案时尚有透支本金5万元未归还，其行为严重损害了国家对信用卡诚信使用的法律秩序，构成信用卡诈骗罪。

---

❶ 赵运锋. 恶意透支型信用卡诈骗罪"非法占有目的"研究[J]. 中国刑事法杂志, 2020(4): 94.

❷ 参见（2023）湘0903刑初208号。

(二) 盗窃信用卡行为的定罪问题

根据《刑法》第 196 条第 3 款的规定,盗窃信用卡并使用的,依照《刑法》第 264 条关于盗窃罪的规定定罪处罚。本款所规定的"信用卡"是指他人持有的信用卡,但没有必要限定为他人真实有效的信用卡。"使用"既包括盗窃者本人使用,也包括盗窃者利用不知情的第三者使用(间接正犯)。如果明知是伪造或作废的信用卡而盗窃并对自然人使用的,应认定为信用卡诈骗罪。如果以为是真实有效的信用卡而盗窃并对自然人使用,但事实上盗窃和使用的是伪造或者作废的信用卡的,也属于盗窃信用卡并使用;行为人盗窃他人信用卡后在 ATM 上使用的,理所当然成立盗窃罪。将盗窃信用卡并使用的行为按照盗窃罪的规定定罪处罚,实际上属于刑法中的结合犯,即刑法将盗窃罪和信用卡诈骗罪规定在一个条文里,明确规定以盗窃罪定罪处罚的情况。尽管在这种情况中,行为人盗窃信用卡行为和冒用他人信用卡行为具有相当密切的关系,因为行为人盗窃后的冒用行为,完全可以视为盗窃行为的延续,是盗窃信用卡后的一个价值实现过程。❶

(三) 拾得(侵占)、骗取、抢夺、勒索他人信用卡行为的定罪问题

拾得(侵占)、骗取、抢夺、勒索他人信用卡使用的,应视使用的方式确定犯罪性质。如果在机器上使用,应认定为盗窃罪;如果对自然人使用,则属于冒用他人信用卡类型的信用卡诈骗罪。因为侵犯财产的行为是使用行为,所以,必须根据使用行为的性质确定罪名,而不能根据并不侵犯他人财产的取得信用卡的行为方式确定罪名。概言之,在涉及信用卡的犯罪中,先要确定被害人与结果内容,再判断是什么行为造成了结果,最后判断该行为符合何种犯罪的成立条件。不能想当然地认为前面的行为是主行为,后面的行为是从行为,也不能动辄认为后行为是前行为的延伸、后行为是前行为的一部分。

(四) 抢劫信用卡行为的定罪问题

对于抢劫信用卡的案件,应具体分析:(1)抢劫信用卡并以实力控制被

---

❶ 刘宪权. 金融犯罪刑法学原理 [M]. 2 版. 上海:上海人民出版社,2020:515.

害人，当场提取现金的，应认定为抢劫罪。抢劫数额为所提取的现金数额。（2）使用暴力、胁迫或者其他强制手段抢劫信用卡但并未使用的，应认定为抢劫罪。抢劫数额为信用卡本身的数额（工本费等），或者不计数额，按情节处罚。（3）抢劫信用卡并在事后使用的，应按不同情形处理：如果事后在机器上使用的，应将抢劫罪与盗窃罪实行并罚；如果事后对自然人使用的，应将抢劫罪与信用卡诈骗罪实行数罪并罚。（4）抢劫信用卡后当场取款一部分，事后取款一部分的，对当场取得的财物认定为抢劫罪，对事后取得的财物视使用方式认定为盗窃罪（在机器上使用）或信用卡诈骗罪（对自然人使用），实行数罪并罚。（5）一方抢劫信用卡后仍然控制着被害人，知情的另一方帮助取款的，成立抢劫罪的共犯。

三、信用卡诈骗罪的刑事责任

根据《刑法》第196条的规定，进行信用卡诈骗活动，数额较大的，处五年以下有期徒刑或者拘役，并处二万元以上二十万元以下罚金；数额巨大或者有其他严重情节的，处五年以上十年以下有期徒刑，并处五万元以上五十万元以下罚金；数额特别巨大或者有其他特别严重情节的，处十年以上有期徒刑或者无期徒刑，并处五万元以上五十万元以下罚金或者没收财产。

信用卡诈骗罪规定了三档法定刑，具体包括：

1. 基础法定刑

数额较大的，处五年以下有期徒刑或者拘役，并处二万元以上二十万元以下罚金。

2. 加重法定刑

（1）数额巨大或者有其他严重情节的，处五年以上十年以下有期徒刑，并处五万元以上五十万元以下罚金；（2）数额特别巨大或者有其他特别严重情节的，处十年以上有期徒刑或者无期徒刑，并处五万元以上五十万元以下罚金或者没收财产。

另外，根据《2017年关于常见犯罪的量刑指导意见（二）（试行）》第4条的规定，构成信用卡诈骗罪的，可以根据下列不同情形在相应的幅度内确定量刑起点：（1）达到数额较大起点的，可以在二年以下有期徒刑、拘役幅度内确定量刑起点。（2）达到数额巨大起点或者有其他严重情节的，可以在五年至六年有期徒刑幅度内确定量刑起点。(3) 达到数额特别巨大起点或者有其他特别严重情节的,可以在十年至十二年有期徒刑幅度内确定量刑起点。依法应当判处无期徒刑的除外。在量刑起点的基础上,可以根据信用卡诈骗数额等其他影响犯罪构成的犯罪事实增加刑罚量,确定基准刑。

第五节 有价证券诈骗罪

一、有价证券诈骗罪的概念和犯罪构成

根据《刑法》第197条的规定,有价证券诈骗罪,是指以非法占有为目的,使用伪造、变造的国库券或者国家发行的其他有价证券,进行诈骗活动,数额较大的行为。

本罪的构成要件:

(一) 客体要件

本罪的客体要件是国家对有价证券诚信运营和管理的法律秩序。纳入刑法保护的他人财产所有权是金融市场法律秩序的有机组成部分,故没有独立的地位。所谓有价证券,是指以票面货币价值表示的财产权利凭证,并被作为替代货币使用的信用工具或代表持有者资本所有权和资本收益要求权,在特定范围和条件下,进行支付、汇兑、信贷、清算等融资活动的凭证。由于国库券或者国家发行的其他有价证券具有很强的变现能力和一定的资本性质,因此,使用伪造、变造的国库券或者国家发行的其他有价证券进行诈骗活动,严重扰乱了国家对有价证券诚信运营和管理的法律秩序。

(二) 客观要件

本罪的客观要件表现为使用伪造、变造的国库券或者国家发行的其他有价证券,进行诈骗活动,数额较大的行为。本罪的客观要件,具体由以下两部分构成:

1. 使用伪造、变造的国库券或者国家发行的其他有价证券,进行诈骗活动

本罪中的"国家发行",既包括国家直接发行,也包括国家间接发行(即

国家通过证券商承销出售的方式发行）；既包括中央人民政府发行，也包括代表国家的国家职能部门（如财政部）发行。❶ 所谓伪造的国家发行的有价证券，是指仿照真实的国家发行的有价证券的格式、式样、颜色、形状、面值等特征，采用印刷、复印、拓印等各种方法制作的冒充真实的国家有价证券的假证券。所谓变造的国家有价证券，是指在真实的国家有价证券上，采用涂改、掩盖、挖补、拼凑等方法加以处理以改变其内容如增大证券的面值、张数等后的有价证券。前者是以完全的假冒充真，后者则是将真变为不完全的真，即有部分的假。使用伪造、变造的国家有价证券进行诈骗，达到数额较大，才可构成本罪。

2. 诈骗的数额较大

关于诈骗的数额较大，《2022年关于公安机关管辖的刑事案件立案追诉标准的规定（二）》第50条规定："使用伪造、变造的国库券或者国家发行的其他有价证券进行诈骗活动，数额在五万元以上的，应予立案追诉。"由此确定诈骗的"数额较大"。同时，值得注意的是，这里的数额较大，是指使用行为所骗取的财物数额较大，而不是国家证券面值的数额较大。两者可以相同，即以伪造、变造的国家有价证券获取了与证券面值相同的财物；也可以相互不同，即以伪造、变造的国家有价证券获取了与之面值不相符如多于或少于面值的财物。此外，数额较大，并不是指实际所得，实际获得数额较大的财物，构成本罪且为既遂无疑。实施了使用伪造、变造国家有价证券的行为，但由于意志以外的原因还未实际诈骗到数额巨大的财物，只要能查明行为人完全有可能获取数额巨大的财物，情节严重的，亦可构成本罪，但这时应为未遂。

（三）主体要件

本罪的主体要件是已满16周岁、具有刑事责任能力的自然人。

（四）主观要件

本罪的主观要件是犯罪故意，即行为人明知其使用伪造、变造的国库券或者国家发行的其他有价证券，进行诈骗活动的行为会发生损害国家对有价证券诚信运营和管理的法律秩序的危害结果，仍然希望这种危害结果发生的

---

❶ 张明楷. 刑法学 [M]. 6版. 北京：法律出版社，2021：1048.

心理态度。如果行为人出于过失而使用有价证券，如不知是伪造、变造的有价证券而使用的，不构成犯罪。

二、有价证券诈骗罪法律适用中的疑难问题

（一）罪与非罪的界限问题

有价证券诈骗行为必须达到"数额较大"，否则不构成犯罪。

例如，在"王××犯有价证券诈骗案"[1]中，经查明，2015年6月初，××市××空调有限公司法人代表倪××通过他人介绍认识了王××，二人经面谈，王××答应为倪××向银行贷款，并提供自己所有的面额为3000万元的国债凭证作为质押担保。作为回报，倪××需支付质押标的12%即360万元作为报酬，另外再支付30万元差旅费。2015年6月8日，王××陪同倪××一起到××银行××支行办理贷款业务，王××拿出一张面额为3000万元的××银行××支行发行的国债凭证，为倪××作质押担保。银行收取王××身份证和票据用于核查，在核查过程中，银行工作人员与出票的××支行联系，该行明确表示无国债凭证专用章，国债系伪造。××银行随即向××市人民银行汇报，并于2015年6月10日向公安机关报案。2015年6月11日，银行以"贷款资料不全"为由，通知倪××前往银行。倪××与王××到××银行××支行后被公安机关带至乐平市公安局询问，王××当天被刑事拘留。最终，王××犯有价证券诈骗罪被判处有期徒刑5年，并处罚金10万元。

裁判要旨：上述案例中，王××以非法占有为目的，明知是伪造的有价证券而进行诈骗活动，数额特别巨大，其行为严重损害了国家对有价证券诚信运营和管理的法律秩序，构成有价证券诈骗罪。

（二）本罪与伪造、变造国家有价证券罪的区别

伪造、变造国家有价证券罪，是指伪造、变造国库券或者国家发行的其他有价证券，数额较大的行为。有价证券诈骗罪与伪造、变造国家有价证券罪是相互关联的犯罪，存在着共同点，如都是故意犯罪，都侵害了国家有价

---

[1] 参见（2016）赣0281刑初43号。

证券的管理制度。二者的主要区别有：

一是犯罪客体不同。本罪所侵害的客体是国家的有价证券管理制度和公私财产，而伪造、变造国家有价证券罪侵害的仅仅是国家有价证券管理制度。二是客观行为不同。本罪的客观行为主要表现为使用伪造、变造的有价证券进行诈骗，目的是利用伪造、变造的国家有价证券获得被害人的钱财；而伪造、变造国家有价证券则只是实施伪造、变造行为。司法实践中行为人往往先伪造、变造国家有价证券，然后再使用伪造、变造的国家有价证券进行诈骗，这种情况在认定时，应具体情况具体分析，一般按刑法牵连犯的理论，择一重罪进行认定处理。另外还有一种情况，如果行为人伪造、变造国家有价证券后，自己并不直接进行诈骗，而是仅出售、转让他人的，由于我国《刑法》未将出售伪造、变造国家有价证券的行为规定为犯罪，则仅构成伪造、变造国家有价证券罪。如果行为人伪造、变造国家有价证券后，不仅自己直接利用其伪造、变造的国家有价证券实施诈骗行为，同时又将伪造、变造的国家有价证券出售、转让他人的，则行为人同时构成伪造、变造国家有价证券罪和有价证券诈骗罪。

三、有价证券诈骗罪的刑事责任

根据《刑法》第197条的规定，使用伪造、变造的国库券或者国家发行的其他有价证券，进行诈骗活动，数额较大的，处五年以下有期徒刑或者拘役，并处二万元以上二十万元以下罚金；数额巨大或者有其他严重情节的，处五年以上十年以下有期徒刑，并处五万元以上五十万元以下罚金；数额特别巨大或者有其他特别严重情节的，处十年以上有期徒刑或者无期徒刑，并处五万元以上五十万元以下罚金或者没收财产。

有价证券诈骗罪规定了三档法定刑，具体包括：

1. 基础法定刑

数额较大的，处五年以下有期徒刑或者拘役，并处二万元以上二十万元以下罚金。

2. 加重法定刑

（1）数额巨大或者有其他严重情节的，处五年以上十年以下有期徒刑，并处五万元以上五十万元以下罚金；（2）数额特别巨大或者有其他特别严重情节的，处十年以上有期徒刑或者无期徒刑，并处五万元以上五十万元以下罚金或者没收财产。

第六节 本章之罪的立法完善论要

本章之罪，包括票据诈骗罪、金融凭证诈骗罪、信用证诈骗罪、信用卡诈骗罪以及有价证券诈骗罪五个具体罪名。本节从这五个具体罪名存在的共性问题和具体个罪完善两个方面，扼要提出立法完善建议。

一、共性问题的完善建议

1. 完善行为方式的认定

第一，在票据诈骗罪行为方式上，增加"利用存在重大瑕疵的票据"和增加概括式规定的条款。一方面，关于"存在重大瑕疵的票据"。利用票据进行诈骗的罪犯，不仅利用伪造、变造或是作废的票据进行诈骗，还有利用处于公示催告期间、票据权利存在重大瑕疵的票据进行诈骗财物的行为。为保护善意取得票据的第三人、付款人及票据义务人的权利，应当将利用存在重大瑕疵票据进行诈骗财物的行为纳入刑法规范范畴。所谓"重大瑕疵"，是指不能依据正常途径进行承兑、贴现或取得其他票据权利的票据。需要指出的是，规定行为人"应当明知票据存在重大瑕疵"而使用，即主观故意是区分票据诈骗罪与非罪的一个重要界限。如果行为人由于过失或者其他原因使用了存在重大瑕疵的票据，主观上不具有诈骗财物的目的，就不应构成票据诈骗罪。所以只有当行为人明知票据存在重大瑕疵而使用，并意图诈骗他人钱财时才构罪。另一方面，我国《刑法》关于票据诈骗罪的规定本身也存在一定的缺陷，如《刑法》采用了穷尽式列举的方式规定了构成票据诈骗罪的若干行为，但又不够严密，使执法产生一定的难度，甚至一些行为成为法律真空，让一些嫌疑人钻了法律的空子，使执法部门无法追究刑事责任。[1] 笔者认为，在增加"利用存在重大瑕疵的票据"的行为方式后，还应当增加"以其他方式进行票据诈骗活动"这种概括式的规定，这样更适用于各种票据诈骗

---

[1] 赵秉志，杨诚. 金融犯罪比较研究[M]. 北京：法律出版社，2004：135.

手段。

第二，扩大金融凭证诈骗罪行为方式的范围。将冒用他人的银行结算凭证进行诈骗的行为和使用作废的银行结算凭证进行诈骗的行为纳入金融凭证诈骗罪的调控范畴，以适应金融业务和司法实践的发展。所谓冒用他人的银行结算凭证，是指非法持有人未得到合法持有人的授权而使用某种金融工具的行为。冒用行为具有以下特征：（1）冒用者不是金融票据、银行结算凭证的合法持有人；（2）冒用行为没有得到合法持有人的授权；（3）冒用者虚构身份或者隐瞒身份，以编造虚假事实等方式获得他人的信任使他人误以为其为合法的票据持有人。所谓使用作废的银行结算凭证，是指行为人使用按照银行结算法规定不能使用的银行结算凭证进行诈骗的行为。主要包括：（1）银行停止使用的银行结算凭证；（2）依据银行结算法的规定已无效的银行结算凭证；（3）不符合中国人民银行统一格式规定的银行结算凭证；（4）已经实现相关权利宣布作废的银行结算凭证。

第三，对信用证诈骗"其他方法"作出明确具体规定。国际贸易是重要的经济活动，信用证作为一种金融工具在其中发挥着重要作用。为了减少司法实践中对本罪认定的困难，更重要的是避免在国际贸易中的贸易双方因害怕触犯本罪，而影响到正常的国际贸易，应该运用司法解释的方式尽可能明确列举哪些行为属于信用证诈骗行为，以一种"负面清单"的形式呈现：一方面，在司法实践中具有操作性，更能贯彻落实罪刑法定原则；另一方面，也能够更加科学地规范信用证行为，防范和打击信用证诈骗犯罪行为，促进国际贸易的发展。

2. 将数额罚金刑修改为比例罚金制

本章之罪全部为数额罚金刑。但数额罚金刑容易因物价上涨而过时。也不宜将数额罚金修改为无限罚金，再通过具体的司法解释将罚金刑进一步细化。因为无限罚金制虽然有助于保持刑法典的稳定，能使罚金刑保持与时俱进的动态调整（因为司法解释的修订程序简单，几乎可以适时修订），但问题是无限罚金制不符合罪刑法定原则，而且，司法解释将罚金刑具体化，不符合立法法的规定，有越权越位之嫌。既要保证立法的适应性（不至于因物价上涨使数额罚金落伍），又要贯彻罪刑法定原则的明确性要求，因此比例罚金制将是最好的选择。具体而言，应该以实行行为对象数额或者非法获利数额为计量依据，处以实行行为对象数额或者非法获利数额的二倍或者三倍罚金。

之所以是二倍或者三倍而不是其他，是考虑到民法规定的惩罚性赔偿多为侵权数额或者非法所得的二倍，刑事责任不应低于民事责任，因而处以实行行为对象数额的二倍或者三倍罚金，具有合理性。

3. 增加资格刑配置

金融机构的工作人员往往利用自己从事金融职业与职务的特殊性和便利条件，自己或者与他人共同实施金融诈骗活动，而且有相当多的犯罪分子在刑罚执行完毕后利用自己对金融机构的熟知和关系网，再次实施金融诈骗活动。为了杜绝此类现象的发生，有必要对金融犯罪设置"禁止从业"的资格刑，剥夺那些曾实施了严重金融犯罪的犯罪分子再次从事金融职业的权利，这将在很大程度上减少金融类犯罪再犯的可能性。禁止从业资格刑，既可以达到适用刑罚的特殊预防效果，又可以对其他金融从业人员起到警诫作用，从而收获一般预防之功效。❶

二、具体个罪的立法完善要点

1. 金融凭证诈骗罪的立法完善建议

应当扩大其他银行结算凭证的范围。《刑法》第194条第2款对银行结算凭证的规定采取了列举和概括的方式，即明确列举了三种银行结算凭证：委托收款凭证、汇款凭证和银行存单，对不能穷尽的其他银行结算凭证以"等"概括。目前，银行借记卡、托收承付凭证、拨款凭证、贷记凭证、银行进账单、电汇凭证、出口结算凭证、网上银行转账授权书等都应纳入银行结算凭证的范围，这些都是金融凭证诈骗罪的犯罪对象。

2. 信用卡诈骗罪的立法完善建议

应当从两方面进行立法完善：（1）完善恶意透支型信用卡诈骗罪的立法。主要包括：首先，明确持卡人的范围。其次，扩大"以非法占有为目的"的考量范围。再次，细化"有效催收"的判断标准，主要包括：明确催收过程的时间间隔，明确催收的"有效性"标准，以及确认第三方催收的效力。最后，明晰恶意透支数额的认定方式，主要包括：关于持卡人多卡透支行为的数额计算，不同类型信用卡诈骗并存时犯罪数额的确定以及恶意透支立案前

---

❶ 邓强. 金融凭证诈骗罪研究［D］. 厦门：厦门大学，2008.

归还金额的认定问题。(2) 增设单位本罪。在现实中存在以单位集体意志决定，由单位成员分别实施的信用卡诈骗，将诈骗所得非法利益用于支持单位发展的情况。然而，现行刑法关于信用卡诈骗罪的主体规定，只有自然人，在这种情况下就无法认定单位犯罪行为。因此，为了全面有效规制信用卡诈骗行为，应当扩大本罪的主体范围，将单位纳入本罪犯罪主体之中，对于单位犯罪的，对单位判处罚金，对直接负责的主管人员和其他直接责任人员依法追究刑事责任。

主要参考文献

（按姓氏首字母降序）

一、编著

[1] 周正庆. 证券知识读本［M］. 北京：中国金融出版社，1998.

[2] 周密. 美国经济犯罪和经济刑法研究［M］. 北京：北京大学出版社，1993.

[3] 周光权. 刑法历次修正案权威解读［M］. 北京：中国人民大学出版社，2011.

[4] 周光权. 刑法各论［M］. 4版. 北京：中国人民大学出版社，2021.

[5] 周峨春，孙鹏义. 环境犯罪立法研究［M］. 北京：中国政法大学出版社，2015.

[6] 周道鸾，张军. 刑法罪名精释［M］. 2版. 北京：人民法院出版社，2003.

[7] 郑飞等. 金融诈骗罪研究［M］. 上海：立信会计出版社，2014.

[8] 赵新华. 票据法问题研究［M］. 北京：法律出版社，2007.

[9] 赵秉志. 刑法新教程［M］. 5版. 北京：中国人民大学出版社，2023.

[10] 赵秉志. 刑法修正案理解与适用［M］. 北京：中国人民大学出版社，2021.

[11] 赵秉志，杨诚. 金融犯罪比较研究［M］. 北京：法律出版社，2004.

[12] 赵秉志，张军主编，中国法学会刑法学研究会. 中国刑法学年会文集（2003年度第1卷）刑法解释问题研究［M］. 北京：中国人民公安大学出版社，2003.

[13] 赵秉志. 金融诈骗罪新论［M］. 北京：人民法院出版社，2001.

[14] 章惠萍. 公司经营中的刑法风险［M］. 合肥：中国科技大学出版社，2004.

[15] 张智辉，刘远. 金融犯罪与金融刑法新论［M］. 济南：山东大学出版社，2006.

[16] 张智辉. 刑事法研究（第8卷）刑法理性论［M］. 北京：中国检察出版社，2022.

[17] 张志铭. 法律解释操作分析［M］. 北京：中国政法大学出版社，1999.

[18] 张小虎. 刑法的基本观念［M］. 北京：北京大学出版社，2004.

[19] 张天虹. 经济犯罪新论［M］. 北京：法律出版社，2004.

[20] 张穹. 修订刑法条文实用解说［M］. 北京：中国检察出版社，1997.

[21] 张明楷. 诈骗罪与金融诈骗罪研究［M］. 北京：清华大学出版社，2006.

[22] 张明楷. 刑法学［M］. 6版. 北京：法律出版社，2021.

[23] 张明楷. 刑法的基本立场［M］. 北京：商务印书馆，2019.

[24] 张明楷. 外国刑法纲要［M］. 3版. 北京：法律出版社，2020.

[25] 张军等. 刑法纵横谈（总则部分）（增订版）[M]. 北京：北京大学出版社，2008.
[26] 张军. 破坏金融管理秩序罪 [M]. 北京：中国人民公安大学出版社，1999.
[27] 杨秀英. 经济刑法学 [M]. 北京：中国人民公安大学出版社，2007.
[28] 杨兴培，李翔. 经济犯罪和经济刑法研究 [M]. 北京：北京大学出版社，2009.
[29] 杨世伟，康君元. 刑法罪名规范解析 [M]. 北京：法律出版社，2016.
[30] 薛瑞麟. 金融犯罪研究 [M]. 北京：中国政法大学出版社，2000.
[31] 许玉秀. 当代刑法思潮 [M]. 北京：中国民主法制出版社，2005.
[32] 熊选国. 刑法中行为论 [M]. 北京：人民法院出版社，1992.
[33] 熊选国. 生产、销售伪劣商品罪 [M]. 北京：中国人民公安大学出版社，2003.
[34] 熊选国，任卫华，陈光中. 刑法罪名适用指南：破坏金融管理秩序罪 [M]. 北京：中国人民公安大学出版社，2007.
[35] 谢望原，卢建平等. 中国刑事政策研究 [M]. 北京：中国人民大学出版社，2006.
[36] 谢平，邹传伟，刘海二. 互联网金融手册 [M]. 北京：中国人民大学出版社，2014.
[37] 谢晖，陈金钊. 法律：诠释与应用：法律诠释学 [M]. 上海：上海译文出版社，2002.
[38] 肖中华. 犯罪构成及其关系论 [M]. 北京：中国人民大学出版社，2000.
[39] 肖吕宝. 主、客观违法论在刑法解释上的展开 [M]. 哈尔滨：黑龙江人民出版社，2008.
[40] 鲜铁可. 金融犯罪的定罪与量刑 [M]. 北京：人民法院出版社，1999.
[41] 吴允锋. 经济犯罪规范解释的基本原理 [M]. 上海：上海人民出版社，2013.
[42] 吴丙新. 修正的刑法解释理论 [M]. 济南：山东人民出版社，2007.
[43] 王作富. 刑法分则实务研究（上、中、下）[M]. 北京：中国方正出版社，2010.
[44] 王仲兴. 经济犯罪形态与对策研究 [M]. 广州：广东人民出版社，2006.
[45] 王新. 金融刑法导论 [M]. 北京：北京大学出版社，1998.
[46] 王世洲. 德国经济犯罪与经济刑法研究 [M]. 北京：北京大学出版社，1999.
[47] 王利明. 法律解释学导论以民法为视角 [M]. 北京：法律出版社，2009.
[48] 王海桥. 经济刑法解释原理的建构及其适用 [M]. 北京：中国政法大学出版社，2015.
[49] 王海桥. 经济刑法基础理论 [M]. 北京：中国政法大学出版社，2021.
[50] 王昌学. 当代中国经济刑法研究 [M]. 西安：陕西人民出版社，2018.
[51] 王晨. 证券期货犯罪的认定与处罚 [M]. 北京：知识产权出版社，2008.
[52] 王爱立. 中华人民共和国刑法释义 [M]. 北京：法律出版社，2021.
[53] 涂龙科. 网络交易视阈下的经济刑法新论 [M]. 北京：法律出版社，2017.
[54] 田宏杰. 中国刑法现代化研究 [M]. 北京：中国方正出版社，2000.
[55] 唐稷尧. 经济犯罪的刑事惩罚标准研究 [M]. 成都：四川大学出版社，2007.

[56] 谭兆强. 法定犯理论与实践 [M]. 上海：上海人民出版社，2013.

[57] 孙军工. 金融诈骗罪 [M]. 北京：中国人民公安大学出版社，1999.

[58] 孙国祥，魏昌东. 经济刑法研究 [M]. 北京：法律出版社，2005.

[59] 舒国滢，王夏昊，梁迎修等. 法学方法论问题研究 [M]. 北京：中国政法大学出版社，2007.

[60] 时延安，陈冉，敖博. 刑法修正案（十一）评注与案例 [M]. 北京：中国法制出版社，2021.

[61] 阮方民. 洗钱犯罪比较研究 [M]. 北京：中国人民公安大学出版社，2002.

[62] 皮勇. 侵犯知识产权罪案疑难问题研究 [M]. 武汉：武汉大学出版社，2011.

[63] 曲新久. 刑法的精神与范畴 [M]. 北京：中国政法大学出版社，2000.

[64] 曲新久. 金融与金融犯罪 [M]. 北京：中信出版社，2003.

[65] 强力. 长安金融法学研究：3 卷 [M]. 北京：法律出版社，2012.

[66] 马克昌. 犯罪通论 [M]. 武汉：武汉大学出版社，1991.

[67] 马克昌. 百罪通论 [M]. 北京大学出版社，2014.

[68] 马倍战. 环境犯罪案件实务指南 [M]. 北京：法律出版社，2013.

[69] 刘宪权. 金融犯罪刑法学原理 [M]. 2 版. 上海：上海人民出版社，2020.

[70] 刘宪权. 金融犯罪刑法学新论 [M]. 上海：上海人民出版社，2014.08.

[71] 刘宪权，卢勤忠. 金融犯罪理论专题研究 [M]. 上海：复旦大学出版社，2002.

[72] 刘仁文. 刑法学的新发展 [M]. 北京：中国社会科学出版社，2014.

[73] 刘杰. 经济刑法概论 [M]. 北京：中国人民公安大学出版社，2003.

[74] 刘家琛. 经济犯罪罪名解释与法律适用 [M]. 北京：中国检察出版社，2003.

[75] 刘剑军. 票据犯罪研究 [M]. 太原：山西人民出版社，2014.

[76] 刘东根. 刑事损害赔偿研究 [M]. 北京：中国法制出版社，2005.

[77] 梁根林. 刑法方法论 [M]. 北京：北京大学出版社，2006.09.

[78] 李永升. 金融刑法增补型犯罪研究 [M]. 北京：法律出版社，2014.

[79] 李永升，朱建华. 经济犯罪学 [M]. 北京：法律出版社，2012.

[80] 李晓明. 刑法学总论 [M]. 北京：北京大学出版社，2016.

[81] 李翔. 经济犯罪司法适用疑难解析 [M]. 北京：知识产权出版社，2008.

[82] 李希慧. 刑法各论 [M]. 北京：中国人民大学出版社，2012.

[83] 李瑞生，热依木江，徐疆. 当代经济刑法学 [M]. 北京：中国人民公安大学出版社，2013.

[84] 刘生荣，但伟. 破坏市场经济秩序犯罪的理论与实践 [M]. 北京：中国方正出版社，2001.

[85] 林山田. 经济犯罪与经济刑法 [M]. 台北：三民书局，1977.

［86］李立众，吴学斌. 刑法新思潮：张明楷教授学术观点探究［M］. 北京：北京大学出版社，2008.

［87］楼伯坤. 经济刑法学［M］. 杭州：浙江大学出版社，2017.

［88］黎宏. 刑法学各论［M］. 2版. 北京：法律出版社，2016.

［89］劳东燕. 刑法修正案（十一）条文要义：修正提示、适用指南与案例解读［M］. 北京：中国法制出版社，2021.

［90］江维龙编. 经济刑法学［M］. 桂林：广西师范大学出版社，2009.

［91］贾宇. 刑法学（下册各论）［M］. 北京：高等教育出版社，2019.

［92］黄京平. 破坏市场经济秩序罪研究［M］. 北京：中国人民大学出版社，1999.

［93］胡启忠. 金融刑法适用论［M］. 北京：中国检察出版社，2003.

［94］郎胜. 中华人民共和国刑法释义［M］. 北京：法律出版社，2009.

［95］何松琦，周天林，石峰，吴晓灵. 互联网金融中国实践的法律透视［M］. 上海：上海远东出版社，2015.

［96］何萍. 中国洗钱犯罪的立法和司法：兼与欧盟反洗钱制度比较研究［M］. 上海：上海人民出版社，2005.

［97］郭立新，黄明儒. 刑法分则适用典型疑难问题新释新解［M］. 北京：中国检察出版社，2006.

［98］顾肖荣等. 经济刑法总论比较研究［M］. 上海：上海社会科学院出版社，2008.

［99］谷福生，胡耀民，杨振祥. 金融、税务、工商移送涉嫌犯罪案件标准及认定界限［M］. 北京：中国检察出版社，2003.

［100］葛磊. 新修罪名诠解《刑法修正案（七）深度解读与实务》［M］. 北京：中国法制出版社，2009.

［101］高铭暄. 中华人民共和国刑法的孕育诞生和发展完善［M］. 北京：北京大学出版社，2012.

［102］高铭暄，马克昌. 刑法学（第十版）［M］. 北京：北京大学出版社，2022.

［103］高金桂. 利益衡量与刑法之犯罪判断［M］. 台北：元照出版公司，2003.

［104］冯军，肖中华. 刑法总论［M］. 北京：中国人民大学出版社，2008.

［105］冯果，袁康. 社会变迁视野下的金融法理论与实践［M］. 北京：北京大学出版社，2013.

［106］段匡. 日本的民法解释学［M］. 上海：复旦大学出版社，2005.

［107］邓子滨. 中国实质刑法观批判［M］. 北京：法律出版社，2009.

［108］陈忠林. 刑法学（总论）［M］. 北京：中国人民大学出版社，2003.

［109］陈忠林. 刑法散得集［M］. 北京：法律出版社，2003.

［110］陈正云. 刑法的精神［M］. 北京：中国方正出版社，1999.

[111] 陈泽宪. 经济刑法新论 [M]. 北京：群众出版社，2001.

[112] 陈兴良. 刑法各论精释下 [M]. 北京：人民法院出版社，2015.

[113] 陈兴良. 规范刑法学（上）[M]. 2版. 北京：中国人民大学出版社，2008.

[114] 陈金钊等. 法律解释学 [M]. 北京：中国政法大学出版社，2006.

[115] 曹子丹，侯国云. 中华人民共和国刑法精解 [M]. 北京：中国政法大学出版社，1997.

二、期刊、报刊论文

[1] 王新. 自洗钱入罪的意义与司法适用检察日报 [N]. 2021-03-25.

[2] 周君. 论伪造金融票证罪法定刑的升格条件 [J]. 中国检察官，2016（16）：14-15.

[3] 周洪波，田凯. 走私武器、弹药罪司法疑难问题探讨 [J]. 中国刑事法杂志，2003（6）：50-57.

[4] 周光权. 骗取贷款罪中的"给金融机构造成损失" [N]. 法治日报，2021-06-23.

[5] 赵运锋. 恶意透支型信用卡诈骗罪"非法占有目的"研究 [J]. 中国刑事法杂志，2020（4）：92-106.

[6] 赵辉. 金融凭证诈骗罪若干问题的思考 [J]. 河北法学，2005（7）：113-117.

[7] 钊作俊. 洗钱犯罪研究 [J]. 法律科学（西北政法学院学报），1997（5）：54-60.

[8] 张旭，顾阳. 行政犯罪中刑事责任与行政责任聚合之处断规则 [J]. 辽宁大学学报（哲学社会科学版），2012，40（3）：107-111.

[9] 张明楷. 使用假币罪与相关犯罪的关系 [J]. 政治与法律，2012（6）：53-62.

[10] 张明楷. 恶意透支型信用卡诈骗罪的客观处罚条件：《刑法》第196条第2款的理解与适用 [J]. 现代法学，2019，41（2）：147-163.

[11] 张建，俞小海. 擅自设立金融机构罪的司法认定 [J]. 中国检察官，2017（20）：3-7.

[12] 张惠芳. 高利转贷罪有关问题浅析 [J]. 河北法学，2000（1）：55-57.

[13] 张国琦. 非法集资行为刑法规制的立法完善 [J]. 人民论坛，2016（23）：78-79.

[14] 张德军. 刑法规制危害食品安全犯罪的系统论思考 [J]. 中州学刊，2015（1）：61-67.

[15] 袁彬. 社会公众的刑法规范构造及其适用：以非法吸收公众存款罪为中心 [J]. 人民司法，2020（16）：11-16.

[16] 姚万勤. 高利转贷除罪化实证研究 [J]. 政治与法律，2018（3）：39-51.

[17] 杨圣坤，王珏. 虚开发票罪与非法出售发票罪的甄别 [J]. 人民司法，2013（12）：61-63.

[18] 谢焱. 吸收客户资金不入账行为的刑法适用与完善［J］. 北京师范大学学报（社会科学版），2017（6）：131-140.

[19] 谢望原. 简评《刑法修正案（七）》［J］. 法学杂志，2009，30（6）：27-31.

[20] 肖乾利. 妨害信用卡管理罪若干问题之探讨：对刑法修正案（五）第一条第一款之解读［J］. 云南行政学院学报，2006（1）：143-146.

[21] 王新，冯春江，王亚兰. 自洗钱行为立法的争议、理论与实践依据［J］. 当代金融研究，2020（2）：64-70.

[22] 王新. 骗取贷款罪的适用问题和教义学解析［J］. 政治与法律，2019（10）：42-50.

[23] 王新.《刑法修正案（十一）》对洗钱罪的立法发展和辐射影响［J］. 中国刑事法杂志，2021（2）：45-62.

[24] 王晓磊. 利用未公开信息交易罪中未公开信息的认定［J］. 中国检察官，2019（6）：29-33.

[25] 王守俊. 编造并传播证券、期货交易虚假信息罪适用问题论析［J］. 经济研究导刊，2016（31）：198-199.

[26] 王铼，胡金彪，王晨翼. 我国洗钱罪上游犯罪之扩展［J］. 中国检察官，2021（7）：38-41.

[27] 汪红飞，徐政楠. 违法发放贷款罪的认定［J］. 河南科技大学学报（社会科学版），2016，34（5）：106-112.

[28] 田宏杰. 行刑共治下的违规披露、不披露重要信息罪：立法变迁与司法适用［J］. 中国刑事法杂志，2021（2）：63-79.

[29] 田宏杰. 信用证诈骗罪构成特征研究［J］. 中国刑事法杂志，2003（2）：53-60.

[30] 涂龙科，胡建涛. 论背信运用受托财产罪的认定［J］. 华东理工大学学报（社会科学版），2008（3）：94-99.

[31] 孙万怀. 刑法修正的道德诉求［J］. 东方法学，2021（1）：102-113.

[32] 孙万怀. 生产、销售假药行为刑事违法性之评估［J］. 法学家，2017（2）：138-149，181-182.

[33] 孙静翊. 立足业务范围规制擅自设立金融机构［N］. 检察日报，2018-07-16.

[34] 钱小平. 我国惩治贿赂犯罪立法检讨：以积极治理主义为视角［J］. 法商研究，2018，35（1）：42-50.

[35] 齐文远，周详. 论刑法解释的基本原则［J］. 中国法学，2004（2）：119-127.

[36] 彭文华. 背信及其刑法规制［J］. 当代法学，2020，34（6）：88-98.

[37] 彭辅顺. 刑法解释方法与人权保障的实现：从类推解释、扩张解释、限制解释谈起［J］. 政法论丛，2007（1）：38-43.

[38] 牛忠志. 当前妨害传染病防治罪之法教义学解析［J］. 江西社会科学，2021，41

(10)：132－146，255－256．

[39] 牛忠志，曲伶俐．犯罪构成四要件的"立体化"修正［J］．政法论丛，2019，(1)：51－63．

[40] 莫洪宪，叶小琴．论伪造、变造国家有价证券罪的若干问题［J］．淮阴师范学院学报（哲学社会科学版），2005（3）：316－321，352－420．

[41] 莫洪宪，郭玉川．论刑法对非国有经济的保护：谈平等保护与区别保护的冲突与协调［J］．湖北社会科学，2008（2）：135－137．

[42] 梅传强，张永强．金融刑法的范式转换与立法实现：从"压制型法"到"回应型法"［J］．华东政法大学学报，2017，20（5）：102－109．

[43] 马长生，田兴洪，罗开卷．违规出具金融票证罪的构成与认定［J］．铁道警察学院学报，2014，24（2）：68－74．

[44] 马春晓．中国经济刑法法益：认知、反思与建构［J］．政治与法律，2020（3）：38－51．

[45] 卢建平，司冰岩．刑事一体化视野下网络商业谣言的法律规制：以损害商业信誉、商品声誉罪为例［J］．法律适用，2020（1）：102－113．

[46] 刘志远．刑法解释的限度：合理的扩大解释与类推解释的区分［J］．国家检察官学院学报，2002（5）：18－24．

[47] 刘艳红．洗钱罪删除"明知"要件后的理解与适用［J］．当代法学，2021，35（4）：3－14．

[48] 刘艳红．论法定犯的不成文构成要件要素［J］．中外法学，2019，31（5）：1151－1171．

[49] 刘艳红．积极预防性刑法观的中国实践发展：以《刑法修正案（十一）》为视角的分析［J］．比较法研究，2021（1）：62－75．

[50] 刘宪权．伪造、变造金融票证罪疑难问题刑法分析［J］．法学，2008（2）：138－145．

[51] 刘宪权，周舟．背信运用受托财产罪的刑法分析［J］．上海政法学院学报（法治论丛），2011，26（2）：83－90．

[52] 刘蔚文．侵犯商业秘密罪中"重大损失"司法认定的实证研究［J］．法商研究，2009，26（1）：88－97．

[53] 刘为波．《关于审理非法集资刑事案件具体应用法律若干问题的解释》的理解与适用［J］．人民司法，2011（5）：24－31．

[54] 刘荣，李佳男．论我国逃税罪主体司法认定的困境与出路［J］．税务研究，2017（3）：66－70．

[55] 刘炯．经济犯罪视域下的刑法保护前置化及其限度［J］．厦门大学学报（哲学社会

科学版），2020（4）：128-140.

[56] 刘剑军. 违规出具票据罪构成特征的学理分析［J］. 山西警官高等专科学校学报，2014，22（3）：33-36.

[57] 刘华. 票据犯罪若干问题研究［J］. 法学研究，2000（6）：76-92.

[58] 林卫星，李丽. 我国刑法对非公有制经济区别保护的原因探析：兼评平等保护观［J］. 政法论丛，2007（2）：31-36.

[59] 利子平，樊宏涛. 窃取、收买、非法提供信用卡信息资料罪刍议［J］. 河北法学，2005（11）：40-42.

[60] 厉永佳，石俊豪. 办理生产、销售假兽药案件的重点问题：从易某某等人生产、销售假兽药案件办理说起［J］. 中国检察官，2022（12）：10-12.

[61] 李娜. 论非法出售用于骗取出口退税、抵扣税款发票罪［J］. 合肥师范学院学报，2010，28（2）：72-75，78.

[62] 李凤梅. 非公有制经济平等刑法保护之解读与思考［J］. 河北法学，2008（12）：132-136.

[63] 劳东燕. 刑事政策与刑法解释中的价值判断：兼论解释论上的"以刑制罪"现象［J］. 政法论坛，2012，30（4）：30-42.

[64] 蒋珺珺. 环境资源刑事保护问题探析［J］. 湖北警官学院学报，2015，28（2）：78-80.

[65] 姜伟，卢宇蓉. 论刑法解释的若干问题［J］. 中国刑事法杂志，2003（6）：4-11.

[66] 江国华，丁安然. "首罚不刑"立法的法理透析：从"范冰冰逃税案"说开去［J］. 理论月刊，2021（4）：115-124.

[67] 胡静. 违法发放贷款罪实务问题浅析［J］. 湖北警官学院学报，2020，33（2）：74-82.

[68] 何军兵，熊永明. 我国倍比罚金制参照系之反思与重构：以刑事立法协调为视角［J］. 河南社会科学，2016，24（6）：57-63，123.

[69] 韩晓峰. 票据诈骗罪客体及客观方面研究［J］. 中国刑事法杂志，2001（3）：40-47.

[70] 郭研. 部门法交叉视域下刑事违法性独立判断之提倡：兼论整体法秩序统一之否定［J］. 南京大学学报（哲学·人文科学·社会科学），2020，57（5）：76-87.

[71] 郭宁. 刑法对"老鼠仓"行为的规制［J］. 上海政法学院学报（法治论丛），2014，29（1）：86-95.

[72] 顾肖荣. 论我国刑法中的背信类犯罪及其立法完善［J］. 社会科学，2008（10）：95-104，190.

[73] 顾肖荣. 近期证券市场的主要涉罪问题［J］. 法学，2007（6）：139-149.

[74] 谷超. 高利转贷罪适用现状之批判及其匡正 [J]. 甘肃社会科学, 2020 (3): 163-169.

[75] 高媛. 互联网金融犯罪刑法治理的完善研究 [J]. 延边大学学报 (社会科学版), 2018, 51 (1): 95-101, 142-143.

[76] 高铭暄, 王红. 数字货币时代我国货币犯罪的前瞻性刑法思考 [J]. 刑法论丛, 2019, 58 (2): 247-271.

[77] 高铭暄, 梁剑. 金融凭证诈骗罪若干疑难问题研究 [J]. 法学, 2003 (12): 45-48.

[78] 高景峰, 卢宇蓉. 关于妨害新冠肺炎疫情防控犯罪若干法律适用问题的分析 [J]. 人民检察, 2020 (8): 26-33.

[79] 付英山. 贷款诈骗罪的司法认定与立法完善 [J]. 人民法治, 2018 (24): 45-47.

[80] 樊成连, 桂富新. 浅谈增设操纵证券市场罪 [J]. 法商研究 (中南政法学院学报), 1995 (6): 62-64.

[81] 邓宇琼. 信用证诈骗罪的主观目的之我见 [J]. 政治与法律, 2003 (5): 50-54.

[82] 崔立美. 持有伪造的发票罪与出售非法制造的发票罪的界定 [J]. 中国检察官, 2012 (18): 9-10.

[83] 程昉. 罪刑法定原则下的刑法解释及其发展趋势 [J]. 浙江社会科学, 2003 (2): 103-105.

[84] 陈兴良. 形式与实质的关系: 刑法学的反思性检讨 [J]. 法学研究, 2008, 13 (6): 96-111.

[85] 陈兴良. 四要件犯罪构成的结构性缺失及其颠覆: 从正当行为切入的学术史考察 [J]. 现代法学, 2009, 31 (6): 57-75.

[86] 陈伟, 蔡荣. 互联网金融刑法规制的路径选择与展望 [J]. 南昌大学学报 (人文社会科学版), 2016, 47 (5): 104-111.

[87] 陈金钊. 文义解释: 法律方法的优位选择 [J]. 文史哲, 2005 (6): 144-150.

[88] 陈忠林, 王昌奎. 刑法概念的重新界定及展开 [J]. 现代法学, 2014, 36 (4): 98-110.

[89] 陈晨. 新形势下外汇犯罪司法实务若干问题研究 [J]. 中国刑事法杂志, 2017 (4): 110-130.

[90] 卞建林, 李艳玲. 认罪认罚从宽制度适用中的若干问题 [J]. 法治研究, 2021 (2): 18-36.

三、中文译作

[1] 哈特. 法律的概念 [M]. 张文显, 等译. 北京: 中国大百科全书出版社, 1996.

[2] 丹尼斯·罗伊德. 法律的理念 [M]. 张茂柏, 译. 北京: 新星出版社, 2005.

[3] 杜里奥·多瓦尼. 意大利刑法学原理 [M]. 注评版. 陈忠林, 译评. 北京: 中国人

民大学出版社，2004.

［4］佐伯仁志，道垣内弘人．刑法与民法的对话［M］．于改之，张小宁，译．北京：北京大学出版社，2012.

［5］前田雅英．刑法各论讲义［M］．东京：东京大学出版会，2020.

［6］大塚仁．刑法概说（总论）［M］．3版．冯军，译．北京：中国人民大学出版社，2003.

［7］大谷实．刑法各论［M］．黎宏，译．北京：法律出版社，2003.

［8］海尔·斯科特，安娜·葛蓬．国际金融：法律与监管［M］．刘俊，译．北京：法律出版社，2015.

［9］E.博登海默．法理学：法律哲学及其方法［M］．邓正来，译．北京：中国政法大学出版社，1999.

［10］米歇尔维隆，等．法国经济刑法［M］．陈萍，译．北京：法律出版社，2022.

［11］卡斯东·斯特法尼．法国刑法总论精义［M］．罗结珍，译．北京：中国政法大学出版社，1998.

［12］约翰内斯·韦赛尔斯．德国刑法总论［M］．李昌珂，译．北京：法律出版社，2008.

［13］克劳斯·罗克辛．德国刑法学总论：犯罪原理的基础构造：1卷［M］．王世洲，译．北京：法律出版社，2005.

［14］汉斯·海因里希·耶塞克，托马斯·魏根特．德国刑法教科书（总论）［M］．徐久生，译．北京：中国法制出版社，2001.

［15］埃里克·希尔根多夫,．中德刑法学者的对话：罪刑法定与刑法解释［M］．梁根林，译．北京：北京大学出版社，2013.

四、学位论文

［1］郎舒睿．我国洗钱罪的立法缺陷及其完善［D］．西安：西北大学，2022.

［2］杨书文．复合罪过形式论纲［D］．北京：北京大学，2001.

［3］麻锐．经济犯罪法律责任论纲［D］．长春：吉林大学，2008.

［4］邓强．金融凭证诈骗罪研究［D］．厦门：厦门大学，2008.

［5］王传娇．违法运用资金罪与背信运用受托财产罪之比较研究［D］．成都：西南财经大学，2012.

［6］高小英．妨害信用卡管理罪司法疑难问题研究［D］．重庆：西南政法大学，2015.

［7］杨梦峰．保险领域违法运用资金罪研究［D］．北京：中国青年政治学院，2017.

［8］庄倩倩．保险诈骗罪的刑事立法完善探讨［D］．南京：南京大学，2019.

［9］赵翼廷．理财产品"飞单"的刑法规制研究［D］．北京：北京交通大学，2021.

［10］唐天泽．集资诈骗罪与非法吸收公众存款罪的界分：以97件案例为样本的实证分析

［D］．南昌：江西财经大学，2021．

［11］王磊．非法吸收公众存款罪定罪量刑实证研究与规则完善：基于1087份判决书的分析［D］．南宁：广西大学，2022．

五、外文文献

［1］BUTLER J M. Recent advances in forensic biology and forensic DNA typing：INTERPOL review 2019－2022［J］. Forensic Science International：Synergy，2022，27．

［2］HILAL W，GADSDEN S A，YAWNEY J. Financial fraud：A review of anomaly detection techniques and recent advances［J］. Expert Systems with Applications，2021，31（12）．

［3］ABHISHEK，THOMMANDRU，CHAKKA B. Recapitalizing the Banking Sector with Blockchain Technology for Effective Anti－Money Laundering Compliances by Banks Sustainable Futures［J］. 2023，17（2）．

［4］MCCANN J A，DOMíNGUEZ J I. Mexicans react to electoral fraud and political corruption：an assessment of public opinion and voting behavior Electoral Studies［J］. 1998，12（4）．